ACCESO GRATIS *a la Lectura en la Nube*

Para visualizar el libro electrónico en la nube de lectura envíe junto a su nombre y apellidos una fotografía del código de barras situado en la contraportada del libro y otra del ticket de compra a la dirección:

ebooktirant@tirant.com

En un máximo de 72 horas laborables le enviaremos el código de acceso con sus instrucciones.

EMPRESAS, ARMAS Y DERECHOS HUMANOS

Procedimiento de selección de originales, ver página web:
www.tirant.net/index.php/editorial/procedimiento-de-seleccion-de-originales

EMPRESAS, ARMAS Y DERECHOS HUMANOS

Ana Gemma López Martín
(Editora)

Thairi Moya Sánchez
Juan Bautista Cartes Rodríguez
(Coordinadores)

tirant lo blanch
Valencia, 2024

En caso de erratas y actualizaciones, la Editorial Tirant lo Blanch publicará la pertinente corrección en la página web www.tirant.com.

La presente obra ha sido sometida a la revisión de pares ciegos según el protocolo de publicación de la editorial a efectos de ofrecer el rigor y calidad correspondiente tanto en su contenido como en su forma, aplicándose los criterios específicos aprobados por la Comisión Nacional E 016 (BOE num. 286, de 26 de noviembre de 2016).

© TIRANT LO BLANCH
EDITA: TIRANT LO BLANCH
C/ Artes Gráficas, 14 - 46010 - Valencia
TELFS.: 96/361 00 48 - 50
FAX: 96/369 41 51
Email: tlb@tirant.com
www.tirant.com
Librería virtual: www.tirant.es
DEPÓSITO LEGAL: V-3786-2024
ISBN: 978-84-1071-839-5
MAQUETA: Innovatext

Si tiene alguna queja o sugerencia, envíenos un mail a: *atencioncliente@tirant.com*. En caso de no ser atendida su sugerencia, por favor, lea en *www.tirant.net/index.php/empresa/politicas-de-empresa* nuestro procedimiento de quejas.

Responsabilidad Social Corporativa: http://www.tirant.net/Docs/RSCTirant.pdf

Índice

Capítulo III

La responsabilidad internacional de las empresas en el ámbito del Derecho Internacional de los Derechos Humanos. Examen particular sobre su deber de no poner en grave riesgo el derecho a la vida

JAVIER CHINCHÓN ÁLVAREZ

Capítulo IV

La obligación de la debida diligencia por parte de las empresas: un análisis de la situación en España a la luz de la práctica reciente

CAMILO VILLAJOS DE SILVA

Capítulo VI
Las empresas militares y de seguridad privadas y el cumplimiento de los derechos humanos
José Antonio Perea Unceta

Capítulo VII
Non silent enim leges inter arma.
Las obligaciones de las empresas armamentísticas en el marco del Derecho Internacional Humanitario y las dificultades para sancionar su incumplimiento
Alberto José Ferrari Puerta

Capítulo VIII

El derecho humano de acceso a la justicia en el contexto de violaciones de derechos humanos relacionados con la venta y el tráfico de armas ilegales en territorio mexicano. Los casos de *Smith & Wesson* y *Heckler & Koch* y los normalistas de Ayotsinapa

JOAQUÍN GONZALEZ IBAÑEZ

Capítulo IX

Sobre la inmunidad procesal de las empresas: ¿Una afrenta a la tutela judicial efectiva?

JUAN BAUTISTA CARTES RODRÍGUEZ
CAMILO VILLAJOS DE SILVA

Capítulo X

Cuestiones de responsabilidad internacional en torno al Tratado sobre el Comercio de Armas de 2013

THAIRI MOYA SÁNCHEZ

Capítulo XI

La regulación del comercio de armas de fuego como parte de la obligación estatal de prevenir violaciones de los derechos a la vida y a la integridad personal. Una visión en perspectiva de género

Jorge Rodríguez Rodríguez

Capítulo XII

Comercialización de armas de fuego e impacto sobre los derechos de la mujer: Obligaciones de los Estados y responsabilidades de las empresas privadas

Raquel Regueiro Dubra

Capítulo XIII
La responsabilidad de las empresas de armamento transnacionales en las normas de tráfico jurídico externo
Lidia Moreno Blesa

Capítulo XIV
La disciplina de la defensa de la competencia sobre la industria de las armas de fuego
Jesús Alfonso Soto Pineda

Prólogo

La relación entre empresas y armas ha sido un tema de debate y controversia a lo largo de la historia. Las empresas dedicadas a la fabricación, venta y comercialización de armas tienen un impacto significativo en la economía de los Estados, la seguridad nacional, la estabilidad geopolítica, la paz mundial y los derechos humanos.

Estas empresas desempeñan un papel central en el desarrollo y suministro de sistemas de armamento a nivel mundial. Desde fabricantes de armas pequeñas hasta conglomerados multinacionales de defensa abastecen a gobiernos, fuerzas armadas y actores privados con una variedad de equipos militares, incluyendo armas de fuego, vehículos blindados, sistemas de misiles y tecnología militar avanzada. Las empresas de armas tienen un impacto significativo en la política y la geopolítica mundial. A menudo influyen en las decisiones de política exterior y de defensa de los gobiernos a través de la presión política, el lobby y las contribuciones financieras. Además, la competencia entre empresas de armas puede intensificar conflictos regionales y desestabilizar relaciones internacionales.

Cierto es que la industria de armas está sujeta a una variedad de regulaciones y controles, tanto a nivel nacional como internacional. Los tratados de control de armas, las leyes de exportación de armas y los acuerdos internacionales intentan regular el comercio de armas y prevenir su proliferación. Por lo que se refiere a los tratados sobre control de armas están diseñados para regular, limitar o prohibir la producción, posesión, comercio y uso de armas convencionales y armas de destrucción masiva. Estos tratados buscan promover la paz, la seguridad internacional y la estabilidad mediante la reducción de la proliferación y el riesgo de conflictos armados. Destacan, entre otros, el *Tratado sobre la No*

Proliferación de Armas Nucleares (TNP) de 1968; el *Tratado sobre la Prohibición de las Armas Nucleares* (TPAN) de 2017; el *Tratado de No Proliferación de Armas Químicas* (CWC) de 1993; la *Convención sobre Armas Biológicas* (BWC) de 1972; las diferentes versiones del *Tratado de Reducción de Armas Estratégicas* (START), entre Estados Unidos y Rusia, para limitar y reducir sus arsenales nucleares estratégicos; y, por supuesto, el histórico *Tratado sobre el Comercio de Armas* (TCA) de 2013, que regula el comercio internacional de armas convencionales, desde armas pequeñas hasta carros de combate, aeronaves de combate y buques de guerra, que entró en vigor el 24 de diciembre de 2014.

Todos estos tratados, y otros más, constituyen un marco legal internacional para el control de armas y la reducción de la amenaza que representan para la seguridad global. Sin embargo, su eficacia depende del compromiso y cumplimiento de los Estados parte, así como de la evolución de las amenazas y tecnologías militares. Además, la efectividad de estas medidas puede variar y es objeto de críticas por su aplicación inconsistente y la falta de transparencia en el comercio de armas.

Si bien las empresas de armas desempeñan, como decimos, un papel importante en la seguridad nacional y la defensa, también plantean desafíos significativos en términos de *derechos humanos*.

En esta línea, en el año 2011, tras muchos años de trabajo, se aprobaron en el seno de Naciones Unidas los *Principios Rectores sobre las Empresas y los Derechos Humanos*, con el objeto de establecer criterios para reglamentar la conducta de las empresas —diligencia debida— y su adecuación a las obligaciones internacionales asumidas por los Estados en materia de derechos humanos[1]. Dichos Principios Rectores se articulan entorno a tres pilares principales.

---

1 Ya antes, algunas organizaciones internacionales especializadas, como la Organización para la Cooperación y el Desarrollo Económicos (OCDE) y la Organización Internacional del Trabajo (OIT), habían elaborado algunos instrumentos en la misma dirección durante la parte final del pasado siglo.

Por un lado, *proteger*, asentando el deber del Estado de proteger a las personas de las violaciones de derechos humanos por parte de terceros, incluidas las empresas, mediante la adopción de medidas adecuadas. El segundo, es el de *respetar*, afirmando la responsabilidad de las empresas de respetar los derechos humanos, lo que implica evitar infringirlos directamente y abordar cualquier impacto negativo que puedan tener en los derechos humanos. Y, por último, *remediar*, estableciendo la necesidad de proporcionar acceso a remedios para las personas cuyos derechos humanos han sido afectados por las actividades empresariales, tanto a través de mecanismos judiciales como no judiciales.

En consonancia con estos Principios, muchas empresas están adoptando enfoques proactivos para garantizar el respeto de los derechos humanos en sus operaciones. Esto incluye la implementación de políticas de derechos humanos, la realización de evaluaciones de impacto en los derechos humanos, la colaboración con partes interesadas y la transparencia en la divulgación de información sobre sus prácticas. Ahora bien, a pesar de los avances en la integración de los derechos humanos en las políticas y prácticas empresariales, las empresas todavía enfrentan numerosos desafíos. Entre ellos se incluyen la falta de aplicación efectiva de estándares internacionales, la presión para maximizar beneficios a expensas de los derechos humanos, y la complejidad de las cadenas de suministro globales, que pueden ocultar abusos y explotación.

Estos Principios Rectores representan un marco importante para abordar las cuestiones de derechos humanos en el contexto de las actividades empresariales a nivel mundial, tanto el general, como en particular por lo que se refiere a las de armas.

En este sentido, la participación de las empresas en la fabricación, comercio y venta de armamento plantea serias preocupaciones en relación con los derechos humanos. Es obvio que las empresas de armas tienen una responsabilidad fundamental en lo que respecta a los derechos humanos, aunque pueden argumentar que están simplemente suministrando un producto legal en un mercado regulado, la naturaleza de sus productos implica riesgos significativos para los derechos humanos. Es por ello que las empresas que fabrican, venden o comercian con armas tienen la responsabilidad de asegurarse de que sus actividades no contribuyan a violaciones de los derechos humanos. Esto implica garantizar que sus productos no sean utilizados para cometer crímenes de guerra, genocidio, represión de la población civil u otras violaciones graves de los derechos humanos.

Por otra parte, no debemos olvidar que una parte crucial de la responsabilidad de las empresas de armas es la implementación de procesos de *diligencia debida* para evaluar y mitigar los riesgos de derechos humanos asociados con sus actividades relacionadas con armas. Esto implica no solo examinar a los clientes y socios comerciales, sino también evaluar el impacto potencial de sus productos en los derechos humanos en todas las etapas de su ciclo de vida, desde la fabricación hasta la venta y el uso final, así como la adopción de medidas para prevenir o mitigar cualquier impacto negativo.

Y, por supuesto, no debemos olvidar los desafíos éticos y dilemas que plantea la participación de las empresas de armas en la industria. Algunas personas argumentan que estas empresas tienen una responsabilidad moral de abstenerse de fabricar o vender armas debido al potencial de daño humano que conllevan. Otros sostienen que las empresas tienen el derecho de participar en un comercio legal y regulado, y que es responsabilidad de los gobiernos garantizar que se respeten los derechos humanos en el proceso.

En este estado de cosas, a nuestro juicio, las empresas de armas pueden ser consideradas responsables por violaciones de derechos humanos cuando contribuyen directa o indirectamente a la comisión de tales violaciones. Esta responsabilidad puede surgir de varias formas, incluyendo:

— Venta a actores que perpetran abusos. Si una empresa de armas vende armamento a gobiernos, grupos militares o entidades que luego utilizan esas armas para cometer violaciones de derechos humanos, puede ser considerada responsable por su contribución a dichos actos.

— Conocimiento previo y negligencia. Si una empresa sabe o debería saber que sus armas se están utilizando para violar los derechos humanos y no toma medidas razonables para prevenirlo, puede ser considerada responsable por su negligencia.

— Complicidad activa. Si una empresa colabora activamente en la planificación, ejecución o encubrimiento de violaciones de derechos humanos utilizando sus armas, puede ser considerada directamente responsable por su participación en esos actos.

Ahora bien, es importante destacar que la responsabilidad legal de las empresas de armas por violaciones de derechos humanos puede variar según la jurisdicción y las leyes aplicables. Pues, si bien es cierto que las empresas tienen la responsabilidad primaria en el respeto de los derechos humanos, los *gobiernos* también desempeñan un papel crucial en la creación de un entorno propicio para que las empresas actúen de manera ética y, por supuesto, en la regulación de la industria de armas para garantizar que se respeten los derechos humanos. Es por ello por lo que tienen la responsabilidad de regular la fabricación, el comercio y la exportación de armas para prevenir su uso indebido y proteger los derechos humanos. Esto incluye la imposición de restricciones sobre las ventas de armas a países con historiales de abusos de derechos humanos, así como la aplicación de controles estrictos sobre la exportación de armas. Además de la adopción de leyes y regulaciones que obliguen a las empresas a cumplir con estándares éticos y legales en sus operaciones. Sin embargo, existen desafíos y controversias en la implementación efectiva de estas normativas, incluyendo la falta de transparencia en el comercio de armas, la influencia de intereses económicos y políticos, y la dificultad para responsabilizar a las empresas por posibles complicidades en violaciones de derechos humanos.

Tal es la trascendencia de la actividad de las empresas de armas sobre los derechos humanos, que la misma es objeto de una opinión consultiva de la Corte Interamericana de Derechos Humanos, tras la solicitud presentada por México el 11 de noviembre de 2022. La solicitud se refiere a cuestiones concretas relacionadas con la debida diligencia, las prácticas negligentes o intencionales por parte de estas empresas que faciliten su tráfico ilícito y su disponibilidad indiscriminada a la sociedad, lo que supone un riesgo evidente de violencia que conlleva graves violaciones de los derechos humanos.

Es evidente, que la relación entre las empresas de armas y los derechos humanos es compleja y multifacética. Para abordar debidamente la misma se necesita un enfoque equilibrado que tenga en cuenta todas las consideraciones en juego. Esto es precisamente lo que se lleva a cabo en la presente obra que examina la compleja intersección entre las empresas de armas y los derechos humanos, explorando las implicaciones éticas y jurídicas en juego, la responsabilidad directa de estas empresas en la protección y promoción de los derechos fundamentales, así como los debidos cauces de actuación en caso de que no operen debidamente. Sin dejar de lado la responsabilidad primaria del Estado en esta materia y sin olvidar el papel crucial que la sociedad civil y organizaciones de derechos humanos juegan en la vigilancia y control de las actividades de las empresas relacionadas con el comercio de armas, así como en la denuncia de posibles violaciones de derechos humanos.

En este estado de cosas, el lector de la presente obra se encontrará, primeramente, con el trabajo de la Dra. Thairi Moya Sánchez en el que aborda un estudio introductorio que permite desentrañar el marco normativo internacional, haciendo énfasis en el contexto legal, pero también observando la eventual responsabilidad que podrían tener las personas jurídicas en atención a la venta de armas. Tras ello, el estudio del Dr. Juan Bautista Cartes se centra en la determinación de la posible personalidad jurídica internacional de las empresas, cuestión clave para la determinación de su posible responsabilidad internacional por violación de derechos humanos. Al hilo de esta cuestión, los trabajos de los profesores Javier Chinchón, Camilo Villajos, Alberto Ferrari y Joaquín González, analizan los problemas existentes para la atribución de responsabilidad internacional de las empresas centrando su estudio en las cuestiones relativas, respectivamente, a su deber de no poner en grave riesgo el derecho a la vida, la debida diligencia, las normas de Derecho Internacional humanitario y el derecho de acceso a la justicia con particular referencia al caso mexicano. El trabajo del Dr. Perea Unceta sobre el papel que juegan las empresas militares y de seguridad privada en este marco, completa el detallado estudio del binomio derechos humanos/responsabilidad internacional de las empresas. A la vista de los problemas de atribución de responsabilidad internacional directa a las empresas, la Dra. Marta Iglesias aborda la cuestión de la atribución de esta al Estado en cuyo territorio están domiciliadas las empresas armamentísticas, así como de las que están bajo su jurisdicción. Al hilo de esta cuestión, el trabajo de los profesores Cartes Rodríguez y Villajos de Silva se centra en la particular situación procesal que plantean las empresas públicas de armamento por su posible inmunidad ante los tribunales de terceros Estados, la cual puede suponer una quiebra del principio de tutela judicial efectiva. Tras estos primeros trabajos centrados principalmente en cuestiones de violaciones de derechos humanos por empresas, atribución de la responsabilidad surgente de las mismas y el necesario acceso a la justicia, en los trabajos de los profesores Thairi Moya, Jorge Rodríguez, Raquel Regueiro, Lidia Moreno y Jesús Alfonso Soto, se analizan toda una serie de cuestiones ciertamente interesantes y complejas relacionadas con el comercio de armas, tales como: las relativas a la responsabilidad internacional que plantea el Tratado sobre Comercio de Armas, la comercialización de las armas de fuego y su vinculación con la obligación de prevenir el derecho a la vida y a la integridad personal, las responsabilidad de empresas de armamento transnacionales en las normas de tráfico jurídico externo, y la defensa de la competencia sobre la industria de las armas de fuego.

En suma, estamos ante un completo y heterogéneo estudio sobre el intrincado binomio empresas armamentísticas/derechos humanos desde múltiples ángulos y perspectivas; con una especial referencia a la perspectiva de género pues, no en vano, la presente obra se enmarca en la investigación resultante del proyecto PID2021-122788OB-I00 del que soy IP y del que la mayoría de los autores son miembros.

Ana Gemma López Martín
Catedrática de Derecho Internacional Público
UCM

Capítulo I

Breve Acercamiento al Marco Jurídico Universal en Materia de Armamento y sus Desafíos

THAIRI MOYA SÁNCHEZ*

1. INTRODUCCIÓN

Las armas de destrucción masiva así como las más compactas y de fácil transferencia, causan grandes estragos en la humanidad, lo que a su vez viene a representar una serie de desafíos únicos que descansarían, principalmente, en las soluciones que adopten los Estados, por ejemplo, a través del fortalecimiento del ordenamiento jurídico internacional. A este respecto, el panorama del Derecho Internacional es extenso y complejo, abarcando desde tratados que regulan las armas de destrucción masiva hasta acuerdos sobre armamento convencional. En este contexto, nuestro análisis comenzará con una revisión concisa de las convenciones más destacadas relacionadas a las armas de destrucción masiva, sentando así las bases para una comprensión más profunda del marco legal internacional y de las perspectivas al establecimiento de la responsabilidad internacional de los Estados en tales contextos.

Sin embargo, se advierte que nuestro enfoque principal se dirigirá hacia un aspecto menos visible pero igualmente crucial: la regulación internacional de las armas de menor calibre. Estas armas, a menudo menospreciadas en comparación con sus contra-

* Profesora de Derecho Internacional Público de la Universidad Complutense de Madrid (thaimoya@ucm.es).

partes más destructivas, tienen un impacto directo y duradero en la vida diaria de millones de personas en todo el mundo. Mientras que las armas de destrucción masiva han provocado catástrofes humanitarias de dimensiones inimaginables, las armas pequeñas y ligeras son responsables de un sufrimiento continuo y extendido. Su proliferación y uso indiscriminado en conflictos locales, crimen organizado y violencia cotidiana las convierten en una amenaza omnipresente para la seguridad humana.

Al analizar los esfuerzos internacionales para regular estas armas, se pueden identificar los desafíos únicos que enfrentan y las estrategias innovadoras desarrolladas para abordarlos. Este análisis nos ayuda a entender cómo el Derecho Internacional busca proteger a las poblaciones vulnerables y contribuir a la construcción de sociedades más seguras y pacíficas. En este contexto, la regulación de las armas en América Latina[1] y África[2] será revisada

---

1 The Conversation, "América Latina: De la guerra contra las drogas a la guerra contra las armas", 01 de junio de 2021, disponible en: https://theconversation.com/america-latina-de-la-guerra-contra-las-drogas-a-la-guerra-contra-las-armas-161908 (Fecha de consulta: 01/07/2023). Consultar: Esparza, D., Pérez Ricart, C., Weigend, E., *Gun Trafficking and Violence. From The Global Network to The Local Security Challenge*, Palgrave Macmillan, 2021.

2 Diversos conflictos surgieron o se agravaron en África para 2020, resultando en un aumento significativo de víctimas mortales. La violencia armada en la República Democrática del Congo, Etiopía y Nigeria, por ejemplo, causó un total combinado de 18.000 muertes por conflictos en 2020. Además, las muertes por conflictos aumentaron en toda la región del Sahel, aunque la situación en Somalia mostró cierta estabilización. En términos generales, África registró 35.000 muertes relacionadas con la guerra ese mismo año. Dentro del continente, África Central (4,1 por cada 100.000 habitantes) y África Occidental (3,5 por cada 100.000 habitantes) presentaron las tasas subregionales más altas de muertes por conflictos en 2020. A pesar de que Asia sigue siendo el epicentro de los conflictos más mortales, África en su conjunto se convirtió en la región con la tasa de mortalidad por conflictos más elevada en 2020, alcanzando 2,6 muertes por cada 100.000 personas, ver: Small Arms Survey, "The Calm Before the Storm: Global Violent Deaths Update

en este capítulo. Al hilo de esta idea, nos encontramos con la realidad de que, además de Estados Unidos[3], Estados como China[4] y Rusia[5] han incrementado la venta de armas, a Latinoamérica y a

---

2019–2020", 07 de julio de 2022, disponible en: https://smallarmssurvey.medium.com/the-calm-before-the-storm-global-violent-deaths-update-2019-2020-5b56c53b6834 (Fecha de consulta: 01/07/2023).

3 Estados Unidos ha sido un Estado que indudablemente con su política de armas ha causado efectos colaterales innegables para la región. El traslado ilícito de armas desde Estados Unidos hacia otros países de América es motivo de gran preocupación. Según la Agencia de Alcohol, Tabaco, Armas de Fuego y Explosivos (ATF), entre 2014 y 2019 se rastrearon más de 15,400 armas incautadas en países centroamericanos con origen en Estados Unidos. Durante el mismo periodo, más de 6,000 armas recuperadas en países del Caribe y aproximadamente 11,800 armas encontradas en Canadá también provenían de Estados Unidos. En Brasil, la policía federal informó que Estados Unidos es el principal proveedor de armas ilegales en el país, y las Naciones Unidas reconocen que el flujo ilegal de armas provenientes de Estados Unidos representa un desafío significativo para Colombia. Incluso los países más australes del continente se ven afectados por este problema. México, debido a su proximidad geográfica, es el principal receptor de armas estadounidenses. De 2014 a 2019, más de 70,000 armas recuperadas en México fueron rastreadas hasta Estados Unidos. Sin embargo, estas cifras representan solo una fracción del total de armas que ingresan al país. Un estudio publicado en 2015 en el *Journal of Economic Geography* reveló que entre 2010 y 2012 se adquirieron anualmente cerca de 213,000 armas en Estados Unidos con destino a México, lo que implica aproximadamente 640,000 armas traficadas en un lapso de tres años. Ver: McDougal, T., Shirk, D., Muggah, R y Patterson, J., "The Way of the Gun: Estimating Firearms Trafficking across the US–Mexico Border", *Journal of Economic Geography*, Volume 15, 2015, Issue 2, pp. 297–327.

4 Gurrola, G., "China-Latin America Arms Sales. Antagonizing the United States in the Western Hemisphere?", *English Military Review*, 2018, pp. 123-132; El Grand Continent, "La creciente participación de China en la venta mundial de armas", 06 de diciembre de 2022, disponible en: https://legrandcontinent.eu/es/2022/12/06/la-creciente-participacion-de-china-en-la-venta-mundial-de-armas/ (Fecha de consulta: 01/07/2023).

5 Americas Quaertely, "El comercio de armas entre Rusia y América Latina", s/f, disponible en: https://www.americasquarterly.org/el-comercio-de-ar-

África. En contraste, los Estados Miembros de la Unión Europea, que también participan en este enigmático negocio, en principio ejercerían controles más estrictos cuando los Estados importadores cometen transgresiones a los derechos humanos[6]. A la luz de lo expuesto, este capítulo se estructura en torno a un análisis breve del marco normativo que regula el control de armamentos a nivel internacional y regional. El estudio se inicia con una breve revisión de los instrumentos jurídicos internacionales que abordan dos categorías fundamentales de armamentos: las armas de destrucción masiva y las armas pequeñas y ligeras. Posteriormente, la investigación se centrará en el examen de los regímenes regulatorios regionales, específicamente en las Américas y África, con un enfoque particular en las disposiciones relativas a las armas de corto alcance. La estructura y contenido de este capítulo están diseñados para servir como una introducción comprehensiva a los temas centrales que se explorarán en profundidad a lo largo de la obra.

2. MARCO NORMATIVO INTERNACIONAL

Antes de emprender este análisis, resulta fundamental subrayar la existencia de una diversidad de armas en el ámbito global, las cuales se agrupan y clasifican en función de sus atributos característicos. Específicamente, se distinguen dos categorías fundamentales: Las armas no convencionales incluyen las armas de destrucción masiva, también conocidas como 'atómicas, biológicas y químicas' (ABQ) o 'nucleares, radiológicas, biológicas y químicas' (NRBQ). En contraste, las armas convencionales son armas tradicionales, ampliamente utilizadas con fines militares y no entran

---

mas-entre-rusia-y-america-latina/ (Fecha de consulta: 01/07/2023).

6 Janer Torrens, J., "Política Europea de control de las exportaciones de armas convencionales y seguridad humana: mecanismos para fomentar el respeto de los derechos humanos", *Revista Española de Derecho Internacional,* Vol. 68/1, enero-junio 2016, pp. 49-71.

en la categoría de armas de destrucción masiva, este grupo también abarca las armas pequeñas y ligeras[7]. La proliferación de las armas de destrucción masiva, tales como dispositivos nucleares, agentes biológicos y sustancias químicas, constituyen un riesgo principal para la estabilidad global actual. En 1992, el entonces Presidente del Consejo de Seguridad de las Naciones Unidas emitió una declaración[8] reconociendo esta problemática como una amenaza significativa para la paz y la seguridad mundial. Hoy en día el uso de este tipo de armas preocupa por su posible uso por Estados forajidos o por grupos terroristas[9].

En atención a las armas convencionales, se establecen dos subgrupos: las armas convencionales de mayor envergadura y las armas convencionales de menor tamaño y peso. Bajo esta perspectiva, se puede indicar de manera especial que, las "armas pequeñas y ligeras", se dividen en función de su uso individual o grupal. Las armas pequeñas, destinadas al uso personal, comprenden revólveres, pistolas automáticas, fusiles y ametralladoras ligeras. Por otro lado, las armas ligeras, diseñadas para uso grupal, incluyen ametralladoras pesadas, lanzagranadas, cañones portátiles y lanzamisiles. Ambas categorías engloban municiones y explosivos, y pueden ser de uso civil, privado o militar. Estas armas son fácilmente transportables, ya sea por individuos, pequeños grupos, animales de carga o vehículos ligeros[10].

---

7 UNODC., Tipología and clasificación de las armas de fuego, Fundamentos sobre armas de fuego y municiones, Serie de módulos sobre armas de fuego, disponible en: https://sherloc.unodc.org/cld/es/education/tertiary/firearms/module-2/index.html (Fecha de consulta: 01/07/2023).

8 Declaración del presidente del Consejo de Seguridad de la ONU de 31 de enero de 1992., S/23500, disponible en: http://www.securitycouncilreport.org/un-documents/document/PKO%20S%2023500.php, p. 3 (Fecha de consulta: 01/07/2023).

9 MIRANZO, M., "Las armas de destrucción masiva y la estrategia global de seguridad de la Unión europea", *Revista UNISCI*, 2016, 42, 159-172.

10 Traducción propia, ONU, 1997 Citado por *Small Armas Survey*, 2019.

De acuerdo con Amnistía Internacional, las armas pequeñas tienen una especial importancia puesto que, las mismas destacan por su facilidad de traslado, propiciando su distribución y adquisición mediante plataformas digitales sin mayores obstáculos. Su costo resulta asequible para una amplia gama de compradores, tanto particulares como organismos oficiales. La eficiencia letal de estos dispositivos permite causar daños considerables con escasa munición. En el contexto social, particularmente en Latinoamérica, dichos artefactos han cobrado relevancia simbólica en entornos conflictivos urbanos, representando autoridad y estatus. Asimismo, su durabilidad se extiende por décadas, funcionando óptimamente durante 30 a 50 años en promedio. Por otra parte, la ausencia de requisitos formativos específicos para su manejo fomenta su utilización por diversos sectores poblacionales[11].

2.1. Armas de destrucción masiva

La conciencia global sobre los efectos devastadores de las armas, sin importar su alcance o magnitud, ha motivado a los Estados, de manera particular, a emprender un esfuerzo amplio y constante para controlar su proliferación y uso. Este esfuerzo se ha plasmado en una serie de acuerdos y convenciones internacionales destinados a mitigar el sufrimiento innecesario y prevenir la destrucción a gran escala. En este sentido, inclusive la Corte Internacional de Justicia (CIJ) ha establecido una definición para el concepto de "sufrimiento innecesario". Según su interpretación, se considera como tal aquel "sufrimiento superior al daño inevitable para alcanzar objetivos militares legítimos"[12].

---

11 Chacón Chávez, A., "Las armas de fuego en Venezuela", pp. 7-8, (s/f), disponible en: https://www.amnistia.org/media/4780/ai_sc_librillo3.pdf (Fecha de consulta: 01/07/2023).

12 *Legality of the Use by a State of Nuclear Weapons in Armed Conflict*, Advisory Opinion, I.C.J. Report, pár. 238.

En relación con esto, presentamos una selección representativa de los tratados más significativos en este ámbito, advirtiendo que, aunque no es una lista exhaustiva, incluye los instrumentos legales que han marcado hitos en la regulación internacional de armamentos. Se comienza mencionando a la *Convención sobre Armas Biológicas*[13] (CAB) de 1972, considerando su fecha de adopción no es de extrañar que partía de la premisa de que los Estados eran los principales responsables para prohibir el uso de las armas biológicas. Su artículo tercero prohíbe a los Estados partes transferir o asistir en la producción de agentes prohibidos, ya sea a otros Estados o a organizaciones internacionales. Esta convención se mantiene dentro del paradigma de responsabilidad estatal, sin abordar explícitamente las responsabilidades de actores no estatales o entidades privadas, discusiones que para esa fecha no se abordaban a plenitud en la esfera internacional[14].

La *Convención sobre Prohibiciones o Restricciones del Empleo de Ciertas Armas Convencionales*[15] (CCAC) de 1980, ilustra las limitaciones en este ámbito que persisten hoy en día. Abarcando una variedad de armas como minas terrestres, trampas explosivas y armas láser cegadoras, la CCAC se centra en la protección de civiles y combatientes. Sin embargo, luego de su lectura se aprecia que carece de mecanismos de verificación de cumplimiento y resolución de conflictos, lo que —en nuestra opinión— debilita su eficacia. Las

---

13 *Convención sobre Armas Biológicas*, adoptada el 10 de abril de 1972 y en vigor el 26 de marzo de 1975.

14 Por ejemplo, en las discusiones de la Comisión de Derecho Internacional, durante la 1043ª sesión del 5 de mayo de 1970, apenas se comenzaba a mencionar la necesidad de incluir formalmente el tema de la responsabilidad de los Estados, sin mencionar otros sujetos que podrían generarla. Este era un asunto sobre el cual la Asamblea General instaba a realizar algún progreso. Para más detalles, ver Anuario de la Comisión de Derecho Internacional, Tomo I, A/CN.4/SER. A/1970, párrafo 31, p. 5.

15 *Convención sobre Prohibiciones o Restricciones del Empleo de Ciertas Armas Convencionales que puedan considerarse excesivamente nocivas o de efectos indiscriminados*, adoptada el 10 de abril de 1980 y en vigor el 2 de diciembre de 1983.

revisiones quinquenales y las sesiones bienales del Comité Preparatorio han permitido y ofrecen oportunidades para actualizaciones, pero no resuelven estas deficiencias fundamentales, aunque se ha considerado que es un tratado modesto pero útil[16].

La *Convención sobre la Prohibición del Desarrollo, la Producción, el Almacenamiento y el Empleo de Armas Químicas y sobre su Destrucción*[17] *(Convención sobre Armas Químicas)* de 1980, *es un hito significativo en el esfuerzo global por eliminar una de las formas más inhumanas de armamento, aunque la responsabilidad cae totalmente en hombros de los Estados.* El empleo de armas químicas representa uno de los episodios más sombríos en la historia de los conflictos armados. Su devastador impacto se hizo evidente durante la Primera Guerra Mundial[18]. Lamentablemente, a pesar de la existencia del *Protocolo de Ginebra de 1925*[19] y del horror que causaban en la comunidad internacional, las armas químicas siguieron siendo utilizadas en conflictos posteriores. No fue hasta 1992, tras más de una década de arduas negociaciones, cuando se logró un avance decisivo con la adopción de la *Convención sobre las Armas Químicas.* Este tratado no solo fortaleció las prohibiciones existentes, sino que también estableció a la Organización para la Prohibición de las Armas Químicas (OPAQ), este organismo se erige como guardián del cum-

16 Fenrick, W. J, "La Convención sobre las armas convencionales: un tratado modesto pero útil", *Revista Internacional de la Cruz Roja,* 1990, 15, 102, p. 533-545.

17 *Convención sobre la Prohibición del Desarrollo, la Producción, el Almacenamiento y el Empleo de Armas Químicas y sobre su Destrucción,* adoptada el 13 de enero de 1992 y en vigor el 29 de abril de 1997.

18 Vilches, D., Alburquerque, G., Ramirez-Tagle, R, "Ciento un años después de un hito: las armas químicas y la Primera Guerra Mundial", *Educación química,* 2016, 27, 3, p. 233-236.

19 Este acuerdo, aunque significativo, presentaba notables deficiencias. No prohibía el desarrollo, la producción ni el almacenamiento de armas químicas, y permitía a los Estados signatarios reservarse el derecho de usarlas en determinadas circunstancias, como represalia o contra países no firmantes

plimiento del tratado, trabajando incansablemente para erradicar estas armas de la faz de la Tierra[20].

Ahora bien, este tratado, innovador en su alcance y ambición, marca un punto de inflexión en la lucha contra las armas de destrucción masiva, estableciendo un precedente crucial en el Derecho Internacional y la diplomacia. Su singularidad radica en ser el primer acuerdo internacional que no solo prohíbe una categoría entera de armas de destrucción masiva, sino que también establece mecanismos concretos para verificar su eliminación. Un aspecto notable de esta Convención es su aplicación universal e igualitaria. Todos los Estados signatarios están sujetos a las mismas obligaciones y escrutinio, lo que refuerza la legitimidad y eficacia del tratado. No hay que olvidar que el uso de armas químicas ha alcanzado la categoría de crimen de guerra[21].

La implementación efectiva del tratado depende en gran medida de las acciones a nivel nacional. Cada Estado Parte debe adoptar medidas legislativas y administrativas para cumplir con sus obligaciones, lo que incluye la criminalización de actividades prohibidas y la creación de mecanismos de control y supervisión[22], esto con la esperanza de que se cree una red global de cumplimiento. En cuanto a la resolución de conflictos, la Convención prioriza un enfoque gradual y bastante diplomático. Prioriza métodos pacíficos como la negociación directa entre las partes, reflejando un compromiso con la resolución pacífica de disputas. Superadas estas etapas, se prevé la posibilidad de remitir conflictos a la CIJ, aunque este último recurso está condicionado al "asentimiento mutuo" de las partes involucradas[23]. Esta cláu-

---

20 García, María del Mar Hidalgo, "Siria: un desafío para la Organización para la Prohibición de las Armas Químicas (OPAQ)", *bie3: Boletín IEEE*, 22, 2021, p. 116-129.

21 La prohibición del uso de estas armas, caso contrario sería considerado como crimen de guerra, está contemplada en el apartado xviii) del artículo 8.2.a) del Estatuto de Roma.

22 Ver: artículo VII de la Convención.

23 Ver: artículo XIV de la Convención.

sula, si bien puede parecer una limitación, podría demostrar dos realidades totalmente diferente y contradictorias entre sí, una de ellas, eventualmente, podría reflejar un equilibrio delicado entre la necesidad de mecanismos de aplicación robustos y el respeto a la soberanía de los Estados; mientras que también implicaría la no posible resolución de un conflicto al condicionar a los Estados a aceptar obligatoriamente dicha remisión. No obstante, no se puede negar que la Convención no solo es un logro en sí misma, sino que también establece un modelo para futuros esfuerzos de control de armamentos y desarme.

Por su parte, la *Convención sobre Municiones en Racimo*[24] de 2008, se enfoca —primordialmente— en las responsabilidades estatales, omitiendo menciones específicas a los fabricantes de estas armas o a las transacciones comerciales relacionadas. Su mecanismo de resolución de controversias, gira en torno a la utilización de medidas diplomáticas y como último recurso asistir a la CIJ. La utilización de estas armas se consideraría como un método de guerra y su empleo también sería clasificado como un crimen de guerra[25]. Además, este tipo de criminalización también abarcaría las armas prohibidas por la Convención de 1980 sobre ciertas armas y la Convención de Ottawa.

La *Convención sobre la Prohibición del Uso, Almacenamiento, Producción y Transferencia de Minas Antipersonas y sobre su Destrucción*[26]de 1997 *(Convención de Ottawa)*, representa un enfoque más específico. Su objetivo es eliminar el sufrimiento causado por estas armas, prohibiendo su uso, desarrollo, producción, almacenamiento y transferencia. La Convención exige la destrucción de existencias y la limpieza de zonas minadas, además de asistencia a las víctimas.

---

24 *Convención sobre Municiones en Racimo*, adoptada el 30 de mayo de 2008 y en vigor el 1 de agosto de 2010.

25 Ver artículo 8, 2, b, xx).

26 *Convención sobre la Prohibición del Uso, Almacenamiento, Producción y Transferencia de Minas Antipersonas y sobre su Destrucción*, adoptada el 18 de septiembre de 1997 y en vigor el 1 de marzo de 1999.

Su aplicación uniforme en todos los Estados partes es un punto destacado, pero, al igual que otros tratados, carece de mecanismos robustos de monitoreo y sanción.

El *Tratado de No Proliferación de Armas Nucleares*[27] *(TNP) de 2017* presenta un enfoque aún más limitado en cuanto a la atribución de responsabilidades. Su artículo 6 se limita a exhortar a los Estados a negociar de buena fe para poner fin a la carrera armamentística nuclear. Este tratado es particularmente controvertido debido a su estructura que permite la posesión de armas nucleares a solo cinco miembros permanentes del Consejo de Seguridad. Básicamente, el TNP se estructura en torno a tres pilares: no proliferación, desarme y uso pacífico de la energía nuclear. Sin embargo, su efectividad se ve cuestionada por la ausencia de Estados claves como India, Pakistán, Israel, Sudán del Sur y Corea del Norte, exceptuando a la vez de su posesión a los Estados pertenecientes al Consejo de Seguridad[28], lo que vendría a subrayar las desigualdades persistentes en el orden internacional.

La regulación internacional de armamentos presenta un panorama complejo y diverso de lenta evolución, tal como lo demuestra el TNP. Un aspecto crucial para destacar es que, los tratados universales mencionados anteriormente no solo prohíben el uso de ciertas armas, sino que también, lógicamente y de manera análoga, vetarían categóricamente su comercio y transferencia. Esta prohibición absoluta resaltaría el reconocimiento global del peligro inherente que representan estas armas, sin importar quién las posea o utilice. Por lo tanto, no es de extrañar que se genere de manera automática la responsabilidad internacional de los Estados por el incumplimiento de dicha normativa, aunque los ca-

---

27 *Tratado sobre la Prohibición de las Armas Nucleares,* adoptado el 7 de julio de 2017 y en vigor el 22 de enero de 2021.

28 Por ejemplo, se puede ver: Consejo de Seguridad, "The responsibility of the Security Council in the maintenance of international peace and security", *Repertoire of the Practice of the Security Council,* S/PRST/1998/17.

minos para llegar a la jurisdicción internacional se hacen un poco cuesta arriba.

Sin embargo, al dirigir nuestra atención hacia las armas pequeñas y ligeras, nos adentramos en un terreno aún más complejo y desafiante puesto que las mismas todavía no han alcanzado tal repudio en el plano universal. Estas armas, aunque menospreciadas en comparación con sus contrapartes más destructivas, son las responsables de un dolor extendido y constante en innumerables comunidades alrededor del mundo. Su sombra se extiende hasta el crimen organizado transnacional y la delincuencia común[29]. Ahora, examinaremos los tratados que buscan, con cierta esperanza, regular y mitigar esta trágica situación.

2.2. Armas pequeñas y ligeras

La Oficina de las Naciones Unidas contra la Droga y el Delito ha reconocido como esenciales al 'marco jurídico Internacional sobre armas de fuego y otras armas convencionales'[30], primero, en cuanto al control de la delincuencia, la *Convención contra la delincuencia organizada*[31], también conocida como "Convención de Palermo", (UNTOC, acrónimo en inglés) y su *Protocolo sobre armas de fuego*[32]*; segundo,* en materia de desarme, *el Programa de acción de Naciones Unidas sobre armas pequeñas y armas ligeras*[33] de 2001, y *el*

---

29 Global initiative against transnational organized crime, *Arms trafficking and organized crime, global trade, local impacts,* Ginebra, 2022.

30 UNODC, *Marco Jurídico Internacional relativo a las Armas de Fuego,* Naciones Unidas, Viena, 2020.

31 *Convención de las Naciones Unidas contra la Delincuencia Organizada Transnacional,* adoptado el 15 de noviembre de 2000 y en vigor el 29 de septiembre de 2003.

32 *Protocolo contra la fabricación y el tráfico ilícito de armas de fuego, sus piezas y componentes y municiones,* adoptado el 31 de mayo de 2001 y en vigor el 3 de julio de 2005.

33 *Programa de Acción de las Naciones Unidas sobre Armas Pequeñas y Armas Ligeras,* adoptado el 20 de julio de 2001, mediante Resolución A/RES/56/24.

Instrumento internacional que permita a los Estados identificar y rastrear, de forma oportuna y fidedigna, las armas pequeñas y ligeras ilícitas[34] (ITI) de 2005; el problema de estos dos últimos documentos es que, a pesar del esfuerzo que representan, su naturaleza no es vinculante, por esta razón, no serán reseñados en este capítulo. Finalmente, en cuanto a dicho marco, se menciona la reglamentación del comercio, contándose con el *Tratado sobre el Comercio de Armas* (TCA)[35].

En primer término, cabe señalar que la UNTOC establece el fundamento legal para la lucha contra el crimen organizado a escala global. Este tratado proporciona un marco de cooperación internacional esencial para combatir actividades delictivas que trascienden fronteras, incluyendo el tráfico ilícito de armas. La UNTOC reconoce la naturaleza interconectada de las redes criminales modernas y busca fomentar una respuesta coordinada entre naciones. En atención a esta compleja realidad, se establece por primera vez, en el décimo artículo, numeral primero, la responsabilidad de las personas jurídicas por participación en delitos graves. Además, se obliga a los Estados a tomar medidas cuando las personas jurídicas están implicadas en la comisión de delitos como participación en grupos delictivos organizados, blanqueo de capitales, corrupción u obstrucción a la justicia.

Sin lugar a dudas este avance, que suele pasar desapercibido, es un reconocimiento expreso hecho por los Estados partes de que las empresas sí tienen responsabilidades por su participación en grupos delictivos, lo que *vis-a-vis* implicaría, por ejemplo, a las empresas traficantes de armas o por el comercio ilegal de armas. Se hace imperioso que los Estados, reconozcan este tipo de respon-

---

34 *Instrumento Internacional para Permitir a los Estados Identificar y Rastrear, de Forma Oportuna y Fidedigna, las Armas Pequeñas y Ligeras Ilícitas (ITI),* adoptado por la Asamblea General de la ONU en la Resolución 60/81 del 8 de diciembre de 2005.

35 *Tratado sobre el Comercio de Armas,* adoptado el 02 de abril de 2013 y en vigor el 24 de diciembre de 2014.

sabilidad en sus esferas nacionales, lo que resulta curioso puesto que se mostraron estar de acuerdo en el plano internacional. En este sentido, se ha indicado que algunas jurisdicciones todavía enfrentan retos para asumir el reconocimiento de esta realidad[36]. En contra, se resalta que, durante las negociaciones del Estatuto de Roma, los Estados se decantaron por la responsabilidad individual internacional y así quedó plasmado en su normativa[37], dejando de lado la responsabilidad de las empresas. Por lo tanto, quedaría abordar la determinación de la responsabilidad de otros actores, en el plano internacional, por ejemplo, empresas, desde una perspectiva cautelosa[38].

Complementando la UNTOC, el *Protocolo contra la Fabricación y el Tráfico Ilícito de Armas de Fuego, sus Piezas y Componentes y Municiones*[39] representa un avance significativo en la regulación internacional del comercio de armas. Este instrumento establece disposiciones cruciales para el rastreo y la identificación de armas de fuego, elementos fundamentales en la lucha contra el tráfico ilícito. Al establecer estándares comunes, el Protocolo busca cerrar las brechas que los traficantes de armas explotan debido a las disparidades legislativas entre países. Las medidas de marcación y rastreo muy detalladas en este acuerdo tienen como objetivo facilitar la identificación del origen de las armas de fuego[40]. En teoría, esto debería permitir a los Estados partes determinar rápidamente el país de fabricación de cualquier arma en cuestión.

---

36 CLARK, Roger S., "The United Nations Convention against Transnational Organized Crime", *Wayne Law Review*, 50, 161, 2004, p. 176.

37 Por ejemplo, se pueden ver los artículos primero y vigésimo quinto del Estatuto.

38 Este tema podrá ser revisado en el Capítulo X de esta obra, en atención a la responsabilidad penal internacional.

39 *Protocolo contra la fabricación y el tráfico ilícito de armas de fuego, sus piezas y componentes y municiones*, adoptado el 31 de mayo de 2001 y en vigor el 3 de julio de 2005.

40 UNODC, *El Protocolo sobre armas de fuego y el Tratado sobre el comercio de armas: ¿divergencia o complementariedad?*, Naciones Unidas, Viena, 2017.

Se puede colegir que, para las armas provenientes de fabricantes reconocidos, este sistema podría proporcionar una base para establecer cierto grado de responsabilidad a nivel internacional. De la misma manera, establece un intercambio de información, sujeto a los ordenamientos jurídicos y administrativos internos de cada país[41], lo que constituye una herramienta fundamental para rastrear el movimiento de armas y detectar posibles desvíos hacia canales ilícitos. Complementando este enfoque, se establece un mandato de cooperación más amplio. Insta a los Estados Parte a colaborar no solo entre sí, sino también con los actores del sector privado[42]. Se considera que esta colaboración público-privada es esencial para crear un frente unido contra el tráfico ilícito de armas, reconociendo que la prevención y detección efectivas requieren la participación activa de todos los eslabones de la cadena de suministro.

En cuanto a la resolución de conflictos, se proporciona un mecanismo escalonado. Inicialmente, se promueve la negociación directa entre las partes en disputa. Si esta vía no resulta exitosa, se contempla la opción del arbitraje internacional. Como último recurso, se establece la posibilidad de llevar el caso ante la CIJ[43]. En nuestra opinión, esta estructura escalonada refleja un enfoque que prioriza la solución pacífica de controversias, al tiempo que proporciona mecanismos de adjudicación formal cuando sea necesario. Sin embargo, su efectividad dependerá en gran medida de la voluntad política de los Estados para implementar estas disposiciones y cooperar de manera significativa. Además, la complejidad del mercado global de armas y la naturaleza transnacional del tráfico ilícito presentan desafíos continuos que requerirán una adaptación y fortalecimiento constantes de estos mecanismos de cooperación y resolución de conflictos.

---

41 Ver: artículo 12 del Protocolo.

42 Artículo 13 del Protocolo.

43 Artículo 16 del Protocolo.

Ahora bien, siguiendo esta línea de pensamiento es propicio hacer mención al comercio de las armas, en especial de las armas pequeñas, puesto que es uno de los factores que aviva aún más la tensión y pone en riesgo el derecho a la vida de un sin número de personas independientemente de su ubicación geográfica. A la fecha, este tipo de comercio es uno de los más grandes del mundo, en donde las empresas privadas también juegan un papel determinante[44]. La compraventa de armas es un tema de especial trascendencia debido a que se involucran temas de seguridad estatal, derechos humanos y estabilidad global[45]. Por consiguiente, los Estados se han visto forzados en reunir consensos para implementar un tratado que promoviese un comercio responsable y controlado de las armas[46].

Estos esfuerzos finalizaron con la adopción del *Tratado sobre el Comercio de Armas (TCA)*[47] por la Asamblea General de las Naciones Unidas en el año 2013[48]. La relevancia de este tratado subyace en que, además de regular la compraventa de armas, también establece normas y reglas para prevenir el desvío de estas. El tratado se caracteriza también, de manera especial, puesto que durante el proceso de evaluación de la compraventa se exige aplicar un enfoque de impacto diferenciado de género. Resaltan los artículos sexto y séptimo toda vez que en el primero de ellos se enumeran

---

44 Amnistía Internacional, "El comercio de armas imprudente devasta vidas. Se fabrican y se venden cantidades escandalosamente altas de armas y munición", s/f, disponible en: https://www.es.amnesty.org/en-que-estamos/temas/armas/ (Fecha de consulta: 01/07/2024).

45 Arms Control Association, *Arms control and national security: an introduction.* Washington, Arms Control Association, 1989.

46 Amnistía Internacional, *Ni un arma para atrocidades o abusos: compromiso con un tratado efectivo sobre el comercio de armas*, Madrid, Editorial Amnistía Internacional, 2012.

47 En el capítulo X de esta obra se analizará con más detalle el posible impacto que podría tener este tratado en el establecimiento de responsabilidades internacionales.

48 *Tratado sobre el Comercio de Armas,* adoptado el 02 de abril de 2013 y en vigor el 24 de diciembre de 2014.

una lista de 'prohibiciones' mientras que en el segundo se establece una serie de consideraciones a la 'exportación y evaluación de las exportaciones'. Los tratados mencionados, a excepción de la *Convención contra el Crimen Organizado* y su *Protocolo de Armas,* no fueron concebidos con la intención explícita de entrelazarse. No obstante, en nuestra opinión, comparten objetivos similares o complementarios: regular diversas transacciones globales de armamento convencional y prevenir operaciones clandestinas. Aunque surgieron de manera independiente, estos acuerdos convergen en su propósito de establecer un marco normativo para el comercio de armas y combatir actividades ilegales asociadas. Su enfoque conjunto, aunque no planificado inicialmente, contribuye a conformar un sistema legal que aborda diversos aspectos del control de armas a nivel internacional. A la par, se han desarrollado importantes esfuerzos a nivel global para llevar a cabo programas de desarme[49]. A su vez queda claro que se aprecia de manera inequívoca, en la creación de estos tratados, la existencia del *principio del Lotus,* puesto que las normas jurídicas que obligan a los Estados se originan en su propia voluntad, expresada a través de tratados o en usos generalmente aceptados establecidos para regular la coexistencia entre esos sujetos[50].

Por otra parte, más allá de los tratados, dentro del ámbito de las Naciones Unidas yace también el compendio de *Los Principios en*

---

[49] Desde el seno de la ONU se han emprendido diferentes iniciativas para promover el desarme mediante la creación de organismos e instituciones abocadas a tal fin. A los efectos esto puede ser observado en la Oficina de Asuntos de Desarme de la ONU (UNODA), Comisión de Desarme de la ONU, Junta Consultiva del Secretario General en Asuntos de Desarme, Instituto de las Naciones de Investigación sobre el Desarme, Organismo Internacional de Energía Atómica (OIEA), Organización del Tratado de Prohibición Completa de los Ensayos Nucleares (CTBT), Organización para la Prohibición de las Armas Químicas (OPCW), Servicio de las Naciones Unidas de Actividades relativas a las Minas (UNMAS).

[50] CPJI, Lotus, *arrêt núm.* 9, 1927, núm. 10, p. 18.

la Prevención de Violaciones a los Derechos Humanos cometidos a través de Armas Pequeñas[51], en donde se advierte que los gobiernos deben incluir en sus leyes nacionales medidas para investigar y enjuiciar a quienes fabrican, poseen, almacenan o transfieren ilegalmente armas ligeras. Además, deben imponer sanciones severas por el uso indebido de estas armas, especialmente en casos de violencia doméstica, y por su posesión ilegal[52]. Igualmente, resaltan una serie de documentos creados en el seno de las Naciones Unidas, a saber: "Repercusiones de las transferencias de armas en los Derechos Humanos"[53], "Los Derechos Humanos y la reglamentación de la adquisición, la posesión y el empleo de armas de fuego por personas civiles[54]", "Armas pequeñas y armas ligeras"[55], cuya finalidad es regular la transferencia de armas y preservar el respeto a los derechos humanos.

Con base en el análisis realizado hasta el momento, se puede apreciar que un denominador común, entre estas convenciones, es su intención de mitigar el sufrimiento humano en conflictos de diversas índoles. Sin embargo, la falta de claridad en la atribución de responsabilidades y la ausencia de mecanismos, aún más efectivos de monitoreo y sanción, son debilidades persistentes. Estas limitaciones contribuyen al fortalecimiento del mercado armamentista y de violencia actual en la esfera internacional, donde la proliferación y el uso indebido de armas continúan siendo pro-

---

51 Human Rights Council, *The Principles on the Prevention of Human Rights Violations Committed with Small Arms*, 31 de Mayo de 2023, (A/HRC/Sub.1/58/27/Add.1), para. 11.

52 Human Rights Council, *The Principles on the Prevention of Human Rights Violations Committed with Small Arms*, para. 12.

53 Informe del Consejo de Derechos Humanos, Repercusiones de las transferencias de armas en los derechos humanos, Nº 47/17, 13 de julio de 2021, p. 232.

54 "Los derechos humanos y la reglamentación de la adquisición, la posesión y el empleo de armas de fuego por personas civiles", (Doc. A/HRC/32/21).

55 ONU, Informe del Secretario General "Armas pequeñas y armas ligeras", (Doc. S/2023/823), 1 de noviembre de 2023.

blemas graves. La regulación de las armas de destrucción masiva se erige principalmente en la esfera universal, donde representan un desafío considerable. Por otro lado, el control de las armas pequeñas, a nivel regional, se destaca como un reto distintivo. La virulencia de las armas, especialmente las de pequeño calibre, tiene un impacto innegable en la violencia en las Américas y África; por lo tanto, se han adoptado diversas convenciones para regular esta situación, las cuales serán revisadas a continuación.

3. LA REGULACIÓN REGIONAL DE LAS ARMAS PEQUEÑAS EN EL PLANO REGIONAL

3.1. Las Américas y el Acuerdo Interamericano para el Control de Armas de Fuego

En la región americana se cuenta con el *Acuerdo Interamericano para el Control de Armas de Fuego (CIFTA)*[56], ratificado por 31 de los 34 Estados miembros de la Organización de Estados Americanos (OEA) y firmado por 3 Estados, a saber: Canadá, Estados Unidos y Jamaica. El tratado referencia como finalidad "impedir, combatir y erradicar la fabricación y el tráfico ilícito de armas de fuego, municiones, explosivos y otros materiales relacionados". No obstante, se puede considerar que la Convención no tiene un impacto aún mayor debido a que en su Preámbulo estableció "que esta Convención no compromete a los Estados Parte a adoptar legislaciones o reglamentos sobre *la propiedad, tenencia o comercialización de armas de fuego de carácter exclusivamente interno*". El Artículo IV determina que los países miembros deben establecer leyes que criminalicen la elaboración y distribución ilegal de armamento, municiones, materiales explosivos y componentes relacionados. Igualmente, la normativa ha de contemplar las sanciones por participación en estos actos ilícitos, la conspiración para ejecutarlos, la tentativa

56 *Acuerdo Interamericano para el Control de Armas de Fuego,* adoptado el 14 de noviembre de 1997 y en vigor el 1 de julio de 1998.

de llevarlos a cabo y el respaldo o facilitación de su realización, respetando los fundamentos constitucionales y conceptos básicos de cada nación.

El acuerdo mencionado, aunque no es sobre derechos humanos, reconoce en su preámbulo la necesidad imperiosa de frenar, confrontar y eliminar la producción y el comercio ilegal de armas, municiones, explosivos y materiales asociados. Esta urgencia se basa en el impacto negativo de dichas actividades ilegales sobre las naciones, obstaculizando el progreso sostenible de las comunidades y, en particular, amenazando la paz. El CIFTA no regula el comercio de armas, aunque es innegable que un comercio abierto y descontrolado de armas facilita el tráfico ilegal de estas, aspecto que sí está expresamente regulado en el contenido de dicho tratado. En todo caso, el Artículo IV sobre 'medidas legislativas' indica, en el apartado dos, que los Estados deberán asentar en su normativa la prohibición y penalización de los involucrados por su "participación en la comisión de alguno de dichos delitos, la asociación y la confabulación para cometerlos, la tentativa de cometerlos y *la asistencia, la incitación, la facilitación o el asesoramiento en relación con su comisión*".

Por otra parte, el artículo V del CIFTA establece una serie de alternativas para establecer la competencia sobre la comisión de los crímenes establecidos en esta Convención. En este sentido, se le exige a los Estados adoptar las medidas necesarias para poder ejercer su competencia en relación con los delitos cometidos en su territorio, así como, "cuando el delito es cometido por uno de sus nacionales" o "por una persona que tenga residencia habitual en su territorio", entre otros. Asimismo, el artículo XIII, apartado segundo, establece el deber de los Estados partes de cooperar y participar en el intercambio de información entre ellos "para prevenir, detectar e investigar la fabricación y el tráfico ilícitos de armas de fuego, municiones, explosivos y otros materiales relacionados y *para procesar penalmente a los responsables*".

A partir de lo anteriormente expuesto, se evidencian dos hechos: en primer lugar, se esperaría que la aplicación efectiva de esta Convención tenga un impacto directo en el respeto y disfrute del derecho a la vida; en segundo lugar, resulta claro que los Estados tienen la obligación de enjuiciar a aquellos individuos que faciliten, por ejemplo, el tráfico de armas. Asimismo, los Estados podrían establecer su competencia nacional en estos asuntos y, eventualmente, considerar la competencia extraterritorial en los casos que estimen necesario.

Sin embargo, el problema actual radica en que Canadá, Estados Unidos y Jamaica no han ratificado el tratado. En particular, destaca la vigencia de una norma constitucional en Estados Unidos[57], en nuestra opinión desfasada de la realidad, que ha tenido como consecuencia la falta de una normativa clara y contundente que prohíba la compra-venta de armamento, impactando, por ejemplo, la violencia en México. Esta situación llevó a México a solicitar una Opinión Consultiva ante la Corte Interamericana de Derechos Humanos (Corte IDH) sobre las actividades de las empresas privadas de armas y sus efectos en los derechos humanos, haciendo especial referencia a la debida diligencia y a prácticas negligentes y/o intencionales que facilitan el tráfico ilícito. Esto, a su vez, ha resultado en la disponibilidad indiscriminada de armas en la sociedad y ha incrementado el riesgo de violencia en la región[58].

En cualquier caso, en nuestra opinión se considera que el CIFTA necesita una actualización en su normativa para adaptarse de manera más completa a las nuevas realidades de violencia en la región. Esto incluiría ampliar las responsabilidades de los Estados

---

57 La Segunda Enmienda de la Constitución de los Estados Unidos, presentada el 12 de diciembre de 1791, asegura el derecho de los ciudadanos a tener y portar armas. La versión aprobada por el Congreso de ese país indica: "A well regulated Militia, being necessary to the security of a free State, the right of the people to keep and bear Arms, shall not be infringed".

58 CORTE IDH, "Solicitud de Opinión Consultiva", 11 de noviembre de 2022, disponible en: https://www.corteidh.or.cr/docs/opiniones/soc_1_2022_es.pdf (Fecha de consulta: 01/07/2023).

y otros actores internacionales, así como permitir que los Estados partes presenten procesos de solución amistosa de controversias contra otros Estados miembros de la OEA, no solo contra otro Estado parte; por ejemplo, mediante el establecimiento de mecanismos diplomáticos para alcanzar ciertos acuerdos. De la misma manera, es especialmente importante establecer una cláusula de cooperación que regule las relaciones entre los Estados partes y los que no lo son. Asimismo, resultaría imperativo otorgar competencia contenciosa para la resolución de estos conflictos, por ejemplo a la CIJ, en caso de que otros mecanismos de solución de controversias no alcanzasen su finalidad, superando la limitada e ineficaz solución establecida en el artículo XXIX.

3.2. Acuerdos Multilaterales sobre Armas en África: Balanceando Seguridad y Soberanía

La *Declaración de Bamako relativa a una posición africana común sobre la proliferación, la circulación y el tráfico ilícitos de armas pequeñas y ligeras*[59], (Declaración de Bamako) de la Unión Africana, es un hito en la política panafricana, marcó el inicio de una nueva era en la lucha contra la proliferación, circulación y tráfico ilícitos de armas pequeñas y ligeras en el continente africano. Este instrumento sentó las bases para el desarrollo de marcos jurídicos vinculantes a nivel regional, reflejando un consenso emergente sobre la necesidad de abordar esta problemática de manera colectiva y sistemática. El objetivo primordial de la Declaración era impedir que las armas pequeñas y ligeras cayeran en manos de actores no estatales potencialmente desestabilizadores, incluyendo grupos rebeldes, milicias étnicas, organizaciones criminales y entidades terroristas. Los Estados reconocieron la conexión intrínseca entre el necesario control de armas y el cumplimiento de los objetivos

---

59 *Declaración de Bamako relativa a una posición africana común sobre la proliferación, la circulación y el tráfico ilícitos de armas pequeñas y ligeras*, adoptada el 01 de diciembre de 2000.

más amplios de paz, seguridad, estabilidad y desarrollo sostenible en África.

Un aspecto notable de la Declaración fue su enfoque holístico y su reconocimiento de la naturaleza transfronteriza del problema. Los Estados signatarios enfatizaron la importancia de adoptar medidas globales para frenar la proliferación y el tráfico ilícito de armas, subrayando la necesidad de mecanismos sostenibles y eficientes para lograr este objetivo. Particularmente significativa es la disposición que contempla la responsabilidad de las personas jurídicas en el tráfico ilícito de armas. Esta cláusula representa un avance conceptual importante, ampliando el ámbito de la responsabilidad más allá de los individuos para incluir a entidades corporativas, lo que refleja una comprensión más sofisticada de las redes y estructuras involucradas en el comercio ilícito de armas,

> "iv) Asegurar que los fabricantes y proveedores de armas pequeñas y ligeras ilícitas, que violen las regulaciones globales o continentales sobre el tema, sean sancionados. Los intermediarios conocidos y los Estados que actúan como proveedores de armas y armas adquiridas ilícitamente para los combatientes en los Estados Miembros, también deben ser sancionados por la comunidad internacional"[60].

A tenor de lo anterior, la disposición indica también el deber de sancionar por "la comunidad internacional" a las entidades implicadas en el tráfico ilícito de armas, lo que plantea interrogantes significativas en el ámbito del Derecho Internacional. Esta cláusula, aunque bien intencionada, suscita una serie de cuestiones complejas respecto a su implementación y eficacia. En primer lugar, la frase "comunidad internacional" es un término que podría

---

60 Traducción libre del inglés: "v) Ensure that the manufacturers and suppliers of illicit small arms and light weapons, who violate global or continental regulations on the issue, shall be sanctioned. Known brokers and States which act as suppliers of illicitly acquired arms and weapons to combatants in Member States, should equally be sanctioned by the international community."

considerarse ambiguo en el contexto jurídico[61]. Además, la falta de un consenso global sobre la responsabilidad de las personas jurídicas en el Derecho Internacional plantea obstáculos significativos.

La *Convención de la Comunidad Económica de los Estados de África Occidental (CEDEAO, ECOWAS en inglés) sobre armas pequeñas y ligeras*[62], representa un hito significativo en los esfuerzos regionales para controlar la proliferación de armas pequeñas y ligeras. Este instrumento jurídico tiene sus raíces en la *Moratoria sobre la importación, exportación y fabricación de armas ligeras en África Occidental*[63] de 1998, evolucionando hacia un acuerdo vinculante que refleja la colaboración entre la sociedad civil, instituciones nacionales y actores externos, incluyendo la participación de la Unión Europea.

La Convención se distingue por su enfoque restrictivo, exigiendo a los Estados miembros prohibir la posesión, uso y venta de armas ligeras por civiles, mientras impone regulaciones sobre las armas pequeñas. Este marco normativo se sustenta en principios de cooperación interestatal y en la implementación de legislaciones nacionales para regular el uso de estas armas y fortalecer los controles fronterizos. En cuanto a los mecanismos de cumplimiento, la Convención establece un proceso progresivo. El artículo 27 estipula que las infracciones deben ser remitidas a la Corte de Justicia de la *CEDEAO*, pero solo después de una revisión preliminar por parte del Secretario Ejecutivo de la *CEDEAO* y la subsecuente consideración por el Consejo de Seguridad y Mediación del orga-

---

61 Rodrigo, Ángel J, "Entre Westfalia y Worldfalia: la comunidad internacional como comunidad social, política y jurídica", en *La tensión cosmopolita. Avances y límites en la institucionalización del cosmopolitismo*, 2016, pp. 23-63.

62 *Convención de la Comunidad Económica de los Estados de África Occidental (CEDEAO) sobre armas pequeñas y ligeras*, adoptada el 14 de junio de 2006 y en vigor el 29 de septiembre de 2009.

63 CEDEAO, Moratorium on the Importation, Exportation and Manufacture of Light Weapons in West Africa, Decision A/DEC.1/12/06, 2006.

nismo. Es importante señalar que esta disposición no excluye la posibilidad de que Estados o individuos puedan acudir directamente a la Corte.

El régimen de responsabilidades se alinea con el artículo 77 del Tratado revisado de la *CEDEAO*, que enumera una serie de sanciones aplicables a los Estados que incumplan la normativa. Estas sanciones incluyen: "(i) suspensión de nuevos préstamos o ayudas comunitarias; (ii) suspensión del desembolso de proyectos comunitarios o programas de asistencia en curso; (iii) exclusión de la presentación de candidatos para cargos estatutarios y profesionales; (iv) suspensión del derecho de voto; y (v) suspensión de participar en las actividades de la Comunidad".

El *Protocolo sobre el control de las armas de fuego, las municiones y otros materiales relacionados en la región de la Comunidad para el Desarrollo del África Austral*[64] (Protocolo de la SADC) se alinea en gran medida con instrumentos similares, destacándose por su énfasis en la regulación de la posesión civil de armas de fuego. Una innovación notable es la inclusión de disposiciones sobre las transferencias de armas de propiedad estatal y la designación de la 'Organización Regional de Cooperación de Jefes de Policía de África Austral' como órgano supervisor. El artículo 2 del Protocolo reafirma el principio de no intervención en asuntos internos de los Estados miembros, mientras que el artículo 18 establece el mecanismo de resolución de disputas a través del tribunal de la comunidad.

Por su parte, el *Protocolo de Nairobi para la prevención, el control y la reducción de las armas pequeñas y ligeras en la región de los Grandes Lagos y el Cuerno de África*[65] proporciona definiciones claras de "armas de fuego" y su inclusión en la categoría de "armas pequeñas".

---

64 *Protocolo sobre el control de las armas de fuego, las municiones y otros materiales relacionados en la región de la Comunidad para el Desarrollo del África Austral*, adoptado el 14 de agosto de 2001 y en vigor el 8 de noviembre de 2004.

65 *Protocolo de Nairobi para la prevención, el control y la reducción de las armas pequeñas y ligeras en la región de los Grandes Lagos y el Cuerno de África*, adoptado el 21 de abril de 2004 y en vigor el 5 de mayo de 2006.

Establece obligaciones específicas para los Estados en relación con la propiedad estatal de armas y regulaciones estrictas sobre transferencias y corretaje. Significativamente, el Protocolo reconoce la relación entre corrupción y tráfico de armas[66]. En cuanto a la resolución de conflictos, remite a los "principios del Derecho Internacional público" en ausencia de una solución amistosa, una disposición que potencialmente podría generar discrepancias interpretativas.

Finalmente, *la Convención Centroafricana para el Control de las Armas Pequeñas y las Armas Ligeras, sus Municiones y todas las piezas y componentes que puedan utilizarse para su fabricación, reparación y ensamblaje* (Convención de Kinshasa)[67] se caracteriza por su amplio alcance y normativas exhaustivas sobre transferencias de armas. Establece vínculos entre la corrupción, la delincuencia y otros crímenes transnacionales. Sin embargo, carece de mecanismos específicos para la resolución de controversias o el establecimiento de responsabilidades, delegando estas funciones a los tribunales nacionales sin proporcionar un marco formal para mecanismos alternativos de resolución de disputas. Destaca también la incorporación de programas educativos y de concientización sobre el control de armas. En el ámbito de la responsabilidad empresarial en el control de armamento, la Convención introduce un enfoque innovador. Este instrumento jurídico establece la necesidad de entablar diálogos constructivos con empresas y organizaciones internacionales, con el objetivo de garantizar que los fabricantes internacionales de armas no solo respeten, sino que también apoyen y mantengan el espíritu de la Convención. Este enfoque co-

---

66 Artículo 17. Corrupción. Los Estados partes establecerán medidas apropiadas y eficaces para la cooperación, entre los organismos encargados de hacer cumplir la ley para frenar la corrupción asociada con el tráfico ilícito, fabricación, posesión y uso ilícitos de armas pequeñas y ligeras.

67 *Convención Centroafricana para el Control de las Armas Pequeñas y las Armas Ligeras, sus Municiones y todas las piezas y componentes que puedan utilizarse para su fabricación, reparación y ensamblaje*, adoptada el 30 de abril de 2010 y en vigor el 8 de mayo de 2017.

laborativo se materializa a través de dos mecanismos principales: la firma de memorandos de entendimiento y la formalización de acuerdos de cooperación.

4. CONCLUSIONES

El tráfico de armas persiste como un desafío global de considerable magnitud, planteando interrogantes fundamentales sobre la gobernanza internacional y regional en esta materia. Este fenómeno subraya la dicotomía existente entre el Consejo de Seguridad de las Naciones Unidas y el resto de los Estados, así como las complejidades inherentes al establecimiento de responsabilidades para Estados, individuos y entidades corporativas en el contexto del comercio de armamento, tanto lícito como ilícito. El panorama internacional evidencia las limitaciones de un sistema que, aunque vital, se basa principalmente en la cooperación voluntaria. Se hace patente la necesidad de implementar un régimen de responsabilidades más robusto y definido para regular efectivamente la erradicación o control de armas en el plano universal.

En el ámbito latinoamericano, si bien se han realizado esfuerzos de coordinación para abordar el tráfico de armas, estos carecen de la amplitud necesaria para establecer un régimen de responsabilidades integral. En contraste, el enfoque africano ha demostrado una mayor conciencia de la interrelación entre la corrupción y el tráfico de armas, incorporando este aspecto en sus estrategias de control. Al hilo de esta idea, hay que resaltar que, a pesar de los objetivos expresados en la Declaración de Bamako, los instrumentos regionales subsecuentes muestran una carencia de mecanismos más efectivos, con la excepción de la Convención de la CEDEAO, que proporciona un marco para la resolución de controversias mucha más clara. La Convención de Kinshasa y el Protocolo de Nairobi, por su parte, carecen de disposiciones precisas para la resolución de conflictos o la determinación de responsabilidades de fabricantes y Estados. Ahora bien, el continente africano ha demostrado un enfoque innovador en el ámbito de la responsabilidad jurídica, tanto en lo que respecta a las personas jurídicas como en las relaciones interestatales dentro de la región. Los instrumentos regionales africanos han incorporado disposiciones que reflejan una comprensión más amplia y sofisticada de la necesidad de abordar la responsabilidad corporativa y estatal en el contexto del tráfico de armas. No obstante, estas iniciativas regionales, aunque significativas, ponen de manifiesto las limitaciones actuales del Derecho Internacional en esta materia. Esta situación subraya la necesidad imperante de que el Derecho Internacional continúe su evolución en este ámbito tan crítico.

Capítulo II

Sobre la consideración de las empresas como sujetos de Derecho Internacional: Hacia el desarrollo progresivo del ordenamiento jurídico internacional en el plano de la subjetividad

JUAN BAUTISTA CARTES RODRÍGUEZ*

1. INTRODUCCIÓN

No cabe duda de que las empresas presentan un papel cada vez más destacado en la comunidad internacional. No obstante, en el presente capítulo no estudiaremos a tales personas jurídicas desde la perspectiva de las relaciones internacionales, sino desde el prisma del Derecho Internacional, y más concretamente, atenderemos a la cuestión de su subjetividad. De manera que abordaremos si tales personas jurídicas pueden ser consideradas en el Derecho Internacional vigente como sujetos de dicho ordenamiento jurídico.

Y para adentrarnos en la esfera de la subjetividad internacional resulta ineludible atender al pronunciamiento de la Corte Internacional de Justicia (en adelante CIJ) relativo a la *Reparación por daños sufridos al servicio de las Naciones Unidas* de 11 de abril de 1949. Pronunciamiento donde, por vez primera, un tribunal internacional tuvo ocasión de pronunciarse sobre la cuestión de la

---

* Profesor de Derecho Internacional Público de la Universidad Complutense de Madrid (jcartes@ucm.es).

subjetividad internacional al amparo del cambio de paradigma producido entre el Derecho Internacional clásico —eminentemente interestatal— y el Derecho Internacional contemporáneo.

En este sentido, como punto de partida, la CIJ enlaza en su pronunciamiento la noción de sujeto de Derecho Internacional con el concepto de personalidad jurídica internacional. Así pues, solo aquellos entes que ostenten personalidad jurídica internacional podrán ser considerados sujetos de dicho ordenamiento jurídico[1]. Por ende, la siguiente cuestión a plantear sería determinar cuáles son las prerrogativas que otorgan la personalidad jurídica internacional.

A este respecto, ante el silencio presente en la *Carta de San Francisco de 1945* relativo a la atribución expresa de personalidad jurídica a las Naciones Unidas, la CIJ establece que dicha organización ostenta personalidad jurídica, y, por ende, es un sujeto de Derecho Internacional en tanto que tiene atribuida la capacidad "de poseer derechos y deberes internacionales y tiene capacidad de preservar sus derechos mediante reclamaciones internacionales"[2]. Escueta aseveración que ha sido desarrollada por la doctrina al mantener que la subjetividad internacional se encuentra vincu-

---

1 La CIJ se pronuncia en los siguientes términos: "the Organization [UN] was intended to exercise and enjoy, and is in fact exercising and enjoying, functions and rights which can only be explained on the basis of the possession of a large measure of *international personality* and the capacity to operate upon an international plane". CIJ, *Opinión Consultiva sobre la Reparación por daños sufridos al servicio de las Naciones Unidas,* 11 de abril de 1949, (énfasis añadido), p. 179. Asimismo, nos remitimos a lo dispuesto en este mismo sentido en p. 178. Doctrinalmente, sobre dicha opinión consultiva nos remitimos a Liang, Y. L., "Reparation for Injuries Suffered in the Service of the United Nations", *The American Journal of International Law,* Vol. 43, N°. 3, 1949, pp. 460-478; Arias, L. G., "El segundo dictamen del Tribunal Internacional de Justicia: la reparacion de los daños sufridos al servicio de las Naciones Unidas", *Revista Española de Derecho Internacional,* Vol. 2.3, 1949, pp. 977-1005.

2 CIJ, *Opinión Consultiva sobre la Reparación por daños sufridos al servicio de las Naciones Unidas,* 11 de abril de 1949, p. 179.

lada al reconocimiento de al menos una de las siguientes prerrogativas:

> "Capacidad de crear derechos y obligaciones internacionales; titular de derechos y obligaciones conferidos por normas internacionales; capacidad para hacer valer esos derechos en el ámbito internacional; y capacidad para ser responsable en el plano internacional en caso de violación de sus obligaciones internacionales"[3].

En todo caso, volviendo al pronunciamiento de la CIJ, si un sujeto tiene capacidad de poseer derechos y obligaciones internacionales, también entendemos que tendrá capacidad de crear derechos y obligaciones internacionales, pues podría decirse que la segunda no es sino una prerrogativa cualificada respecto de la primera. Asimismo, la concomitancia derecho-deber implica que, si un sujeto tiene capacidad de preservar sus derechos mediante reclamaciones internacionales, también tendrá la capacidad de ser responsable en el plano internacional. Otra cuestión será determinar la existencia de cauces procesales efectivos en la esfera internacional para exigir tales derechos y obligaciones internacionales. De hecho, reforzando dicho argumento, no hemos de olvidar el año en el que la referida opinión consultiva fue adoptada. Y es que en 1949 las organizaciones internacionales, en general, y, en particular, las Naciones Unidas, no disponían de ningún cauce procesal para hacer valer sus derechos y para reclamar responsabilidad internacional, ni siquiera ante la Corte Permanente de Arbitraje[4].

Sobre la base de lo expuesto, la doctrina mayoritariamente ha venido sosteniendo que las empresas internacionales o transnacionales, si bien en la actualidad tienen un innegable papel en la

---

3 En este sentido, y entre otros, puede consultarse López Martín, A.G. (ed.), *Derecho Internacional* Público, Madrid, Dykinson, 2022, p. 30.

4 Sobre dicha temática, Indlekofer, M., *International arbitration and the Permanent Court of Arbitration*, The Netherlands, Kluwer Law International, 2013.

esfera internacional, estas no gozan de ninguna de las prerrogativas de la personalidad jurídica internacional, permaneciendo, por ende, en la categoría de actores internacionales. Entre este amplio círculo doctrinal se encuentran autores como Jiménez Piernas[5] o Pastor Ridruejo[6]. En cambio, ciertos autores como Bermejo García[7], Fernández Liesa[8] o Touscoz[9] empiezan a considerar (solo) a las empresas internacionales o transnacionales como sujetos de Derecho Internacional. Por su parte, autores como Díez de Velasco las considera "candidatura controvertida"[10], mientras que Sáenz de Santamaría sostiene que ostentan una "incipiente subjetividad [...] en extremo limitada"[11]. En este último sentido, la autora se refiere a los *Acuerdos sobre Promoción y Protección Recíproca de Inversiones* (APPRI), tratados bilaterales, en virtud de los cuales se posibilita a inversores —fundamentalmente personas jurídicas— que ante las actuaciones ilícitas del Estado que recepciona la inversión se pueda acudir a instancias arbitrales internacionales. De tal suerte que a este respecto hemos de mencionar el Centro Internacional para el Arreglo de Diferencias en materia de Inversiones (CIADI), instaurado a través del *Convenio sobre arre-*

---

5 Jiménez Piernas, C., *Introducción al Derecho Internacional* Público. Práctica de España y de la Unión Europea, Madrid, Tecnos, 2011, pp. 257 ss.

6 Pastor Ridruejo, J.A., *Curso de Derecho Internacional* Público y Organizaciones Internacionales, 25 ed, Madrid, Tecnos, 2021, donde no se incluye entre los sujetos de Derecho Internacional a tales personas jurídicas.

7 Bermejo García, R., "Las empresas transnacionales como actores y sujetos potenciales en la sociedad internacional", en Barranco, C., *et. al.*, *Perspectivas actuales de los sujetos de Derecho,* Madrid, Dykinson, 2012, pp. 102-103.

8 Fernández Liesa, C., "Sujetos de Derecho y actores no estatales: cuestiones de Derecho Internacional", *Anuario Español de Derecho Internacional,* Vol. 34, 2018, p. 98.

9 Touscoz, J., *Direito internacional,* Paris, Presses Universitaires, 1993, p. 179.

10 Diez De Velasco, M., *Instituciones de Derecho Internacional* Público, 18 ed., Madrid, Tecnos, 2013, pp. 318 ss.

11 Andrés Saénz de Santa María, P., *Sistema de Derecho Internacional* Público, Pamplona, Civitas, 6ª ed., 2020, p. 102.

glo de diferencias relativa a inversiones entre Estados y nacionales de otros Estados, adoptado en Washington el 18 de marzo de 1965[12].

Ante tal controversia, y sobre la base de lo expuesto, el presente escrito tendrá por objeto analizar si en el Derecho Internacional vigente las empresas son titulares de derechos y obligaciones internacionales, si tienen capacidad de hacer valer sus derechos en el plano internacional y si tienen capacidad de ser responsables en el ámbito internacional[13]. Es decir, si las empresas son sujetos de Derecho Internacional, pero teniendo en cuenta, eso sí, que de ningún modo en el caso de que la respuesta fuera afirmativa equivaldría a sostener que existe una equiparación entre Estado y empresa, pues como ya puso de manifiesto la CIJ;

> "en un sistema jurídico, los sujetos de Derecho no son necesariamente idénticos en cuanto a su naturaleza o a la extensión de sus derechos; y su naturaleza depende de las necesidades de la comunidad"[14].

No obstante, de manera previa hemos de realizar dos apreciaciones adicionales respecto del objeto de nuestro estudio. En primer lugar, emplearemos el concepto de empresas transnacionales

---

12 En todo caso, autores como Jiménez Piernas establecen que ello no es óbice para determinar la subjetividad de las empresas en el plano internacional pues "los Estados partes han renunciado previamente en virtud del APPRI correspondiente a su inmunidad de jurisdicción actuando en estos supuestos *iure gestionis*". Jiménez Piernas, C., *op. cit.*, p. 258. Por su parte, para profundizar en la materia referida puede resultar de interés la consulta de Schreuer, C. H. Et. al., *Schreuer's commentary on the ICSID convention: a commentary on the Convention on the settlement of investment disputes between states and nationals of other states*, Cambridge, Cambridge University Press, 2022.

13 No analizaremos si las empresas gozan de capacidad normativa, pues resulta pacífico afirmar que en el Derecho Internacional vigente tales personas jurídicas no cuentan con capacidad para crear derechos y obligaciones internacionales.

14 CIJ, *Opinión Consultiva sobre la Reparación por daños sufridos al servicio de las Naciones Unidas*, 11 de abril de 1949, p. 178.

o internacionales desde una perspectiva amplia, como ha sido utilizado por distintos organismos e instituciones internacionales, así como por la mayoría de la doctrina internacionalista. De manera que, por un lado, no utilizaremos el término sociedad por ser este más restrictivo que el de empresa[15]. Y, por otro, en lo que se refiere al calificativo de "transnacional o internacional", adoptaremos la definición establecida en el marco del Consejo Económico y Social de las Naciones Unidas (ECOSOC, por sus siglas en inglés), donde se precisa que nos encontramos ante;

> "una empresa que incluye entidades en dos o más países, sea cuales fueren las formas jurídicas y las esferas de actividad de esas entidades, que funciona con un sistema de adopción de decisiones que le permite establecer, por conducto de uno o más centros de adopción de decisiones, políticas coherentes y una estrategia común, y en que las entidades están vinculadas, por vínculos de propiedad o de otra forma, de modo tal que una o varias de ellas tienen la capacidad de ejercer una influencia significativa en las actividades de las demás y, en particular, compartir conocimientos, recursos y responsabilidades con ellas"[16].

---

15 Cfr. López-Jacoiste Díaz, E., "Los actores no estatales internacionales a la luz del Derecho Internacional: el caso de las empresas transnacionales", *Cuadernos de Derecho Transnacional,* Vol. 11, N°. 2, 2019, p. 205.

16 Cfr. ECOSOC, *Proyecto de Código de Conducta de las Naciones Unidas para las Empresas Transnacionales,* 1983, p. 1. En este sentido, también puede resultar de interés la consulta de Field, J. A., "Transnationalism and the new tribe", *International Organization,* Vol. 25, N°. 3, 1971, 353-372; P. C. Jessup, *Transnational Law,* New Haven, Yale University Press, 1956, p. 113; Lazarus, C., Goldman, B., & Francescakis, P., *L'entreprise multinationale face au droit,* Paris, LGDJ, 1977, pp. 44-71; Miaja de la Muela, A., "El Derecho Internacional ante las sociedades internacionales", *Anuario Español de Derecho Internacional,* 1975, pp. 184-188; López-Jacoiste Díaz, E., *op. cit.,* pp. 204-208. Por su parte, también merece ser destacadas las definiciones proporcionadas en el marco del Instituto de Derecho Internacional, entre ellas, Institut de Droit International. *Entreprises multinationals,* Session de Rome, 2ª Commission, Réunion du 8 septembre 1973, p. 1; Institut de Droit international, *Les obligations des entreprises multinationales et leurs sociétés membres,* Session de Lisbonne, 1995, p. 1.

En segundo lugar, a pesar de que somos conscientes de que las empresas transnacionales o internacionales, por sus propias características definitorias, van a ser las principales destinatarias de las reflexiones recogidas en las siguientes páginas, no obstante, el lector no ha de pasar desapercibido que nuestro estudio no se restringe a esta categoría de empresas, sino que se extiende a *cualquier* empresa. Dicho con otras palabras, y retomando el inicio de este escrito, reiteramos que no nos vamos a centrar en la mayor o menor participación de las empresas en las relaciones internacionales, sino en si *cualquier* empresa, o, en su caso, qué tipo de empresas, cumple alguna o algunas de las prerrogativas necesarias para ser consideradas como sujeto de Derecho Internacional.

2. LAS EMPRESAS COMO TITULARES DE DERECHOS EN LA ESFERA INTERNACIONAL

En lo que atañe a la titularidad de derechos, no podemos sino comenzar acudiendo al marco del Consejo de Europa. Y es que en el seno de dicha organización internacional, su órgano judicial, el Tribunal Europeo de Derechos Humanos (TEDH), ha reconocido tanto que las empresas son titulares de determinados derechos consagrados en el *Convenio Europeo de Derechos Humanos*[17] (CEDH) como que éstas ostentan legitimación activa ante el propio Tribunal. De tal suerte que el Tribunal Europeo se ha considerado competente para conocer de las demandas interpuestas por personas jurídicas sobre la base del artículo 34 CEDH, precepto en el que se recoge que:

> "El Tribunal podrá conocer de una demanda presentada por cualquier persona física, *organización no gubernamental* o grupo de particulares que se considere víctima de una violación por una de las Altas Partes Contratantes de los derechos reconocidos en el

[17] *Convenio para la Protección de los Derechos Humanos y de las Libertades Fundamentales*, adoptada en Roma el 4 de noviembre de 1950; entrada en vigor el 3 de septiembre de 1953.

> Convenio o sus Protocolos. Las Altas Partes Contratantes se comprometen a no poner traba alguna al ejercicio eficaz de este derecho".

En relación con dicho artículo no ha de pasar inadvertido que en versiones anteriores se precisaba "any natural or corporate person", posteriormente "corporate body" y finalmente "non-governmental organization"[18]. En todo caso, las empresas han de quedar comprendidas dentro del término "organización no gubernamental", como así es precisado en las *Instrucciones Prácticas* adoptadas por el Presidente del Tribunal de conformidad con el artículo 32 del *Reglamento de Procedimiento del TEDH*[19]. Más aún, el Tribunal ha adoptado un concepto bastante amplio de empresas, no limitadas a las empresas transnacionales, con el límite, eso sí, de que estas no sean consideradas como órganos del Estado[20].

Al mismo tiempo hemos de señalar que el TEDH ha reconocido mayoritariamente la titularidad de derechos procesales a empresas, entre los que se incluyen: "la obligación de respetar los derechos humanos (art. 1), derecho a un proceso equitativo (art.

---

18 En este sentido puede consultarse, Dignam A., & Allen, D., "Company Law and the Human Rights Act 1998" en *Company Law and the Human Rights Act 1998,* Butterworths, 2000; Emberland, M., *The Human Rights of Companies: Exploring the Structure of ECHR Protection,* Oxford, Oxford University Press, 2006.

19 De conformidad con dicho artículo, "el Presidente del TEDH puede promulgar Instrucciones procedimentales, relacionadas especialmente con cuestiones tales como la comparecencia a las vistas y la presentación de alegaciones escritas y/o de otros documentos". Cfr, art. 32 del Reglamento de Procedimiento del TEDH. Por su parte, en las instrucciones prácticas se recoge que las personas jurídicas ostentan legitimación activa ante el Tribunal, debiéndose entender incluido dentro de este término "a company, non-governmental organisation or association". Cfr. Practice Directions of Institution of Proceedings, ECHR, 2023, p. 61.

20 Sobre dicha cuestión puede consultarse Ushakova, T., "La responsabilidad de las empresas en el sistema del Consejo de Europa", *Lex Social,* vol. 10, Nº. 2, 2020, pp. 184-185.

6), no hay pena sin ley (art. 7), libertad de reunión y de asociación (art. 11), derecho a un recurso efectivo (art. 13), prohibición de discriminación (art. 14), derecho a la propiedad (art. 1 del Protocolo Nº. 1)"[21]. De hecho, en el *Protocolo Nº. 1 al CEDH* se señala expresamente que:

> "toda persona física o *moral* tiene derecho al respeto de sus bienes. Nadie podrá ser privado de su propiedad más que por causa de utilidad pública y en las condiciones previstas por la Ley y los principios generales del Derecho Internacional"[22].

A su vez, en una jurisprudencia evolutiva, el TEDH ha llegado a reconocer violado en relación con empresas editoriales, de telecomunicaciones o de noticias *online*, entre otras, el derecho a la libertad de expresión consagrado en el artículo 10 del CEDH[23]. En este mismo sentido, el TEDH ha sostenido que el derecho a la vida privada y familiar reconocido en el artículo 8 del CEDH también puede ser violado respecto de empresas, llegando a equiparar el domicilio de una persona física con la oficina de una persona jurídica[24].

---

21 Idem. En este mismo sentido, puede consultarse, Van den Muijsenbergh, W., & Rezai, S., "Corporations and the European Convention on Human Rights", *Pacific McGeorge Global Business & Development Law Journal*, Vol. 25, Nº. 1, 2012, pp. 43-68; Višekruna, A, "Protection of rights of companies before the European court of human rights", *EU and comparative law issues and challenges series*, Vol. 1, 2017, pp. 111-126.

22 *Protocolo Adicional al Convenio para la Protección de los Derechos Humanos y de las Libertades Fundamentales*, hecho en París el 20 de marzo de 1952, en vigor 18 de mayo de 1954.

23 En este sentido puede consultarse los asuntos ECtHR, *Sunday Time v. UK*, Judgment of 26 April 1979, Nº. 6538/74; ECtHR, *Autronic AG v. Switzerland*, Judgment of 22 May 1990, Nº. 12726/87; ECtHR, *Delfi AS v. Estonia*, Judgment of 10 October 2013, Nº. 64569/09. Casos estudiados por la doctrina referida en las notas a pie 19 y 20.

24 ECtHR, *Société Colas Est and others v. France*, Judgment of 16 April 2002, Nº. 37971/97.

Existen derechos, sin embargo, que por su propia naturaleza no son de titularidad de personas jurídicas, entre los que como ejemplos paradigmáticos se encuentran el derecho a la vida, el derecho a contraer matrimonio o la prohibición de la esclavitud. En todo caso, no debe pasar inadvertido que, de un estudio de la jurisprudencia evolutiva del TEDH, y como es apuntado por un sector doctrinal, al que nos adherimos, "however, boundaries are being constantly pushed and the initial scope stretched beyond recognition"[25].

Asimismo, saliéndonos del Consejo de Europa, también nos encontramos ante determinados tratados que otorgan directamente derechos a personas jurídicas. Al respecto, podemos hacer alusión al *Convenio Internacional sobre Responsabilidad Civil por Daños Debidos a la Contaminación por Hidrocarburos*, adoptado en Bruselas el 29 de noviembre de 1969 y que entró en vigor en 1975 tras ser ratificado por ocho Estados partes[26]. De manera que, acudiendo a su artículo tercero, en él se reconoce que en modo alguno se podrá imputar responsabilidad al propietario de un barco [persona física o jurídica] si es probado que tales daños por contaminación fueron debidos, entre otras actuaciones, a actos de guerra, a fenómenos naturales de carácter excepcional, o al acto intencionado de un tercero. Igualmente, y en este mismo sentido, podemos hacer alusión al artículo quinto del referido convenio, donde se precisa que, con relación a cada siniestro, el propietario de un barco tiene derecho a limitar su responsabilidad "a una cuantía total de 2.000 francos por tonelada de arqueo del barco. Esa cuantía no excederá en ningún caso de 210 millones de francos".

---

[25] Cfr. Višekruna, A., "Protection of rights of companies before the European court of human rights", *EU and comparative law issues and challenges series,* Vol. 1, 2017, p. 115.

[26] Información disponible en: https://www.imo.org/en/About/Conventions/Pages/International-Convention-on-Civil-Liability-for-Oil-Pollution-Damage-(CLC).aspx (Fecha de consulta: 20/03/2024).

Por su parte, también podemos hacer mención al *Protocolo de Basilea sobre Responsabilidad e Indemnización por Daños Resultantes de los Movimientos Transfronterizos de Desechos Peligrosos y su Eliminación*, adoptado el 10 de diciembre de 1999, y que en la actualidad se encuentra ratificado por 11 Estados, pero aún no se encuentra en vigor[27]. Así pues, de conformidad con su artículo 4.5, ninguna persona [física o jurídica] será responsable si prueba que los daños derivados de los movimientos transfronterizos han sido resultado de un conflicto armado o de un fenómeno natural inevitable e imprevisible, entre otros supuestos. Igualmente, acudiendo su artículo octavo, en él se reconoce el derecho de "toda persona [física o jurídica] responsable con arreglo al Protocolo [...] a interponer recurso de conformidad con el reglamento del tribunal competente"[28].

Por último, no podemos dejar de hacer mención al Derecho derivado adoptado en el seno de distintas organizaciones internacionales, entre las que destaca la Unión Europea. De tal suerte que en el marco de la UE nos encontramos en su Derecho derivado ante el reconocimiento de obligaciones y derechos a empresas. De hecho, podemos referirnos particularmente a una categoría de actos jurídicos vinculantes, las decisiones, que no solo puede tener como destinatario uno o varios Estados Miembros sino, también, una o varias empresas[29].

---

27 Información disponible en: https://treaties.un.org/ (Fecha de consulta: 20/03/2024). En dicho enlace también puede ser objeto de consulta el texto del tratado.

28 Tribunal competente que es determinado en virtud del artículo 17 del referido Protocolo.

29 En el marco del Derecho derivado de la UE podemos citar como ejemplo, entre otras, la Decisión 2022/1907 del Consejo, de 6 de octubre de 2022, por la que se modifica la Decisión 2014/145/PESC relativa a medidas restrictivas respecto de acciones que menoscaban o amenazan la integridad territorial, la soberanía y la independencia de Ucrania; el Reglamento (UE) 2023/2832 de la Comisión, de 13 de diciembre de 2023, relativo a la aplicación de los artículos 107 y 108 del Tratado de Funcionamiento de la Unión Europea a las ayudas de minimis concedi-

Por ende, de todo lo expuesto podemos afirmar que, en el Derecho Internacional vigente, las empresas (y no solo las empresas transnacionales) pueden ser titulares de derechos.

3. LAS EMPRESAS COMO TITULARES DE OBLIGACIONES INTERNACIONALES

En el Derecho Internacional contemporáneo existen multitud de tratados —tanto de ámbito universal como regional— en virtud de los cuales los Estados partes se comprometen a imponer obligaciones y a exigir responsabilidades a las empresas en sus respectivos ordenamientos internos. Así pues, en lo que atañe a la esfera universal, y a modo de ejemplo, podemos acudir al *Convenio de Basilea sobre el Control de los Movimientos Transfronterizos de los Desechos Peligrosos y su Eliminación,* adoptado el 22 de marzo de 1989, y en vigor desde 1992[30]. Dicho tratado impone a sus 191 Estados partes tomar las medidas apropiadas para;

> "velar por que las personas [naturales y jurídicas[31]] que participen en el manejo de los desechos peligrosos y otros desechos dentro de ella adopten las medidas necesarias para impedir que ese manejo dé lugar a una contaminación y, en caso de que se produzca ésta, para reducir al mínimo sus consecuencias sobre la salud humana y el medio ambiente"[32].

---

das a empresas que prestan servicios de interés económico general; o la Directiva (UE) 2022/2464 del Parlamento Europeo y del Consejo de 14 de diciembre de 2022 por la que se modifican el Reglamento (UE) n.º 537/2014, la Directiva 2004/109/CE, la Directiva 2006/43/CE y la Directiva 2013/34/UE, por lo que respecta a la presentación de información sobre sostenibilidad por parte de las empresas.

30 Información disponible en: https://treaties.un.org/Pages/ViewDetails.aspx?src=IND&mtdsg_no=XXVII-3&chapter=27&clang=_en (Fecha de consulta: 20/03/2024). En dicho enlace también puede ser objeto de consulta el texto del tratado.

31 Art. 2.14 del Convenio de Basilea.

32 Art. 4.2.c del Convenio de Basilea.

Más aún, siguiendo con dicho artículo cuarto, pero avanzando hasta su apartado séptimo, en él se establece que los Estados partes en el Convenio tienen la obligación de prohibir a todas las personas, naturales y jurídicas, sometidas a su jurisdicción nacional el transporte o la eliminación de desechos peligrosos, a menos que esas personas se encuentren debidamente autorizadas a los efectos de realizar tales operaciones[33].

Continuando en el plano universal, otro ejemplo lo encontramos en el artículo 26 de *Convención de las Naciones Unidas contra la Corrupción,* adoptada en Nueva York el 31 de octubre de 2003, y en vigor desde 2005. Dicho Convenio impone en su artículo 26 a sus 190 Estados partes la obligación de adoptar las medidas necesarias para establecer la responsabilidad de las personas jurídicas que hayan participado en los delitos tipificados en el tratado[34].

Por su parte, siguiendo con la lucha contra la corrupción, pero transitando al ámbito regional, en el *Convenio Penal sobre la Corrupción* adoptado en Estrasburgo el 27 de enero de 1999[35], en su artículo 18 se impone a sus Estados partes la obligación de adoptar todas las medidas legislativas y de cualquier otra índole que sean necesarias para garantizar que se pueda hacer responsables a las personas jurídicas de los delitos de corrupción activa, de tráfico de influencias y de blanqueo de capitales según se encuentran tipificados en el tratado.

---

33 Art. 4.7.a del Convenio de Basilea.

34 Información disponible en: https://treaties.un.org/pages/ViewDetails.aspx?src=TREATY&mtdsg_no=XVIII-14&chapter=18 (Fecha de consulta: 20/03/2024). En dicho enlace también puede ser objeto de consulta el texto del tratado.

35 En la actualidad, todos los Estados partes del Consejo de Europa son partes del referido Convenio. Información disponible en: https://www.coe.int/en/web/impact-convention-human-rights/criminal-law-convention-on-corruption#/ (Fecha de consulta: 20/03/2024). En este sentido, hemos de en cuenta que, debido a su expulsión del Consejo de Europa, Rusia dejó de ser Estado parte el 16 de septiembre de 2022.

Asimismo, continuando en el ámbito regional, pero acudiendo al continente africano, en el marco de la Unión Africana fue adoptado el 30 de enero de 1991 el *Convenio de Bamako sobre la Prohibición de las Importaciones a África y el Control de los Movimientos Transfronterizos y la Gestión de Desechos Peligrosos dentro de África*; convenio que entró en vigor el 22 de abril de 1998 y del que actualmente 30 Estados son partes del mismo[36]. En el marco de dicho tratado, su artículo 3.e recoge que los Estados partes tienen la obligación de asegurar que las personas —naturales y jurídicas[37]— que se encuentran a cargo del manejo de desechos peligrosos dentro de las respectivas jurisdicciones internas "tomen las medidas necesarias para prevenir la contaminación derivada de dichos desechos y, si dicha contaminación ocurre, minimizar sus consecuencias para la salud humana y el medio ambiente". Igualmente, de manera similar al Convenio de Basilea, en su artículo 4.3.i) el Convenio de Bamako impone a los Estados partes la obligación de prohibir en su jurisdicción nacional el transporte, almacenamiento o eliminación de desechos peligrosos por parte de personas jurídicas a menos que las mismas se encuentren autorizadas. Mientras que de conformidad con su artículo 9.2 los Estados partes se comprometen a imponen sanciones penales a aquellas personas jurídicas que estén involucradas en la importación ilegal de desechos peligrosos.

Pero, más aún, y aunque su número es mucho más reducido, también en el Derecho Internacional vigente nos encontramos ante tratados en cuyo articulado se impone de manera directa obligaciones a empresas. Así pues, y siguiendo un orden cronológico, podemos acudir en primer lugar al ya referido *Convenio Internacional sobre Responsabilidad Civil por Daños Debidos a la Contaminación por Hidrocarburos*, adoptado en Bruselas el 29 de no-

---

[36] Información disponible en: https://au.int/treaties (Fecha de consulta: 20/03/2024). En dicho enlace también puede ser objeto de consulta el texto del tratado.

[37] Art. 1.16 Convenio de Bamako.

viembre de 1969. Al respecto, en su artículo tercero se establece que el propietario de un barco —ya sea una persona física, ya sea una persona jurídica[38]—, "será responsable de todos los daños por contaminación causados por los hidrocarburos derramados o descargados desde su barco a resultas del siniestro". A su vez, en el artículo 7.8 se establece que "podrá interponerse cualquier acción para el resarcimiento de daños por contaminación directamente contra el asegurador o contra toda persona [natural o jurídica] que provea la garantía financiera para cubrir la responsabilidad del propietario respecto de daños por contaminación".

Otro ejemplo lo encontramos en la *Convención de las Naciones Unidas sobre el Derecho del Mar*, adoptada en Montego Bay el 10 de diciembre de 1982 y en vigor desde 1994, la cual cuenta en la actualidad con 169 Estados partes[39]. Así pues, atendiendo a su artículo 137.1:

> "Ningún Estado podrá reivindicar o ejercer soberanía o derechos soberanos sobre parte alguna de la Zona o sus recursos, y ningún Estado *o persona* natural o *jurídica* podrá apropiarse de parte alguna de la Zona o sus recursos. No se reconocerán tal reivindicación o ejercicio de soberanía o de derechos soberanos ni tal apropiación"[40].

Del mismo modo hemos de acudir al también ya referido *Protocolo de Basilea sobre Responsabilidad e Indemnización por Daños Resultantes de los Movimientos Transfronterizos de Desechos Peligrosos y su Eliminación,* adoptado el 10 de diciembre de 1999. De manera que atendiendo a su artículo 4.1 la persona natural o jurídica designada como generador o exportador a los efectos del artículo sexto del *Convenio de Basilea* de 1989 será responsable por daños hasta que el eliminador —persona natural o jurídica— haya tomado

---

38 En este sentido, cfr. art. 1.2 del Convenio.

39 Información disponible en: https://treaties.un.org/ (Fecha de consulta: 20/03/2024). En dicho enlace también puede ser objeto de consulta el texto del tratado.

40 Énfasis añadido.

posesión de los desechos peligrosos. A partir de dicho momento será el eliminador el responsable por los daños. Mientras que, acudiendo al último apartado de dicho artículo cuarto, si dos o más personas —naturales o jurídicas— fuesen consideradas responsables por los daños, "el demandante tendrá derecho a pedir indemnización completa a cualquiera de las personas responsables o a todas ellas". Más aún, de conformidad con el artículo sexto del Protocolo, "toda persona [natural o jurídica] que tenga control operacional de desechos peligrosos y otros desechos en el momento de un incidente tomará todas las medidas razonables para mitigar los daños derivados de ese incidente".

Por ende, nos encontramos en la posición de afirmar que en el Derecho Internacional vigente las empresas son objeto directo de obligaciones internacionales, si bien en ámbitos aún muy concretos y principalmente en el marco de operaciones transnacionales. En todo caso, no han de ser obviadas las palabras de Kamminga quien mantiene que "the drafters of [these] treaties apparently considered companies to be such important players that in order to achieve the treaty's objectives they had to be addressed directly, in addition to states"[41].

4. LAS EMPRESAS COMO SUJETOS CAPACES DE HACER VALER SUS DERECHOS EN EL PLANO INTERNACIONAL

En lo que atañe a la legitimación activa de la que disponen las empresas para reclamar responsabilidad internacional, hemos de

---

[41] Kamminga, M. T., "Corporate Obligations under International Law", *Paper presented at the 71st Conference of the International Law Association*, Berlin, 17 August 2004, p. 3. Por su parte, el contenido de este epígrafe ha de ser complementado con el epígrafe quinto del presente capítulo donde pondremos de manifiesto que en la esfera de tribunales internos también hemos identificado distintos pronunciamientos en los que se reconoce que las personas jurídicas son sujetos de obligaciones internacionales, si bien en virtud de un fundamento jurídico debatido.

comenzar refiriéndonos al Tribunal Europeo de Derechos Humanos, pues, como ha sido puesto de manifiesto en líneas anteriores, en el marco del Consejo de Europa no solo se reconoce que las empresas sean titulares de derechos, sino que, además, se permite que estas puedan acudir al TEDH para hacer valer tales derechos. Así ha de entenderse lo dispuesto en el artículo 34 del CEDH[42].

Por su parte, no moviéndonos del continente europeo, pero transitando a otra organización internacional, en este caso la Unión Europea, de nuevo, las empresas no solo son titulares de derechos y obligaciones, sino que se encuentran facultadas para acudir al Tribunal de Justicia de la Unión Europea. De manera tal que, ante dicha institución internacional, pueden presentar un recurso solicitando la anulación de un acto que se alega contrario al Derecho de la Unión siempre que la persona jurídica sea destinataria del acto o se encuentre afectado por él[43].

Asimismo, acudiendo a un tribunal internacional universal de ámbito especializado, como es el Tribunal del Derecho del Mar, no ha de pasar desapercibido que, de conformidad con el artículo 187 de la *Convención del Derecho del Mar*[44], las personas jurídicas pueden acudir a la Sala de Controversias de los Fondos Marinos por las controversias suscitadas en relación con la exploración y

---

42 Nos remitimos a este respecto al epígrafe segundo del presente escrito.

43 En este sentido, el precepto de referencia es el artículo 263 del Tratado de Funcionamiento de la Unión Europea (TFUE). Mientras que para un estudio doctrinal y jurisprudencial de dicho precepto puede consultarse, entre otros, Miettinen, S. "Annulment in Action: How Does the Court of Justice of the European Union Explain Maintaining the Legal Effects of Annulled Instruments?", *Finnish Yearbook of International Law, 2013,* pp. 113-142; Albors-Llorens, A., "Judicial protection before the Court of Justice of the European Union", in Barnard, C.S, & Peers, S., *EU Law,* Oxford, Oxford University Press, 2014, pp. 255-299; Adam, C., *et al., Taking the EU to court: annulment proceedings and multilevel judicial conflict,* Springer, 2020, p. 239.

44 *Convención de las Naciones Unidas sobre el Derecho del Mar,* adoptada el 10 de diciembre de 1982 y en vigor el 16 de noviembre de 1994.

explotación de "la Zona" (fondos marinos y oceánicos), si bien, hasta el momento, ninguna empresa ha hecho uso de tal mecanismo[45].

Por ende, como evidencian las líneas anteriores, también podemos afirmar que las empresas cuentan con legitimación activa ante instancias internacionales específicas.

5. LAS EMPRESAS COMO SUJETOS CAPACES DE SER RESPONSABLES EN EL ÁMBITO INTERNACIONAL

En lo que atañe a la capacidad de las empresas para ser responsables en el plano internacional, hemos de comenzar poniendo de manifiesto que ya en el marco de los trabajos preparatorios del *Estatuto de Roma*[46] (ER) se propuso que la Corte Penal Internacional tuviese competencia para juzgar no solo a personas físicas sino también a jurídicas. Así pues, siendo ésta una iniciativa del Estado francés, en una primera versión del artículo 25 del Estatuto;

> "5. The Court shall have jurisdiction over legal persons, with the exception of States, when the crimes committed were committed on behalf of such legal persons or by their agencies or representatives.

---

45 Por su parte, también hemos de tener en cuenta, como apuntan ciertos autores, que "Art. 20 (2) Annex VI provides that the Tribunal shall be open to entities other than States parties 'in any case submitted pursuant to any other agreement conferring jurisdiction on the Tribunal which is accepted by the parties to the case'. Similarly, Art. 21 Annex VI declares that the jurisdiction of the Tribunal comprises disputes submitted under the Convention and those 'submitted pursuant to any other agreement which confers jurisdiction to the Tribunal'.[Therefore] it has been held in scholarly writing that they comprise private agreements (contracts) which may provide for natural or juridical persons to participate in proceedings before the Tribunal". Cfr. Proelss, A., *et. al.*, *United Nations Convention on the Law of the Sea: A Commentary, Bloomsbury Collections*, Beck/Hart, 2017, p. 1889.

46 Estatuto de Roma de la Corte Penal Internacional, adoptado en Roma el 17 de julio de 1998; en vigor el 1 de julio de 2002.

> 6. The criminal responsability of legal persons shall not exclude the criminal responsabilty of natural persons who are perpetrators or accomplices in the same crimes"[47].

Sin embargo, finalmente en la versión definitiva se recoge que la CPI solo tendrá competencia respecto de las personas naturales, excluyéndose los menores de 18 años en el momento de la presunta comisión del crimen (arts. 25 y 26 ER). No obstante, no resulta baladí poner de manifiesto que en la actualidad nos encontramos ante una significativa corriente doctrinal, a la que nos adherimos, que propugna hacer uso del procedimiento de enmiendas recogido en el artículo 121 del Estatuto para otorgar a la Corte competencia sobre personas jurídicas[48], pues el motivo

---

47 Para un análisis de dicho precepto y de los debates resultantes en el marco de los trabajos preparatorios del Estatuto de Roma nos remitimos a Clapham, A., 'The Question of Jurisdiction Under International Criminal Law Over Legal Persons: Lessons from the Rome Conference on an International Criminal Court", en Kamminga, M. T. & Zia-Zarifi, S., (eds.) *Liability of Multinational Corporations under International Law*, The Nethelands, Kluwer, 2000, pp. 139-195; Scheffer, D., & Kaeb, C., "The Five Levels of CSR Compliance: The Resiliency of Corporate Liability under the Alien Tort Statute and the Case for a Counterattack Strategy in Compliance Theory", *Berkeley Journal of International Law*, Vol. 29, N°. 1, 2011, pp. 334-397; Kaeb, C., "The shifting sand of corporate liability under international criminal law", *The Georgetown Washington International Law Review*, Vol. 49, 2016, pp. 351-53.

48 Ayala González, A., "La participación empresarial en crímenes internacionales: Una propuesta para ampliar el ámbito subjetivo del Estatuto de Roma", *Revista Jurídica Universidad Autónoma de Madrid*, vol. 37, 2018, pp. 253-280; Clapham, A., *op. cit.* En todo caso, como pone de manifiesto el primer autor, en el caso *I.G. Farben* conocido por el Tribunal Militar Internacional de Núremberg "ya se reconoció, de manera implícita y subliminal, la responsabilidad criminal corporativa", llegando a sostener dicho Tribunal que "cuando individuos privados, incluidas las personas jurídicas, proceden a explotar la ocupación militar adquiriendo propiedad privada contra el consentimiento de su legítimo propietario, no estando dicha acción justificada por ninguna provisión de la Convención de la Haya, están violando el Derecho Internacional". (p 260).

de su exclusión no fue jurídico, sino la ausencia de un consenso político[49]. De hecho, la posibilidad de juzgar a personas jurídicas "gradually became acceptable to a wider group of countries", sin embargo, según declararon los ponentes, primó alcanzar un acuerdo sobre el texto definitivo del Estatuto en tanto que "the time was running out"[50].

En cambio, si bien no en el ámbito universal, sino en el ámbito regional africano, no ha de pasar inadvertido el *Protocolo de Enmiendas al Protocolo del Estatuto del Tribunal Africano de Justicia y Derechos Humanos,* también denominado por su lugar de adopción "Protocolo de Malabo" (2014). En este sentido, hemos de poner de manifiesto de manera previa que el único tribunal que se encuentra operativo en el sistema regional africano es el Tribunal Africano de Derechos Humanos y de los Pueblos, cuyo protocolo constitutivo, el *Protocolo de la Carta Africana de Derechos Humanos y de los Pueblos relativo al establecimiento del Tribunal Africano de Derechos Humanos y de los Pueblos* (TADHP) fue adoptado en 1998. No obstante, en 2003 fue adoptado el *Protocolo constitutivo del Tribunal de Justicia de la UA* (TJUA), protocolo que en la actualidad se encuentra en vigor, pero cuyo tribunal propuesto no se encuentra operativo. La razón de tal situación ha de encontrarse en la adopción de un tercer protocolo en 2008, el *Protocolo del Estatuto del Tribunal Africano de Justicia y Derechos Humanos* (TAJDH), el cual tiene por objeto fusionar el Tribunal de Derechos Humanos y de los Pueblos con el Tribunal de Justicia de la UA. No obstante, para añadir aún mayor complejidad a la situación descrita, antes del que el Protocolo del Estatuto del Tribunal Africano de Justicia y Derechos Humanos haya entrado en vigor, el mismo ha sido modificado en 2014 en virtud del *Protocolo de Enmiendas al Protocolo del Estatuto del Tribunal Africano de Justicia y Derechos Humanos* (o Proto-

---

49 Scheffer, D., & Kaeb, C., *op. cit.*, p. 360.

50 Idem. En este sentido también puede consultarse, Lee, R., *The International Criminal* Court: *the making of the Rome Statute–issues, negotiations, results,* Kluwer Law International, The Hague, 1999.

colo de Malabo). Instrumento que también modifica el nombre al Tribunal propuesto, pasando a denominarse Tribunal Africano de Justicia y Derechos Humanos *y de los Pueblos* (TAJDH*P*)[51].

En lo que atañe a este último protocolo, si bien presenta elementos controvertidos de gran significación, entre los que destaca el reconocimiento inmunidad de jurisdicción penal a jefes de Estado y a altos funcionarios públicos durante el ejercicio de sus funciones[52], por otro lado, también presenta elementos de gran significación. Y precisamente entre tales elementos se encuentra el erigirse en el primer tribunal internacional que tiene competencia no solo sobre personas naturales sino también sobre personas jurídicas[53]. De tal suerte que de conformidad con el artículo 46 C del Anexo del Protocolo de Malabo, y bajo la rúbrica "Corporate Criminal Liability", es establecido lo siguiente:

> "1. For the purpose of this Statute, the Court shall have jurisdiction over legal persons, with the exception of States. 2. Corporate intention to commit an offence may be established by proof that it was the policy of the corporation to do the act which constituted the offence. 3. A policy may be attributed to a corporation where it provides the most reasonable explanation of the conduct of that corporation. 4. Corporate knowledge of the commission of an offence may be established by proof that the actual or constructive knowledge of the relevant information was possessed within the corporation. 5. Knowledge may be possessed within a corporation

---

51 Al respecto nos remitimos a lo ya analizado en Cartes Rodríguez, J. B., *El sistema judicial africano de protección de los derechos humanos*, Pamplona, Aranzadi, 2023, pp. 457 y ss.

52 Cfr. art. 46Abis del Anexo del Protocolo de Malabo.

53 Doctrinalmente sobre dicho extremo puede resultar de interés la consulta de Kremnitzer, M., A Possible Case for Imposing Criminal Liability on Corporations in International Criminal Law, *Journal of International Criminal Justice*, Vol. 8, N°. 3, 2010, pp. 909-918; Ambos, K. *Derecho penal internacional económico: fundamentos de la responsabilidad penal internacional de las empresas*, Navarra, Aranzadi, 2018; Jiang, Z., "International Criminal Responsibility of the Corporate Entity for Complicity in International Crimes: A Policy and Legal Case", *Cambridge Law Review*, Vol. 5, N°. 1, 2020, pp. 12-48.

> even though the relevant information is divided between corporate personnel. 6. The criminal responsibility of legal persons shall not exclude the criminal responsibility of natural persons who are perpetrators or accomplices in the same crimes"[54].

Más aún, además de ser el primer tribunal regional con competencia tanto sobre Derecho Internacional de los Derechos Humanos como sobre Derecho Internacional Penal, en lo que respecta a este último plano, destaca la incorporación de un conjunto de crímenes internacionales no previstos en ningún otro tratado propuesto o vigente de Derecho Internacional Penal. De manera que a los cuatro crímenes sobre los que tiene competencia la CPI se añaden 10 adicionales: piratería, cambios inconstitucionales de gobierno, terrorismo, mercenarismo, corrupción, blanqueo de capitales, tráfico de personas, tráfico de drogas, tráfico de residuos peligrosos, y explotación ilícita de recursos naturales[55].

En todo caso, hemos de poner de manifiesto que dicho Protocolo no se encuentra en vigor y no se espera que en un futuro cercano lo esté, pues, atendiendo a su artículo 11, de los 15 instrumentos de ratificación necesarios para que empiece a generar efectos jurídicos, tan solo cuenta con 15 firmas, pero con ninguna ratificación[56].

Otro precedente de relevancia para el objeto del presente escrito lo encontramos en el marco del Tribunal Especial para el Líbano, y más concretamente, en lo que concierne a sus casos *New TV S.A.L.* y *Akhbar Beirut S.A.L*[57]. Asuntos relativos a un medio de

---

54 Para un estudio de dicho precepto nos remitimos a Meloni, C. "Modes of Responsibility (Article 28N), Individual Criminal Responsibility (Article 46B) and Corporate Criminal Liability (Article 46C)", *The African Criminal Court: A Commentary on the Malabo Protocol*, The Hague, T.M.C. Asser Press, 2017, pp. 139-155.

55 Cfr. art. 14 del Anexo del Protocolo de Malabo.

56 Información disponible en: https://au.int/treaties (Fecha de consulta: 20.03.2024).

57 STL, Case Against New TV S.A.L. and Al Khayat, Case No. STL-14-05/PT/AP/AR126.1, F0012; STL, In the Case Against Akhbar Beirut S.A.L.

televisión y a un periódico libanés que publicaron información interna sobre los procesos que se estaban llevando a cabo ante el referido Tribunal. En este sentido, el Tribunal tuvo que detenerse en el artículo 60 Bis(A) de sus Reglas de Procedimiento y Prueba. Precepto en el que se recoge que el Tribunal, sobre la base del ejercicio de sus facultades inherentes, puede declarar en desacato a quienes intencionalmente interfieran en su administración de justicia. Añadiéndose que lo expuesto "includes, but is not limited, to the power to hold in contempt any *person* who: [...]"[58]. Por ende, la cuestión central a dilucidar era determinar si por persona se debía de entender exclusivamente personas naturales o, por el contrario, también quedaba incluidas en dicho término las personas jurídicas. Es decir, si el Tribunal podría llegar a tener competencia para juzgar no solo a los individuos que habían contribuido a la publicación de la referida información, sino, también, a la propia empresa para la que trabajaban tales individuos.

Ante tal disyuntiva, y tras un complejo proceso, la Sala de Apelaciones del Tribunal determinó que, no solo las personas naturales, sino que también las personas jurídicas podían intencionalmente interferir en su administración de justicia, y, por ende, podían declararse responsables por ello. De manera que nos encontramos ante la primera decisión de un tribunal internacional que reconoce que las personas jurídicas pueden ser declaradas penalmente responsables. Para llegar a dicha afirmación, la Sala fundamentó su decisión en el artículo tercero de sus *Reglas de Procedimento y Prueba,* donde se establece que:

> "Las Reglas se interpretarán de conformidad con el espíritu del Estatuto y, en orden de precedencia, (i) los principios de interpretación establecidos en el Derecho Internacional consuetudinario codificados en los Artículos 31, 32 y 33 de la Convención de Viena sobre el Derecho de los Tratados (1969), (ii) las normas internacionales sobre derechos humanos (iii) los principios generales del

---

and Al Amin, Case No. STL-14-06/PT/AP/AR126.1, F0004.

58 STL Rules of Procedure and Evidence, Rule 60Bis(A).

derecho y procedimiento penales internacionales y, según corresponda, (iv) el Código de Procedimiento Penal libanés".

En la dilucidación de su decisión, de entre tales fuentes, tuvo una especial consideración el apartado tercero, manteniendo la Sala que en tanto "corporate liability for serious harms is a feature of most of the world's legal systems [...] corporate liability qualifies as *a general principle of law*"[59]. Más aún, la Sala llega a afirmar que puede apreciarse en la actualidad "a concrete movement on an international level backed by the United Nations for [...] corporate accountability", de manera que "there is an emerging shared international understanding on the need to address corporate responsibility"[60].

Por su parte, ante la tragedia del vuelo *Malasya Airlines MH17*, el Estado de Malasia propuso ante el Consejo de Seguridad de las NNUU la creación de un tribunal internacional encargado de

---

59 STL, *New TV S.A.L. & Al Khayat*, Case N°. STL-14-05/PT/AP/AR126.1, Decision on Interlocutory Appeal Concerning Personal Jurisdiction in Contempt Proceedings, 2 October 2014, párr. 67; en este mismo sentido, STL, *Akhbar Beirut S.A.L. & Al Amin*, Case No. STL-14-06/PT/AP/AR126.1, Decision on Interlocutory Appeal Concerning Personal Jurisdiction in Contempt Proceedings, 23 January 2015.

60 STL, *New TV S.A.L. & Al Khayat*, Case No. STL-14-05/PT/AP/AR126.1, Decision on Interlocutory Appeal Concerning Personal Jurisdiction in Contempt Proceedings, 2 October 2014, párr. 46. Para un análisis doctrinal de tales pronunciamientos puede consultarse Alkhawaja, O., "In Defense of the Special Tribunal for Lebanon and the Case for International Corporate Accountability", *Chicago Journal of International Law*, Vol. 20, N°. 2, 2019, pp. 450-485; Stewart, D., & Hakimi, M., "International criminal law-contempt-interference with prosecution-liability of corporate entities-definition of person", *American Journal of International Law*, Vol. 111, N°.1, 2017, pp. 132-140; Bernaz, N., "Corporate criminal liability under international law: the new TV SAL and Akhbar Beirut SAL cases at the Special Tribunal for Lebanon", *Journal of International Criminal Justice*, Vol. 13, 2015, pp. 313-330. En todo caso, como se recoge en tales escritos, tal decisión fue muy controvertida incluso en el propio seno del Tribunal Especial para el Líbano.

investigar y juzgar el caso, llegándose incluso a la adopción de un proyecto de estatuto de dicho tribunal penal internacional que contenía el siguiente precepto: "the Tribunal shall have jurisdiction over offences against the administration of justice committed by natural persons and legal persons"[61]. Sin embargo, dicha propuesta no salió adelante pues en 2015 el Estado de Rusia ejerció su derecho de veto. En todo caso, no resulta ocioso poner de manifiesto que en el seno del Consejo de Seguridad no se objetó el contenido de tal precepto, siendo los motivos invocados por Rusia de otra índole[62].

Pasando a la esfera de tribunales internos, y enlazando a su vez con el epígrafe tercero del presente capítulo, también hemos identificado distintos pronunciamientos en los que se reconoce que las personas jurídicas son sujetos de obligaciones internacionales. De entre ellos uno de los más recientes y significativos es el asunto *Nevsun v. Araya,* cuyos demandantes son tres trabajadores eritreos que fueron reclutados en el servicio militar de dicho Estado siendo obligados de manera indefinida a un régimen de trabajos forzados en una mina en la que, según alegan, fueron sujetos a torturas y tratos crueles y degradantes. Mina, además, que produce oro, zinc y cobre y que era propiedad en un 60% de la empresa canadiense *Nevsun Resources Ltd*[63]. Dicho asunto llegó hasta la Corte Suprema de Canadá, órgano jurisdiccional que una vez que determinó que los crímenes de lesa humanidad, los trabajos forzados, la esclavitud y los tratos crueles, inhumanos y degradantes son normas de Derecho Internacional consuetudina-

---

61 *UN Statute of the International Criminal Tribunal for Malaysia Airlines Flight MH17,* Article 40(2),Doc. S/2015/562, Annex, 29 July 2015.

62 En este sentido, UN Security Council, 7498th Meeting, UN Doc. S/PV.7498, 29 July 2015, contenido en Ventura, M. J., "The Prosecution of Corporations before a Hybrid International Criminal Tribunal", *African Journal of International Criminal Justice,* Vol. 2, 2016, pp. 71-83.

63 Supreme Court of Canada, *Nevsun Resources Ltd. v. Araya,* 2020, 1 SCR 166, CN 37919.

rio, procedió a sostener que tales normas vinculan, no solo a los Estados, sino también a las personas jurídicas.

No obstante, de un análisis de su decisión no encontramos que en ningún momento se analice el fundamento jurídico de la vinculación de las empresas por costumbres internacionales. Más aún, dicho pronunciamiento también guarda silencio respecto de los dos elementos imprescindibles para que nos encontremos ante normas consuetudinarias internacionales; esto es, un estudio del elemento objetivo —reiteración de actos— y del elemento subjetivo —convicción de obligatoriedad de tales actos— ambos en su articulación con las personas jurídicas. Por el contrario, la Corte fundamentando su decisión en el desarrollo progresivo del Derecho Internacional en el plano de los derechos humanos y en la subjetividad del individuo; extremo que, desde una perspectiva jurídica, no evidencia la oponibilidad de costumbres internacionales a personas jurídicas.

En cambio, también recientemente, en el asunto *Jerusalem tramway,* el Tribunal de Apelaciones de Versalles (Francia) determinó que las empresas no cuentan con la faceta de la personalidad jurídica internacional de quedar vinculadas por costumbres internacionales[64]. Posicionamiento igualmente seguido en el asunto *Kiobel* por el Tribunal del Segundo Circuito de Apelaciones de EEUU[65].

---

64 CA Versailles (fond), 22 mars 2013, *AFPS et OLP c. Sté Alstom Transport SA*, Sté Alstom SA et SA Veolia Transport, RG n° 11/05331.

65 *Kiobel et al. v Royal Dutch Petroleum Co. et al.*, Second Circuit, 569 US, 2013. En este sentido, también cabe destacar, como pone de manifiesto la profesora Márquez Carrasco, que "durante muchos años, la *Alien Tort Statute* (ATS) de 1789 ha servido como un instrumento nacional sin precedentes, al permitir a los tribunales norteamericanos afirmar la jurisdicción universal civil sobre las reclamaciones transnacionales presentadas por extranjeros sobre la base de la violación del *law of nations* [...]. Sin embargo, en dos opiniones recientes el Tribunal Supremo ha reducido su alcance [de manera significativa], en la famosa *Kiobel* y en *Daimler AG*". Cfr. Márquez Carrasco, C., "Las relaciones entre el Derecho Internacional y la práctica interna en el ámbito de los dere-

En todo caso hemos de estar atentos a los pronunciamientos que se producirán en un futuro cercano en el asunto *Lundin,* por los tribunales suizos, y en el asunto *Lafarge,* por tribunales franceses, en los que nuevamente se tendrá que dilucidar la responsabilidad de las empresas desde la perspectiva del Derecho Internacional[66]. Asimismo, será interesante atender a si, según los pronunciamientos de sendos tribunales internos, esta responsabilidad viene otorgada por tratados internacionales, en tanto que vía de atribución de la personalidad jurídica internacional más pacífica en el Derecho Internacional vigente[67].

6. CONCLUSIONES

De lo analizado en el presente capítulo podemos concluir con rotundidad que las empresas son sujetos de Derecho Internacional. Así pues, en el Derecho Internacional vigente las empresas cuentan con tres prerrogativas de la personalidad jurídica internacional, esto es, son titulares de derechos y obligaciones internacionales, son sujetos capaces de hacer valer sus derechos en el plano internacional y son sujetos capaces de ser responsables en el ámbito internacional.

---

chos humanos y la responsabilidad de las empresas", *Anuario Español de Derecho Internacional,* Vol. 34, 2018, p. 720. Por su parte, sobre la ATS puede consultarse Collingsworth, T., "Separating fact from fiction in the debate over application of the alien tort claims act to violations of fundamental human rights by corporations", *University of San Francisco Law Review, Vol. 37, N°. 3, 2003, pp.* 563-586; Kurlantzick, J. 2004, "Taking multinationals to court: How the Alien Tort Act promotes human rights", *World Policy Journal,* Vol. 21, N°. 1, pp. 60-67.

66 Para un análisis de sendos asuntos, cfr. https://www.justsecurity.org/78097/corporate-criminal-liability-for-human-rights-violations-france-and-sweden-are-poised-to-take-historic-steps-forward/ (Fecha de consulta: 20/03/2024). Por su parte, el asunto *Lafarge* será analizado en el capítulo cuarto de esta obra.

67 La responsabilidad de la empresa en la esfera internacional va a ser tratada también en el capítulo séptimo a donde nos remitimos.

Ahora bien, el Derecho Internacional es un ordenamiento jurídico que se caracteriza eminentemente por su desarrollo progresivo y no por cambios disruptivos. De tal suerte que en el momento actual la personalidad jurídica internacional de las empresas se encuentra muy limitada a planos específicos. No obstante, el hecho de que las empresas ostenten una subjetividad internacional limitada y derivada —para nada equiparable al Estado— no implica que ello sirva de justificante para proceder a negar su condición de sujeto de Derecho Internacional. Así pues, tal y como dimos comienzo en el presente capítulo, la CIJ puso de manifiesto en el dictamen consultivo sobre *Reparación por daños sufridos al servicio de las Naciones Unidas* de 1949 que las organizaciones internacionales tienen una subjetividad internacional limitada, funcional y derivada —mucho más limitada aún a mediados del siglo pasado que en la actualidad—, pero no por ello es negada su condición de sujeto del ordenamiento jurídico internacional.

Otra cuestión no baladí del presente escrito es que nos ha permitido afirmar que *las empresas*, sin ningún adjetivo que las acompañe, son sujetos de Derecho Internacional. Así pues, y como ejemplo, no se requiere la condición de transnacional para ser titular de los derechos referidos en el *Convenio Europeo de Derechos Humanos*, ni para poder hacer valer tales derechos ante el Tribunal Europeo de Derechos Humanos. Más aún, como ha sido apuntado, el concepto de empresa ha sido entendido desde una acepción en suma amplia por el TEDH. No obstante, bien es cierto que los derechos y obligaciones establecidos en tratados como el *Protocolo de Basilea sobre Responsabilidad e Indemnización por Daños Resultantes de los Movimientos Transfronterizos de Desechos Peligrosos y su Eliminación* o el *Convenio Internacional sobre Responsabilidad Civil por Daños Debidos a la Contaminación por Hidrocarburos*, por el propio objeto de sendos tratados, están destinados principalmente a empresas que operan en dos o más Estados. Pero no es menos cierto que en la primera decisión de un tribunal internacional que reconoce que las personas jurídicas pueden ser declaradas penalmente responsables —el Tribunal Internacional para el Líbano en sus casos *New TV S.A.L.* y *Akhbar Beirut S.A.L.*—, este no entra a valorar la participación, o el grado de participación, de tales empresas en dos o más Estados, es decir, su cualidad como empresa transnacional o internacional, sino si sobre ellas recaen obligaciones internacionales, y, en su caso, si ha acaecido una violación de las mismas. Se trata, en efecto, de dos planos distintos.

Una vez afirmada la subjetividad internacional de las empresas, y ya para poner fin al presente escrito, el siguiente paso es sostener un desiderátum sobre la ampliación de su subjetividad internacional al hilo de la noción de desarrollo progresivo del Derecho Internacional. Extremo que esperamos acaezca a lo largo del siglo XXI, especialmente, y en lo ateniente a esta obra, respecto del plano de los derechos humanos, donde actualmente es el Estado el que tiene eminentemente la obligación de promover, respetar, proteger y garantizar los derechos humanos, así como de incurrir en responsabilidad internacional en caso de incumplimiento de sus obligaciones. Y es que, a pesar del poder efectivo de ciertas corporaciones, algunas de ellas con unos ingresos que superan con creces el PIB de ciertos Estados, solo recaen sobre tales personas jurídicas en materia de derechos humanos normas de *soft-law.* Separación entre *ethos, logos, alétheia* y Derecho que ha de ser superada.

Capítulo III

*La responsabilidad internacional de las empresas en el ámbito del Derecho Internacional de los Derechos Humanos. Examen particular sobre su deber de no poner en grave riesgo el derecho a la vida**

JAVIER CHINCHÓN ÁLVAREZ**

1. INTRODUCCIÓN

Este trabajo se enmarca en el reciente debate suscitado en torno a la solicitud de Opinión Consultiva a la Corte Interamericana de Derechos Humanos (Corte IDH) presentada el pasado 11 de noviembre de 2022.El presente artículo se centrará, esencialmente, en el primer interrogante, en realidad múltiple, que presentó el Estado mexicano a la Corte IDH; pero el examen que aquí se propone plantea una visión más amplia en lo cuantitativo y dife-

---

* Este artículo se enmarca en el Proyecto de Investigación: "La CEDAW 40 años después: ¿Los derechos líquidos de la mujer?" (Referencia DER2016-76312-P). Programa Estatal de Fomento de la Investigación Científica y Técnica de Excelencia-Subprograma de Generación de Conocimiento, Ministerio de Economía y Competitividad, Gobierno de España. Investigadora Principal: Ana Gemma López Martín.

** Profesor Titular de Derecho Internacional Público y Relaciones Internacionales de la Universidad Complutense de Madrid (jachal@der.ucm.es).

rente en lo cualitativo, pues en él abordaré una serie de cuestiones distintas también en cuanto a la perspectiva de análisis, a partir de una evidencia recientemente reiterada por órganos como el Alto Comisionado para los Derechos Humanos de las Naciones Unidas o la Comisión Interamericana de Derechos Humanos[1] (Comisión IDH). Es decir, citando al primero, que:

> "... si bien los hombres y los varones jóvenes constituyen una abrumadora mayoría de los autores y víctimas de muertes y lesiones relacionadas con las armas de fuego, determinadas formas de violencia cometida con estas armas, incluida la violencia de pareja, tienen un efecto desproporcionado en las mujeres y las niñas"[2].

A su vez, en lo que vendrá se tratará de adoptar una perspectiva sustancialmente exegética, y no propositiva como tal. En realidad, esta construcción conlleva algunas dificultades, porque como es sabido y en todo caso veremos en cierto detalle, la discusión acerca de, en resumen, la responsabilidad internacional de las empresas en materia de derechos humanos se mantiene plenamente abierta, en lo que a veces se ha llamado un "debate doctrinal de moda"[3]. En consecuencia, resulta una pulsión lógica intentar ofrecer una respuesta propia a los dilemas que todavía están sobre la mesa, y/o tratar de aportar soluciones normativas a los déficits o lagunas que se han venido identificando[4]. Aunque en parte pue-

---

1 Para más datos, véase el apartado 3 de este trabajo.

2 Consejo de Derechos Humanos, "Efectos que tienen la adquisición, la posesión y el empleo de armas de fuego por parte de personas civiles", Documento de Naciones Unidas: A/HRC/53/49, 5 de mayo de 2023, párr. 10.

3 Fernández Liesa, C. R., y López-Jacoiste Díaz, E., "Introducción", en Fernández Liesa, C. R., y López-Jacoiste Díaz, E. (dirs.), *Empresas y derechos humanos*, Cizur Menor, Thomson Reuters, 2018, pp. 25-31, en p.25.

4 De entre la multitud de trabajos en este sentido, en lo más cercano Márquez Carrasco, C. (dir.), Arenal Lora, L y Chiara Marullo, M. (coords.), *El 10º aniversario de los Principios Rectores de las Naciones Unidas sobre empresas y derechos humanos. Retos de la debida diligencia en materia de derechos humanos y medio ambiente y derechos de los pueblos indígenas*, Navarra, Aranzadi, 2022; Ovejero Puente, A. M. (coord.), *Derechos humanos y empresas:*

de que lo hagamos, nuestro objetivo aquí no es este, sino que se dirige a elaborar una interpretación estructural y de conjunto de los textos que ya son una referencia en este ámbito. Una interpretación, creo importante advertir desde el inicio, que descansa en mi posición general de fondo al respecto.

Sobre ella, entiendo especialmente oportuno recordar, al menos brevemente[5], que, al margen de otros antecedentes, hace apenas un siglo lo que hoy llamamos responsabilidad internacional del individuo parecía algo entre lo imposible o lo impensable. Un Derecho Internacional en el que, sentenciaba Anzilotti, la presencia de otros sujetos de derechos y obligaciones distintos de los Estados era simplemente inconcebible[6], dejaba poco margen a la mera existencia de reglas que impusieran obligaciones a los particulares. De hecho, convertía casi en anatema jurídico a lo que podría suponer admitir cierta subjetividad internacional del individuo, a través de su responsabilización internacional[7].

Balance y situación actual sobre el cumplimiento de los tres pilares, Valencia, Tirant lo Blanch, 2020.

5 Para mi visión es más detalle sobre ello, puede acudirse a Chinchón Álvarez, J., "Responsabilidad internacional del individuo y responsabilidad internacional del Estado: Encuentros y desencuentros en torno a la figura de los `crímenes de Derecho Internacional´", en González Ibáñez, J. (dir.), *Protección Internacional de Derechos Humanos y Estado de Derecho. Studia in honorem Nelson Mandela,* Bogotá, Grupo Editorial Ibáñez, 2009, pp. 551-582.

6 Recogido en Carrillo Salcedo, J. A., *Curso de Derecho Internacional Público,* Madrid, Tecnos, 1991, p. 25. Anotar que pese a la amplia influencia de la posición de Anzilotti, es posible encontrar cierta matización a sus palabras en su propia opinión disidente a la Opinión Consultiva de la Corte Permanente de Justicia Internacional sobre la *consistencia de ciertos decretos legislativos de Danzig* (*P.C.I.J. Series A/B, N.º, 65,* 1935, p. 65).

7 Sobre la compleja cuestión de la subjetividad internacional del individuo baste apuntar que en la doctrina se han defendido tesis completamente opuestas, desde negarle cualquier subjetividad internacional hasta afirmar que en realidad es el hombre el único sujeto de Derecho (internacional); siendo que, a mi parecer, la esencia del problema se sitúa en la propia definición del concepto de subjetividad in-

Ciertamente, entre los que se rebelaban contra el absoluto monopolio estatal estaban muchos referentes del Derecho Internacional, desde autores clásicos como Suárez, Vitoria, Grocio, Pufendorf y Heffter, a más cercanos, como Duguit, Jesé, Krabbe, Niemeyer, Politis, o Scelle; pero no menos cierto es que no sería hasta los acontecimientos que sufrió el mundo en la primera mitad del siglo XX, cuando lo que a menudo fue una agria polémica tomaría un rumbo sin retorno.

Las concepciones clásicas que exponía la Corte Permanente de Justicia Internacional (CPJI) en sus primeros años, esto es, la idea de que el ordenamiento jurídico internacional solamente regulaba relaciones entre Estados[7], o dicho de forma más severa, que en atención a un principio bien establecido, un acuerdo internacional no puede reconocer derechos ni imponer obligaciones a los

---

ternacional, y, consecuentemente, en si éste es un concepto unitario o graduable, como apuntó el Tribunal Internacional de Justicia en el *asunto Reparación de los daños sufridos al servicio de las Naciones Unidas* (*I.C.J. Reports 1949*, p. 178). Con todo, en el debate señalado, parece existir una clara tendencia que a partir de la concepción clásica de que "l´individu ne saurait éther sujet immédiat du droit international, et qu´il est seulement destinataire des dispositions de ce droit" (Krylov, S.B., "Les notions principales du droit des gens", en *R. des C.*, núm. 70, 1947-I, pp. 407-476, en p. 448) progresivamente ha tendido hacia el reconocimiento cada vez más unánime de la subjetividad internacional del individuo, aun bajo la valoración de que aunque "los individuos (...) estén considerados (...) sujetos del ordenamiento internacional (...) sólo logran asomarse al sagrado recinto de los Estados soberanos. Fuera de toda metáfora: se les atribuyen limitadísimos poderes y derechos" (Cassese, A., *Los derechos humanos en el mundo contemporáneo,* Barcelona, Ariel, 1993, p. 235). Por su parte, cabe destacarse que autores como Eustathiades han puesto el acento justamente en la "capacidad para delinquir" del individuo, como elemento clave de su subjetividad internacional (Eustathiades, C. Th., "Les sujets du Droit international et le responsabilité internationale. Nouvelles tendances", *R. des C.*, núm. 84, 1953-III, pp. 397-658, en especial pp. 415-428).

7 CPJI, *The case of the S.S. "Lotus", P.C.I.J. Series A, N°. 10,* 1927, p. 18.

particulares[8], tendrían que convivir, al menos desde entonces, con otra afirmación tajantemente expresada por el Tribunal Militar Internacional de Nuremberg en su ya célebre sentencia de 1 de octubre de 1946:

> "Crimes against international law are committed by men, not by abstract entities, and only by punishing individuals who commit such crimes can the provisions of international law be enforced"[9].

En este orden de ideas, el definitivo reconocimiento de la trascendencia jurídica internacional de ciertos actos realizados por el particular, o expresado de otra forma, la posibilidad de ser tenido como internacionalmente responsable por la comisión de "crímenes contra el Derecho Internacional" —junto con los avances en el campo de la capacidad activa de obrar-, han sido considerados por algunos autores como una auténtica revolución jurídica que modificó en su base el propio Derecho Internacional[10], o que sin llegar a tanto, al menos lo transformó en un ordenamiento jurídico mucho más "civilizado y humanizado"[11].

---

8 CPJI, *Jurisdiction of the Courts of Danzig,* Advisory Opinion, *P.C.I.J. Series B, N°. 15,* 1928, p. 17.

9 Tribunal Militar Internacional de Nuremberg, *Trial of the Major War Criminals Before the International Military Tribunal: Proceedings Volumes* (Blue Series), vol. XXII, pp. 465-466.

10 Así por ejemplo, Quintano Ripollés califica como una "revolucionaria innovación" la admisión de la responsabilidad internacional del individuo. (Quintado Ripollés, A., *Tratado de Derecho penal Internacional e Internacional penal,* t. I, Madrid, Instituto Francisco de Vitoria, 1955, p. 186 y ss.). Del otro lado, esta "revolución" en cuanto a la posibilidad de los individuos de acceder a la justicia internacional ha sido considerada por referentes como Cançado Trindade como "quizás el más importante legado que nos deja la ciencia jurídica del siglo XX" (Cançado Trindade, A., *El acceso directo del individuo a los Tribunales Internacionales de derechos humanos,* Bilbao, Universidad de Deusto, 2001, p. 17).

11 Carrillo Salcedo, J. A., *Soberanía de los Estados y derechos humanos en Derecho Internacional contemporáneo,* Madrid, Tecnos, 2001, p. 13.

Haciendo entonces un paralelismo con lo que aquí se analizará, aunque para muchos sea insostenible abogar por la responsabilidad internacional de las empresas dentro del Derecho Internacional de los derechos humanos, mi posicionamiento de fondo es que esa es la única senda adecuada para seguir avanzando hacia un Derecho Internacional cada vez más centrado en las personas. Lo que no es solo una mera aspiración o deseo generales, sino que en este punto, cabe recordar especialmente que a la hora de leer, entender e interpretar las normas de este sector del ordenamiento jurídico internacional es ineludible hacerlo a partir del principio *pro persona*, como "criterio hermenéutico que informa todo"[12] el Derecho Internacional de los derechos humanos.

Como adelanté, una posible vía de trabajo en este ámbito y momento podría vehicularse en, por ejemplo, aportar nuevas contribuciones al proceso en marcha en el Grupo de Trabajo intergubernamental de composición abierta sobre las empresas transnacionales y otras empresas con respecto a los derechos humanos (Grupo de Trabajo EDH), cuyo mandato, que ya cumple una década, fue y es elaborar un instrumento jurídicamente vinculante para regular las actividades de las empresas transnacionales y otras empresas en el Derecho Internacional de los derechos humanos[13]. Otra, la que en esta oportunidad pretendemos, es la de ofrecer una interpretación estructurado de todo lo avanzado hasta la fecha, en el sentido recién explicado.

---

12 Pinto, M., "El principio pro homine. Criterios de hermenéutica y pautas para la regulación de los derechos humanos", en Abregú, M., y Courtis, Ch. (comps.), *La aplicación de los tratados sobre derechos humanos por los tribunales locales,* Buenos Aires, CELS/Editores del Puerto, 1997, pp. 163-172, en p.163. En el mismo y para más datos, véase lo referido en notas 47 y 48.

13 Consejo de Derechos Humanos, Resolución 26/9, Documento de Naciones Unidas: A/HRC/RES/26/9, 14 de julio de 2014, párr. 1. Para más datos, véase el apartado siguiente.

2. LA RESPONSABILIDAD INTERNACIONAL DE LAS EMPRESAS EN EL DERECHO INTERNACIONAL DE LOS DERECHOS HUMANOS: MARCO GENERAL

Dentro del espacio disponible, conviene iniciar este apartado realizando una serie de precisiones previas. En primer lugar, parece claro que hay que descartar del análisis, en este apartado, cualquier comportamiento de una empresa que pudiera atribuirse a un Estado de conformidad con las reglas generales codificadas en los arts. 4 a 11 del Proyecto Definitivo de la Comisión de Derecho Internacional sobre la responsabilidad del Estado por hechos internacionalmente ilícitos[14]. Fuera de ello, aquellas situaciones en que el comportamiento de esas empresas se realizase con la aquiescencia de un Estado, es evidente que tampoco se corresponden con el objeto de examen específico de esta contribución; aclarando que por acudir a la jurisprudencia de la Corte IDH, se trataría de aquellos casos en los que la aquiescencia generaría un:

> "... nivel de responsabilidad más directo que aquel derivado del análisis del riesgo, por cuanto aquél comporta un consentimiento del Estado al accionar del particular, sea por la inacción deliberada o por su propio accionar al haber generado las condiciones que permitan que el hecho sea ejecutado por los particulares"[15].

A partir de lo señalado, conviene aclarar también que, aunque esas empresas tuvieran naturaleza trasnacional o multinacional resulta indiscutible que no cabría equiparlas en cuanto a su personalidad jurídica internacional, ni a los Estados ni a otros sujetos de Derecho Internacional. De tal modo que no sería posible, ni adecuado, ofrecer una respuesta global completa y afirmativa en cuanto a la posibilidad de existencia y/o exigencia de responsa-

---

14 Documento de Naciones Unidas: A/CN.4/SER.A/2001/Add.1 (Part 2), *Anuario de la Comisión de Derecho Internacional*, 2001, vol. II (segunda parte).

15 Corte IDH, *Caso López Soto y otros Vs. Venezuela*, Fondo, Reparaciones y Costas, Sentencia de 26 de septiembre de 2018, Serie C No. 362, párr. 146.

bilidad jurídica internacional por sus actividades o por las consecuencias derivadas de ellas[16].

Lo anterior no quiere implicar que esto no pudiera ser algo necesario y positivo, sino que el desarrollo actual del Derecho Internacional sólo permite ofrecer, a mi juicio, una respuesta sectorial a esta cuestión; siendo clave el ámbito jurídico que aquí examinamos, como ya avancé, y el concepto de debido cuidado o debida diligencia. El mismo será objeto de estudio detallado en otros capítulos de esta obra, pero en este sentido, valga recordar la atinada reflexión del que fuera presidente de la Corte IDH, el Juez Sergio García Ramírez, para quien una conducta que genera una lesión jurídica ha de ser reparada con justicia, oportunidad y suficiencia; siendo ésta la prueba de fuego para un sistema tutelar de bienes, en tanto que donde hay violación sin sanción o daño sin reparación, el Derecho entra en crisis, no sólo como instrumento para resolver cierto litigio, sino para resolverlos todos, es decir, para asegurar la paz con justicia[17].

Ahora bien, como es sabido, si hablamos de responsabilidad internacional o, en términos generales, del Derecho de la responsabilidad internacional, estaremos concentrando nuestra atención en las normas u obligaciones secundarias, cuya mera potencial consideración depende de la norma o normas primarias correspondientes. Esto es, por traer aquí a la clásica explicación recogida por la Comisión de Derecho Internacional, la cuestión es que para determinar si un comportamiento constituye una violación de alguna obligación internacional que podría comprometer la responsabilidad internacional pertinente, habrá que centrarse en

---

16 Iglesias Berlanga, M., "Subjects of international law", en López Martín, A. G. (ed.), *Public International Law,* Madrid, Dykinson, 2022, p. 47.

17 García Ramírez, S., "Las reparaciones en el Sistema Interamericano de protección de los derechos humanos", en VV.AA, *El Sistema Interamericano de Protección de los Derechos Humanos en el Umbral del Siglo XXI,* vol. I, San José, Corte Interamericana de Derechos Humanos, 2003, pp. 129-158, en p. 129.

la obligación primaria, pues es ella la que tiene que ser interpretada y aplicada a la situación, determinándose así la naturaleza del comportamiento exigido, la norma que tiene que ser observada, el resultado que tiene que ser alcanzado, etc.[18]. Expresado de forma sumaria, en palabras de un referente como el Relator Especial Ago, "… una cosa es definir una norma y el contenido de la obligación por ella impuesta y otra muy distinta determinar si se ha infringido esa obligación y cuáles deben ser las consecuencias de tal infracción"[19].

En consecuencia, todo análisis en este punto ha de llevarnos, irremediablemente, al ámbito de las posibles obligaciones primarias existentes para las empresas privadas, tanto en la normativa de los sistemas regionales, como del Sistema de Naciones Unidas, al respecto. En este orden de ideas, como se apuntó, será una pieza capital el concepto de *larga data* en el Derecho Internacional de la diligencia debida o deber de diligencia debida[20], con las particularidades propias del Derecho Internacional de los derechos humanos[21]; si bien, sin perder de vista que, de una manera gene-

---

18 Véase el Comentario Capítulo III del Proyecto Definitivo de la Comisión de Derecho Internacional sobre la responsabilidad del Estado, *doc. cit.*, nota 15.

19 *Anuario de la Comisión de Derecho Internacional*, 1970, vol. II, A/CN.4/233, párr. 66.

20 De entre la abundante bibliografía al respecto, son una referencia de síntesis de gran interés, los dos informes elaborados por la *International Law Association*: "ILA Study Group on Due Diligence in International. Law First Report. Duncan French (Chair) and Tim Stephens (Rapporteur)", 7 de marzo de 2014; "ILA Study Group on Due Diligence in International Law. Second Report. Tim Stephens (Rapporteur) and Duncan French (Chair)", julio de 2016. Ambos se encuentran disponibles en https://www.ila-hq.org/en/study-groups/due-diligence-in-international-law (Fecha de consulta: 31/01/2024).

21 Para una interesante y completa visión de conjunto, Márquez Castro, M. C., "Instrumentos sobre la debida diligencia en materia de Derechos Humanos: Orígenes, evolución y perspectivas de futuro", *Cuadernos de derecho transnacional*, vol. 14, núm. 2, 2022, pp. 605-642.

ral, como bien han advertido distintos órganos, como el Tribunal Internacional del Derecho del Mar:

> "The content of "due diligence" obligations may not easily be described in precise terms. Among the factors that make such a description difficult is the fact that "due diligence" is a variable concept. It may change over time as measures considered sufficiently diligent at a certain moment may become not diligent enough in light, for instance, of new scientific or technological knowledge. It may also change in relation to the risks involved in the activity"[22].

A su vez, y en un ámbito más próximo al Derecho Internacional de los derechos humanos, ha de tenerse también en cuenta que, formulado en palabras del Tribunal Internacional de Justicia: "In this area the notion of "due diligence", which calls for an assessment *in concreto,* is of critical importance"[23].

La premisa, en cualquier caso, consideramos que hay que situarla en un consenso que parece que se ha ido o se está asentando claramente, y que entiendo que marca el camino adecuado a seguir; el cual, agreguemos, ha sido a veces calificado como el resultado de un proceso que está suponiendo "a silent revolution by being addressed directly at companies, rather than at states alone"[24] una serie de obligaciones propias del Derecho Internacional de los derechos humanos. Lo que es aún más evidente, desde hace años, en lo que concierne a la diligencia debida de las empresas en materia de derechos humanos[25]. Luego volveremos

---

22 Tribunal Internacional del Derecho del Mar, *Responsibilities and obligations of States with respect to activities in the Area,* Opinión Consultiva, 1 de febrero de 2011, *ITLOS Reports 2011,* párr. 117

23 Tribunal Internacional de Justicia, *Application of the Convention on the Prevention and Punishment of the Crime of Genocide (Bosnia and Herzegovina v. Serbia and Montenegro), Judgment, I.C.J. Reports 2007,* párr. 430.

24 De Schutter, O., "Towards a New Treaty on Business and Human Rights", *Business and Human Rights Journal,* vol. 1, 2016, núm. 1, pp. 41-67. Véase en especial el apartado IV de este trabajo.

25 De Schutter, O., y otros, *La diligencia debida en materia de derechos humanos,* disponible en https://issuu.com/_icar_/docs/la_diligencia_debida_

a esa cuestión, que es sin duda capital, pero en lo que ahora ocupa, su síntesis puede encontrarse en todos los documentos que suponen una clara referencia en este punto. Así, si centramos la atención en el Sistema de Naciones, se resumiría en que:

> "Las empresas deben respetar los derechos humanos. Eso significa que deben abstenerse de infringir los derechos humanos de terceros y hacer frente a las consecuencias negativas sobre los derechos humanos en las que tengan alguna participación. (...) La responsabilidad de las empresas de respetar los derechos humanos se refiere a los derechos humanos internacionalmente reconocidos – *que abarcan, como mínimo, los derechos enunciados en la Carta Internacional de Derechos Humanos...*"[26].

Dicho en otros términos, los más recientes del Grupo de Trabajo EDH:

> "Underlining that all business enterprises, regardless of their size, sector, location, operational context, ownership and structure have the responsibility to respect all human rights, including by avoiding causing or contributing to human rights abuses through their own activities and addressing such abuses when they occur, as well as by preventing or mitigating human rights abuses that are directly linked to their operations, products or services by their business relationships"[27].

---

en_materia_de_derechos_humano (Fecha de consulta: 31/01/2024).

26 Consejo de Derechos Humanos, "Principios Rectores sobre las empresas y los derechos humanos: puesta en práctica del marco de las Naciones Unidas para "proteger, respetar y remediar", Documento de Naciones Unidas: A/HRC/17/31, 21 de marzo de 2011, Principios 11 y 12. Énfasis añadido. Para más datos sobre lo destacado, véase el apartado siguiente.

27 Grupo de Trabajo EDH, "3° proyecto revisado de instrumento jurídicamente vinculante para regular, en las normas internacionales de derechos humanos, las actividades de las empresas transnacionales y otras empresas comerciales", 17 de agosto de 2021, Preámbulo, disponible en https://www.ohchr.org/sites/default/files/Documents/HRBodies/HRCouncil/WGTransCorp/Session6/LBI3rdDRAFT.pdf (Fecha de consulta: 01/02/2024). Es interesante anotar aquí que la mera existencia de este Grupo y del trabajo que se le encomendó y

De su lado, en el ámbito del Sistema Interamericano de Derechos Humanos lo anterior, aunque quizá de una manera menos explícita pero con igual mención al Derecho Internacional, parece igualmente asumido; de tal modo que la conocida como Guía de Principios sobre Responsabilidad Social de las Empresas en el Campo de los Derechos Humanos y el Medio Ambiente en las Américas comience afirmando que:

> "Las empresas en el desarrollo de sus actividades deben adoptar al interior de ellas medidas preventivas y de protección de los derechos humanos (...). En tal sentido, deben implementar políticas destinadas por ejemplo, a eliminar cualquier forma de discriminación, trabajo infantil y trabajo forzoso, (…) entre otras medidas, conforme al Derecho Internacional"[28].

---

está desarrollando, es entendido por algunos Estados, como la prueba evidente de que no existe obligación alguna relativa a las empresas de conformidad a las normas convencionales generales de referencia. Expresado en los términos literales de los Estados Unidos en su escrito presentado ante la Corte IDH el pasado 21 de agosto de 2023: "In 2014, some members of the Human Rights Council expressed dissatisfaction with the nonbinding nature of the UNGPs and successfully supported a resolution to establish a working group with a mandate to "elaborate an international legally binding instrument to regulate, in international human rights law, the activities of transnational corporations and other business enterprises." (…). The process to negotiate this instrument is still ongoing and includes a number of parties to the American Convention. In fact, the number of states that have been participating has only increased over time; if there were any broad understanding that states have obligations under the ICCPR or the American Convention with respect to business activity, the treaty process to elaborate new obligations for states to address the adverse human rights impacts of business activity would be superfluous". El documento completo puede consultarse aquí: https://www.corteidh.or.cr/sitios/observaciones/OC-30/4_estadosunidos.pdf, la cita es de la nota 14 (Fecha de consulta:01/02/2024).

28 Véase, Comité Jurídico Interamericano, "Guía de Principios sobre Responsabilidad Social de las Empresas en el Campo de los Derechos Humanos y el Medio Ambiente en las Américas", CJI/doc.449/14 rev.1., corr. 1, 24 de febrero de 2014, punto a.

En lo más próximo, y en el mismo orden de ideas, se ha sostenido lo que sigue:

> "... las empresas (...) tienen la responsabilidad de respetar los derechos humanos; por ello aún ante la falta de cumplimiento o cumplimiento inadecuado de las obligaciones por parte de los Estados, las empresas deben orientarse y guiar sus acciones y procesos por aquellos estándares internacionales de derechos humanos aplicables según el caso. Eso significa que deben abstenerse de infringir, contribuir, facilitar, alentar o agravar violaciones de los derechos humanos y hacer frente a las consecuencias negativas sobre los derechos humanos en las que tengan alguna participación..."[29].

Por su parte, la Corte IDH se ha manifestado en términos parecidos en varias sentencias, adscribiéndose expresamente al contenido de los *Principios Rectores sobre las empresas y los derechos humanos*, y trasladando, en consecuencia, la ya citada referencia a "los derechos humanos internacionalmente reconocidos que abarcan, como mínimo, los derechos enunciados en la Carta Internacional de Derechos", al ámbito de la *Convención Americana de Derechos Humanos* de 1969[30].

En un orden de ideas paralelo, y en cuanto a otros sistemas regionales, valga acudir al Consejo de Europa, y en concreto a su Recomendación de 2016 sobre "human rights and business", en cuyo preámbulo puede leerse:

> "Reaffirming that all human rights and fundamental freedoms are universal, indivisible, interdependent and interrelated; Recognizing

---

29 Comisión IDH, "Informe: Empresas y Derechos Humanos: Estándares Interamericanos", Relatoría Especial sobre Derechos Económicos Sociales Culturales y Ambientales, Documento: OEA/Ser.L/V/II, 1 de noviembre de 2019, párr. 415.

30 *Convención Americana de Derechos Humanos,* adoptada el 22 de noviembre de 1969 y en vigor el 18 de julio de 1978, en serie sobre Tratados OEA Nº. 36, Reg. ONU 27/08/1979 Nº. 17955. Véase, por ejemplo, Corte IDH, *Caso de los Buzos Miskitos (Lemoth Morris y otros) Vs. Honduras.* Sentencia de 31 de agosto de 2021, Serie C No. 432, párrs. 47 y 48.

> that business enterprises have a responsibility to respect human rights"[31].

De su lado, la Comisión Africana de Derechos Humanos y de los Pueblos viene insistiendo desde hace años en algo que podemos sintetizar con sus más reciente resoluciones en esta materia; esto es, que:

> "... respect for human rights norms and principles by business enterprises in the countries of operation is a prerequisite for the sustainable development"[32] [y también y en consecuencia es esencial] to ensure that business enterprises in their territories respect human rights and are held accountable for any adverse impact that their actions or those of their suppliers, produce on human rights"[33].

Finalmente, en un ámbito más amplio puede recordarse lo estipulado, y literalmente explicado, en las Líneas Directrices de la Organización para la Cooperación y el Desarrollo Económicos para Empresas Multinacionales:

> "... los Estados tienen el deber de proteger los derechos humanos y (...) las empresas, con independencia de su tamaño, sector de actividad, contexto operacional, estructura de propiedad u organización, deben respetar los derechos humanos en cualquier lugar en que ejerzan sus actividades. El respeto de los derechos humanos es la norma de conducta esperada a nivel mundial por parte de las empresas, independientemente de la capacidad y/o la voluntad de los Estados de cumplir sus obligaciones en la materia..."[34].

---

31 Consejo de Europa, "Recommendation CM/Rec(2016)3 of the Committee of Ministers to member States on human rights and business", 2 de marzo de 2016, párrs 5 y 6.

32 Comisión Africana de Derechos Humanos y de los Pueblos, "Resolution on Business and Human Rights in Africa", ACHPR/Res.550 (LXXIV), 7 de marzo de 2023, párr. 10.

33 Comisión Africana de Derechos Humanos y de los Pueblos, "Resolution on a Human Rights-Based approach to the Implementation and Monitoring of the African Continental Free Trade Area Agreement", ACHPR/Res.551 (LXXIV), 7 de marzo de 2023, párr. 18.

34 Organización para la Cooperación y el Desarrollo Económicos, "Líneas Directrices de la OCDE para Empresas Multinacionales", *OECD Publishing*, 2013, párr. 37.

Ahora bien, de lo recogido no cabe colegir que ese deber y/o responsabilidad de las empresas reemplace o desplace a las obligaciones estatales, tal y como recuerdan de hecho todos estos documentos, sino que se trata de entender, en palabras hechas suyas por el Consejo de Derechos Humanos de las Naciones Unidas, que ese deber y/o responsabilidad de respetar los derechos humanos constituye una norma mundial aplicable a todas las empresas, dondequiera que operen, al margen de aquellos deberes de naturaleza estrictamente interna, y que implica hacer frente a las consecuencias negativas sobre los derechos humanos tomando las medidas adecuadas para prevenirlas, mitigarlas y, en su caso, remediarlas[35]. Nos situaríamos, por tanto, en el marco general de referencia de lo que algunos especialistas han denominado como "deberes humanos"[36], cuya fuente, ya hemos destacado, dice situarse o provenir de determinadas disposiciones del Derecho Internacional vigente.

Ciertamente, este posicionamiento construido a lo largo de los últimos años es discutible y discutido pues, a día de hoy, es evidente que, por poner el ejemplo más sencillo, no encuentra pleno acomodo en el Derecho Internacional convencional existente[37]. De ahí que se haya sostenido que ese deber de las empresas no es de naturaleza jurídica[38], o que precisamente se habla de las "responsabilidades" de las empresas para diferenciarla de las "obligaciones" legales que solo se referirían a los Estados[39]. Atendiendo precisamente a estas últimas, otras posturas han construido razo-

---

35 Consejo de Derechos Humanos, *doc. cit.*, nota 27, Comentario al Principio 11.

36 Así, Salvioli, F., *Introducción a los Derechos Humanos: Concepto, fundamentos, características, obligaciones del Estado, y criterios de interpretación jurídica*, Valencia, Tirant lo Blanch, 2020, pp. 190 y ss.

37 Al respecto, recuérdese lo recogido en la nota 28.

38 *International Law Association, doc. cit*, nota 21, 2016, pp. 28-29.

39 McCorquodale, R., "Pluralism, Global Law and Human Rights: Strengthening Corporate Accountability for Human Rights Violations", *Global Constitutionalism*, vol. 2, 2013, núm. 2, pp. 287-315, en pp. 296-297.

namientos como el siguiente a partir de la jurisprudencia de la Corte IDH desde el *caso Velásquez Rodríguez*:

> "Human rights treaties have important and distinct characteristics: whilst they are agreements between states, the rights that they recognize are entitlements of individuals flowing from their inherent dignity. These rights entail obligations not only on states but all persons with the capacity to affect them. States indeed assume a special role in regard to these rights. They must both perform their own obligations entailed by these rights but also enforce the obligations of third parties that arise. (...) It is important to recognize, however, that if states are required by international law to ensure that third parties (including corporations) comply with binding human rights requirements, then this entails that the third parties are themselves obligated to comply with such requirements. Indeed, if the third parties were not bound by international law to comply with such requirements, then there would be no reason for the state to ensure that they do so"[40].

Por su parte, conviene apuntar que, al hilo de los ya citados Principios Rectores sobre las empresas y los derechos humanos de las Naciones Unidas, órganos como el Alto Comisionado para los Derechos Humanos de las Naciones Unidas han ofrecido interpretaciones interesantes. Así, aun sin sostener expresamente tesis como la que acabamos de recoger, señaló literalmente que la responsabilidad de las empresas de respetar los derechos humanos no es opcional, esto es, que es obligatoria[41], lo que parece encajar más con una dimensión legal que, digamos, de otro orden o

---

40 Bilchitz, D., "The Necessity for a Business and Human Rights Treaty", *Business and Human Rights Journal*, vol. 1, 2016, núm. 2, pp. 203-227, en p. 208. En un orden de ideas similar, con implicaciones específicas en otros ámbitos, véase en lo más reciente: McGregor, L., Murray, D., y Ng, V., "International Human Rights Law as a framework for algorithmic accountability", *International & Comparative Law Quarterly*, vol. 68, 2019, núm. 2, pp. 309–343, en especial consúltese el apartado III.

41 Alto Comisionado para los Derechos Humanos de las Naciones Unidas, "The Corporate Responsibility to Respect Human Rights: An Interpretive Guide", Documento de Naciones Unidas: HR/PUB/12/02, 2012, pp. 13-14.

solamente moral. En otros documentos del Consejo de Europa se mantienen también posiciones que, con todo, pueden dar lugar a diversas lecturas, afirmando, por ejemplo, que: "the corporate responsibility to respect human rights is a norm based on human rights principles and social and political expectations, rather than a specific legal standard"[42]. De cualquier modo, en lo que parece haber un consenso claro es, por resumirlo en una frase, en que: "there are some developments in the area of the obligations of corporations that indicate a way forward, and these include considerations of due diligence"[43]. Y ello sobre la base, por terminar acudiendo al ámbito de la Unión Europea, de que "las normas internacionales vigentes sobre conducta empresarial responsable especifican que las empresas deben proteger los derechos humanos"[44].

A partir entonces de este marco general en el que es una constante la múltiple y reiterada invocación del Derecho Internacional vigente, demos el siguiente paso.

3. LA OBLIGACIÓN DE NO PONER EN GRAVE RIESGO EL DERECHO A LA VIDA EN PERSPECTIVA DE GÉNERO, Y EL "DEBER" DE REPARAR

En la consulta que mencioné al inicio de este trabajo, formulada por el Estado de México, el interrogante, aunque enmarcado

---

[42] Methven O'Brien, C., *Business and human rights. A handbook for legal practitioners*, Consejo de Europa, 2019, p. 80, disponible en https://edoc.coe.int/en/fundamental-freedoms/7785-business-and-human-rights-a-handbook-for-legal-practitioners.html (Fecha de consulta: 03/02/2024).

[43] *International Law Association, doc. cit*, nota 21, 2016, p. 28.

[44] Propuesta de Directiva del Parlamento Europeo y del Consejo sobre diligencia debida de las empresas en materia de sostenibilidad y por la que se modifica la Directiva (UE) 2019/1937, COM(2022) 71 final, 2022/0051(COD), 23 de febrero de 2022, párr. 5.

en este debate general, era más específico, y nos llevaría a preguntarnos si esas empresas, y en particular las empresas de la industria de armamentística, tienen obligaciones respecto "a los derechos a la vida y a la integridad personal". La cuestión en sí, a mi juicio, no requiere de mayores desarrollos, pues si como hemos visto en los documentados anteriores se toma como referencia a la "Carta Internacional de Derechos Humanos", por quedarnos en el plano convencional es evidente que esos derechos están recogidos en los arts. 6 y 9 del *Pacto Internacional de Derechos Civiles y Políticos* de 1966[45]. Como lo están, como es bien sabido, igualmente previstos en los arts. 4 y 5 de la *Convención Americana de Derechos Humanos* —y con carácter previo, en el art. 1 de la Declaración Americana de los Derechos y Deberes del Hombre. No hay, en fin, sustento alguno que permita concluir que las obligaciones de las empresas en materia de derechos humanos —de no negar su existencia en la plano legal-, no se han de referir, entre otros pero también, al contenido de estos dos derechos.

En esta oportunidad entonces, centraremos el análisis en uno de ellos, el mismo derecho la vida, pero tal y como avancé, lo haremos dimensionándolo desde una perspectiva de género, como postulado particular del ya mencionado principio interpretativo *pro persona*[46], tal y como ha puntualizado el propio Comité para la Eliminación de la Discriminación contra la Mujer en varias ocasiones[47]. Hay diversos motivos que justifican esta necesidad y, de

---

45 *Pacto Internacional de Derechos Civiles y Políticos*, adoptado el 16 de diciembre de 1966 y en vigor el 23 de marzo de 1976.

46 Al respecto, Salvioli, F., *Introducción a los Derechos Humanos: Concepto, fundamentos, características, obligaciones del Estado, y criterios de interpretación jurídica*, Valencia, Tirant lo Blanch, 2020, pp. 463-471. En mayor detalle en cuanto a su aplicación y consecuencias prácticas, Office of the United Nations High Commissioner for Human Rights, *Integrating a gender perspective into human rights investigaciones: Guidance and Practice*, Nueva York y Ginebra, United Nations, 2018.

47 Véase, por ejemplo, Comité para la Eliminación de la Discriminación contra la Mujer, "Recomendación general núm. 37 (2018) sobre las

hecho, fue la misma Comisión IDH, siguiendo lo que ya destacó en informes anteriores[48], la que subrayó en sus observaciones escritas sobre la solicitud de opinión consultiva ya referida, que "... la alta disponibilidad de armas de fuego provenientes del tráfico ilícito contribuye a las consecuencias negativas que tienen en los derechos humanos de ciertos grupos (...) [pudiendo] afectar en mayor medida (...) por cuestión de género, a mujeres, niñas y adolescentes"[49]. Esta evidencia se sustentaba, igualmente, en posiciones anteriores del sistema de Naciones Unidas, singularmente del Comité para la Eliminación de la Discriminación contra la Mujer[50], pero también de otras instancias como la Oficina de Asuntos de Desarme de Naciones Unidas, que en un reciente informe especificó que "[t]he ownership and use of arms is closely linked to specific expressions of masculinity related to control, power, domination and strength"[51].

---

dimensiones de género de la reducción del riesgo de desastres en el contexto del cambio climático", Documento de Naciones Unidas: CEDAW/C/GC/37, 13 de marzo de 2018, párr. 28.

48 Comisión IDH, "Norte de Centroamérica. Crimen organizado y derechos de niñas, niños, adolescentes y jóvenes: desafíos y acciones estatales", Documento de la OEA: OEA/Ser.L/V/II. Doc51/23, 16 de febrero de 2023; "El impacto del Crimen Organizado en las Mujeres, Niñas y Adolescentes en los países del Norte de Centroamérica", Documento de la OEA: OEA/Ser.L/V/II.
Doc9/23, 17 de febrero de 2023.

49 Comisión IDH, "REF: Opinión Consultiva SOC-1-2022. "Las actividades de las empresas privadas de armas y sus efectos en los derechos humanos", 21 de agosto de 2023, párr. 49, disponible en: https://www.corteidh.or.cr/sitios/observaciones/OC-30/6_CIDH.pdf (Fecha de consulta: 03/02/2024).

50 Véase, por ejemplo, Comité para la Eliminación de la Discriminación contra la Mujer, "Recomendación general núm. 35 sobre la violencia por razón de género contra la mujer, por la que se actualiza la recomendación general núm. 19", Documento de Naciones Unidas: CEDAW/C/GC/35, 26 de julio de 2017, parr. 31.

51 Oficina de Asuntos de Desarme de Naciones Unidas, *Securing our common future. An agenda for disarmament,* New York, Naciones Unidas, 2018, p. 39.

Hacer abstracción de esta realidad llevaría, entonces, a un análisis parcial de las verdaderas dimensiones e implicaciones que para el derecho a la vida puede tener la actuación de las empresas de la industria de armas de fuego. Puesto que resulta especialmente significativo el aumento del riesgo de sufrir violaciones de este derecho para las mujeres, tanto en conflictos armados como en tiempos de paz, por los estereotipos de género que persisten, en especial también, en sociedades como las latinoamericanas. De hecho, por ofrecer un dato específico reciente sobre el propio México:

> "Las mujeres son las principales víctimas de las armas de fuego en México. Más allá de los enfrentamientos de los cárteles de la droga en las calles y brechas del territorio nacional, los hogares se han convertido en el principal lugar de acción de armas cortas y largas de uso exclusivo de las Fuerzas Armadas"[52].

En términos generales, todo ello es así porque las armas de fuego refuerzan los planteamientos de la masculinidad hegemónica y el ejercicio del poder, sobre todo en el contexto de violencia de género doméstica, permitiendo la intimidación de las víctimas, su coerción emocional y física, y facilitando las muertes como la expresión última de la violencia física. En consecuencia, no es solo que la vida y su protección estén peligro, sino, en términos de la integridad personal, el bienestar físico y emocional, la identidad sexual, y la autonomía para tomar decisiones transcendentales sobre su propia vida. Formulado de otro modo:

> "En especial en el contexto de las relaciones íntimas, se evidencia que la presencia de un arma en el hogar profundiza la asimetría y el control, en una relación que ya suele estar inmersa en un continuum de violencias, incrementando la vulnerabilidad de la mujer,

---

52 Réyez, J., "Tráfico de armas impacta a mujeres: genera más feminicidios", *Contralínea,* 4 de diciembre de 2022, disponible en: https://contralinea.com.mx/interno/semana/trafico-de-armas-impacta-a-mujeres-genera-mas-feminicidios/ (Fecha de consulta: 03 /02/2024).

> y convirtiéndose, efectivamente, en instrumento para la práctica de violencia física, sexual o psicológica/moral"[53].

Es entonces a partir de lo expuesto que podríamos examinar adecuadamente el alcance de las potenciales obligaciones que aquí ocupan. O en otros términos, si en cuanto a lo señalado, las empresas privadas relacionadas con la industria de armas de fuego, dentro de su general obligación de respetar los derechos humanos, tienen el deber de no llevar a cabo su comercialización sin el debido cuidado, de forma negligente y/o intencional, lo que supondría facilitar su tráfico ilícito, su disponibilidad indiscriminada entre la sociedad, y en consecuencia, el aumento del riesgo de violencia perpetrada con las mismas con una afectación singularmente grave en dimensión de género.

Aquí, no obstante, se impone una precisión adicional. Aunque existe amplia evidencia sobre ello, también expuesta ante la propia Comisión IDH en la octava audiencia de su 185° período de sesiones[54], esta pregunta conlleva una afirmación que todavía suele discutirse, sobre todo en algunos sectores de ciertos países de la Región[55]. Esta cuestión será examinada en más detalle a lo largo de esta obra, pero al menos recordemos lo siguiente: Por dar un solo ejemplo, el Comité de Derechos Humanos, desde sus Observaciones Finales al Primer Informe Periódico presentado por los

---

53 Monteiro, V., "Armas de fuego: elementos para una discusión con enfoque de género", *Paralelo Cero. Estudios estratégicos, geopolíticos y de seguridad*, núm. 5, 2023, pp. 7-11, en p. 10.

54 La misma se encuentra disponible aquí: https://www.youtube.com/watch?v=chXnCvA6hjE. (Fecha de consulta: 05/05/ 2024).

55 Por dar una referencia reciente al respecto, puede verse Pérez Ricart, C. A., "¿Más armas, más violencia? Evidencia de una compleja relación desde América Latina", *Perfiles Latinoamericanos. Revista de la Facultad Latinoamericana Ciencias Sociales, Sede México*, vol. 30, 2022, núm. 59, disponible en: https://perfilesla.flacso.edu.mx/index.php/perfilesla/article/view/ 1382 (Fecha de consulta: 05/02/ 2024).

Estados Unidos de América[56] y hasta las últimas disponibles[57], señaló el claro riesgo que implicaba para especialmente el derecho a la vida, la amplia facilidad existente para adquirir armas de fuego en aquel país. Uniendo esta evidencia a lo antes destacado, valga mencionar un reciente informe del *Center for American Progress*:

> "While men suffer even higher rates of gun violence, women are often targeted for violence because of their sex and are frequently victims of people they know well. Every month, an average of 57 women are killed with a firearm by an intimate partner. Firearms have long been used as a tool of power and control to instill fear and inflict abuse on women"[58].

A partir de todo ello, no ha lugar reproducir en detalle aquí la jurisprudencia constante de la Corte IDH respecto a la obligación de prevenir estas situaciones de riesgo, en virtud de los arts. 1.1 y 2 de la *Convención Americana sobre Derechos Humanos*[59], tan solo mencionar, por utilizar una referencia cercana, que a su luz:

> "... no [se] requiere que las empresas garanticen resultados, sino que (...) realicen evaluaciones continuas respecto a los riesgos a los derechos humanos, y respondan mediante medidas eficaces y proporcionales de mitigación de los riesgos causados por sus actividades, en consideración a sus recursos y posibilidades, así

[56] Comité de Derechos Humanos, "Examen de los Informes presentados por los Estados partes de conformidad con el artículo 40 del Pacto. Observaciones del Comité de Derechos Humanos. Estados Unidos de América", Documento de Naciones Unidas: CCPR/C/79/Add.50, 7 de abril de 1995, párr. 17.

[57] Comité de Derechos Humanos, "Observaciones finales sobre el cuarto informe periódico de los Estados Unidos de América", Documento de Naciones Unidas: CCPR/C/USA/CO/4, 23 de abril de 2014, párr. 10.

[58] Edmun, M., "Guns and Violence Against Women", *Center for American Progress*, 5 de enero de 2022, disponible en https://www.americanprogress.org/article/guns-and-violence-against-women/ (Fecha de consulta: 05/02/2024).

[59] *Convención Americana de Derechos Humanos*, adoptada el 22 de noviembre de 1969 y en vigor desde el 18 de julio de 1978.

> como con mecanismos de rendición de cuentas respecto de aquellos daños que hayan sido producidos"[60].

Realmente, la mayoría de las decisiones de esta Corte han terminado centrando su atención en el comportamiento, previo o posterior, de los Estados, si bien, aceptando expresamente que existe una obligación de respeto de los derechos humanos entre particulares, invocando para ello la teoría del *Drittwirkung*[61]. En cualquier caso, a partir de ello podemos retomar la senda que, en lo que interesa, ha marcado el Consejo de Derechos Humanos de las Naciones Unidas; de hecho, como ya señalamos *supra,* algo que hizo también la misma Corte IDH. Se trataría entonces de la correcta y completa consolidación de que:

> "La responsabilidad de respetar los derechos humanos exige que las empresas: a) Eviten que sus propias actividades provoquen o contribuyan a provocar consecuencias negativas sobre los derechos humanos y hagan frente a esas consecuencias cuando se produzcan; b) Traten de prevenir o mitigar las consecuencias negativas sobre los derechos humanos directamente relacionadas con operaciones, productos o servicios prestados por sus relaciones comerciales, incluso cuando no hayan contribuido a generarlos. (...) Para cumplir con su responsabilidad de respetar los derechos humanos, las empresas deben contar con políticas y procedimientos apropiados en función de su tamaño y circunstancias, a saber: a) Un compromiso político de asumir su responsabilidad de respetar los derechos humanos; b) Un proceso de diligencia debida en materia de derechos humanos para identificar, prevenir, mitigar y rendir cuentas de cómo abordan su impacto sobre los derechos humanos; c) Unos procesos que permitan reparar todas las consecuencias negativas sobre los derechos humanos que hayan provocado o contribuido a provocar"[62].

---

60 Corte IDH, *Caso Vera Rojas y otros Vs. Chile,* Excepciones preliminares, Fondo, Reparaciones y Costas, Sentencia de 1 de octubre de 2021. Serie C No. 439, párr. 88.

61 Véase, por ejemplo, Corte IDH, *Opinión Consultiva OC-18/03, Condición Jurídica y Derechos de los Migrantes Indocumentados,* 17 de julio de 2003, Serie A No. 18, párr. 140.

62 Consejo de Derechos Humanos, *doc. cit.,* nota 27, Principios 13, 15, y 17.

Como ya avanzamos, el concepto de la debida diligencia en materia de derechos humanos aparece aquí, de nuevo, como elemento fundamental, a partir del cual cabe examinar las concretas obligaciones de las empresas, o la "responsabilidades de las empresas de armas". Partiendo, de cualquier modo, de la premisa que ya hemos establecido y que podemos sintetizar y especificar ahora en palabras de la Comisión Internacional de Juristas y la *Due Process of Law Foundation*; esto es, que:

> "Human rights due diligence processes are indispensable for business to meet their human rights responsibilities. (...) Firearms companies should conduct human rights due diligence regardless of whether it is mandated by domestic export and licensing laws"[63].

Ahora bien, en lo que ocupa a este trabajo, de todo lo expuesto cabe ofrecer una construcción interpretativa de conjunto. Así, si las empresas privadas relacionadas con la industria de armas no llevan a cabo el procedimiento debido para prevenir las situaciones que den lugar a riesgos para el derecho a la vida teniendo en cuenta las condiciones diferenciales que hacen que su riesgo aumente en dimensión de género, estarían incumpliendo la general obligación ya identificada, de tal modo y, en consecuencia, que estarían comprometiendo su responsabilidad. Esta responsabilidad, obviamente, sería de naturaleza internacional si, sin reiterarnos, esa obligación no fuera meramente social o moral, sino jurídica internacional, como aquí entendemos siguiendo el razonamiento que estamos desplegando.

En este sentido pues, podemos dar un último paso lógico volviendo al sistema general de Derecho Internacional. Como es sabido, la consecuencia principal, aunque no única, de la comisión de un hecho internacionalmente ilícito es la obligación de reparar. En la ya clásica formulación de la CPJI:

---

63 Puede consultarse su informe presentado en el contexto de la opinión consultiva ante la Corte IDH ya citado anteriormente, en: https://www.corteidh.or.cr/sitios/observaciones/OC-30/13_icj_dplf.pdf (Fecha de consulta: 07/02/2024). La cita es de los párrafos 18 y 21.

> "It is a principle of international law that the breach of an engagement involves an obligation to make reparation in an adequate form. Reparation therefore is the indispensable complement of a failure to apply a convention"[64].

Desde esta perspectiva entonces, es como a mi juicio cabría entender finalmente, tanto las menciones ya citadas, como lo que se recoge en los principios antes referidos del Consejo de Derechos Humanos; pues, en concreto, en el principio 22 que lleva justamente por título "Reparación", se dice que:

> "Si las empresas determinan que han provocado o contribuido a provocar consecuencias negativas *deben* repararlas o contribuir a su reparación por medios legítimos"[65].

En el ya citado informe que la Comisión IDH ha hecho suyo, se incluye una mención similar, pero con un matiz importante. Así, se "recomienda", en particular a las empresas que estén domiciliadas o con sede principal en cualquiera de los Estados partes de la Organización de Estados Americanos (OEA), independientemente del alcance nacional o transnacional de sus operaciones o actividades, o a las que estén domiciliadas en Estados que no son Parte de la OEA pero con operaciones o actividades dentro de aquellos, a:

> "Facilitar la rendición de cuentas *y reparar a las víctimas de violaciones y abusos a los derechos humanos en las que estén involucradas,* incluyendo aquellas de operaciones transnacionales (...) incluso cuando el Estado no haya exigido *las reparaciones en cuestión,* omisión que en cualquier evento puede generar la responsabilidad internacional del mismo Estado. Para que *las reparaciones sean adecuadas* estas deben ser integrales, es decir comprehensivas de todas las afectaciones generadas; participativas, es decir que incluya la participación efectiva e informada de las personas directamente afectadas; y compatibles con los derechos humanos; por ejemplo (...), deben respetar la identidad cultural y *aplicar la perspectiva de género*"[66].

---

64 CPJI, *Case concerning rhe factory at Chorzow (claim for indemity) (jurisidiction), Series A.– No. 9,* 1927, p. 21.

65 Consejo de Derechos Humanos, *doc. cit.*, nota 27. Énfasis añadido.

66 Comisión IDH, *doc. cit.,* nota 30, párr. 416.4. Énfasis añadido.

En una aproximación más reciente, no obstante, la Comisión se ha manifestado utilizando otros términos, afirmando que "las empresas *deben* evitar que sus propias actividades provoquen o contribuyan a provocar consecuencias negativas sobre los derechos humanos y hacer frente a esas consecuencias cuando se produzcan"[67]; o que "las empresas también *deben* respetar tales derechos (humanos) lo que incluye la reparación adecuada a las víctimas"[68].

A la luz de lo anterior, cabría preguntarse, en suma, si las empresas "deben" reparar o "se recomienda" que faciliten la reparación a las víctimas de violaciones a los derechos humanos con perspectiva de género. Y si deben hacerlo, como parece ser la expresión más utilizada, la duda podría ser por qué o sobre qué base; e incluso, cómo se puede hablar de "víctimas de violaciones y abusos a los derechos humanos" —a las que se debe reparar— si las empresas no tuvieran la capacidad, jurídica, de cometer violaciones a los mismos o contribuir a que estas se produzcan.

A este respecto, adicionalmente, conviene no olvidar la específica terminología que utiliza el más reciente proyecto revisado del Grupo de Trabajo EDH, a saber:

> "1.1. "Victim" shall mean any person or group of persons, irrespective of nationality or place of domicile, who individually or collectively have suffered harm that constitute human rights abuse, through acts or omissions in the context of business activities. (...). 1.2. "Human rights abuse" shall mean any direct or indirect harm in the context of business activities, through acts or omissions, against any person or group of persons, that impedes the full enjoyment of internationally recognized human rights and fundamental freedoms..."[69].

A lo que ahora podemos agregar la expresa mención que se hace, entre los "derechos" de estas víctimas, a:

---

67 Comisión IDH, *doc. cit.*, nota 50, párr. 239. Énfasis añadido.

68 *Ibid.*, párr. 221. Énfasis añadido.

69 Grupo de Trabajo EDH, *doc. cit.*, nota 28, arts. 1.1 y 1.2.

> "... be guaranteed the right to fair, adequate, effective, prompt, non-discriminatory, appropriate and gender-sensitive access to justice, individual or collective reparation and effective remedy in accordance with (...) international law, such as restitution, compensation, rehabilitation, reparation, satisfaction, guarantees of non-repetition, injunction, environmental remediation, and ecological restoration"[70].

En la línea que acabamos de indicar, si esta reparación a estas víctimas fuera la consecuencia jurídica del incumplimiento de sus obligaciones internacionales, estaríamos, en fin, ante un deber jurídico derivado de haber visto comprometida su responsabilidad internacional; y en consecuencia, el "deber" de reparar adquiriría su pleno sentido jurídico internacional. Lo que vendría a cerrar la lógica interpretativa que hemos venido construyendo, puesto que en sentido contrario, no podría afirmarse que las empresas sí tienen obligaciones jurídicas dentro del ámbito del Derecho Internacional de los derechos humanos, pero que en caso de incumplirlas, no tuvieran el deber de "reparar a esas víctimas".

4. CONCLUSIONES

Ante el desarrollo actual del Derecho Internacional, parece evidente que (aún) no es posible afirmar que las empresas pueden ver comprometida su responsabilidad internacional en términos generales. Sin embargo, tras todo lo visto, a mi juicio es claramente evidente una evolución que permite sostener que tienen obligaciones en materia de derechos humanos, con sustento en el Derecho Internacional vigente. Entre ellas, la de actuar con la debida diligencia para evitar situaciones que pongan en grave riesgo el derecho a la vida en perspectiva de género. De tal modo que su incumplimiento implicaría el deber de reparar por parte de esas empresas; esto es, la consecuencia principal, aunque no única, propia de la responsabilidad internacional.

---

70 *Ibid.*, art. 4.2.c.

Esta conclusión no se encuentra expresamente recogida en ninguna norma convencional del sistema internacional, con lo que resultan lícitas las posturas que, como hemos ejemplificado *supra*, la niegan amparándose, bien en el carácter no vinculante de los documentos que hemos analizado, bien respecto a los que sí lo son, podríamos decir que en la parte inicial del art. 31.1 de la *Convención de Viena sobre el Derecho de los Tratados* de 1969[71]. No obstante, por recoger una síntesis adicional de todo lo expuesto, "el problema radica (...) no tanto en la fuente (*hard* o *soft*) de los deberes de comportamiento empresariales (...) sino en el objeto o ámbito de protección (derechos humanos en general) de tales deberes"[72]. Dicho en otros términos, la cuestión esencial que aquí hemos mantenido se fundamenta en la necesidad de interpretar, cuando menos, las normas convencionales del Derecho Internacional de los derechos humanos atendiendo a la parte final del antes referido art. 31.1, es decir, teniendo en cuenta su objeto y fin.

Así, el principio interpretativo *pro persona* que ya señalamos como elemento clave en este punto, no sólo permite, sino que a mi entender exige realizar una lectura, y sostener una interpretación de conjunto, como la que aquí hemos construido respecto a las obligaciones de las empresas en materia de derechos humanos. Con ella, además, se daría plena coherencia jurídica a la

---

71 *Convención de Viena sobre el Derecho de los Tratados,* adoptada el 23 de mayo de 1969 y en vigor el 27 de enero de 1980. "31. Regla general de interpretación. 1.Un tratado deberá interpretarse de buena fe conforme al sentido corriente que haya de atribuirse a los términos del tratado en el contexto de estos y teniendo en cuenta su objeto y fin". *Convención de Viena sobre el Derecho de los Tratados,* adoptada el 23 de mayo de 1969 y en vigor el 27 de enero de 1980, en *BOE* núm. 142, de 13 de junio de 1980, pp. 13099-13110.

72 Ambos, K., "¿Complicidad en crímenes internacionales mediante suministros (legales) de armas? Una contribución a los problemas de imputación en el marco de las cadenas de suministro", *Política Criminal,* vol. 16, 2021, núm. 31, pp. 358-380, en p. 368.

constante utilización de expresiones como "su deber de respetar los derechos humanos", la posibilidad de que su hacer —o no hacer— genere "víctimas de violaciones y abusos a los derechos humanos", y a las cuales "deben reparar o contribuir a reparar adecuadamente". Con ella, a su vez y volviendo al inicio de este trabajo, se daría, en fin, un paso más hacia un ordenamiento jurídico mucho más "civilizado y humanizado".

Capítulo IV

La obligación de la debida diligencia por parte de las empresas: un análisis de la situación en España a la luz de la práctica reciente

CAMILO VILLAJOS DE SILVA*

1. INTRODUCCIÓN

A finales de enero de 2024, distintos medios de comunicación se hacían eco de la inminente construcción de un complejo hotelero en la ciudad de Dajla[1], antiguamente conocida como Villa Cisneros, por parte de la cadena hotelera española Senator Hotels. Dajla o al-Dakhla es una ciudad costera ubicada en el territorio del Sahara Occidental, territorio no autónomo[2], cuya administra-

---

* Profesor Asociado de Derecho Internacional Público en la Facultad de Derecho de la Universidad Complutense de Madrid.

1 Onda Cero, "El grupo Senator llega a Dakhla, Marruecos", 26 de enero de 2024, disponible en: https://www.ondacero.es/emisoras/andalucia/almeria/audios-podcast/mas-de-uno-almeria/grupo-senator-llega-dakhla-marruecos_2024012665b3a33bc3cb30000102030a.html. (Fecha de consulta: 21/03/2024); El Español, "La española Senator Hotels & Resorts construirá un hotel en la ciudad saharaui de Dajla", 31 de enero de 2024, disponible en: https://www.elespanol.com/invertia/empresas/turismo/20240131/espanola-senator-hotels-resorts-construira-hotel-ciudad-saharaui-dajla/829167410_0.html. (Fecha de consulta: 18/03/2024).

2 El Sáhara Occidental figura en la lista de Territorios No Autónomos de las Naciones Unidas desde 1963, a raíz de la información sobre el

ción *de iure* corresponde a España y que está ocupado por Marruecos desde 1975. Senator Hotels es la denominación comercial de una sociedad anónima española, Grupo Hoteles Playa, S.A. (en adelante, Senator), que tiene su sede social en la ciudad de Roquetas de Mar, provincia de Almería[3].

El complejo hotelero de cuatro estrellas que se está construyendo en la ciudad de Dajla por esta cadena[4], cuya inauguración se prevé para este mismo año, supondría explotar económicamente los recursos turísticos que ofrece un territorio pendiente de descolonizar y cuya titularidad corresponde en última instancia al pueblo saharaui. En su comunicado de prensa[5], la entidad alude incluso a que dicha ciudad forma parte de Marruecos, concretamente a la región Dakhla-Río de Oro, y a que esta expansión internacional la realiza en un "destino turístico en auge" por la variedad de paisajes existentes y los deportes acuáticos que se pueden practicar.

Teniendo en cuenta que nos encontramos ante una clara violación del contenido de normas imperativas de Derecho Internacional, la cuestión radicaría en determinar la responsabilidad, ya sea con arreglo a Derecho Internacional o a Derecho interno (o ambos, en tanto en cuanto aquel se recibe en este) de quien

---

Sáhara Español transmitida por España, en virtud del Artículo 73.e) de la Carta de las Naciones Unidas. *Vid.* A/5514, anexo III.

3 Concretamente, la empresa Grupo Hoteles Playa, S.A. está domiciliada en Ctra. Faro Sabinal nº 341, Edificio Playa Hoteles – 04740 Roquetas de Mar (Almería) y su N.I.F. es A04108973. Está inscrita en el Registro Mercantil de Almería, Tomo 204, Folio 212, S 3ª, Hoja 3018 e Inscripción 1ª.

4 Información sobre el estado de adquisición del establecimiento y su transformación en complejo hotelero por la empresa Dalaz Consulting, S.L. para la cadena hotelera Senator Hotels & Resorts, disponible en: https://dalazconsulting.es/hotel-babilonia. (Fecha de consulta: 21/03/2024).

5 Senator Hotels & Resorts, Sala de Prensa, enero 2024, disponible en: https://news.senatorhr.com/wp-content/uploads/2024/01/Nota-de-prensa-Senator-Babilonia-Fitur-2024.pdf (Fecha de consulta: 19/03/2024).

comete directamente la violación (una persona jurídica domiciliada en España), consistente en el aprovechamiento de recursos de un pueblo que todavía no ha podido ejercer su derecho a la libre determinación y cuyo territorio a fecha de hoy sigue ocupado. A mayor abundamiento, cabría determinar quién podría tener legitimación activa para reclamar dicha responsabilidad y en qué orden jurisdiccional. De hecho, el Frente Polisario[6], a la sazón, Movimiento de Liberación Nacional del pueblo saharaui, fue el primer sujeto en alzar la voz ante la decisión empresarial de Senator.

¿Cómo se podría conseguir enjuiciar en España a una empresa por violación de normas imperativas de Derecho Internacional sin ser parte de ellas y siendo discutible su subjetividad internacional, si bien es la directamente beneficiada de su incumplimiento? O, aprovechando la alusión que realizamos al Sahara occidental, ¿se podría llevar a las entidades que se han beneficiado de un tratado internacional nulo, como es el caso de compañías con actividad pesquera u hortofrutícola ante los tribunales españoles y declararlas responsables de incumplir normas de Derecho Internacional como el derecho de los pueblos a la soberanía sobre sus recursos?

En la presente contribución trataremos de analizar cuál es el estado actual de la cuestión en España en materia de diligencia debida por parte de las personas jurídicas radicadas en nuestro Estado o que presten actividad en él. El caso que se acaba de introducir nos servirá para alumbrar las lagunas normativas existentes, así como los avances que se van consiguiendo en la materia. En última instancia, abordaremos la viabilidad de una acción judicial en supuestos de incumplimiento por las empresas de las obligaciones de diligencia debida y respeto a los dere-

---

6 Diario Público, "El Frente Polisario baraja demandar a una cadena de hoteles española por instalarse en el Sáhara Occidental ocupado", 1 de febrero de 2024, disponible en: https://www.publico.es/internacional/frente-polisario-baraja-demandar-cadena-hoteles-espanola-instalarse-sahara-occidental-ocupado.html. (Fecha de consulta: 18/03/2024).

chos humanos a través de actividades que supongan violación de normas internacionales. Por último, se hará mención a un caso esperanzador que ha recibido el impulso procesal definitivo: el asunto *Lafarge* en Francia, en el que se conoce en sede penal la posible complicidad de dicha empresa en la comisión de crímenes de lesa humanidad.

2. LA SITUACIÓN NORMATIVA ESPAÑOLA EN RELACIÓN CON LA DEBIDA DILIGENCIA DE LAS EMPRESAS: ESTUDIO SISTEMÁTICO Y CONSECUENCIAS PRÁCTICAS DEL VACÍO NORMATIVO EXISTENTE

En el estudio que iniciamos se pretende exponer cuál es el estado normativo de la diligencia debida empresarial en el caso de España, concretándolo en el respeto por las personas jurídicas de normas imperativas de Derecho Internacional a través del asunto introducido, así como en la viabilidad procesal de reclamarles responsabilidad por su incumplimiento.

Para ello, primeramente, se analizará la falta de una normativa, tanto de la Unión Europea como española, que obligue a las empresas a respetar los derechos humanos en sus actividades, así como a no realizar prácticas que supongan incumplir las normas internacionales mencionadas, por mucho que los Estados sean los directamente obligados a cumplirlas.

En segundo lugar, trataremos de exponer las consecuencias que dicha carencia implica a la hora de declarar la responsabilidad de las empresas y de pretender que se reparen los daños producidos fruto de prácticas al margen de la debida diligencia en la materia.

2.1. La ausencia de una regulación específica de la diligencia debida en sede comunitaria y nacional: el intento español de trascender la Responsabilidad Social Corporativa a través del Anteproyecto de Ley española de protección de los derechos humanos, de la sostenibilidad y sobre la diligencia debida en las actividades empresariales

En sus sesiones 16ª y 17ª, celebradas los días 21 y 22 de marzo de 2018, el Comité de Derechos Económicos, Sociales y Culturales tuvo la oportunidad de examinar el sexto informe periódico presentado por España, en relación con su cumplimiento del *Pacto Internacional de Derechos Económicos, Sociales y Culturales.* Fruto de ello, en su 28ª sesión, el Comité aprobó sus Observaciones finales[7], señalando lo siguiente por lo que a las empresas y los derechos económicos, sociales y culturales respecta:

> "El Comité celebra la aprobación del Plan Nacional de Empresas y Derechos Humanos[8]. Sin embargo, le preocupa la existencia de algunos vacíos normativos que no garantizan el cumplimiento de la obligación de debida diligencia en materia de derechos humanos por parte de las empresas. Asimismo, le preocupa que la legislación del Estado parte [España] no determine de manera adecuada la responsabilidad legal que puedan tener tanto las empresas que operan en el Estado parte como las domiciliadas en su jurisdicción, pero cuyas actividades se realizan en el extranjero, respecto de las violaciones de los derechos económicos, sociales y culturales (art. 2, párr. 1)".

A raíz de esta preocupación, el Comité formuló una serie de recomendaciones a España a la hora de ejecutar el Plan Nacional de Empresas y Derechos Humanos. Entre ellas figuraba el estable-

---

7 Observaciones finales sobre el sexto informe periódico de España, Comité de Derechos Económicos, Sociales y Culturales, E/C.12/ESP/CO/6, 25 de abril de 2018.

8 Resolución de 1 de septiembre de 2017, de la Secretaría de Estado de Asuntos Exteriores, por la que publica el Plan de Acción Nacional de Empresas y Derechos Humanos. *BOE* núm. 222, de 14 de septiembre de 2017.

cimiento de "mecanismos efectivos que garanticen la aplicación de la diligencia debida en materia de derechos humanos por parte de las empresas para identificar, prevenir y mitigar los riesgos de violaciones de los derechos del Pacto"; fortalecer el "marco normativo aplicable para asegurar la responsabilidad legal de las empresas respecto de las violaciones de los derechos económicos, sociales y culturales cometidas directamente por estas o resultantes de actividades en el extranjero" y "reforzar los mecanismos existentes parta investigar las denuncias presentadas contra las empresas y adoptar medidas efectivas para garantizar el acceso a recursos efectivos por parte de las víctimas, así como a las reparaciones o compensaciones correspondientes".

Estas recomendaciones han tenido, como no debería ser de otra manera, un impacto en la previsión legislativa de España, a pesar de los avatares en los que se encuentran inmersas nuestras Cortes desde hace una década a la hora de conseguir la mayoría necesaria para la adopción de una ley en la materia.

El proceso legislativo, en consecuencia, no está siendo del todo satisfactorio, en línea con lo que también acontece en la materia en el seno de las instancias comunitarias. Aun cuando el Anteproyecto de Ley en cuestión se encontraba previsto en el Plan Anual Normativo del año 2022[9], no se ha conseguido avanzar más allá de la fase de consulta previa[10].

---

9 Plan Anual Normativo de la Administración General del Estado para el año 2022, disponible en: https://www.lamoncloa.gob.es/consejodeministros/resumenes/Documents/2022/PAN%20202.pdf. (Fecha de consulta: 24/03/2024).

10 Ministerio de Derechos Sociales y Agenda 2030, Consulta Pública Previa al Anteproyecto de Ley de protección de los derechos humanos, de la sostenibilidad y de la diligencia debida en las actividades empresariales, 14 de febrero de 2022, disponible en: https://www.mdsocialesa2030.gob.es/agenda2030/documentos/220208-consulta-publica-definitiva.pdf. (Fecha de consulta: 25/03/2024).

Es más, el día 6 de junio de 2023, el Consejo de Ministros aprobó el II Plan Nacional de Derechos Humanos[11], entre cuyos objetivos específicos se encontraba "reforzar el marco legal e institucional para garantizar la aplicación de los derechos humanos en el ámbito empresarial". Para ello, se propone-todavía— la elaboración y aprobación de un *Proyecto de Ley de Protección de los derechos humanos, la sostenibilidad y sobre la diligencia debida a las actividades empresariales*, que establezca obligaciones para prevenir y mitigar sus impactos adversos en los derechos humanos y medioambientales, así como las consecuencias para las empresas que las incumplen, incluyendo la posibilidad de acceso a la justicia para quienes hayan sido víctimas de vulneración de derechos humanos y medioambientales.

No podemos obviar que, tanto en el caso de España como en el del resto de Estados de la comunidad internacional, son estos, como sujetos primigenios del Derecho Internacional, los primeros obligados a cumplir con las disposiciones en materia de derechos humanos y medio ambiente, pudiendo llegar a ser responsables no solo por sus acciones, sino también por sus omisiones, concretamente por no contemplar en sus ordenamientos internos la exigencia de responsabilidad a los sujetos que directamente lleven a cabo acciones contrarias a los derechos humanos. En este sentido, los Estados tienen la obligación internacional de proteger, prevenir, respetar y garantizar, adoptar medidas y vigilar por el cumplimiento de los derechos humanos[12].

Así las cosas, el borrador del *Anteproyecto de Ley de protección de los derechos humanos, de la sostenibilidad y sobre la diligencia debida*

---

11 Ministerio de la Presidencia, Justicia y Relaciones con las Cortes, II Plan Nacional de Derechos Humanos, octubre de 2023, p. 47, disponible en: https://www.mpr.gob.es/mpr/secrc/ii-plan-nacional-de-derechos-humanos/Documents/II%20Plan%20Nacional%20de%20DDHH.pdf. (Fecha de consulta: 24/03/2024).

12 Fernández Liesa, C. R., "La debida diligencia de las empresas y los derechos humanos: hacia una ley española", *Cuadernos de Derecho Transnacional*, Vol. 14, nº 2, octubre de 2022, pp. 430-432.

en las actividades empresariales, pretende establecer un marco general de las obligaciones de respeto de los derechos humanos en el conjunto de actividades de las empresas, "a través de mecanismos amplios de diligencia debida, comprendiendo la totalidad de su cadena global de valor, incluyendo instrumentos de fomento y garantías de cumplimiento eficaces, tanto administrativos como propios de la jurisdicción civil, con un sistema de infracciones y sanciones". Se cumpliría de esta forma, si es que en algún momento llega a aprobarse, con las recomendaciones realizadas por el Comité de Derechos Económicos, Sociales y Culturales en su día.

En dicho documento se contenía preliminarmente tanto la materia objeto de regulación de esta ley, como las obligaciones de diligencia debida que incumben a las empresas en relación con los efectos adversos, reales y potenciales, sobre los derechos humanos, el trabajo decente y el medio ambiente de sus propias actividades, las de sus filiales y de las que se realizasen a lo largo de su cadena de valor, así como la responsabilidad jurídica civil y administrativa derivada del incumplimiento de las normas de diligencia debida y las garantías de acceso a las personas y grupos afectados por los efectos adversos mencionados.

En cuanto a su ámbito de aplicación, se contemplaba que estuviesen sujetas las empresas con un número medio de personas trabajadoras igual o superior a 250 durante los dos últimos ejercicios financieros, aquellas cuyo importe neto de la cifra anual de negocios en esos ejercicios fuera superior a 50 millones de euros, las que tuviesen la consideración de entidades de interés público o las que en el ejercicio anterior hubiesen percibido ayudas o subvenciones públicas en cuantía superior al millón de euros.

Por lo que a la diligencia debida respecta, el borrador del Anteproyecto de Ley preveía —acertadamente— obligar a las citadas empresas a elaborar un Plan de diligencia debida con el fin de que identificaran y evaluaran los posibles efectos adversos, previniesen y mitigasen los efectos adversos potenciales y cesaran y reparasen los efectos adversos reales sobre los derechos humanos y el medio ambiente de sus propias actividades, las de sus filiales y las que se realizaran a lo largo de la cadena de valor. Asimismo, contemplaba que dichas empresas establecieran un mecanismo de reclamación que permitiese a cualquier parte interesada (entidades u organizaciones así consideradas en la Declaración sobre derechos humanos y medio ambiente que debían realizar las empresas) expresar su preocupación razonable respecto a la existencia de efectos adversos, potenciales o reales, sobre los derechos humanos de las actividades mencionadas.

Además, se disponía un régimen especial reforzado de diligencia debida para aquellas empresas que operasen en sectores de riesgo o con colectivos especialmente vulnerables, para las empresas públicas, para las empresas que operasen en zonas afectadas por conflictos armados u otras situaciones equivalentes y también para aquellas que llevasen a cabo actividades que pudiesen afectar a poblaciones indígenas.

Sería difícilmente justificable que, en una futura norma sobre diligencia debida empresarial, a la luz del asunto que se ha introducido en esta contribución, no se estableciera una obligación de diligencia reforzada para aquellas empresas que realicen operaciones comerciales en el territorio de pueblos sometidos a dominación colonial, que aún no han podido ejercer su derecho a la libre determinación, máxime teniendo en cuenta que España se halla implicada, como administradora *de iure*, en uno de dichos casos.

No obstante, la obligación reforzada en el caso de las empresas públicas sería consecuente con el hecho de que el principal obligado en esta materia es, sin duda alguna, tratándose de un ámbito regulado por el Derecho Internacional, el Estado. Es por ello por lo que las empresas que de él dependen en el ámbito interno, pero que despliegan su actividad contractual en un contexto internacional, deban adoptar una mayor cautela en sus relaciones comerciales, especialmente cuando algunas tienen por objeto social actividades relacionadas directa o indirectamente con el sector de la Defensa (por ejemplo, Navantia en el caso de España)[13]. En el caso de los pueblos sometidos a dominación colonial, un régimen reforzado hubiese prevenido que una entidad pública empresarial española como ENAIRE considere en su cartografía para operaciones con drones el territorio del Sahara Occidental como perteneciente a Marruecos[14], máxime cuando tiene adjudicada por el Estado español la gestión del espacio aéreo del territorio del Sahara Occidental, pues con acierto la OACI (Organización de Aviación Civil Internacional) determinó que dicha actividad era una competencia española y se controla desde el FIR (Centro de Control de Tránsito Aéreo) de Canarias[15].

Por otra parte, para asegurar el cumplimiento de estas obligaciones, se preveía además la creación de una Comisión, de naturaleza administrativa, que, entre otras funciones, estaría facultada para iniciar de oficio investigaciones si tiene conocimiento de posibles incumplimientos en la materia y, a su vez, para recibir reclamaciones frente a una empresa por parte de cualquier persona o entidad u organización social en su nombre, cuando se haya producido o exista riesgo de que se produzca una violación a sus derechos humanos. Dicho procedimiento podría concluir mediante resolución que señale la inexistencia de responsabili-

---

13 Navantia, S.M.E., S.A., Sala de Prensa, “Navantia entrega en Jeddah a la Real Marina de Arabia Saudí la quinta corbeta construida en Bahía de Cádiz”, 7 de marzo de 2024, disponible en:https://www.navantia.es/es/actualidad/notas-prensa/navantia-entrega-en-jeddah-a-la-real-marina-de-arabia-saudi-la-quinta-corbeta-construida-en-bahia-de-cadiz/. (Fecha de consulta: 24/03/2024).

14 El Independiente, “Enaire defiende el uso en su web de un mapa de Marruecos que incluye el Sáhara”, 31 de marzo de 2024, disponible en: https://www.elindependiente.com/espana/2024/03/31/enaire-defiende-el-uso-en-su-web-de-un-mapa-de-marruecos-que-incluye-el-sahara/. (Feca de consulta: 01/04/2024).

15 Tal y como se puede comprobar en el mapa publicado por la OACI, disponible en: https://gis.icao.int/portal/home/webmap/viewer.html?webmap=6e63373c892f47aa8d1429b8ca7cbb83. (Fecha de consulta: 01/04/2024).

dad, que indique una identificación y evaluación defectuosa de los efectos adversos, que considere que existen indicios de delito y dé traslado de ello, que inste la adopción de medidas de diligencia debida o que incoe un expediente sancionador.

Es más, el borrador del Anteproyecto no solamente considera la posibilidad de una sanción administrativa, sino que esta sería compatible con que las empresas en cuestión asumieran responsabilidad civil por los daños y perjuicios causados como consecuencia del incumplimiento de sus obligaciones de debida diligencia. Esta responsabilidad cesaría en caso de que la empresa probase que prestó la diligencia debida exigible para prevenir el daño o que, aun habiendo sido diligente, no podría haberlo impedido.

También se estipulaban medidas para fomentar el acceso a la justicia de las personas y comunidades afectadas ante los tribunales españoles, independientemente del lugar en el que se hubiera cometido la vulneración, incluyendo la posibilidad de beneficiarse, en su caso, de asistencia jurídica gratuita.

La falta de regulación específica en esta materia no es algo exclusivo de España, sino que es un aspecto compartido por la práctica totalidad de los Estados e incluso la Unión Europea, a pesar de su carácter eminente de organización internacional de integración económica. Y es que, en sede comunitaria, entre los dimes y diretes del Consejo de la Unión, el Parlamento y la Comisión, la Directiva que se pretendía aprobar en la materia —a la que quiso adelantarse España con el Anteproyecto que se viene mencionando— ha resultado mutilada en cuanto a su ámbito de aplicación subjetivo y su entrada en vigor respecta[16], lo que evidencia una vez más las reticencias de los Estados a obligar a las empresas legal-

---

16 Comisión Europea, Propuesta de Directiva del Parlamento europeo y del Consejo, sobre diligencia debida de las empresas en materia de sostenibilidad y por la que se modifica la Directiva (UE) 2019/1937, 23 de febrero de 2022, disponible en: https://eur-lex.europa.eu/legal-content/ES/TXT/HTML/?uri=CELEX:52022PC0071. (Fecha de consulta: 25/03/2024).

mente establecidas en ellos en materia de debida diligencia en el respeto de los derechos humanos y el medio ambiente[17].

Así las cosas, la Directiva, que a fecha de redacción de este capítulo se encuentra todavía pendiente de votación en el Parlamento Europeo[18], se aplicaría únicamente al 0,05% de las empresas[19], pues ya sea por el elevado número de trabajadores requerido (mil, al menos) o por su estratosférica cifra de volumen de negocio neto (450 millones de euros), la mayoría de las empresas no estarían dentro de su ámbito de aplicación[20]. También se ha eliminado el régimen especial concebido para determinados sectores de riesgo y las referencias al órgano de administración de las empresas, así como se ha limitado el acceso de los sindicatos, organizaciones civiles y de consumidores al recurso judicial tendente a la reparación de los daños causados por el incumplimiento de las obligaciones en la materia, de tal forma que se exige el consentimiento expreso de la víctima a la hora de representarla en toda acción judicial. En lo concerniente a los plazos de transposi-

---

17 Hernández Peribáñez, M.E., "La potencialidad de la diligencia debida obligatoria en derechos humanos: un primer paso en el acceso de las victimas a la justicia en Europa", *Revista Española de Derecho Internacional*, vol. 76, nº 1, 2024, pp. 93-94.

18 El 19 de marzo de 2024, la Comisión de Asuntos Jurídicos del Parlamento Europeo aprobó el texto de la propuesta de Directiva acordada previamente por el COREPER del Consejo de la Unión Europea, más de dos años después de la propuesta legislativa iniciada por la Comisión. Queda pendiente de votación por el Parlamento Europeo, prevista para el 24 de abril de 2024.

19 International Federation for Human Rights, "EU due diligence directive: Member states reach political agreement", 15 de marzo de 2024, disponible en: https://www.fidh.org/en/issues/business-human-rights-environment/business-and-human-rights/eu-due-diligence-directive-member-states-reach-political-agreement (Fecha de consulta: 25/03/2024).

20 Sepúlveda Gómez, M., "La propuesta de Directiva europea sobre diligencia debida en derechos humanos y medio ambiente", *Temas laborales: Revista andaluza de trabajo y bienestar social*, nº 168, 2023, pp. 356-358.

ción e implantación, estos se han extendido, según el número de empleados, volumen de negocios o domiciliación de la empresa, llegando a ser de tres a cinco años.

2.2. *Las consecuencias prácticas de la ausencia de regulación: la dificultad de entablar un acción civil o administrativa en los casos de falta de diligencia de las empresas que llevan a cabo y se benefician de actividades contrarias a normas imperativas de Derecho Internacional*

Teniendo en cuenta el *soft law* existente, en el terreno empresarial actual sería acertado afirmar que, si bien es cierto que las personas jurídicas domiciliadas en España han sido cada vez más conscientes de la importancia que reviste la Responsabilidad Social Corporativa y el impacto positivo que esta genera en su actividad, en la población y en el territorio, no menos lo es que la asunción de responsabilidad civil, penal y administrativa por el impacto negativo de sus decisiones encuentra una férrea resistencia por su parte[21].

En el primer ámbito, son destacables acciones como las de la sucursal en Arabia Saudí de la empresa pública española Renfe[22], que ha permitido la incorporación de 34 mujeres como maquinistas de trenes en dicho Estado, las primeras en toda su historia; o

---

21 Esteve Moltó, J.E., "La limitada responsabilidad de las empresas transnacionales: el necesario tránsito del soft law autorregulatorio a un tratado vinculante", en Pereira Coutinho, F., de Melo Cartaxo, T. y Rodríguez Barrigón, J.M, (coord.), *Os sujeitos não estaduais no Direito internacional,* Petrony, 2019, pp. 219-236.

22 Renfe-Operadora, Sala de Prensa, "Renfe KSA incorpora a 34 maquinistas mujeres, las primeras en la historia de Arabia Saudí en desempeñar esta profesión", 29 de enero de 2023, disponible en: https://www.renfe.com/es/es/grupo-renfe/comunicacion/renfe-al-dia/sala-de-prensa/renfe-ksa-incorpora-maquinistas-mujeres-primeras-historia-arabia-saudi. (Fecha de consulta: 19/03/2024).

la de la empresa Repsol[23], en cuyo caso cuentan con la figura del "relacionador comunitario", encargado de establecer un diálogo entre dicha empresa y la comunidad o pueblo indígena próximo al área de operación, basado en la confianza y el respeto.

Sin embargo, en relación con la segunda de las afirmaciones, la propia Cámara de Comercio de España[24], en su Informe al Anteproyecto de Ley analizado[25], concluyó que la regulación de la debida diligencia no debe transferir responsabilidades a las empresas por impactos causados en la cadena de suministro que se encuentren fuera de su control ni por los que se causen por otras empresas con las que se relacionan pero no directamente por ellas ni por los que se produzcan cuando los gobiernos no hayan asumido sus obligaciones.

A lo sumo, consideró que "en aquellos casos en los que los impactos estén directamente vinculados a las actividades, productos o servicios de una empresa, esta debe intentar, en la medida de lo posible, usar su influencia para efectuar las correcciones, bien sea individualmente o en colaboración con otros"[26]; lo que viene a significar que se preferiría dejar en el sector de las relaciones comerciales las medidas a tomar, obviando cualquier posibilidad de

---

23 Empresas y derechos humanos: acciones y casos de éxito en el marco de la Agenda 2030", Red Española del Pacto Mundial, noviembre de 2019, disponible en: https://www.pactomundial.org/wp-content/uploads/2019/11/Empresas-y-derechos-humanos.pdf. (Fecha de consulta: 19/03/2024).

24 La Cámara de Comercio de España es una corporación de derecho público, cuya finalidad es la representación, promoción y defensa de los intereses generales de las empresas españolas.

25 Cámara de Comercio de España, "Informe de la Cámara Oficial de Comercio, Industria Servicios y Navegación de España, con motivo de la consulta pública previa del "Anteproyecto de Ley de protección de los derechos humanos, de la sostenibilidad y de la diligencia debida en las actividades empresariales transnacionales", marzo de 2022, disponible en: https://www.camara.es/sites/default/files/publicaciones/informe_cce_apl_diligencia_debida_-_marzo_2022.pdf (Fecha de consulta: 22/03/2024).

26 *Ibid.*, p. 16.

trascender la situación actual en la materia hacia una regulación vinculante para las empresas.

El caso presentado desde la Introducción de esta contribución es uno más que pudiera unirse al elenco de ocasiones en los que las empresas españolas transgreden el objeto de esta normativa en ciernes. No obstante, este asunto en cuestión supondría la violación de normas de *ius cogens*, revistiendo además la especial complejidad de tratarse de violación de derechos recogidos en normas imperativas de Derecho Internacional general no enunciadas expresamente en un tratado internacional del que sea parte España ni mucho menos desarrolladas en normativa interna de este Estado.

A vueltas con el borrador de Anteproyecto de Ley, así como la Directiva aún pendiente de aprobación definitiva por el Parlamento europeo, es destacable para el asunto que nos ocupa la ausencia en la segunda y la presencia en el primero de una mención a estas normas. Se considera como normas de *ius cogens* a aquellas reconocidas por la comunidad internacional en su conjunto con tal naturaleza, es decir, que no admiten acuerdo en contrario y únicamente pueden modificarse por norma ulterior de Derecho Internacional general del mismo rango, de conformidad con lo prescrito por el artículo 53 —leído conjuntamente con el artículo 64[27]— de la Convención de Viena sobre Derecho de los tratados de 1969[28].

En la propuesta de regulación española sobre debida diligencia en las empresas se ofrecía un *numerus apertus* de tales normas, como la prohibición del genocidio, la amenaza o el uso de la fuerza o el derecho a la libre determinación de los pueblos, al que de-

---

27 *Vid.* Miaja de la Muela. A., *Introducción al Derecho Internacional Público*, 7ªed., Madrid, Atlas, 1979, pp. 82-83; y Pastor Ridruejo, J.A., Curso de Derecho Internacional Público y Organizaciones Internacionales, 27ª ed., Madrid, Tecnos, 2023, pp. 44-48 y 168-169.

28 *Convención de Viena sobre el Derecho de los Tratados*, adoptada el 23 de mayo de 1969 y en vigor el 27 de enero de 1980.

bemos aludir especialmente por nuestro caso en estudio. En tanto que los derechos que estas normas recogen se incluirían en la calificación de "derechos humanos internacionalmente reconocidos", los planes de diligencia debida en el seno de las empresas deberían contemplarlas también a la hora de evaluar los posibles efectos adversos de sus políticas.

Es más, sería aconsejable que en la legislación española que finalmente se adopte se estableciera un régimen reforzado en estos casos, pues se trata de normas que representan el consenso de los Estados acerca de los intereses de la comunidad internacional y el núcleo esencial del Derecho Internacional contemporáneo[29]. No solo porque la propia Convención de Viena declare nulo aquel tratado que viole normas de esta índole (y, en consecuencia, debiera calificarse como tal todo acto jurídico subsiguiente), sino también porque así se mantendría la coherencia con el objeto de protección de la norma, ya que dichas normas protegen a las personas (o grupos de personas) de actuaciones mucho más graves que la "simple" violación de un derecho de cualquier índole (no ser víctima de un crimen internacional, el derecho como pueblo a su libre determinación, etc.).

En este sentido, los pueblos sometidos a dominación colonial, como sigue siendo el caso del saharaui, tienen reconocido el derecho a ejercer su libre determinación. Una de las facetas del mismo es el derecho a la soberanía sobre sus riquezas y recursos permanentes, del que gozan antes del acceso a la independencia. Y ello en base a lo previsto en la Resolución 1803 (XVII) de la Asamblea General de la ONU, de 14 de diciembre de 1962[30], titulada "soberanía permanente sobre los recursos naturales", en la que se establece el derecho de los pueblos a la soberanía permanente sobre sus riquezas y recursos naturales, que debe ejercerse en interés

---

29 Fernández Liesa, C.R., *op. cit.,* p. 444.

30 Resolución 1803 (XVII) de la Asamblea General de la ONU, de 14 de diciembre de 1962, A/RES/1803/XVII, relativa a la soberanía permanente sobre los recursos naturales.

del desarrollo nacional y del bienestar del pueblo del respectivo Estado. Para ello, la exploración, el desarrollo y la disposición de tales recursos, así como la importación de capital extranjero para efectuarlos, tienen que conformarse a las reglas y condiciones que esos pueblos y naciones libremente consideren necesarios o deseables para autorizar, limitar o prohibir dichas actividades. La protección de este derecho de los pueblos a sus riquezas y recursos naturales se configura como esencial para la cooperación internacional y el mantenimiento de la paz[31].

En relación con su carácter normativo, si bien el contenido del derecho de los pueblos a la soberanía sobre sus recursos está desarrollado en una resolución no vinculante de una organización internacional, cabría considerar que esta lo ha adquirido por vía consuetudinaria, obligando así a los sujetos de Derecho Internacional e incardinándose además en una de las facetas que tiene la norma imperativa relativa al derecho de los pueblos a su libre determinación.

En lo concerniente a su recepción en el ordenamiento jurídico interno español, las normas consuetudinarias de Derecho Internacional se incorporan automáticamente en nuestro ordenamiento jurídico, sin precisar un acto expreso de recepción[32], de tal forma que el hecho de que no se prevea expresamente mecanismo alguno (como la publicación en un Diario Oficial, en el caso de los tratados) no impide que los jueces y tribunales españoles puedan y deban aplicarlas en la misma línea que los tratados internacionales, pues ocupan la misma posición al tener un rango y fuerza normativa idénticos.

---

31 Para su aplicación concreta al caso del Sáhara, *vid.* Soroeta Liceras, J. *El conflicto del Sahara Occidental, reflejo de las contradicciones y carencias del Derecho Internacional*, Servicio Editorial de la Universidad del País Vasco/ Euskal Herriko Unibertsitatea, 2001, pp. 222-224.

32 López Martín, A.G. (ed.), *Derecho Internacional Público*, Madrid, Dykinson, 2022, p. 133.

Con este panorama, la labor jurídica para atribuir responsabilidad internacional a una empresa domiciliada en España por la violación de una norma de *ius cogens*, como sería el respeto del derecho de los pueblos a su libre determinación y, concretamente, a la soberanía sobre sus riquezas y recursos, como sucede en el caso introducido, es ardua. En primer lugar, por la ausencia de una clara subjetividad jurídica de las empresas en el Derecho Internacional, lo que implicaría tener que llevar a cabo un proceso en el seno del Derecho interno en el que se encuentre domiciliada. En segundo lugar, por la necesidad de que, como acabamos de ver, para poder enjuiciarse con arreglo al Derecho interno español, ha de determinarse la recepción, posición y aplicación de dicha norma en el mismo. Y, en tercer lugar, por tener que determinar quiénes ostentarían la legitimación activa y pasiva ante los tribunales españoles, pues, recordemos, la norma en cuestión vincula al Estado español.

Centrándonos en la legitimación activa a la hora de plantear una posible reclamación civil o administrativa de haber tenido una legislación específica en la materia, correspondería esta al Frente Polisario, pues como movimiento de liberación nacional saharaui es quien ejerce la representación de dicho pueblo sometido a dominación colonial en su ejercicio de libre determinación. De hecho, el representante del Frente Polisario en España, Abdulah Arabi, respondió al anuncio de la construcción del complejo hotelero de Senator que “transitará cualquier vía a su alcance para defender el legítimo derecho del pueblo saharaui y se reserva el derecho de emprender cuantas acciones estime oportunas para defender el legítimo derecho a la autodeterminación e independencia”[33].

---

[33] Representación del Frente Polisario para España, “El Frente Polisario advierte al grupo Senator que su intención de construir en la ciudad ocupada de Dajla es una grave violación del Derecho Internacional”, 1 de febrero de 2024, disponible en: https://frentepolisario.es/el-frente-polisario-advierte-al-grupo-senator-que-su-intencion-de-construir-en-la-ciudad-ocupada-de-dajla-es-una-grave-violacion-al-derecho-internacional/ (Fecha de consulta: 25/03/2024).

No sería la primera vez que el Frente Polisario tiene que salir en defensa de los derechos del pueblo al que representa, especialmente a que no se exploten sus recursos sin consentimiento alguno, fruto de tratados celebrados por Estados y organizaciones internacionales de los que posterior y directamente se benefician personas jurídicas de índole empresarial[34].

En este sentido, el Tribunal General de la Unión Europea ya ha tenido que pronunciarse acerca de su capacidad procesal para interponer un recurso de anulación de las decisiones del Consejo relativas, tanto al Acuerdo entre la UE y Marruecos por el que se modifican las preferencias arancelarias concedidas por la Unión a los productos de origen marroquí[35], como a su acuerdo de colaboración de pesca sostenible[36].

Así las cosas, el Tribunal determinó que, entre otros aspectos, el hecho de no revestir personalidad jurídica en virtud del Derecho interno de un Estado miembro no excluye su capacidad para actuar ante el juez de la Unión por requerirlo las exigencias de la tutela judicial efectiva. El Tribunal General estimó que el Frente Polisario goza de un papel y de una representatividad en el Derecho Internacional que le confieren la capacidad procesal necesaria para entablar dicho recurso, al ser reconocido como representante del pueblo del Sahara Occidental, aun suponiendo que dicha re-

---

34 El País, "El pulpo gallego: un bien escaso que se disputa el trono con el del Sáhara", 15 de agosto de 2023, disponible en: https://elpais.com/gastronomia/2023-08-15/el-pulpo-gallego-un-bien-escaso-e-igual-de-bueno-que-el-del-sahara.html. (Fecha de consulta: 31/03/2024).

35 Acuerdo euro mediterráneo por el que se crea una asociación entre las Comunidades Europeas y sus Estados miembros, por una parte, y el Reino de Marruecos, por otra. *Diario Oficial*, nº L 070 de 18 de marzo del 2000, pp. 0002–0204.

36 Acuerdo en forma de Canje de Notas entre la Unión Europea y el Reino de Marruecos sobre la modificación de los Protocolos nº1 y nº 4 del Acuerdo Euro mediterráneo por el que se crea una Asociación entre las Comunidades Europeas y sus Estados miembros, por una parte, y el Reino de Marruecos, por otra. *DOUE*, nº L34/4, de 6 de febrero de 2019.

presentación se circunscriba al proceso de libre determinación. Asimismo, teniendo en cuenta el contenido de dichos tratados comerciales, que preveían su aplicación al Sahara Occidental, se requería el consentimiento expreso del pueblo de dicho territorio, del cual es representante el Frente Polisario y que "resulta afectado por las decisiones impugnadas debido a cualidades particulares que lo individualizan de manera análoga a como lo sería el destinatario de esas decisiones [el pueblo saharaui]"[37].

Considerando además el efecto relativo de los tratados, dado que no se había obtenido el consentimiento válido de un tercero afectado (esto es, el del pueblo saharaui), el Tribunal General decidió anular dichos Acuerdos. Dicha sentencia se recurrió por parte de la Comisión y del Consejo de la Unión ante el Tribunal de Justicia de la Unión Europea, habiéndose expuesto el 21 de marzo de 2024 la opinión de la Abogada General al respecto, que ha confirmado la legitimación del Frente Polisario para actuar[38]. De no considerarlo así, concluye que "el pueblo del Sahara occidental [...] se vería privado de toda posibilidad de hacer valer ante las jurisdicciones de la Unión sus derechos colectivos derivados de las reglas de Derecho Internacional público que son a su vez parte del Derecho de la Unión"[39]. Entre las normas que se

---

[37] As. T-279/19 y en los asuntos acumulados T-344/19 y T-356/19, ECLI:EU:T:2021:639.

[38] As. C-779/21 P y C-799/21 P, Conclusiones de la Abogada General T. Ćapeta, ECLI:EU:C:2024:260.

[39] Durante la revisión editorial de este capítulo se tuvo noticia de las Sentencias del Tribunal de Justicia, de 4 de octubre de 2024, en los asuntos acumulados C-778/21 P y C-798/21 P | Comisión y Consejo/Frente Polisario y en los asuntos acumulados C-779/21 P y C-799/21 P | Comisión y Consejo/Frente Polisario, en las que se confirmó la anulación de los acuerdos comerciales entre la Unión Europea y Marruecos en materia de pesca y de productos agrícolas, a los que el pueblo del Sáhara Occidental no prestó su consentimiento, habiéndose celebrado vulnerando los principios de libre determinación y del efecto relativo de los tratados, así como confirmando la legitimación del Frente Polisario para

pueden invocar, la abogada general hizo mención incluso a las del Derecho Internacional consuetudinario.

Con todo, considerando que en sede comunitaria se ha tenido a bien determinar la capacidad y legitimación procesal del Frente Polisario[40], no menos podría suceder en nuestro Derecho procesal interno, pues en aras de preservar la debida tutela judicial efectiva del pueblo saharaui, ningún otro sujeto podría considerarse como representante de los intereses del mismo en este ámbito.

Por tanto, si el Frente Polisario pretendiera entablar una hipotética reclamación civil en España por los daños causados por Senator y que se declarase su responsabilidad civil por, dada su falta de diligencia, explotar los recursos del pueblo saharaui sin su consentimiento, cabría cuestionar el éxito procesal de hacerlo frente a dicha persona jurídica. En este sentido, la ausencia de normativa específica en nuestro Estado —por el momento— que permita responsabilizar a la misma por no haber tenido la debida diligencia en su actividad empresarial podría resultar determinante para que no prosperase.

No obstante, el hecho de que para España sea vinculante la norma consuetudinaria relativa a la obligación de respetar el derecho de todo pueblo a la soberanía sobre sus recursos supone que los jueces deban aplicarla y apreciarla como una obligación para toda persona, física o jurídica, que deba regirse por la legislación española. El incumplimiento de la misma con causación de un daño efectivo a los intereses del pueblo en cuestión habría de llevar aparejado la declaración de responsabilidad de la empresa que ha utilizado unos recursos sin su consentimiento expreso ni mucho menos su participación en los beneficios económicos obtenidos.

---

poder impugnar ante el juez de la Unión dichos acuerdos comerciales, en interés del pueblo saharaui.

40 Sánchez Patrón, J.M., "El Frente Polisario c. El Consejo de la Unión Europea, apoyado por España, Francia, la Comisión Europea y las Cofradías pesqueras marroquíes. Sentencia del Tribunal de Justicia de la Unión Europea, de 29 de septiembre de 2021, As. T-344/19 y T-356/19 (ECLI:EU-:T:2021:640)", *Revista Electrónica Iberoamericana*, vol. 16, nº 1, p. 228.

3. EL ASUNTO *LAFARGE* EN FRANCIA: UN ESPEJO EN EL QUE MIRARSE EN LA ATRIBUCIÓN DE RESPONSABILIDAD PENAL A LAS EMPRESAS POR VIOLACIÓN DE NORMAS INTERNACIONALES

Si conseguir que una reclamación civil o administrativa tuviese éxito en el caso que venimos analizando es de tamaña complejidad, más aún lo tendría una condena en sede penal a la persona jurídica, por no hablar incluso de imposibilidad en la actualidad en el caso del ordenamiento jurídico español.

Siendo cierto que incluso en el ámbito del Derecho Internacional penal la subjetividad de la persona jurídica es una cuestión aún hoy en día poco pacífica en la doctrina, no es un supuesto que debiera tenerse por inexistente ni por una entelequia. De hecho, la persona jurídica puede tener algún tipo de intervención punible (autoría o participación) en los supuestos de crímenes internacionales[41], ya sea de forma deliberada o por deficiencias en su modelo de organización (como podría ser el no contar con sistemas de *compliance* o planes de diligencia debida que les impidan, respectivamente, cometer determinados delitos o ayudar a mitigar la producción de daños como resultado de sus actividades)[42].

---

41 Ollé Sesé, M., *Crimen internacional y jurisdicción penal nacional: de la justicia universal a la jurisdicción penal interestatal*, Thomson Reuters Aranzadi, Cizur Menor (Navarra), 2019, p. 147.

42 En una decisión más propia de la RSC o quizá por el temor reputacional que supondría verse inmiscuidos en un procedimiento judicial que determinase su responsabilidad, la compañía estatal neerlandesa de ferrocarril (Nationale Spoorwegen, NS Groep N.V.) indemnizó entre 2019 y 2020 a aquellos judíos y familiares que fueron deportados en sus trenes (con el lucro que dicho transporte les generó) por su responsabilidad en el Holocausto, vertiendo un total de 40 millones de euros. *Vid.* Nationale Spoorwegen, "Individuele Tegemoetkoming", disponible en: https://www.ns.nl/over-ns/dossier/ns-tweede-wereldoorlog/individuele-tegemoetkoming.html (Fecha de consulta: 31/03/2024).

Si nos trasladamos al Derecho interno, la responsabilidad penal de la persona jurídica es una noción que, si bien reciente, sí que ha tenido su consolidación legal en algunos Estados. Así se dispone en el artículo 121-2. 1° del Código penal francés o en el artículo 31 bis del Código penal español. Sin embargo, dicha responsabilidad suele estar contemplada para la comisión de delitos que no suponen *per se* el incumplimiento de normas de Derecho Internacional[43], lo que hace aún más difícil que se prevea la misma para el supuesto que hemos venido considerando en esta contribución, esto es, la construcción de un hotel de la empresa española Senator en Dajla.

En dicho ámbito, podemos encontrar en el caso de Francia —Estado que, por cierto, dispone desde 2017 de una ley relativa al deber de vigilancia de las empresas[44]— un supuesto en el que se pretende condenar a una sociedad por la complicidad en la comisión de crímenes contra la humanidad, todo ello fruto de decisiones empresariales que priorizaron el ánimo de lucro frente al debido análisis del riesgo que suponía para las personas continuar una actividad en medio de un conflicto armado[45].

Aludido en otros capítulos de esta obra, el caso Lafarge se centra en la empresa homónima, domiciliada en Francia y dedicada a los materiales de construcción, que explotaba una cementera en Siria, actividad que mantuvo durante el conflicto armado iniciado hace ya más de una década, a través de una filial que empleaba a asalariados sirios. Hasta el año 2014, la fábrica continuó su actividad, pues aunque los directivos que no eran de nacionalidad

---

43 Esteve Moltó, J.E., "Planes de Acción Nacional sobre empresas y derechos humanos: la imperiosa complementariedad con normas vinculantes", *Anuario Español de Derecho Internacional*, 2018, vol. 34, p. 743.

44 Loi n° 2017-399 du 27 mars 2017 relative au devoir de vigilance des sociétés mères et des entreprises donneuses d'ordre.

45 Coteño Muñoz, A., "La complicidad empresarial en crímenes internacionales a la luz del Estatuto de Roma (a propósito del Caso Lafarge)", *Eunomía: Revista en Cultura de la Legalidad*, n° 22, abril-septiembre 2022, pp. 192-193.

siria fueron evacuados, continuaron dirigiendo y organizando el trabajo de los empleados que alojaban en la ciudad de Manbij, al norte del Estado sirio, donde estuvieron expuestos a riesgos como la extorsión y el secuestro por parte de grupos armados como el denominado "Estado islámico". El 15 de noviembre de 2016, dos ONGs y empleados sirios de Lafarge reclamaron civil y penalmente a la empresa, atribuyéndola hechos como la financiación del terrorismo, la complicidad de crímenes de guerra y contra la humanidad, explotación laboral y puesta en peligro de su vida. El 28 de junio de 2018 se le imputó a Lafarge su complicidad en crímenes contra la humanidad y en la puesta en peligro de la vida de los trabajadores mencionados. El primero de los delitos imputados es el único por el que se va a continuar el procedimiento penal, toda vez que el 16 de enero de 2024 se anuló por la *Cour de Cassation* la investigación a la empresa por puesta en peligro de la vida de los empleados, pero no por su complicidad en la comisión de crímenes contra la humanidad[46].

Argumenta el Alto Tribunal francés para imputar a Lafarge la complicidad en la comisión de crímenes contra la humanidad que, en lo relativo a su condición de empresa, el Código penal francés (art. 121-7), no distingue ni en base a la naturaleza de la infracción principal ni en función de la condición jurídica del cómplice, debiendo aplicarse tanto a personas físicas como jurídicas[47].

El éxito procesal que por el momento acabamos de ver allende los Pirineos sería altamente improbable en el caso español. Por lo que a nuestro ordenamiento jurídico penal respecta, nos encontramos con la imposibilidad de seguir un procedimiento por la comisión de crímenes contra la humanidad por parte de una persona jurídica, si bien sí que podría atribuírsele, por ejemplo, la colaboración en la comisión de un delito de terrorismo.

---

46 Cour de Cassation, Chambre Criminelle, 16 janvier 2024, pourvoi nº 22-83.681, ECLI:FR:CCASS:2024:CR00022.

47 Cour de Cassation, Chambre Criminelle, 7 septembre 2021, pourvoi nº 19-87.367, ECLI:FR:CCASS:2021:CR00868, párr. 71.

La ausencia de legitimación procesal pasiva de las personas jurídicas en el proceso penal español por violación de normas imperativas de Derecho Internacional es palmaria. Y ello a pesar de que, en estos casos, el bien jurídico protegido es de mucha mayor entidad que los de otros delitos por los que sí se podría atribuir responsabilidad a una persona jurídica española, como el de estafa. A vueltas con el asunto del hotel de Senator en Dajla, si ni siquiera hechos de tan suma gravedad como un genocidio o un crimen de guerra son atribuibles penalmente a una empresa conforme a la legislación penal y procesal española, no hablemos ya de quebrantar el derecho de los pueblos a la soberanía sobre sus recursos. A no ser que, aprovechando la mención hecha a la estafa, se recondujera por alguno de los delitos de contenido económicos imputables a las personas jurídicas, la viabilidad del caso ante la jurisdicción penal sería nula. Todo ello por no entrar, dado el objeto de estudio de esta contribución, en las limitaciones que supondrían las sucesivas reformas de la jurisdicción universal en España.

4. CONCLUSIONES

Como hemos podido observar a lo largo del presente estudio, la decisión empresarial de construir un complejo hotelero por parte de una empresa española en la ciudad de Dajla sin contar con el consentimiento del pueblo saharaui nos ha permitido ilustrar las consecuencias que tiene la falta de previsión en el ordenamiento jurídico español de una norma que obligue a sus empresas a establecer planes de diligencia debida en el ámbito de los derechos humanos y el cumplimiento de normas imperativas de Derecho Internacional, normas que vinculan tanto al Estado en el que tienen su sede social como a aquel o aquellos en el/los que realizan su actividad empresarial.

Comentando el estado actual de la cuestión en España, se puede afirmar que por el momento no disponemos —ni vamos a disponer al menos en el corto o incluso medio plazo— de un texto normativo que obligue a la mayor parte de las empresas en esta materia.

El hecho de que, desde 2022, aún estemos en España en fase de consulta previa de una futura ley y de que la Directiva que se pretende adoptar a nivel comunitario finalmente haya optado por un ámbito de aplicación sumamente restringido así lo atestiguan. De esta forma, la protección frente a los perjuicios que causen decisiones empresariales contrarias tanto a los derechos humanos como a los derechos contenidos en normas imperativas de Derecho Internacional seguirá dependiendo de que las empresas asuman su —también debida— responsabilidad social corporativa.

La realidad, eso sí, no guarda relación con la imperiosa necesidad. Si el Estado realmente desea cumplir con sus obligaciones internacionales en esta materia, la adopción de una norma que atribuya responsabilidad civil o administrativa a la empresa es esencial y debería ir en línea con lo comentado en esta contribución. Un paso más consistiría en poder atribuir también responsabilidad penal a las personas jurídicas ante determinadas prácticas empresariales (muchas veces realizadas de forma reiterada) que acarreen graves violaciones de derechos humanos y un ataque a la comunidad internacional en su conjunto. Aunque los Estados sean los primeros obligados por el Derecho Internacional, desde hace décadas ello no es óbice para poder imputar el incumplimiento del mismo a sujetos no estatales.

La necesidad de que también la jurisdicción penal pueda conocer de casos en los que las empresas radicadas en un Estado no han aplicado la debida diligencia en sus actividades empresariales, causando un daño físico o económico a la población, es acuciante. Y ello porque no son pocos los casos en que quienes obtienen directamente los beneficios de las actividades que en la práctica suponen incumplimientos de normas imperativas de Derecho Internacional son empresas que estarían actuando de forma deliberada (es un hecho notorio que el Sahara Occidental es un territorio no autónomo desde hace décadas). En estos supuestos, la mínima intervención penal debería ceder para proteger un bien jurídico esencial que las normas de *ius cogens* que obligan a los Estados sí que contemplan.

No parece que sean únicamente las empresas españolas las únicas con interés en explotar los recursos del territorio del Sahara Occidental (o de otros territorios no autónomos o de pueblos indígenas), pues más allá del interés turístico comentado, también existen los tradicionales recursos minerales o cualquier otro susceptible de generar una ingente rentabilidad.

Son tan de actualidad los casos en esta materia que, sin ir más lejos, mientras se redactaban estas líneas se ha tenido noticia de dos empresas que ejercen sus actividades justamente en territorio del Sahara Occidental sin que el pueblo saharaui haya podido participar en la explotación de los recursos de los que es titular ni haya prestado su consentimiento para que empresas residenciadas en otros Estados se beneficien de dicha explotación.

Una de estas empresas es la danesa Cowi[48], dedicada a la consultoría en el ámbito de la ingeniería, la economía y las ciencias medioambientales, que, una vez hecha pública su actividad en el Sahara, ha anunciado, que "mientras la situación en el Sahara Occidental continúe sin resolverse y la ONU siga insistiendo en que es necesario mejorar la observancia de los derechos en el territorio, [...] no participará en más proyectos ubicados en dicho territorio"[49]. El proyecto empresarial consistía, a través del acuerdo con otra empresa que a su vez contrataba con la empresa pública de fosfatos marroquí en el territorio ocupado saharaui, en construir un nuevo puerto en El Aaiún (capital —ocupada— del Sahara Occidental) y una fábrica para exportar fertilizantes desde el Sahara Occidental. En este asunto, la propia compañía ha precisado que

48 El Español, "La danesa de ingeniería COWI no realizará más proyectos en el Sáhara Occidental", 30 de marzo de 2024, disponible en: https://www.elespanol.com/invertia/empresas/20240330/danesa-ingenieria-cowi-no-realizara-proyectos-sahara-occidental/843665674_0.html. (Fecha de consulta: 31/03/2024).

49 Informe anual de Cowi ante el Pacto Mundial de la ONU, 26 de febrero de 2024, disponible en: https://vest-sahara.s3.amazonaws.com/wsrw/feature-images/File/1676/65e217d0ad4de_COWI_COP_26.02.2024.jpg. (Fecha de consulta: 01/04/2024).

en su análisis de riesgos no había detectado obstáculo jurídico alguno, lo cual casa con la ausencia de normativa en materia de diligencia debida en los supuestos de violaciones de normas imperativas de Derecho Internacional, tal y como hemos enunciado anteriormente. Asimismo, Cowi consideró modificar a futuro su proceso de selección de riesgos en relación con las violaciones de los derechos humanos, incluidos los conflictos territoriales.

En cuanto a la segunda empresa, se trata de la suiza HyNat, de la que se ha descubierto que lleva a cabo operaciones de prospección de hidrógeno en territorio saharaui, con el fin de producir dicha fuente energética a bajo coste[50]. Cabe destacar que, a diferencia del caso anterior, esta empresa no ha proporcionado públicamente hasta el momento explicación alguna acerca de dicha actividad.

En todos estos casos, la explotación de los recursos de un pueblo como el saharaui que todavía no ha podido ejercer su derecho a la libre determinación ha conllevado que algunas empresas resulten en términos económicos directamente beneficiadas y que dicho pueblo, que no ha prestado el consentimiento a que exploten dichos recursos sobre los que ostenta soberanía, se haya visto directamente perjudicado.

Desde el Frente Polisario y por parte de diferentes actores internacionales que apoyan al pueblo saharaui en su lucha por ejercer el derecho a la libre determinación se recibió el cese de la actividad económica de Cowi en su territorio como un apoyo al derecho de este pueblo a disponer de los recursos de los que son soberanos. Incluso dicho movimiento de liberación nacional está dispuesto a mantener conversaciones que permitan conjugar los intereses económicos de los operadores empresariales que deseen llevar a cabo actividades en el territorio en cuestión con el Derecho Internacionalmente reconocido a la titularidad y explotación

---

[50] Le Desk, "Hydrogène naturel: les détails de la zone de prospection du Suisse HyNat au Sahara", 30 de marzo de 2024, disponible en: https://ledesk.ma/datadesk/hydrogene-naturel-les-details-de-la-zone-de-prospection-du-suisse-hynat-au-sahara/ (Fecha de consulta: 31/03/2024).

de sus recursos del pueblo al que legítimamente representan[51]. Quien suscribe esta contribución, una vez analizada la situación, no puede sino coincidir con esta posición.

Por último, si bien las empresas públicas y privadas aludidas deberían proceder de forma idéntica a la de Cowi en sus respectivas actividades en tanto en cuanto no cuenten con el expreso y válido consentimiento del pueblo saharaui, recordemos que hasta el momento nos enfrentamos a una laguna normativa sobre la diligencia debida en esta materia en los diferentes Estados en los que están domiciliadas. Es justamente esa ausencia de regulación la que entraña la dificultad de entablar acciones que determinen la responsabilidad de estas empresas y contribuye a que las compañías prioricen en sus decisiones empresariales el lucro frente a un análisis debido de la diligencia a prestar en sede de derechos humanos.

No obstante, esto no debería de sorprender si valoramos que la dependencia del Estado de las grandes compañías multinacionales —más proclives a llevar a cabo esta suerte de actividades— es cada vez mayor. De hecho, las actividades de dichas compañías, cuando están domiciliadas en él, le reportan suculentos beneficios por vía tributaria. Esperemos, sin embargo, que, en algún momento, dichos Estados antepongan la lucha contra las violaciones de derechos humanos dentro y fuera de su territorio sobre el beneficio económico.

---

51 Representación del Frente Polisario para España, "Declaración final: 1er encuentro entre el sector pesquero canario y el Frente POLISARIO", 7 de julio de 2023, disponible en: https://frentepolisario.es/declaracion-final-1er-encuentro-entre-el-sector-pesquero-canario-y-el-frente-polisario/. (Fecha de consulta: 31/03/2024).

Capítulo V

La discutida responsabilidad internacional del Estado por la falta de debida diligencia de las empresas armamentistas domiciliadas en su territorio o bajo su jurisdicción

Marta Iglesias Berlanga*

1. INTRODUCCIÓN

Al igual que en el contexto de otros negocios, como el automovilístico o el tabacalero, las actividades comerciales[1] de armas de fuego y de otras armas convencionales[2] (incluidas las municiones, componentes y piezas) llevadas a cabo por empresas vinculadas a la industria armamentista al margen de su deber de debida diligencia en materia de derechos humanos repercuten de forma negativa en el ejercicio de los referidos derechos[3] tanto en situacio-

---

* Profesora Contratada Doctora de Derecho Internacional Público, Facultad de Derecho, Universidad Complutense de Madrid (migles06@ucm.es).

1 Se denomina actividad comercial al proceso de compra y venta de bienes y servicios que empieza desde que el comerciante adquiere su mercancía o desarrolla su servicio hasta que éstos llegan al consumidor final.

2 Por ejemplo, carros de combate, vehículos blindados de combate, sistemas de artillería de gran calibre, helicópteros de ataque, buques de guerra, misiles, lanzamisiles, etc.

3 Otras esferas afectadas negativamente por el uso potencial o efectivo de las armas son las relacionadas con el gobierno corporativo, los trabajadores y

nes de conflicto como en otros contextos y facilitan su desvío[4] y/o tráfico ilícito[5] hacia agentes no estatales[6] que, como los terroristas

---

las relaciones laborales, el medio ambiente, el cohecho y la corrupción y la divulgación de la información e intereses de los consumidores. *Vid.* OCDE, *Guía de la OCDE de debida diligencia para una conducta empresarial responsable*, 2018, p. 19. Sin embargo, la utilización posible o real de las armas también puede incidir de forma positiva en el ejercicio de los derechos humanos. Por ejemplo, los Estados pueden adquirir o desplegar armas en el ejercicio de su responsabilidad de proteger a las personas que se encuentren en su territorio o estén bajo su jurisdicción y/o para restablecer la paz y la seguridad internacionales. En este último sentido, los tres pilares de las Naciones Unidas (paz y seguridad, derechos humanos y desarrollo) están estrechamente entrelazados, de modo que la existencia de la paz y la seguridad es una importante condición favorable para la promoción y protección de los derechos humanos. *Vid.* Las *Directrices para las Transferencias Internacionales de Armas* en el contexto de la Resolución 46/36 H de la Asamblea General, de 6 de diciembre de 1991, pár. 20 y el Acuerdo sobre el Control de las Exportaciones de Armas Convencionales y Productos y Tecnologías Duales (Acuerdo de *Wassenar*, 1995), pár. 11.

4 Aunque no existe una definición jurídica internacional acordada de desvío, en el contexto de las armas se ha definido como el movimiento (físico, administrativo o de otro tipo) de armas y municiones del ámbito legal al ilícito, en contra de lo dispuesto en la legislación nacional o internacional, a un usuario final no autorizado o para un uso final ilícito. *Vid.* Casey-Maslen, Stuart, Clapham, Andrew, Giacca, Gilles, Parker, Sarah, *The Arms Trade Treaty: A Commentary*, Oxford University Press, 2016, pp. 355-358.

5 Las Directrices de la Comisión de Desarme para la Transferencia Internacional de Armas ofrece una definición amplia de "tráfico ilícito de armas", en el contexto de la Resolución 46/36/H de la Asamblea General, que incluye el comercio internacional de armas convencionales prohibido por el Derecho Internacional y las leyes nacionales pertinentes. *Vid.* Documentos Oficiales de la Asamblea General, Quinquagésimo Primer Período de Sesiones, Suplemento núm. 42 (A/51/42), anexo I, párr. 7; Álvarez Calderón, C.E. y Muñoz, E., "El impacto del tráfico ilícito de armas en la seguridad humana. Análisis de una faceta de la globalización "desviada" y el fenómeno de "convergencia", en Escenarios de inseguridad en América Latina y los actuales retos en Colombia, Sonia Alda Mejías, Susana Ferreira (Coords.), 2017, pp. 453-488.

6 *Vid.* Laborie Iglesias, M., "Actores armados no estatales y modelo de Estado", en *Actores Armados No Estatales: Retos a la Seguridad Global*, Mi-

y los criminales, están usualmente implicados en la comisión de ilícitos que atentan contra los derechos humanos[7]. Entre otros, el derecho a la vida, el derecho a la libertad y seguridad de la persona, el derecho a no ser sometido a esclavitud o a torturas ni a otros tratos o penas crueles, inhumanos o degradantes, y los derechos económicos, sociales y culturales. Así lo afirma *verbi gratia* la Oficina de las Naciones Unidas contra la Droga y el Delito en el *Estudio Mundial sobre las Armas de Fuego* de 2020[8].

Desde esta afirmación, el enfoque que justifica este análisis pivota en torno a la ecuación Empresas & Derechos Humanos o *Business & Human Rights* (BHR, según su acrónimo en inglés), con el fin de discernir, desde una perspectiva jurídica, si los Estados pueden incurrir en responsabilidad internacional por las violaciones de los derechos humanos cometidas por agentes no estatales a raíz de la falta de debida diligencia de las empresas armamentistas domiciliadas en su territorio o bajo su jurisdicción[9] y, más en concreto, por el hecho de no investigar, prevenir y/o

---

nisterio de Defensa, *Cuadernos de Estrategia*, 152, 2011, pp. 52-63. A la luz de una amplia literatura doctrinal y de la Guía de las Naciones Unidas para las negociaciones humanitarias con grupos armados, los agentes no estatales se caracterizan por: uno, su voluntad de usar la violencia en la consecución de sus objetivos; y dos, su extranjería con respecto a los mecanismos gubernamentales formales. *Vid. Guidelines on Humanitarian Negotiations with Armed Groups. United Nations.* 2006. Disponible en línea en la Dirección URL: http://www.ochaonline.un.org/humanitariannegotiations/Documents/Guidelines.pdf.

7 Naturalmente eso no quiere decir que la actividad de los arsenales militares o de los cuerpos encargados de hacer cumplir la ley no puedan incurrir, en ningún caso, en la violación de los derechos humanos. *Vid.* Oficina de las Naciones Unidas contra la Droga y el Delito (UNODC), *El mercado legal de las armas de fuego*, Módulo 3, E4J Serie de Módulos Universitarios. Armas de Fuego, disponible en: https://www.unodc.org/e4j/es/firearms/module-3/index.html

8 *Vid.* Global_Study_Ex_Summary_es%20(1).pdf (Fecha de consulta: 28/03/2024).

9 Según el Comité contra la Tortura, "el territorio bajo la jurisdicción de un Estado Parte" es "todo aquél que esté bajo el control efectivo de

sancionar esa falta de debida diligencia corporativa en materia de derechos humanos tanto en el plano de las propias actividades empresariales como en el entorno de las operaciones de su cadena de valor (lo que incluye filiales, subcontratistas, proveedores y otras relaciones económicas en el Estado de origen o procedencia y en terceros Estados).

2. LA RESPONSABILIDAD DEL ESTADO POR EL INCUMPLIMIENTO DE SU DEBER DE INVESTIGAR, PREVENIR Y SANCIONAR LA FALTA DE DEBIDA DILIGENCIA EMPRESARIAL EN MATERIA DE DERECHOS HUMANOS DE LAS MULTINACIONALES DE ARMAMENTO DOMICILIADAS EN SU TERRITORIO Y/O BAJO SU JURISDICCIÓN

El consorcio BHR se apoya en un paquete de normas básicas de derechos humanos[10] que, además de insistir en el papel del Estado y en el rol independiente y complementario de las personas

---

sus autoridades, del tipo que sean, en cualquier parte del mundo". *Vid.* CAT/C/USA/CO/2, párs. 14 y 15.

[10] Nos referimos a la *Declaración Universal de los Derechos Humanos,* al *Pacto Internacional de Derechos Civiles y Políticos,* al *Pacto Internacional de Derechos Económicos, Sociales y Culturales,* a la *Declaración de la Organización Internacional del Trabajo (OIT) relativa a los principios y derechos fundamentales en el trabajo,* a sus ocho convenios esenciales y a las normas internacionales que identifican grupos específicos vulnerables. Por ejemplo, los menores (*Convención sobre los Derechos del Niño* de 1989). *Vid.* Fuertes-Planas Aleix, C., Principios y caracteres normativos de los derechos humanos, *Revista de Comunicación de la SEECI,* Año XVIII, vol. 33, marzo 2014, pp. 44-58. DOI: http://dx.doi.org/10.15198/seeci.2014.33.44-58; Pons Rafols, X., "Revisitando a Martens: las normas básicas de humanidad en la Comisión de Derechos", en Soberanía del Estado y Derecho Internacional*: homenaje al profesor Juan Antonio Carrillo Salcedo* / coord. por Marina Vargas Gómez-Urrutia, Ana Salinas de Frías; Juan Antonio Carrillo Salcedo (hom.), vol. 2, 2005, pp. 1095-1118.

jurídicas, desdobla su atención en la responsabilidad comercial por los daños directamente causados o propiciados por sus actividades y/o vinculados a las operaciones, productos o servicios derivados de sus relaciones mercantiles, y en el acceso a la reparación de las víctimas de abusos de los derechos humanos asociados a la conducta empresarial.

De conformidad con los *Principios Rectores de las Naciones Unidas sobre Empresas y Derechos Humanos* de 2011 (PREDH)[11], los Estados y las empresas tienen funciones distintas pero auxiliares a tenor de las normas internacionales de los derechos humanos. En este escenario, una cualidad excepcional de los PREDH es que proporcionan orientación en un solo paquete a los Gobiernos y a las multinacionales, agrupando treinta y un principios en tres pilares fundamentales: *uno*, el deber de los Estados de proteger los derechos humanos; *dos*, la responsabilidad de las empresas de respetar los derechos humanos; y *tres*, el papel de los Estados y de las empresas para garantizar que los titulares de derechos tengan acceso a un recurso efectivo[12]. Con el fin de ceñirnos a la pregunta planteada *ab initio*, nos fijaremos, desde este planteamiento, en el examen del primer pilar, esto es, en la obligación estatal de proteger los derechos humanos y, más exactamente, en la potencial responsabilidad internacional de los Estados como consecuencia del incumplimiento de ese deber en el contexto de la debida di-

---

11 *Vid.* Oficina del Alto Comisionado de las Naciones Unidas para los Derechos Humanos, *Principios Rectores sobre las Empresas y los Derechos Humanos: Puesta en práctica del marco de las Naciones Unidas para "proteger, respetar y remediar"*, UN Doc. HR/PUB/11/04, Organización de las Naciones Unidas, Nueva York y Ginebra; Resolución del Consejo de Derechos Humanos A/HRC/RES/17/4, de 6 de julio de 2011; Resolución del Consejo de Derechos Humanos A/HRC/53/24, de 3 de agosto de 2023, *Fomento de la capacidad para la aplicación de los Principios Rectores sobre las Empresas y los Derechos Humanos.*

12 *Vid.* Lees, S., "Guía de Facilitación para Formación. Derechos Humanos + Debida Diligencia", *PNUD Empresas y Derechos Humanos en Asia,* 2021, p. 16.

ligencia de las compañías de armamento en materia de derechos humanos emplazadas en su territorio y/o bajo su jurisdicción.

El empleo, real o potencial, de armas desviadas y/o traficadas ilícitamente (al hilo de una falta de debida diligencia corporativa) constituye una violación de los derechos humanos que desencadena responsabilidades concretas para los Estados. *Primo,* el deber de actuar con la debida diligencia en la prevención del delito. *Secundo,* la obligación de investigar y enjuiciar a los presuntos traficantes. Y *tertio,* la labor de prestar asistencia a las víctimas. En consecuencia, el principio de responsabilidad estatal corrobora que el Estado tiene que prestar un cierto nivel de asistencia incluso si no es el agente primario del daño. Ese nivel de asistencia, conocido como *debida diligencia*[13], se integró en el Derecho Internacional de los Derechos Humanos en 1998, a raíz de la histórica decisión de la Corte Interamericana de Derechos Humanos (CIA) en el caso *Velásquez Rodríguez*[14], cuya doctrina jurisprudencial coincide

---

13 Sobre el principio de diligencia debida en el Derecho Internacional, veánse los trabajos de Lozano Contreras, J.F., *La noción de debida diligencia en Derecho Internacional,* Barcelona, Ed. Atelier, 2007, 340 pp; Pisillo-Mazzeschi, R., "The due diligence rule and the nature of the responsability of States", *German Yearbook of International Law,* 1992, pp. 9-51; Guamán, A., "Diligencia debida en derechos humanos: análisis crítico de los principales marcos normativos estatales", Trabajo y derecho: nueva revista de actualidad y relaciones laborales, nº. 87, 2022; Márquez Carrasco, M. C., "Instrumentos sobre la debida diligencia en materia de Derechos Humanos. Orígenes, evolución y perspectivas de futuro", Cuadernos de Derecho Transnacional, vol. 14, nº. 2, 2022, pp. 605-642.

14 *Vid. Caso Velásquez Rodríguez,* Sentencia de 29 de julio de 1988, Corte Interamericana de Derechos Humanos (Ser. C), nº 4 (1988), pár. 173: "Las infracciones a la Convención no pueden ser juzgadas aplicando reglas que tengan en cuenta elementos de naturaleza sicológica, orientados a calificar la culpabilidad individual de sus autores. A los efectos del análisis, es irrelevante la intención o motivación del agente que materialmente haya violado los derechos reconocidos por la Convención, hasta el punto de que la infracción a la misma puede establecerse incluso si dicho agente no está individualmente identificado. Lo decisivo es dilucidar si una determinada violación a los derechos humanos reco-

con el Informe de 1978 presentado por el Relator Especial *Roberto Ago* a la Comisión de Derecho Internacional (CDI)[15].

En ese camino, más allá del artículo 4 del *Proyecto de Artículos sobre la Responsabilidad de los Estados por Hechos Ilícitos de 2001* de la CDI, la práctica estatal ha derivado en la aceptación de otras circunstancias en las que una conducta no realizada propiamente por los órganos del Estado puede serle atribuida (artículos 5 a 11 y 16 a 18 del citado Proyecto). La imputación al Estado del comportamiento de particulares en virtud de la existencia de instrucciones, control o dirección de tales hechos (artículo 8 del Proyecto de la CDI de 2001) nos sitúa en la doctrina del control o dirección del Estado sobre los actos llevados a cabo por las personas o grupos de personas que hayan cometido la conducta criminal (en nuestro caso, agentes no estatales). De las dos teorías que giran alrededor de esta doctrina del control o dirección del Estado, a saber, la tesis del control efectivo sobre la conducta ilícita[16] y la hipótesis del control global sobre las circunstancias en las que el

---

nocidos por la Convención ha tenido lugar con el apoyo o la tolerancia del poder público o si éste ha actuado de manera que la trasgresión se haya cumplido en defecto de toda prevención o impunemente. En definitiva, de lo que se trata es de determinar si la violación a los derechos humanos resulta de la inobservancia por parte de un Estado de sus deberes de respetar y de garantizar dichos derechos, que le impone el artículo 1.1 de la Convención".

15 *Vid.* Documento A/CN.4/307 y Add.1 y 2., Séptimo informe sobre la responsabilidad de los Estados, por el Sr. Roberto Ago, Relator Especial. El hecho internacionalmente ilícito del Estado como fuente de responsabilidad internacional (continuación), *Anuario de la Comisión de Derecho Internacional,* Vol. II, Primera Parte, Naciones Unidas, 1978, pp. 33-64.

16 Esta teoría exige la existencia de una "total dependencia" entre la actuación de los particulares o grupo de particulares y la autoridad del Estado correspondiente. De este modo, esta corriente solicita la individualización del comportamiento ilícito de que se trate y la prueba de la existencia de una relación directa entre la violación perpetrada y la actuación del Estado.

comportamiento tiene lugar[17], esta última tesis es la que, a nuestro modo de ver, justifica eventualmente la competencia de los Estados sobre la base de criterios indirectos de responsabilidad[18].

La concepción evolutiva del control global, una teoría que se ha abierto camino en la jurisprudencia de los tribunales penales internacionales y de otros órganos jurisdiccionales de protección de los derechos humanos, se inclina por responsabilizar al Estado de las presuntas violaciones acaecidas en el ámbito privado a tenor de tres consideraciones principales: una, el criterio de la garantía de indemnidad del Tribunal Europeo de Derechos Humanos (TEDH); dos, la responsabilidad del Estado respecto de las violaciones cometidas por particulares en virtud de la teoría de las obligaciones positivas de prevención, garantía y sanción; y tres, la comisión por omisión. A continuación, examinaremos cada uno de estos extremos.

2.1. El criterio de la garantía de indemnidad del Tribunal Europeo de Derechos Humanos

En un sentido amplio, la garantía de indemnidad se refiere a la prohibición de producir cualquier daño o perjuicio como represa-

---

17 Esta teoría no exige el control del Estado sobre todos y cada uno de los actos que integran el ilícito sino que apuesta por una evaluación de todos los elementos de control considerados en su conjunto, permitiendo valorar (sobre esas bases) si el grado de control requerido se da en el caso concreto. *Vid.* Jiménez García, F., "La responsabilidad directa por omisión del Estado más allá de la diligencia debida. Reflexiones a raíz de los crímenes "feminicidas" de Ciudad Juárez", *Revista Española de Derecho Internacional*, vol. LXIII/2, 2011, p. 27.

18 *Vid.* Quel López, J., "Construyendo la responsabilidad del Estado desde la responsabilidad penal individual. La intersección de ámbitos materiales y jurisdiccionales", en Sánchez Rodríguez, L.I., Quel López, F.J., y López Martín, A,G., (Eds.), *El poder de los jueces y el estado actual del Derecho Internacional. Análisis crítico de la jurisprudencia internacional (2000-2007)*, Bilbao, Servicio de Publicaciones de la Universidad del País Vasco, 2010, p. 548.

lia al ejercicio de un derecho. Desde esta premisa, el uso, efectivo o posible, de las armas que viajan ilícitamente como consecuencia de su desvío y tráfico no regulado puede impactar *verbi gratia* en la desaparición forzada de sus víctimas. El tenor del artículo 2 de la *Convención de las Naciones Unidas para la Protección de todas las Personas contra las Desapariciones Forzadas*, de 20 de diciembre de 2006[19], invita a considerar, en efecto, que el secuestro o rapto de personas situadas bajo la custodia de un Estado (incluidos los frágiles) por parte de grupos armados no estatales, autorizados y/o apoyados expresa o tácitamente por ese Estado, constituye una violación de los derechos a la vida e integridad que genera la responsabilidad del *garante de la indemnidad* de las personas localizadas bajo el control de las autoridades públicas[20]. Por ejemplo, según *Patrick Wilcken*, investigador de Control de Armas y Derechos Humanos de Amnistía Internacional, las Unidades de Movilización Popular que se crearon en Irak a mediados de 2014 para ayudar a las fuerzas armadas iraquíes a combatir al autoproclamado Estado Islámico, incluyen a unas cincuenta milicias chiíes (fundamentalmente) que han utilizado las armas procedentes de distintos proveedores internacionales, como los Estados Unidos de América, Rusia o Irán, para cometer actos de tortura y de destrucción gratuita de bienes, así como la desaparición forzada o el secuestro de miles de hombres y niños, en su mayoría suníes. En opinión de *Wilcken*,

---

19 *Convención de las Naciones Unidas para la Protección de todas las Personas contra las Desapariciones Forzadas*, adoptada el 20 de diciembre de 2006 y en vigor el 23 de diciembre de 2010. En virtud del artículo 2 de la Convención: *En ningún caso podrán invocarse circunstancias excepcionales tales como estado de guerra o amenaza de guerra, inestabilidad política interna o cualquier otra emergencia pública como justificación de la desaparición forzada.* El texto de este tratado se puede consultar en la Dirección URL: https://www.ohchr.org/es/instruments-mechanisms/instruments/international-convention-protection-all-persons-enforced (Fecha de consulta: 28/03/2024).

20 *Vid.* Jiménez García, F., "La responsabilidad directa por omisión del Estado más allá de la diligencia debida. Reflexiones a raíz de los crímenes "feminicidas" de Ciudad Juárez", *op. cit.*, p. 32.

la venta estatal de armamento a Irak debería estar condicionada a la previa aplicación probada de medidas estrictas orientadas a impedir que las milicias las utilicen para violar flagrantemente derechos. En caso contrario, los Estados no tendrían que realizar ninguna transferencia[21].

2.2. *La falta de debida diligencia del Estado en materia de derechos humanos*

En cuanto a la responsabilidad estatal por las violaciones cometidas por particulares a la vista de la regla de las obligaciones positivas de prevención, garantía y sanción enunciadas en los tratados de derechos humanos libremente consentidos, esto es, ante una falta de debida diligencia de las empresas armamentistas domiciliadas en su territorio y/o bajo su jurisdicción, el compromiso del Estado se fundamenta básicamente en su descuido de prevenir, investigar, procesar o indemnizar los actos criminales de terceros, incluidas las compañías (de armamento), sabiendo que ese comportamiento debe suponer, en todo caso, una vulneración de una obligación internacional en vigor contenida en una norma primaria consentida por el Estado en cuestión (un tratado, una costumbre u otra norma reconocida). A título ilustrativo, cabe mencionar el *Pacto Internacional de Derechos Civiles y Políticos* (1966)[22], ratificado hasta la fecha por ciento noventa y cinco Estados[23].

La clave de la responsabilidad del Estado se encuentra, por consiguiente, en el hecho de no adoptar medidas legislativas y de otro tipo (protección y reparación) para evitar, explorar, castigar

---

21 *Vid.* Amnistía Internacional, *Las transferencias irresponsables de armas fomentan los crímenes de guerra de las milicias*, disponible en: https://www.es.amnesty.org/en-que-estamos/noticias/noticia/articulo/irak-las-transferencias-irresponsables-de-armas-fomentan-los-crimenes-de-guerra-de-las-milicias/ (Fecha de consulta: 28/03/2024).

22 *Pacto Internacional de Derechos Civiles y Políticos*, adoptado el 16 de diciembre de 1966 y en vigor el 23 de marzo de 1976s

23 *Vid.* https://indicators.ohchr.org/ (Fecha de consulta: 28/03/2024).

y enmendar los hechos sistemáticos o recurrentes, perpetrados *v.g.* por agentes no estatales, a colación de la utilización, real o eventual, de las armas desviadas y transferidas ilícitamente en defecto de una necesaria debida diligencia empresarial. Sea como fuere, en vista de que en el caso de los agentes no estatales (delincuentes, crimen organizado, terroristas, etc.) la autorización o el control por parte del Estado no existe o es difícil de probar, esa responsabilidad estatal asociada a la conducta (activa u omisiva) de terceros (incluidas las empresas de armamento) depende de que la norma primaria obligue realmente a los Estados partes a prevenir, responder o reparar los abusos[24]. Los hechos tienen que demostrar, en definitiva, que el Estado ha incumplido sus obligaciones. Si esto fuera así, el Estado no respondería de los hechos de terceros (a saber, de los ilícitos contra los derechos humanos cometidos por los agentes no estatales gracias a la desviación y transferencia no regulada de armas cuya causa radica en la falta de debida diligencia corporativa) sino del incumplimiento de su obligación de legislar para consolidar la responsabilidad de las personas jurídicas en el paquete de su deber de protección y de su propia diligencia debida y de no prevenir, investigar, enjuiciar o indemnizar a las víctimas de esos hechos que se encuentren bajo su jurisdicción.

De esta forma, las obligaciones estatales superan el mero deber de no participar en el desvío y tráfico ilícito de armas para incluir obligaciones de protección, respeto, promoción y cumplimiento de los derechos humanos. Si la desviación y transferencia ilegal inciden naturalmente en la utilización, genuina o potencial, de

---

24 *Vid.* ACNUDH, ACNUR, UNICEF, UNODC, ONU Mujeres y OIT, *Prevenir, combatir, proteger. La trata de seres humanos. Comentario conjunto de las Naciones Unidas a la Directiva de la Unión Europea. Un enfoque basado en los derechos humanos*, 2011, pp. 23 y 25; *Integration of the Human Rights of Women and the Gender Perspective, its causes and consequences, Radhika Coomaraswamy, on trafficking in women, women´s migration and violence against women*, Comisión de Derechos Humanos, quincuagésimo sexto período de sesiones, 29 de febrero de 2000 (E/CB.4/2000/68), p. 5.).

armas ilícitas y, por ende, en la violación (sobre todo) de los derechos a la vida e integridad personal, el hecho de que el Estado no le ponga remedio, no repare, no mejore la situación de las víctimas, desencadena su responsabilidad internacional. Más aún, si aplicando el enfoque del Tribunal Europeo de Derechos Humanos en el asunto *Osman c. Reino Unido*, ese desvío y tráfico ilícito es sistemático en su territorio y prolongado en el tiempo y si, teniendo constancia de él a través de distintas denuncias internacionales o conociendo los hechos o teniendo que haberlos conocido, el Estado no actúa presentando alternativas efectivas de prevención, investigación, sanción y garantías de futuro de no repetición[25], esa inactividad crea objetivamente un riesgo intolerable para el Derecho Internacional y, por ende, la responsabilidad del Estado. Una responsabilidad que será mayor si se prueba la actitud aquiescente o cómplice del Estado en los actos criminales de terceros[26]. En su Recomendación General nº 19 (1992), el *Comité para la Eliminación de la Discriminación contra la Mujer* de las Naciones Unidas ya advirtió que los Estados también pueden ser responsables de actos privados si no adoptan medidas con la debida diligencia para impedir la violación de los derechos o para investigar y castigar los actos de violencia y proporcionar una indemnización[27]. En última instancia, el objetivo consiste en no menoscabar la norma general que determina la no atribución al Estado de comportamientos privados[28].

---

25 *Vid.* Sentencia del Tribunal Europeo de Derechos Humanos, de 28 de octubre de 1998, en el *Asunto Osman c. Reino Unido*, pár. 116.

26 *Vid.* Jiménez García, F., "La responsabilidad directa por omisión del Estado más allá de la diligencia debida. Reflexiones a raíz de los crímenes "feminicidas" de Ciudad Juárez", *op. cit.*, p. 15.

27 *Vid.* http://archive.ipu.org/splz-e/cuenca10/cedaw_19.pdf (Fecha de consulta: 28/03/2024).

28 *Vid.* Iglesias Berlanga, M., "La trata de menores en los conflictos armados desde un enfoque basado en los derechos humanos", *Revista Electrónica de Estudios Internacionales*, núm. 41, junio 2021, pp. 27-30.

2.3. La comisión por omisión

Finalmente, combinando el criterio de la garantía de indemnidad y el deber de debida diligencia, la teoría de la comisión por omisión es aplicable cuando, teniendo conocimiento de la perpetración del ilícito (esto es, de la vulneración de los derechos humanos como consecuencia del uso real o potencial de armas desviadas o traficadas ilegalmente) el Estado no adopta las medidas necesarias para impedir su continuidad. El Estado no legisla, por ejemplo, para exigir a las empresas de armamento que residan en su territorio o se encuentren bajo su jurisdicción que asuman su debida diligencia en materia de derechos humanos, también con carácter extraterritorial.

A diferencia de la obligación de prevención, que descansa en la consciencia del riesgo o de la probabilidad de la comisión del delito pertinente, la comisión por omisión tiene su causa en que el Estado es consciente de que la violación de los derechos humanos, impulsada por la desviación y transferencia no regulada de armas, se va a cometer o se está cometiendo en su territorio, siendo su ayuda o asistencia informada la que precisamente facilita su consumación. Los ingredientes fundamentales que nutren esta perspectiva son, en esencia, la identificación del momento en el que la violación de la obligación de prevención y garantía se transforma en complicidad (activa u omisiva) y la satisfacción del alto nivel de prueba que exige la confirmación de la instigación del Estado en el delito cometido. En su comentario a la Sentencia de la CIJ en el *Asunto del Genocidio Bosniaco*, Antonio Cassese[29] afirma que, al fin y al cabo, se puede ser responsable de complicidad en un crimen

---

29 *Vid.* Cassese, A., “A judicial massacre”, texto publicado en la dirección electrónica: http://www.guardian.co.uk/commentisfree/2007/feb/27/27/thejudicialmassacreofsrebr (Fecha de consulta: 28/03/2024); Condé, P.Y. “L’affaire du génocide. Bosnie et Serbie devant la Cour Internationale de Justice ou la dénonciation à l’épreuve du droit international”, *Revue Internationale Interdisciplinaire*, vol. 58, 2009-2, pp. 109-140.

por no frenarlo cuando se tiene tanto el deber como el poder de hacerlo, así como cuando a tenor de su omisión se contribuye decisivamente a la creación de las condiciones que facilitan que el crimen sea cometido[30]. En el ámbito del Derecho Internacional de los Derechos Humanos, el párrafo 19 de la Observación General nº 2 (2008) del *Comité contra la Tortura* también responsabiliza al Estado, directamente o por complicidad, de las actuaciones de los particulares más allá de las responsabilidades derivadas de las obligaciones positivas comentadas anteriormente[31].

3. UNA APROXIMACIÓN A LA FALTA DE DEBIDA DILIGENCIA DEL ESTADO EN MATERIA DE DERECHOS HUMANOS EN EL MARCO DE LA CORTE INTERAMERICANA DE DERECHOS HUMANOS Y DEL TRIBUNAL EUROPEO DE DERECHOS HUMANOS

La responsabilidad indirecta, esto es, la responsabilidad del Estado derivada de las actuaciones llevadas a cabo por terceros particulares y no por sus propios órganos es una construcción validada por la jurisprudencia de la Corte Interamericana de Derechos Humanos (CIA). Así lo constatan, por ejemplo, el párrafo 172 de su Sentencia de Fondo en el caso *Velásquez Rodríguez c. Honduras* de 1988[32], el párrafo 47 de la decisión de la Corte en el

---

30 *Vid.* Cassese, A., *International Criminal Law,* Oxford, Oxford University Press, 2003, p. 106; Portilla Gómez, J.M., "¿Justicia en los Balcanes? El fallo de la Corte Internacional de Justicia sobre el genocidio en Bosnia", *Anuario Mexicano de Derecho Internacional,* 2018. El texto del artículo está disponible en la Dirección URL: https://www.scielo.org.mx/scielo.php?script=sci_arttext&pid=S1870-46542008000100039

31 *Vid.* https://www.refworld.org/es/leg/general/cat/2008/es/53514(-Fecha de consulta: 28/03/2024); Iglesias Berlanga, M., "La trata de menores en los conflictos armados desde un enfoque basado en los derechos humanos", *op. cit.* p. 30. (Fecha de consulta: 28/03/2024).

32 *Vid.* Sánchez Parra, Y. A., y Saraza Gómez, C.E., "El desarrollo de los derechos a la verdad, la justicia y la reparación en el Sistema Intera-

litigio de la *Familia Barrios c. Venezuela* de 2011[33], o el párrafo 186 de la Sentencia de Excepción Preliminar, Fondo, Reparaciones y Costas del asunto *Vélez Restrepo y Familiares c. Colombia* de 2012[34].

---

mericano de Derechos Humanos y su influencia en el ordenamiento jurídico colombiano/ The development of the rights to truth, justice and reparation in the InterAmerican Human Rights System and its influence in the Colombian legal system", *Revista virtual Via Inveniendi et Iudicandi (VIeI),* vol. 13, n.° 2, Julio-diciembre 2018, Bogotá D. C., Colombia, Universidad Santo Tomás, pp. 107-127; Silva Abbott, M., "El "deber de prevenir" violaciones a los derechos humanos y algunas de sus posibles consecuencias", *Revista de Derecho Universidad de San Sebastián,* vol. 22, 2016, pp. 1-23.

33 En virtud de dicho párrafo: *Sobre la obligación de garantía, la Corte ha establecido que puede ser cumplida de diferentes maneras, en función del derecho específico que el Estado deba garantizar y de las particulares necesidades de protección38, ya sea por su condición personal o por la situación específica en que se encuentre39. Esta obligación implica el deber de los Estados de organizar todo el aparato gubernamental y, en general, todas las estructuras a través de las cuales se manifiesta el ejercicio del poder público, de manera tal que sean capaces de asegurar jurídicamente el libre y pleno ejercicio de los derechos humanos40. Como parte de dicha obligación, el Estado está en el deber jurídico de "prevenir, razonablemente, las violaciones de los derechos humanos, de investigar seriamente con los medios a su alcance las violaciones que se hayan cometido dentro del ámbito de su jurisdicción a fin de identificar a los responsables, de imponerles las sanciones pertinentes y de asegurar a la víctima una adecuada reparación"41. Lo decisivo es dilucidar "si una determinada violación [...] ha tenido lugar con el apoyo o la tolerancia del poder público o si éste ha actuado de manera que la transgresión se haya cumplido en defecto de toda prevención o impunemente. Vid. Familia Barrios c. Venezuela,* Corte IDH, Sentencia de Fondo, Reparaciones y Costas, de 24 de noviembre de 2011, pár. 47; Petit Guerra, L.A., "En búsqueda de mecanismos de «cumplimiento por equivalente» de las sentencias de condena emanadas de la Corte Interamericana de Derechos Humanos (especial referencia al caso familia Barrios vs. Venezuela)", *Revista de los Investigadores del Instituto de Investigaciones Jurídicas U. V.,* n° 44, 2020, págs. 351-368.

34 Así, *la Corte ha establecido que la obligación de garantizar comprende el deber jurídico de "prevenir, razonablemente, las violaciones de los derechos humanos, de investigar seriamente con los medios a su alcance las violaciones que se hayan cometido dentro del ámbito de su jurisdicción a fin de identificar a los responsa-*

Más exactamente, en la demanda *Velásquez Rodríguez c. Honduras*, la CIA afirma que:

> " [...] un hecho ilícito violatorio de los derechos humanos que inicialmente no resulte imputable directamente a un Estado, por ejemplo, por ser obra de un particular o por no haberse identificado al autor de la agresión, puede acarrear la responsabilidad internacional del Estado, no por ese hecho en sí mismo, sino por falta de debida diligencia para prevenir la violación o para tratarla en los términos requeridos por la Convención[35]. [...] [l]o decisivo es dilucidar si una determinada violación [...] ha tenido lugar con el apoyo o la tolerancia del poder público o si éste ha actuado de manera que la transgresión se haya cumplido en defecto de toda prevención o impunemente. En definitiva, de lo que se trata es de determinar si la violación [...] resulta de la inobservancia por parte de un Estado de sus deberes de respetar y de garantizar dichos derechos, que le impone el artículo 1.1 de la Convención"[36].

Para un mayor abundamiento, en otras oportunidades como en los casos *"Panel Blanca" (Paniagua Morales y otros) c. Guatemala* de

---

bles, de imponerles las sanciones pertinentes y de asegurar a la víctima una adecuada reparación". Lo decisivo es dilucidar "si una determinada violación [...] ha tenido lugar con el apoyo o la tolerancia del poder público o si éste ha actuado de manera que la transgresión se haya cumplido en defecto de toda prevención o impunemente". Para el cumplimiento de dicha obligación no basta que los Estados se abstengan de violar los derechos, sino que es imperativa la adopción por parte del Estado de todas las medidas apropiadas para proteger y preservar los derechos de todas las personas bajo su jurisdicción (obligación positiva), conforme al deber de garantizar su pleno y libre ejercicio. Vid. Vélez Restrepo y Familiares c. Colombia, Corte IDH, Sentencia de Excepción Preliminar, Fondo, Reparaciones y Costas, de 3 de septiembre de 2012, pár. 186; Estrada Marún, J.A., Sánchez Zambrano, E. L., "Caso Vélez Restrepo y familiares vs. Colombia (2012): la capacitación a las fuerzas de seguridad del Estado sobre el rol de la prensa", en Estándares de protección de los derechos de periodistas y personas defensoras de derechos humanos*: una caja de herramientas para los operadores de justicia,* R. (Coord.); Ríos Vega, L.E., Spigno, I. (Dirs.), 2021, pp. 171-193.

35 *Vid. Velásquez Rodríguez c. Honduras,* Corte IDH, Sentencia de Fondo, de 29 de julio de 1988, pár. 172.

36 *Ibíd.*, pár. 173.

1998[37], *Zambrano Vélez y otros c. Ecuador* de 2007[38], *Masacre de la Rochela c. Colombia* de 2007[39] o *González y otras ("Campo Algodonero") c.*

---

37 Según el párrafo 91 de la Sentencia de Fondo de 8 de marzo de 1998: *Para establecer que se ha producido una violación de los derechos consagrados en la Convención, no se requiere determinar, como ocurre en el derecho penal interno, la culpabilidad de sus autores o su intencionalidad y tampoco es preciso identificar individualmente a los agentes a los cuales se atribuye los hechos violatorios. Es suficiente la demostración de que ha habido apoyo o tolerancia del poder público en la infracción de los derechos reconocidos en la Convención. Además, también se compromete la responsabilidad internacional del Estado cuando éste no realice las actividades necesarias, de acuerdo con su derecho interno, para identificar y, en su caso, sancionar a los autores de las propias violaciones. Vid. Caso de la "Panel Blanca" (Paniagua Morales y otros) c. Guatemala,* Corte IDH, Sentencia de Fondo de 8 de marzo de 1998, pár. 91; González Serrano, A. G., "La excepción preliminar: falta de competencia de la Corte Interamericana: ¿un mecanismo efectivo de defensa estatal?, *Revista Prolegómenos – Derechos y Valores,* vol. I, pp. 57–73.

38 De esta suerte: *Por otro lado, respecto del alegato del Estado de invocar normas del Código Penal de la Policía Nacional que excluirían la responsabilidad de miembros de sus cuerpos de seguridad (…), es un principio básico del derecho de la responsabilidad internacional del Estado, respaldado por la jurisprudencia internacional, que los Estados deben acatar sus obligaciones convencionales internacionales de buena fe (pacta sunt servanda) y, como ya ha señalado esta Corte y lo dispone el artículo 27 de la Convención de Viena sobre el Derecho de los Tratados de 1969, aquellos no pueden por razones de orden interno dejar de cumplirlas. Para establecer que se ha producido una violación de los derechos consagrados en la Convención no se requiere determinar, como ocurre en el derecho penal interno, la culpabilidad de sus autores o su intencionalidad y tampoco es preciso identificar individualmente a los agentes a los cuales se atribuyen los hechos violatorios88. Es suficiente la demostración de que ha habido apoyo o tolerancia del poder público en la infracción de los derechos reconocidos en la Convención89, omisiones que hayan permitido la perpetración de esas violaciones o que exista una obligación del Estado que haya sido incumplida por éste. Vid. Zambrano Vélez y otros c. Ecuador,* Corte IDH, Sentencia de Fondo, Reparaciones y Costas de 4 de julio de 2007, pár. 104; Torreblanca Gonzales, L. G., El derecho a la verdad en el ámbito iberoamericano. *Right to the True in Iberoamerica, Ius Humani, Revista de Derecho,* vol. 3, 2012/2013, págs. 9-35.

39 La responsabilidad internacional del Estado se funda en "actos u omisiones de cualquier poder u órgano de éste, independientemente de su je-

México de 2009[40], la Corte ha reiterado que: *[p]ara establecer que se ha producido una violación de los derechos consagrados en la Convención [...] [e]s suficiente la demostración de que ha habido apoyo o tolerancia del*

---

rarquía, que violen la Convención Americana". Para establecer que se ha producido una violación de los derechos consagrados en la Convención no se requiere determinar, como ocurre en el derecho penal interno, la culpabilidad de sus autores o su intencionalidad y tampoco es preciso identificar individualmente a los agentes a los cuales se atribuyen los hechos violatorios. Es suficiente la demostración de que ha habido apoyo o tolerancia del poder público en la infracción de los derechos reconocidos en la Convención, omisiones que hayan permitido la perpetración de esas violaciones o que exista una obligación del Estado que haya sido incumplida por éste. *Vid. Masacre de la Rochela c. Colombia,* Corte IDH, Sentencia de Fondo, Reparaciones y Costas de 11 de mayo de 2007, pár. 68; Suárez Niño, A., "Colombia: la masacre de La Rochela y la justicia interamericana", Jueces para la democracia, nº 58, 2007, págs. 124-136.

40 De este modo: *Sobre la obligación de garantía la Corte ha establecido que puede ser cumplida de diferentes maneras, en función del derecho específico que el Estado deba garantizar y de las particulares necesidades de protección. Esta obligación implica el deber de los Estados de organizar todo el aparato gubernamental y, en general, todas las estructuras a través de las cuales se manifiesta el ejercicio del poder público, de manera tal que sean capaces de asegurar jurídicamente el libre y pleno ejercicio de los derechos humanos. Como parte de dicha obligación, el Estado está en el deber jurídico de "prevenir, razonablemente, las violaciones de los derechos humanos, de investigar seriamente con los medios a su alcance las violaciones que se hayan cometido dentro del ámbito de su jurisdicción a fin de identificar a los responsables, de imponerles las sanciones pertinentes y de asegurar a la víctima una adecuada reparación". Lo decisivo es dilucidar "si una determinada violación [...] ha tenido lugar con el apoyo o la tolerancia del poder público o si éste ha actuado de manera que la trasgresión se haya cumplido en defecto de toda prevención o impunemente. Vid. González y otras ("Campo Algodonero") c. México,* Corte IDH, Sentencia de Excepción Preliminar, Fondo, Reparaciones y Costas de 16 de noviembre de 2009, pár. 236; Noemí Elgul, G., "Una visión trialista del fallo de la CIDH sobre violencia de género. Análisis del fallo "CIDH. Caso: "González y otras ("campo algodonero") vs. México. Sentencia de 16 de noviembre de 2009, en base a la teoría, el mundo jurídico y sus horizontes, de Werner Goldschmidt, *Enfoques XXVI,* 1 (otoño 2014), pp. 129-145.

poder público en la infracción de los derechos reconocidos en la Convención, omisiones que hayan permitido la perpetración de esas violaciones [...].

Empero, tal y como también defiende la CIA en algunos de los asuntos anteriores y en otros, entre ellos, el de la *Masacre de Pueblo Bello c. Colombia* de 2006[41], *Valle Jaramillo y otros c. Colombia* de 2008[42],

---

41 Como señala la CIA: *Por otro lado, para la Corte es claro que un Estado no puede ser responsable por cualquier violación de derechos humanos cometida entre particulares dentro de su jurisdicción. En efecto, el carácter erga omnes de las obligaciones convencionales de garantía a cargo de los Estados no implica una responsabilidad ilimitada de los Estados frente a cualquier acto o hecho de particulares, pues sus deberes de adoptar medidas de prevención y protección de los particulares en sus relaciones entre sí se encuentran condicionados al conocimiento de una situación de riesgo real e inmediato para un individuo o grupo de individuos determinado y a las posibilidades razonables de prevenir o evitar ese riesgo. Es decir, aunque un acto, omisión o hecho de un particular tenga como consecuencia jurídica la violación de determinados derechos humanos de otro particular, aquél no es automáticamente atribuible al Estado, pues debe atenderse a las circunstancias particulares del caso y a la concreción de dichas obligaciones de garantía. Vid. Masacre de Pueblo Bello c. Colombia,* Corte IDH, Sentencia de Fondo, reparaciones y Costas, de 16 de enero de 2006, pár. 123; Vargas Ossa, N., "Responsabilidad internacional del Estado colombiano por acciones de grupos paramilitares", *AGO.USB, Medellín-Colombia,* vol. 8, n° 2, pp. 355-373.

42 A la luz de ese párrafo: *Por otro lado, la Corte ha reconocido que un Estado no puede ser responsable por cualquier violación de derechos humanos cometida entre particulares dentro de su jurisdicción. Es decir, aunque un acto, omisión o hecho de un particular tenga como consecuencia jurídica la violación de determinados derechos humanos de otro particular, aquél no es automáticamente atribuible al Estado, pues debe atenderse a las circunstancias particulares del caso y a la concreción de dichas obligaciones de garantía. En efecto, el carácter erga omnes de las obligaciones convencionales de garantía a cargo de los Estados no implica una responsabilidad ilimitada de éstos frente a cualquier acto o hecho de particulares, pues sus deberes de adoptar medidas de prevención y protección de los particulares en sus relaciones entre sí se encuentran condicionados al conocimiento de una situación de riesgo real e inmediato para un individuo o grupo de individuos determinado y a las posibilidades razonables de prevenir o evitar ese riesgo. Vid. Valle Jaramillo y otros c. Colombia,* Corte IDH, Sentencia de Fondo, Reparaciones y Costas, de 27 de noviembre de 2008, pár. 78; González Serrano, A., y Sanabria Moyano, J.E., "Obligaciones de los Es-

o *Ríos y otros c. Venezuela* de 2009[43], *un Estado no puede ser responsable por cualquier violación de derechos humanos cometida entre particulares dentro de su jurisdicción* ya que un acto, omisión o hecho de un particular que vulnere derechos humanos de otro particular *no es automáticamente atribuible al Estado, pues debe atenderse a las circunstancias particulares del caso y a la concreción de [las] obligaciones de garantía.*

El hecho de que el deber de los Estados de respetar y hacer respetar los derechos y salvaguardias, así como su obligación de asegurar su efectividad en toda circunstancia y respecto de toda persona, tengan un carácter *erga omnes*[44], no conlleva una responsabilidad ilimitada estatal frente a los hechos cometidos por terceros particulares. El deber de prevención, que deriva del deber de garantía, está supeditado al conocimiento del Estado de la existencia de un riesgo real e inmediato de un individuo o de un grupo de individuos determinados y a las posibilidades razonables que existan para prevenirlo o evitarlo[45], estableciéndose estándares de debida dili-

---

tados parte de la Convención Americana", *Saber, Ciencia y Libertad*, vol. 8, nº 2, pp. 45-56.

43 *La Corte también ha señalado que un Estado no es responsable por cualquier violación de derechos humanos cometida por particulares. El carácter erga omnes de las obligaciones convencionales de garantía no implica una responsabilidad ilimitada de los Estados frente a cualquier acto de particulares. Debe atenderse a las circunstancias particulares del caso y a la concreción de dichas obligaciones de garantía, considerando la previsibilidad de un riesgo real e inmediato. Vid. Ríos y otros c. Venezuela*, Corte IDH, Sentencia de Excepciones Preliminares, Fondo, Reparaciones y Costas, de 28 de enero de 2009, pár. 110; Arcila Cano, J.A., "La libertad de expresión en la jurisprudencia de la Corte Interamericana (1985-2009)", *Revista del Departamento de Ciencia Política*, Universidad Nacional, Sede Medellín, nº 1, enero-julio de 2011, pp. 113-146.

44 Es decir, que sus efectos superan la relación que vincula a sus agentes y a las personas bajo su jurisdicción.

45 *Vid. Familia Barrios c. Venezuela*, Corte IDH, Sentencia de Fondo, Reparaciones y Costas, de 24 de noviembre de 2011, pár. 123: *La Corte no cuenta con elementos suficientes que permitan atribuir a la acción de agentes estatales las privaciones de la vida de Luis Alberto Barrios, Oscar José Barrios, Wilmer José Flores Barrios y Juan José Barrios ni el atentado contra Néstor Cau-*

di Barrios. Por otra parte, conforme a su jurisprudencia, las obligaciones convencionales de garantía a cargo de los Estados no implican su responsabilidad ilimitada frente a cualquier acto o hecho de particulares, pues sus deberes de adoptar medidas de prevención y protección de los particulares en sus relaciones entre sí se encuentran condicionados al conocimiento de una situación de riesgo real e inmediato para un individuo o grupo de individuos determinado y a las posibilidades razonables de prevenir o evitar ese riesgo. Es decir, aunque un acto u omisión de un particular tenga como consecuencia jurídica la lesión de determinados derechos de otro particular, aquél no es automáticamente atribuible al Estado, pues debe atenderse a las circunstancias particulares del caso y a la concreción de dichas obligaciones de garantía; *González y otras ("Campo Algodonero") c. México*, Corte IDH, Sentencia de Excepción Preliminar, Fondo, Reparaciones y Costas de 16 de noviembre de 2009, pár. 280: *Ahora bien, conforme a jurisprudencia de la Corte es claro que un Estado no puede ser responsable por cualquier violación de derechos humanos cometida entre particulares dentro de su jurisdicción. En efecto, las obligaciones convencionales de garantía a cargo de los Estados no implican una responsabilidad ilimitada de los Estados frente a cualquier acto o hecho de particulares, pues sus deberes de adoptar medidas de prevención y protección de los particulares en sus relaciones entre sí se encuentran condicionados al conocimiento de una situación de riesgo real e inmediato para un individuo o grupo de individuos determinado y a las posibilidades razonables de prevenir o evitar ese riesgo. Es decir, aunque un acto u omisión de un particular tenga como consecuencia jurídica la violación de determinados derechos humanos de otro particular, aquél no es automáticamente atribuible al Estado, pues debe atenderse a las circunstancias particulares del caso y a la concreción de dichas obligaciones de garantía*; *Masacre de Pueblo Bello c. Colombia*, Corte IDH, Sentencia de Fondo, reparaciones y Costas, de 16 de enero de 2006, pár. 123: *Por otro lado, para la Corte es claro que un Estado no puede ser responsable por cualquier violación de derechos humanos cometida entre particulares dentro de su jurisdicción. En efecto, el carácter erga omnes de las obligaciones convencionales de garantía a cargo de los Estados no implica una responsabilidad ilimitada de los Estados frente a cualquier acto o hecho de particulares, pues sus deberes de adoptar medidas de prevención y protección de los particulares en sus relaciones entre sí se encuentran condicionados al conocimiento de una situación de riesgo real e inmediato para un individuo o grupo de individuos determinado y a las posibilidades razonables de prevenir o evitar ese riesgo. Es decir, aunque un acto, omisión o hecho de un particular tenga como consecuencia jurídica la violación de determinados derechos humanos de otro particular, aquél no es automáticamente atribuible al Estado, pues debe*

gencia en las obligaciones de prevención e investigación[46], en tanto que ambos deberes constituyen obligaciones de comportamiento y no de resultado[47].

---

atenderse a las circunstancias particulares del caso y a la concreción de dichas obligaciones de garantía.

46 *Vid. González y otras ("Campo Algodonero") c. México,* Corte IDH, Sentencia de Excepción Preliminar, Fondo, Reparaciones y Costas de 16 de noviembre de 2009, pár. 287: *De la obligación general de garantía de los derechos a la vida, integridad personal y libertad personal deriva la obligación de investigar los casos de violaciones de esos derechos; es decir, del artículo 1.1 de la Convención en conjunto con el derecho sustantivo que debe ser amparado, protegido o garantizado. Asimismo, México debe observar lo dispuesto en el artículo 7.b y 7.c de la Convención Belém do Pará, que obliga a actuar con la debida diligencia y a adoptar la normativa necesaria para investigar y sancionar la violencia contra la mujer; Caso del Penal Miguel Castro Castro c. Perú,* Corte IDH, Sentencia de Fondo, Reparaciones y Costas de 25 de noviembre de 2006, pár. 344: *En particular, respecto de la obligación de garantizar el derecho reconocido en el artículo 5 de la Convención Americana, la Corte ha señalado que ésta implica el deber del Estado de investigar posibles actos de tortura u otros tratos crueles, inhumanos o degradantes. Asimismo, en virtud de que el Perú ratificó el 4 de junio de 1996 la Convención Interamericana para Prevenir, Sancionar y Erradicar la Violencia contra la Mujer, a partir de esa fecha debía observar lo dispuesto en el artículo 7.b de dicho tratado, que le obliga a actuar con la debida diligencia para investigar y sancionar dicha violencia. La obligación de investigar también se ve reforzada por lo dispuesto en los artículos 1, 6 y 8 de la Convención Interamericana para Prevenir y Sancionar la Tortura, de acuerdo a los cuales el Estado se encuentra obligado a "tomar [...] medidas efectivas para prevenir y sancionar la tortura en el ámbito de su jurisdicción", así como para "prevenir y sancionar [...] otros tratos o penas crueles, inhumanos o degradantes". Asimismo, de acuerdo a lo dispuesto en el artículo 8 de esta Convención cuando exista denuncia o razón fundada para creer que se ha cometido un acto de tortura en el ámbito de su jurisdicción, los Estados partes garantizarán que sus respectivas autoridades procederán de oficio y de inmediato a realizar una investigación sobre el caso y a iniciar, cuando corresponda, el respectivo proceso penal.*

47 *Vid. Familia Barrios c. Venezuela,* Corte IDH, Sentencia de Fondo, Reparaciones y Costas, de 24 de noviembre de 2011, párs. 124 [*En este caso, el Estado tenía pleno conocimiento del riesgo que corrían los referidos miembros de la familia Barrios, tanto por efecto de las denuncias y medidas de protección*

Por lo que se refiere al derecho a la vida, la CIA ha sostenido en sucesivas ocasiones que "un Estado no puede ser responsable

---

solicitadas y ordenadas a nivel interno, como en virtud de las medidas cautelares y provisionales ordenadas por los órganos del Sistema Interamericano. Como beneficiarios de medidas cautelares y provisionales dispuestas por la Comisión y por la Corte, y del consecuente riesgo a su vida resultante de las amenazas y hechos de violencia ocurridos en contra de ellos mismos y de sus familiares, el deber de diligencia estatal para prevenir la vulneración de sus derechos adquirió un carácter especial y más estricto respecto de los señores Luis Alberto Barrios, Oscar José Barrios, Wilmer José Flores Barios, Néstor Caudi Barrios y Juan José Barrios. Esta obligación de medio, al ser más estricta, exigía la actuación pronta e inmediata de los órganos estatales ordenando medidas oportunas y necesarias dirigidas a la determinación de los responsables de las amenazas y de los crímenes acontecidos en el mismo contexto] y 175 [El deber de investigar es una obligación de medio y no de resultado, que debe ser asumida por el Estado como un deber jurídico propio y no como una simple formalidad condenada de antemano a ser infructuosa, o como una mera gestión de intereses particulares, que dependa de la iniciativa procesal de las víctimas o de sus familiares o de la aportación privada de elementos probatorios. La obligación del Estado de investigar debe cumplirse diligentemente para evitar la impunidad y que este tipo de hechos vuelvan a repetirse. En este sentido, la Corte recuerda que la impunidad fomenta la repetición de las violaciones de derechos humanos]; *Velásquez Rodríguez c. Honduras*, Corte IDH, Sentencia de Fondo, de 29 de julio de 1988, párs. 175 [*El deber de prevención abarca todas aquellas medidas de carácter jurídico, político, administrativo y cultural que promuevan la salvaguarda de los derechos humanos y que aseguren que las eventuales violaciones a los mismos sean efectivamente consideradas y tratadas como un hecho ilícito que, como tal, es susceptible de acarrear sanciones para quien las cometa, así como la obligación de indemnizar a las víctimas por sus consecuencias perjudiciales. No es posible hacer una enumeración detallada de esas medidas, que varían según el derecho de que se trate y según las condiciones propias de cada Estado Parte. Es claro, a su vez, que la obligación de prevenir es de medio o comportamiento y no se demuestra su incumplimiento por el mero hecho de que un derecho haya sido violado. Pero sí es obvio, en cambio, que el sometimiento de detenidos a cuerpos represivos oficiales que impunemente practiquen la tortura y el asesinato representa, por sí mismo, una infracción al deber de prevención de violaciones a los derechos a la integridad física y a y la vida, aun en el supuesto de que una persona dada no haya sufrido torturas o no haya sido ultimada, o si esos hechos*

por cualquier situación de riesgo al derecho a la vida. Teniendo en cuenta las dificultades que implican la planificación o adopción de políticas públicas y las elecciones de carácter operativo que deben ser tomadas en función de prioridades y recursos, las obligaciones positivas del Estado deben interpretarse de forma que no se imponga a las autoridades una carga imposible o desproporcionada"[48]. En este contexto, la Corte se alinea con la estela jurisprudencial del Tribunal Europeo de Derechos Humanos que, en asuntos como el caso *Osman c. Reino Unido* de 1998[49] o

no pueden demostrarse en el caso concreto] y 177 [*En ciertas circunstancias puede resultar difícil la investigación de hechos que atenten contra derechos de la persona. La de investigar es, como la de prevenir, una obligación de medio o comportamiento que no es incumplida por el solo hecho de que la investigación no produzca un resultado satisfactorio. Sin embargo, debe emprenderse con seriedad y no como una simple formalidad condenada de antemano a ser infructuosa. Debe tener un sentido y ser asumida por el Estado como un deber jurídico propio y no como una simple gestión de intereses particulares, que dependa de la iniciativa procesal de la víctima o de sus familiares o de la aportación privada de elementos probatorios, sin que la autoridad pública busque efectivamente la verdad. Esta apreciación es válida cualquiera sea el agente al cual pueda eventualmente atribuirse la violación, aun los particulares, pues, si sus hechos no son investigados con seriedad, resultarían, en cierto modo, auxiliados por el poder público, lo que comprometería la responsabilidad internacional del Estado*]. *Vid.* González Napolitano, S.S. *et al.*, *La responsabilidad internacional del Estado por violación de los derechos humanos: sus particularidades frente al Derecho Internacional general*, SGN Editora, 2013, p. 49.

48 *Vid. Masacre de Pueblo Bello c. Colombia*, Corte IDH, Sentencia de Fondo, reparaciones y Costas, de 16 de enero de 2006, pár. 124.

49 *Vid.* Ibáñez León, A., "¿Judicialización de la guerra? Notas sobre la sentencia de la Corte Suprema del Reino Unido en la causa *Smith and Others v. The Ministry of Defence* y su aplicación de la *Human Rights Act* de 1998", *Derecho Público Iberoamericano*, nº 5, octubre 2014, pp. 133-171; Fernández de Casadevante Romani, C., "La obligación de investigación efectiva en el Derecho Internacional de los derechos humanos": Especial referencia a la práctica española, *Revista Electrónica de Estudios Internacionales*, nº 26, 2013, pp. 1-42.

en la demanda *Kiliç c. Turquía* de 2000[50], afirma que, aunque el artículo 2 del *Convenio Europeo para la Salvaguardia de los Derechos Humanos y las Libertades Fundamentales*[51] hecho en Roma en 1950 también impone a los Estados una obligación positiva de adoptar medidas de protección[52], la impredictibilidad de la conducta humana y las elecciones de carácter operativo que deben ser tomadas en función de prioridades y recursos precipitan que dicha obligación positiva deba ser interpretada de forma que no imponga a las autoridades una carga imposible o desproporcionada. Por consiguiente, "no todo alegado riesgo a la vida impone a las autoridades la obligación convencional de tomar medidas operativas para prevenir que aquel riesgo llegue a materializarse [...] Para que surja esa obligación positiva, debe ser establecido que al mo-

---

50 *Vid.* López Martín, A.G., "Los derechos de las víctimas de violaciones manifiestas de Derechos Humanos en Derecho Internacional. The rights of victims of gross violations of human rights in International Law", *Anuario Jurídico y Económico Escurialense,* XLVII (2014) 133-162; Díaz Crego, M., "El derecho a no ser discriminado por razón de nacionalidad: ¿un derecho de los extranjeros?", *Revista Española de Derecho Constitucional,* nº 89, mayo-agosto 2010, pp. 115-155.

51 *Convenio Europeo para la Salvaguardia de los Derechos Humanos y las Libertades Fundamentales,* adoptado el 4 de noviembre de 1950 y entró en vigor el 3 de septiembre de 1953.

52 A este respecto, la Corte recuerda que la primera oración del artículo 2.1 obliga al Estado no sólo a abstenerse de privar intencional e ilegalmente de la vida, sino también a tomar pasos apropiados para salvaguardar las vidas de quienes se encuentren bajo su jurisdicción. Vid. L.C.B. *vs* Reino Unido. Sentencia de 9 de junio de 1998, Reports 1998-III, pág. 1403, párr. 36). Esto conlleva un deber primario del Estado de asegurar el derecho a la vida, a través del establecimiento de disposiciones de derecho penal efectivas para disuadir la comisión de delitos contra las personas, apoyadas por una maquinaria de implementación de la ley para la prevención, supresión y castigo del incumplimiento de esas disposiciones. También se extiende, en ciertas circunstancias, a una obligación positiva de las autoridades de tomar medidas preventivas operativas para proteger a un individuo o grupo de individuos, cuya vida esté en riesgo por actos criminales de otros individuos (véase la sentencia de Osman [...], p. 3153, pár. 115).

mento de los hechos las autoridades sabían, o debían haber sabido, de la existencia de un riesgo real e inmediato [...] respecto de actos criminales de terceros [...] y que tales autoridades no tomaron las medidas dentro del alcance de sus poderes que, juzgadas razonablemente, podían esperarse para evitar dicho riesgo"[53].

En definitiva, dejando a un lado si el comportamiento de particulares se lleva a cabo bajo la dirección o control del Estado, si esas conductas suponen el ejercicio de atribuciones del poder público en ausencia de las autoridades oficiales, si se trata de comportamientos de movimientos insurreccionales o de si el Estado ha adoptado como propias esas conductas, tanto la CIA como el TEDH parecen centrar su mirada, a los efectos de determinar la responsabilidad estatal, en el hecho de que los Estados hayan respetado y garantizado los derechos y libertades consagrados, hayan prevenido razonablemente la comisión de cualesquiera vulneraciones para, de producirse, investigarlas, sancionarlas y repararlas, y hayan analizado si efectivamente se han adoptado las medidas legislativas o de cualquier otro carácter necesarias para hacer efectivos tales derechos y libertades.

A diferencia de la Corte Internacional de Justicia que opta por un criterio estricto de control o dirección efectivos[54], rechazando la idea de que cualquier persona física o jurídica que tenga la nacionalidad del Estado o que resida en su territorio pueda generar su responsabilidad internacional al margen de las reglas especiales previstas en el *Proyecto de Artículos sobre la Responsabilidad de los Estados por Hechos Ilícitos de 2001* de la Comisión de Derecho

---

53 *Vid. Kiliç c. Turquía*, TEDH, Sentencia de Fondo de 28 de marzo de 2000, pars. 62-63; *Osman c. Reino Unido*, TEDH, Sentencia de Fondo de 28 de octubre de 1998, párs. 115-116.

54 *Vid.* Guillermina Meza, A., "La responsabilidad del Estado por hechos internacionalmente ilícitos: la atribución de un comportamiento al Estado y el rol de la Corte Internacional de Justicia", *Revista Electrónica del Instituto de Investigaciones "Ambrosio L. Gioja*, – Año IV, nº 5, 2010, pp. 59-75.

Internacional[55], la Corte Interamericana y el Tribunal Europeo de Derechos Humanos apuestan, más bien, por la teoría del control global en los términos comentados *supra*, entendiendo que los Estados sólo verán comprometida su responsabilidad por las vulneraciones indirectas cometidas por las multinacionales armamentistas contra los derechos humanos en el caso de que esos Estados no hayan satisfecho sus compromisos internacionales de prevención, investigación y sanción.

En último término, las violaciones de los derechos humanos y las libertades fundamentales de las personas cometidas por particulares (en nuestro caso, por actores no estatales a tenor de la falta de debida diligencia empresarial en materia de derechos humanos) no desencadenan, en principio, la responsabilidad internacional del Estado sino, en todo caso, la responsabilidad penal de las multinacionales y/o de las personas afectadas, especialmente en situaciones de conflicto armado.

Por lo que se refiere a la responsabilidad penal empresarial, que sólo es operativa si el Derecho interno del Estado considera a las personas jurídicas como sujetos de Derecho Penal[56], habiendo tipificado sus ilícitos concretos, esa autoría debe resolverse ante los tribunales nacionales o, si corresponde, ante las jurisdicciones internacionales competentes. En cuanto a la

---

55 *Vid.* A/CN.4/SER.A/2001/Add.1 (Parte 2), *Anuario de la Comisión de Derecho Internacional 2001*, Vol. II, Segunda Parte, Nueva York y Ginebra, 2007.

56 Tal es el caso, por ejemplo, del Derecho español en virtud de la reforma de su Código Penal operada por la Ley Orgánica 5/2010, de 22 de junio (vigente desde el 23 de diciembre de 2010). *Vid.* Ley Orgánica 5/2010, de 22 de junio, por la que se modifica la Ley Orgánica 10/1995, de 23 de noviembre, del Código penal, BOE núm. 152, de 23 de junio de 2010, pp. 54811 a 54883; Boldova Marzo, D. M., "Responsabilidad penal internacional de las empresas militares y de seguridad privada", Revista General de Derecho Penal, nº. 39, 2023; Ballesteros Sánchez, J., "Empresas militares y de seguridad privada: entre el logro de la seguridad y la lesión de bienes jurídico-penales", *Revista de Criminología*, vol. 63, nº 1, 2021, pp. 113-139.

responsabilidad penal internacional de las personas interesadas, especialmente en situaciones de conflicto armado, el artículo 42 del *Convenio de La Haya relativo a las Leyes y Costumbres de la Guerra Terrestre* de 1907[57], apunta que los empresarios y empleados pueden ser efectivamente acusados de la comisión directa de crímenes internacionales, además de las situaciones de complicidad. Como es sabido, esta norma también se aplica a las situaciones de ocupación militar en las que un Estado ejerce un control efectivo no consentido sobre un territorio con respecto al que no tiene un título soberano.

4. CONCLUSIONES

A pesar de avanzar hacia un marco jurídico internacional, cuyo futuro exponente será el deseable *Tratado sobre Empresas y Derechos Humanos*[58], las normas primarias vigentes en la materia

---

57 *Convenio de La Haya IV relativo a las Leyes y Costumbres de la Guerra Terrestre,* adoptado el 18 de octubre de 1907 y entró en vigor el 26 de enero de 1910. m

58 *Vid.* Human Rights Council, *Elaboration of an International Legally Binding Instrument in Transnational Corporations and Other Business Enterprises with Respect to Human Rights,* A/HRC/RES/26/9, de 14 de julio de 2014; Guaman Hernández, A., y Moreno González, G., *Empresas transnacionales y Derechos Humanos. La necesidad de un instrumento vinculante,* Bormazo, Albacete, 2018. La 8ª sesión del Grupo de Trabajo tuvo lugar entre el 22 y el 28 de octubre de 2022. *Vid.* Consejo de Derechos Humanos, 52º Período de Sesiones, 27 de febrero-31 de marzo de 2023, Informe A/HRC/52/41, de 30 de diciembre de 2022; Bollo Arocena, María Dolores., "Violación de los Derechos humanos y empresas transnacionales. Hacia un tratado sobre empresas y Derechos humanos (¿Responsabilidad de quién, de qué tipo y ante qué tribunales?), *Revista Electrónica de Estudios Internacionales,* núm. 42, diciembre, 2021, pp. 1-32; Iglesias Márquez, Daniel, "Hacia la adopción de un tratado sobre empresas y derechos humanos: viejos debates, nuevas oportunidades", *Revista Deusto de Derechos Humanos,* núm. 4, 2019, pp. 145-176; Macchi, Ch., "A Treaty on Business and Human Rights: Problems and Prospects", en Cernic, J.L., Carrillo-Santarell, N., (eds.), *The Future of Business and Human Rights.*

no se pronuncian, a la luz de una base jurisdiccional reconocida, sobre la necesidad de que los Estados sancionen las actividades territoriales y extraterritoriales de las compañías armamentistas domiciliadas en su territorio o bajo su jurisdicción. En otras palabras, el abanico normativo universal protector de los derechos humanos no obliga a los Estados a legislar en ese plano para reforzar la debida diligencia corporativa que impediría o limitaría el desvío y tráfico ilícito de armas hacia destinatarios normalmente ajenos a la protección y promoción de las libertades fundamentales. Llegados a este punto, la debida diligencia empresarial se sustenta, hoy en día, en normas de *soft-law*[59], de modo que, no existiendo un deber vigente, no es posible que el Estado incurra en una violación ni, por ende, en la correlativa responsabilidad internacional.

No obstante, toda vez que en virtud del principio *pacta sunt servanda*, los Estados que han ratificado tratados (de derechos

---

Theoretical and Practical Considerations for UN Treaty, Intersentia, Cambridge, Antwerp y Portland, 2018, pp. 63-85.

59 Entre otras, las *Líneas Directrices para Empresas Multinacionales* de 1976 de la Organización para la Cooperación y el Desarrollo en Europa (OCDE), incluidos los *Puntos Nacionales de Contacto* (PNC), la *Declaración Tripartita de Principios sobre las Empresas Multinacionales y la Política Social* de 1977 (sucesivamente revisada) de la Organización Internacional del Trabajo (OIT), cuyo eje es el trabajo decente, el *Pacto Mundial de las Naciones Unidas* del profesor *John Gérald Ruggie*, y sus ahora diez principios, el documento *Derechos del Niño y Principios Empresariales* de 2012 o la Recomendación CM/Rec (2016) 3 del Comité de Ministros del Consejo de Europa a sus Estados miembros sobre derechos humanos y empresas. El *soft-law* puede obviamente transitar hacia reglas de *hard-law* y, por tanto, no debe ser menospreciado. *Vid.* Damián Colmegna, P., "Impacto de las normas de soft law en el desarrollo del Derecho Internacional de los derechos humanos", *Revista Electrónica del Instituto de Investigaciones "Ambrosio L. Gioja"*, Año VI, nº 8, Invierno 2012, pp. 27-47; Camacho Vinueza, D., "Influencia del Soft Law internacional en el reconocimiento de los derechos fundamentales a las víctimas de violaciones de derechos humanos", *Revista Academia & Derecho*, Año 13, nº 25, 2022, pp. 1-30.

humanos) asumen obligaciones vinculantes con arreglo al Derecho Internacional, esos Estados tienen que proteger tales derechos, es decir, deben garantizar que sus leyes, políticas o prácticas nacionales cumplen y son coherentes con las exigencias convencionales[60]. Desde esta óptica, las perspectivas a corto plazo se bifurcan en una doble dirección paralela: primero, en la consideración de criterios indirectos de responsabilidad estatal que, como la teoría del control global, defienden la Corte Interamericana de Derechos Humanos y el Tribunal Europeo de Estrasburgo; y segundo, en los Derechos nacionales que bien descubren de forma exponencial los procedimientos de derechos humanos que implementan las actividades y las cadenas de valor de las transnacionales, como por ejemplo la *Modern Slavery Act* (2018) de Australia[61], bien exponen los riesgos que conllevan esas operaciones para los derechos humanos, como la *Ley de la Cadena de Suministro* de 2021 de Alemania[62]. Por añadidura, el sendero hacia una debida diligencia empresarial obligatoria se está perfilando gracias al *ius criminale* y a los paquetes de

---

[60] A este respecto huelga decir que, si de conformidad con el artículo 27 del Convenio de Viena de 1969 sobre el Derecho de los Tratados celebrados entre Estados, un Estado no puede normalmente alegar su Derecho interno para con ello justificar el incumplimiento del Derecho Internacional, la vulneración de obligaciones internacionales en vigor para el Estado (inclusive de derechos humanos) también desencadena su responsabilidad internacional y, con ella, el deber de reparar el daño causado, pudiendo ser reclamado ante los pertinentes órganos judiciales internacionales (Corte Internacional de Justicia, Corte Penal Internacional, Tribunal Europeo de Derechos Humanos) y/o nacionales en función de lo establecido en el Derecho interno.

[61] *Vid.* Legislation.gov.au/Details/C2018A00153; Schrempf-Stirling, J., and Van Buren, H.J, "Business and Human Rights Scholarship in Social Issues in Management. An Analytical Review", Business and Human Rights Journal, vol. 5, nº. 1, 2020, pp. 28-55.

[62] *Vid.* Initiative-Lieferkettengesetz_FAQ-Espanol.pdf; Fuchs, M., "La Ley de Diligencia Debida en la Cadena de Suministro de Alemania, Trabajo y derecho: nueva revista de actualidad y relaciones laborales, nº Extra 16, 2022.

sanciones que penalizan, a través de embargos o boicots, a las sociedades que propician, favorecen o se aprovechan de las vulneraciones de los derechos humanos. *Inter alia*, la *Ley Magnitsky* de Estados Unidos de América[63], "*cosas veredes*"[64].

---

63 *Vid.* https://do.usembassy.gov/es/tag/ley-global-magnitsky/ (Fecha de consulta: 28/03/2024); Marullo, M.Ch., Esteve-Moltó, J.E. y Zamora-Cabot, F.J., "La responsabilidad de las empresas multinacionales a través de la litigación transnacional: estudio comparado de casos de relieve", *Revista Iberoamericana de Estudios de Desarrollo/Iberoamerican Journal of Development Studies*, vol. 11, nº 2, 2022, pp. 170-194.

64 *Vid.* Cantar de gesta anónimo do Mío Cid.

Capítulo VI

Las empresas militares y de seguridad privadas y el cumplimiento de los derechos humanos

José Antonio Perea Unceta*

1. INTRODUCCIÓN

El uso de la fuerza armada es una prerrogativa soberana de los Estados, pero nada impide —como en el orden público interno— que estos sujetos internacionales —también las organizaciones internacionales— hagan uso de empresas militares y de seguridad privadas (EMSP) para su ejercicio. Cuando esto sucede en conflictos armados se plantean problemas específicos, tanto si realizan exactamente las mismas funciones que realizan en situación de paz las empresas de seguridad privadas en instalaciones y actividades públicas o privadas (como la vigilancia y protección de un edificio, de un evento, de un transporte o de unas personas), como si desarrollan las propias de un contingente militar. En este último caso no solo si se alcanza el mayor grado de acción ofensiva, sino también si se trata de labores de ocupación o de mantenimiento de la paz, tan simples como la vigilancia de convoyes humanitarios o tan complejas como la inteligencia militar o la denominada 'protección activa', que incluiría tareas de reducción de riesgos, por ejemplo, de supresión de francotiradores.

---

* Profesor Titular de Universidad de Derecho Internacional Público y Relaciones Internacionales UCM (japereau@ucm.es)

Esta problemática específica deriva en el contexto del Derecho Internacional —y más allá de la adecuación o conveniencia de la descentralización del uso de la fuerza que supone— de la obligación de su cumplimiento, ya que todos los participantes en conflictos armados internos e internacionales tienen que cumplir la Carta y tanto las normas de las Naciones Unidas sobre uso de la fuerza como las que integran el Derecho Internacional Humanitario (DIH). Pero, además, como agentes que actúan por cuenta del Estado —y por eso se denominan 'contratistas'— deben respetar y hacer cumplir el cuerpo normativo que integra el Derecho Internacional de los Derechos Humanos. Como advierte Jaume Saura Estapà lo novedoso no es que se encomienden determinadas actividades a empresas privadas sino "la dejación que algunos gobiernos están haciendo de funciones inherentes a la soberanía, como son la seguridad y el uso de a fuerza, en manos de actores privados", lo que plantes importantes interrogantes —señala— "entre los que no es menor el de la atribución de la responsabilidad internacional cuando actores privados vulneran normas esenciales de Derecho Internacional humanitario o de Derecho Internacional de los derechos humanos"[1].

Por ello, hay que plantearse en primera instancia si un Estado participante en un conflicto armado puede utilizar lícitamente —conforme al Derecho Internacional— a personal privado (es decir, que no tengan la condición de órganos del Estado) para acciones propias de un 'combatiente' a desarrollar en un escenario bélico. Esta pregunta exige confrontar las actuales EMSP con la figura tradicional —y altamente estigmatizada— del mercenario[2]. El alejamiento de esta figura —a la que se ha pretendido asimilar

---

1 Saura Estapà, J., "Las empresas militares y de seguridad privadas ante el Derecho Internacional de los derechos humanos: Su actuación en el conflicto iraquí", *Revista Electrónica de Estudios Internacionales,* Núm. 19, 2010, p. 1.

2 Scheimer, M., "Separating Private Military Companies from illegal mercenaries in International Law: Proposing and international convention for legitimate military and security support that reflects customary in-

por los detractores de la privatización de las funciones militares— es imprescindible para situar las actividades de las EMSP en un escenario bélico en el campo de la licitud. Una vez descartada esa asimilación es necesario constatar a qué figuras de las posibles recogidas en el sistema de Ginebra pueden acogerse: combatientes o civiles, combatientes regulares o irregulares, personal civil auxiliar, etc. Como señala Cameron[3], determinar a propósito del DIH si los contratistas son civiles o combatientes es imperativo debido a tres razones fundamentales: primera, para que las fuerzas combatientes sepan si los mismos constituyen objetivos militares legítimos y por consiguiente pueden ser atacados de forma legal; segunda, para saber si los empleados pueden participar de manera legal en las hostilidades; y tercera, para determinar si los contratistas en caso de participar en las citadas hostilidades y cometer algún crimen pueden ser perseguidos por dicha causa.

Aunque hay trabajos desarrollados en algunos ámbitos institucionales, se carece todavía, sin embargo, de un instrumento internacional vinculante. En ese camino hacia una regulación propia destaca, en primer lugar, la aprobación en 2008 del Documento de Montreux *Sobre las obligaciones jurídicas internacionales pertinentes y las buenas prácticas de los Estados en lo que respecta a las operaciones de las empresas militares y de seguridad privadas durante los conflictos armados* y en 2010 del *International Code of Conduct for Private Security Service Providers* (ICoC)[4], que generó la Asociación del mismo nombre, una organización mixta (empresas, organizaciones no gubernamentales y Gobiernos) creada en 2013 con sede en Ginebra con la misión de "elevar los estándares y prácticas de la industria de seguridad privada que respeten los derechos humanos

ternational law", *American University International Law Review,* Vol. 24, Núm. 3, 2009, pp. 609-648

3 Cameron, L., "Private military companies: their status under international humanitarian law and its impact on their regulation", *International Review of the Red Cross,* Vol. 88, núm. 863, 2006, pp. 573-598.

4 Se puede consultar en su web oficial de la International Code of Conduct Association: https://www.icoca.ch/www (11/02/2024).

y el Derecho Internacional humanitario y colaborar con partes interesadas clave para lograr una adhesión generalizada a su Código a nivel mundial”[5].

Y también, en segundo lugar, los informes y directrices sobre las empresas militares y de seguridad privadas elaborados por el Grupo de Trabajo sobre la Utilización de Mercenarios del Consejo de Derechos Humanos de la ONU, su Proyecto de Convenio de 2010 y los textos del Grupo de Trabajo específico —derivado del anterior a partir de 2010— sobre EMSP, que complementan en este marco concreto los trabajos más generales —especialmente informes— del Representante Especial del Secretario General de la ONU para la cuestión de los derechos humanos y otras empresas[6]. En estas instancias se han planteado cuestiones tan relevantes como la mera definición de las EMSP según los servicios prestados; si es licita la mera existencia de EMSP; si hay una distinción entre empresas de seguridad y empresas militares y si se deben diferenciar según exista o no conflicto armado; si hay una distinción relevante entre las EMSP y los mercenarios; si existe ya un marco jurídico al que recurrir para identificar las normas aplicables a las EMSP que operan en conflictos armados, por asimilarles a aquéllos o por hacerlo con otros beligerantes, y para determinar la responsabilidad por la violación de los derechos humanos y del DIH; si los contratistas son combatientes, civiles o una tercera categoría; si la supervisión de la ilicitud de estas acciones debe ser nacional o internacional; si la responsabilidad es solo del Estado contratista por cuenta de quien actúan o si es extensible al de la nacionalidad de la empresa o incluso al ‘Estado de acogida’; si esa responsabilidad se extiende a los subcontratistas; o si son válidas las cláusulas de exención de responsabilidad, entre otros asuntos de interés cuyo análisis en detalle excede de la extensión y el ob-

---

5 https://icoca.ch/about/ (11/02/2024).

6 Véanse, entre otros, los Informes de 21 de marzo de 2011 del Representante Especial John Ruggie, UN Doc. A/HRC/17/31, y del Grupo de Trabajo sobre Empresas y Derechos Humanos de 18 de mayo de 2023, UN Doc. A/HRC/53/24.

jeto estricto de este trabajo. Los debates se han centrado también en situaciones concretas, como la incidencia de las EMSP en la protección de las industrias extractivas, en los flujos migratorios, en la acción humanitaria, en la seguridad marítima o en las operaciones de paz y programas humanitarios de las Naciones Unidas.

En cualquier caso, aunque tanto el *Documento de Montreux* de 2008 como el Código de Conducta de 2010 suponen un importante consenso de la mayor parte del sector privado, sin embargo, las posturas de los Estados en todas estas cuestiones son todavía muy dispares, quedando lejos la consecución de un marco normativo internacional específico que las regule y que, en consecuencia, asegure el cumplimiento de los Derechos Humanos y del DIH, la exigencia de responsabilidad por sus violaciones y la reparación de sus víctimas.

2. DEFINICIÓN Y CARACTERÍSTICAS DE LOS MERCENARIOS Y DE LAS EMPRESAS MILITARES Y DE SEGURIDAD PRIVADAS

El *Documento de Montreux* de 17 de septiembre de 2008 —al que haremos referencia más adelante— define a las EMSP, expresando que, "como quiera que se describan a sí mismas, son entidades comerciales privadas que prestan servicios militares y/o de seguridad. Los servicios militares y/o de seguridad incluyen, en particular, los servicios de guardia armada y de protección de personas y objetos, como convoyes, edificios y otros lugares; el mantenimiento y la explotación de sistemas armamentísticos; la custodia de prisioneros; y el asesoramiento o la capacitación de las fuerzas y el personal de seguridad locales". Posteriormente, ya en el ámbito institucional, en el *Informe del Grupo de Trabajo sobre la utilización de mercenarios como medio de violar los derechos humanos y obstaculizar el ejercicio del derecho de los pueblos a la libre determinación* (A/HRC/15/25), de 5 de julio de 2010, que anexa un *Proyecto de una posible convención sobre las empresas militares y de seguridad privadas (EMSP) para su examen y la adopción de medidas de 2009 por el*

Consejo de Derechos Humanos, se dispone en su artículo 2 que "por empresa militar y/o de seguridad privada (EMSP) se entenderá la entidad empresarial que preste servicios militares y/o de seguridad remunerados por medio de personas físicas y/o jurídicas. b) Por servicios militares se entenderá los servicios especializados vinculados con actividades militares como planificación estratégica, inteligencia, investigación, reconocimiento terrestre, marítimo o aéreo, vuelos de todo tipo, tripulados o no tripulados, vigilancia por satélite, cualquier tipo de transferencia de conocimientos con aplicaciones militares, apoyo material y técnico a las fuerzas armadas y otras actividades conexas. c) Por servicios de seguridad se entenderá la guardia y protección armadas de edificios, instalaciones, propiedades y personas, cualquier tipo de transferencia de conocimientos con aplicaciones en los ámbitos de la seguridad y la policía, el desarrollo y la aplicación de medidas de seguridad de la información y otras actividades conexas".

Una primera cuestión objeto de debate entre los Estados, las organizaciones internacionales (como la ONU o la Unión Europa) o no gubernamentales (como el Comité Internacional de la Cruz Roja) y las empresas del sector es si es conveniente acordar una definición sobre EMSP o si es más útil y comprensivo recurrir a la descripción de sus actividades. En esta segunda postura se alinea la Asociación del Código de Conducta Internacional para Proveedores de Servicios de Seguridad Privada, que en su Código (en su última versión de 10 de diciembre de 2021) se limita a describir una lista —abierta— de servicios de seguridad: "— la vigilancia y la protección de personas y objetos, como convoyes, instalaciones, lugares designados, propiedades u otros lugares (ya sean armados o no) — la vigilancia y el transporte de prisioneros, el funcionamiento de instalaciones penitenciarias y la asistencia en el funcionamiento de campos para prisioneros de guerra o detenidos civiles — el control, la detención o el registro de personas, el registro de locales o contenedores y la incautación de objetos, — servicios de lucha contra la piratería, escoltas marítimas armadas o no armadas o protección de buques, — apoyo operativo y logístico a las fuerzas armadas o de seguridad, incluyendo capacitación y asesoramiento, actividades de inteligencia, vigilancia y reconocimiento — gestión de multitudes, — operación y mantenimiento de sistemas de armas, — servicios de perros guardianes, — la contratación y capacitación de personal de seguridad, directamente o como intermediario, para una empresa que ofrece servicios de seguridad privada, y — cualquier otra actividad de protección para la que el personal de las empresas deba llevar o manejar un arma en el ejercicio de sus funciones".

También hay una discusión abierta sobre si debe distinguirse entre empresas de seguridad y empresas militares[7]. A este respecto, pese a la distinción de tipos de servicios —militares y de seguridad— que hace el Proyecto de la ONU de 2010, los integrantes de los grupos de trabajo han preferido, en general, listar los diferentes servicios que se pueden prestar, en dos grupos, pero siendo conscientes de que hay situaciones complejas en las que pueden mezclarse. Por ello, algunos expertos proponen una primera distinción según operen o no en situaciones de conflicto armado, y en éstos distinguiendo entre acciones que pueden implicar el uso de la fuerza armada o concebirse legalmente como tales[8].

Para Mario Laborie Iglesias, especialista en esta materia, "las EMSP son entidades mercantiles, con ánimo de lucro y legalmente establecidas; proporcionan, de forma abierta y mediante contrato, servicios ligados, directa o indirectamente, al uso de la fuerza armada a un número amplio de clientes, tanto de carácter público como privado; y operan en áreas de conflicto armado o

---

[7] Véase Informe del Grupo de Trabajo sobre EMSP A/HRC/42/36, de 16 de julio de 2019, párr. 78, donde se advierte que no hay precedentes de definiciones separadas.

[8] Sobre la relevancia o no de la distinción entre actividades, veánse, entre otros Cano Linares, M. A., "El Derecho Internacional humanitario frente al uso de la fuerza como actividad empresarial ¿El fin de un monopolio?", *Anuario Español de Derecho Internacional,* vol. XXIV, 2008, pp. 47-77; y Laborie Iglesias, M.A., "La controvertida contribución de las empresas militares y de seguridad privadas (EMSP) a la resolución de conflictos", *Cuadernos de estrategia,* núm 147, 2010, pp. 77-138.

inestables en las cuales la acción del Gobierno responsable no está garantizada o es inexistente"[9]. Y las funciones que realizan en la práctica pueden clasificarse siguiendo su exposición[10] en:

A) Funciones de combate: apoyo operativo ligado a acciones de combate directo; seguridad de personas (especialmente mandos y autoridades), bases, infraestructuras (aeropuertos, oleoductos, etc) y convoyes (incluyendo barcos y transporte terrestre y aéreo de militares, provisiones y suministros; y manejo de sistemas de armas (vigilancia por satélite, drones, etc).

B) Funciones de apoyo al combate: asesoramiento, consultoría y planificación a nivel político, económico, estratégico, operacional o táctico; y adiestramiento de fuerzas militares o policiales; inteligencia, vigilancia y reconocimiento (incluyendo la obtención de información, el interrogatorio de detenidos, etc); concienciación cultural y misiones cívico-militares (incluyendo analistas y expertos en labores de reconstrucción, ayuda humanitaria y condicionamientos culturales de la población); y desminado y almacenaje y destrucción de artefactos explosivos.

C) Funciones de apoyo logístico al combate: apoyo logístico al mantenimiento de sistemas de armas y de mando, comunicaciones, servicios sanitarios, transporte, abastecimiento, contratación, construcción y mantenimiento de bases y de otras instalaciones como cuarteles o campos de prisioneros o de refugiados, e ingeniería civil para la construcción de infraestructuras.

A lo largo de la historia ha habido diferentes agentes no estatales en una amplia gama entre notorios mercenarios y ejércitos

---

9 Laborie Iglesias, M.A., *La privatización de la seguridad: Las empresas militares y de seguridad privadas en el entorno estratégico actual*, Madrid, Instituto Español de Estudios Estratégicos, 2013, pp. 68-69.

10 Ibíd. pp. 81 y ss.

privados. Así, en un lado tendremos, por ejemplo, los 'soldados de fortuna' de las guerras africanas o las 'compañías blancas' de las guerras en Francia y en los reinos de España en la Baja Edad Media. Y en otro, las legiones privadas organizadas por algunos de los contendientes en las guerras civiles de las últimas décadas de la República de Roma o las milicias de la Compañía Británica de las Indias Orientales.

En el Derecho Internacional actual la figura del mercenario está proscrita, como una aberración indeseable en el escenario bélico, y hay una tendencia a equiparar casi todo lo que no es un soldado regular de un Estado beligerante con esa práctica perseguida. Aunque la historia está plagada de conflictos armados con unidades reclutadas entre extranjeros (los hessianos del Imperio Británico en la Revolución Americana, los suizos de la Armada Francesa en la batalla de Bailén, etc) y aunque hay cuerpos prestigiosos en los que su incorporación es prototípica (como la Legión Extranjera en Francia), hay en nuestros días una idea de penalización de la actuación de extranjeros en los conflictos armados, especialmente relevante si actúan por exclusivo interés económico, y determinante si no se integran plenamente en la organización militar del Estado beligerante. Esta idea es consecuencia del papel desempeñado por los mercenarios europeos y americanos en las guerras coloniales africanas de los años 60 y 70, con un comportamiento en muchos casos ajeno al DIH. Se anatemizan, sin duda, porque la imagen que dan es que no responden al ideal de patriotismo que se presupone a un soldado regular o de defensa de los ideales de milicianos y guerrilleros, sino al exclusivo cobro de sus honorarios, y porque no aparecen como sujetos a la jerarquía militar.

Cuando en los años 90 comienzan a contratarse las EMSP para determinadas funciones militares y policiales en escenarios de conflictos armados o de ocupación militar, debido a muy diversas razones[11], la primera reacción —conforme a esa idea predomi-

---

11 Entre otras, la reducción y parcial desmantelamiento de los contingentes y efectivos de las Fuerzas Armadas tras la superación del enfrenta-

nante— fue establecer comparaciones con los mercenarios de las décadas precedentes. Así le sucedió a compañías como Blackwater, DynCorp, Triple Canopy, OSSI, Zapata Engineering, Aegis, Brown & Roots, Titan Corps o Global Risk Strategies, con más de 100.000 agentes contratados por el Gobierno de los Estados Unidos desde 2004 para realizar en Iraq[12] inicialmente funciones de entrenamiento de las fuerzas militares y de los policía locales así como de seguridad de las instalaciones militares, del Gobierno Provisional y de las delegaciones diplomáticas, y posteriormente misiones sobre el terreno de controles de seguridad, protección activa de convoyes y limpieza de áreas urbanas. Lo mismo les ha sucedido a Conella Services, Pilgrims Africa y STTEP International, contratadas hasta su cese en 2015 por el Gobierno de Nigeria para repeler la sublevación de Boko Haram en el norte del país o desde 2017 a Dyck Advisory Group y Wagner, contratadas por

---

miento bipolar en 1990, la supresión del servicio militar obligatorio en numerosos Estados, los procesos generalizados de privatización de los sectores públicos, la proliferación de conflictos armados internos (con nuevas características como la asimetría o los enfrentamientos de baja intensidad), etc. Ver, entre otros, Saura Estapà, *op. cit.*, pp. 3-4; Laborie Iglesias, *op. cit.*, pp. 19 y ss.; Bayarri, I. y Martínez, R., "Las empresas militares y de seguridad privadas: entre la necesidad y el rechazo", en Torroja Mateu, H. (dir.) y Güell Peris, S. (coords.), *La privatización del uso de la fuerza armada. Política y Derecho ante el fenómeno de las 'empresas militares y de seguridad privadas'*, Bosch, Barcelona, 2009, pp. 83-126; y Pozo Serrano P. y Hernández Martín L., "El marco jurídico de las CMSP. Reflexiones a propósito de la experiencia en Irak", *Anuario Español de Derecho Intermacional*, vol. XXIII, 2007, pp. 320 y ss.

12 Sobre los problemas planteados por la actuación de los contratistas en la ocupación de Irak ver, entre otros, Pastor Palomar, A., "Blackwater ante el Derecho Internacional el negocio de la inmunidad", *Revista Española de Derecho Internacional*, Vol. 60, núm. 2, 2008, pp. 427-455, cuestión particularmente interesante por los procedimientos judiciales abiertos en Estados Unidos contra empleados de esa empresa por crímenes cometidos al servicio de su Gobierno y por el despido de otros por comportamientos ni criminales pero sí censurables, como también se expone en Saura Estapà, *op. cit.*, pp. 5 y ss.

el Gobierno de Mozambique para combatir a los yihadistas insurgentes de Al-Shabaab en la provincia de Cabo Delgado[13]. Estas EMSP no actúan como los tradicionales mercenarios individuales, pues cuentan con una organización, una uniformidad y una jerarquía interna y además ofertan sus servicios como cualquier otra sociedad mercantil y formalizan sus contratos con total publicidad y transparencia, incluso en concursos públicos. Sin embargo, el hecho de que —en ciertas o muchas ocasiones— se nutran de antiguos militares que sí encajarían por sus motivaciones y circunstancias con el mercenario de hace 50 años, que eludan los protocolos de actuación de las Fuerzas Armadas regulares o que se comporten como bandas armadas no sometidas a ningún orden ni normativa provoca un recelo importante en analistas y juristas. Sucede así, por ejemplo, con las denominadas Fuerzas de Apoyo Rápido (RSF) de Sudán o Jangaweed, comandadas por el general Mohamed Hamdan "Hemeti" Dagolo y que actúan desde 2014 en conflictos como los de Sudán, Sudán del Sur, Yemen y Libia[14].

En muchas ocasiones no encajarían en la definición establecida en el Derecho Internacional para los mercenarios, práctica que se prohíbe en los tratados auspiciados por la ONU, la OUA (actualmente Unión Africana) y el CICR. Así, en el Protocolo del 8 de junio de 1977 adicional a los Convenios de Ginebra del 12 de agosto de 1949 relativo a la protección de las víctimas de los conflictos armados internacionales (Protocolo I) se prescribe en su artículo 47 que se entiende por mercenario toda persona (énfasis añadido): a) que haya sido *especialmente reclutada*, localmente o en el extranjero, a fin de combatir en un conflicto armado; b) que,

---

13 Véase Mora Tebas, J.A., "Conflicto de Cabo Delgado (Mozambique): ¿riesgo de «sahelización» en África", *Documento de Análisis IEEES,* núm. 38/2023.

14 Sobre la práctica más reciente, en especial en relación con el conflicto de Yemen, puede verse Duch Ramos, E., "Empresas Militares de Seguridad Privada, ¿herramientas de los Estados para sortear obligaciones del Derecho Internacional? El caso del conflicto de Yemen", *Revista Electrónica de Estudios Internacionales,* Núm. 38, 2019, pp. 4 y ss.

de hecho, *tome parte directa en las hostilidades*; c) que tome parte en las hostilidades animada esencialmente por el deseo de *obtener un provecho personal* y a la que se haga efectivamente la promesa, por una Parte en conflicto o en nombre de ella, de una retribución material considerablemente superior a la prometida o abonada a los combatientes de grado y funciones similares en las fuerzas armadas de esa Parte; d) *que no sea nacional de una Parte* en conflicto ni residente en un territorio controlado por una Parte en conflicto; e) *que no sea miembro de las fuerzas armadas* de una Parte en conflicto; y f) *que no haya sido enviada en misión oficial* como miembro de sus fuerzas armadas por un Estado que no es Parte en conflicto". Estos requisitos son muy confusos, en nuestra consideración, porque el reclutamiento *ad hoc* también puede aplicarse a un soldado regular, que además puede ser extranjero (y ajeno a las partes en el conflicto); aunque es más específico que no forme parte de las Fuerzas Armadas regulares, tampoco es concluyente, porque los milicianos, guerrilleros, etc, tampoco forman parte de las fuerzas regulares; quedando, por tanto, finalmente como único elemento diferenciador la motivación económica, que es lo que distingue de los voluntarios. No obstante, esto tampoco impediría considerar a la Legión Extranjera o a los gurkas británicos como mercenarios.

Otros tratados regulan la práctica de los mercenarios, como la *Convención de la Organización para la Unidad Africana para la Eliminación de los Mercenarios en África*[15], adoptada el 3 de julio de 1977 y en vigor desde el 22 de abril de 1985, y la *Convención Internacional contra el Reclutamiento, Uso, Financiación y Entrenamiento de Mercenarios*[16], adoptada el 4 de diciembre de 1989 y en vigor desde el 20 de octubre de 2001. Ambos mantienen el tenor de lo previsto

---

15 *Convención de la Organización para la Unidad Africana para la Eliminación de los Mercenarios en África*, adoptada el 3 de julio de 1977 y en vigor el 22 de abril de 1985.

16 Convención Internacional contra el Reclutamiento, Uso, Financiación y Entrenamiento de Mercenarios, adoptada el 4 de diciembre de 1989 y en vigor el 20 de octubre de 2001.

en el Protocolo de Ginebra de 1977, añadiendo el de la ONU la ilicitud de sus fines, esto es: "Toda persona en cualquier otra situación: a) Que haya sido especialmente reclutada, localmente o en el extranjero, para participar en un acto concertado de violencia con el propósito de: i) Derrocar a un gobierno o socavar de alguna otra manera el orden constitucional de un Estado, o de, ii) Socavar la integridad territorial de un Estado..." La auténtica novedad de este convenio, del que son parte solo 37 Estados, es que proscribe tanto el ejercicio de esta actividad por los particulares reclutados en esa condición como el propio uso de los mismos por las partes en un conflicto armado, calificando ambas conductas de crimen, tal y como se prescribe en sus artículos 2 a 5, especialmente si su finalidad es "oponerse al legítimo ejercicio del derecho inalienable de los pueblos a la libre determinación reconocido por el Derecho Internacional" (artículo 5.2); de forma coherente con la Resolución 3314 de 14 de diciembre de 1974 de la Asamblea General de las Naciones Unidas que manifiesta en su artículo 3.g que constituye un acto de agresión el envío por parte de un estado de "bandas armadas, grupos irregulares o mercenarios"[17]. Aunque estos textos, por su similitud, parecen poner de manifiesto una cierta consideración de la comunidad internacional sobre esta práctica, hay, sin embargo, una objeción persistente por parte de algunos países, como Estados Unidos, a la pretensión de elevar a norma consuetudinaria internacional la prohibición del uso de mercenarios[18].

---

17 En el mismo sentido la jurisprudencia de la Corte Internacional de Justicia desde 1986 con la sentencia en el *asunto de las actividades militares y paramilitares de Estados Unidos en y contra Nicaragua* (Nicaragua v. Estados Unidos).

18 Como señala Laborie Iglesias, M.A., "Empresas de seguridad, mercenarios y Derecho Internacional humanitario", *Cuadernos de estrategia*, núm. 160, 2013, p. 276, "algunos países niegan incluso su carácter consuetudinario. Este último extremo fue confirmado en 1987 por el segundo asesor legal del Departamento de Estado de los EE. UU., quien declaró que: ...no estamos a favor de las disposiciones del artículo 47 sobre mercenarios, el cual entre otras cuestiones introduce factores políticos

Recapitulando, los elementos auténticamente caracterizadores de los mercenarios —en nuestra consideración— son la finalidad ilícita de su participación (sublevación contra el gobierno, secesión territorial o lucha contra la libre determinación de los pueblos sometidos a dominación colonial) y la ajenidad al conflicto, más que el reclutamiento *ad hoc*, la no integración en las fuerzas armadas regulares, la nacionalidad[19] e incluso la motivación esencialmente económica.

Planteados así sus elementos caracterizadores, y siendo conscientes —como expondremos más adelante— del trabajo de revisión de los mismos emprendido por el Consejo de Derechos Humanos, puede resultar difícil la distinción de los mercenarios y los contratistas. En nuestra opinión, las similitudes más aparentes son el reclutamiento *ad hoc* para un conflicto concreto, el beneficio económico, la ajenidad y la no pertenencia a las fuerzas armadas regulares de las partes en el mismo. No obstante, refutamos que estos sean elementos esenciales y suficientes por sí mismos de la condición de mercenario, puesto que es muy habitual reclutar contingentes cuando surge un conflicto (por ejemplo, con la invasión rusa de Ucrania en 2022); como hemos señalado, la mayor parte de los ejércitos son profesionales y por tanto remu-

---

que no pertenecen al Derecho Internacional humanitario, y no consideramos las provisiones del artículo 47 como parte del actual derecho consuetudinario", remitiéndose a Henckaerts, J.M. y Doswald-Beck, L., *Customary International Humanitarian Law*, International Committee of the Red Cross, vol. II, Cambridge University Press, 2005, p. 2579.

19 Cfr. Percy, S., "Regulating the private security industry", The International Institute of Strategic Studies, *Adelphi Paper*, núm. 384, 2006, p. 36. En el documento *Repercusiones de las actividades de los mercenarios sobre el derecho de los pueblos a la libre determinación*, Folleto informativo núm. 28, Oficina del Alto Comisionado de las Naciones Unidas para los Derechos Humanos, Ginebra, 2002, pp. 24-25, se pone de relieve que la principal cuestión pendiente de resolver sobre los elementos distintivos de los mercenarios —junto, por cierto, a su distinción de las EMSP— es el dela nacionalidad. Disponible en https://www.ohchr.org/Documents/Publications/FactSheet28sp.pdf (11/02/2024).

nerados[20]; numerosos Estados, entre ellos España[21], permiten y en ocasiones promueven el alistamiento de extranjeros en general o de determinados países afines; y en los Convenios y Protocolos de Ginebra está prevista la participación, cumpliendo determinados requisitos, de milicianos y voluntarios no integrados en las Fuerzas Armadas (en los términos del artículo 4.A.1. del *III Convenio de Ginebra relativo al trato debido a los prisioneros de guerra* de 1949[22]).

En cualquier caso, el principal argumento para sostener la diferenciación esencial de ambas figuras es, en nuestra opinión, la finalidad misma de su participación en un conflicto armado, ya que las EMSP prestan unos servicios que son propios de las Fuerzas Armadas de un Estado, de forma descentralizada, corporativa, colectiva y organizada, con una amplia gama de actividades, conforme a un contrato mercantil y no personal o laboral[23]. Lo

---

20 El salario neto de un legionario francés es de 1.380 euros mensuales más un complemento específico si el destino es de paracaidista, más dietas por misiones en el extranjero, etc. Consultado en https://www.legion-recrute.com/es/remuneracion-y-beneficios (20/03/2024).

21 En https://reclutamiento.defensa.gob.es/como-ingresar/tropa-marineria/ingresar/normativa-extranjeros se precisa que "para acogerte a esta convocatoria debes ser ciudadano de alguno de los siguientes países: Argentina, Bolivia, Costa Rica, Colombia, Chile, Ecuador, El Salvador, Guatemala, Guinea Ecuatorial, Honduras, México, Nicaragua, Panamá, Paraguay, Perú (*), República Dominicana, Uruguay, Venezuela (...) (*) Los ciudadanos de la República del Perú deberán aportar documentalmente la autorización expresa de la Autoridad u Organismo correspondiente, para la incorporación del interesado a las Fuerzas Armadas españolas, o el resguardo o acreditación de haberlo solicitado".

22 *III Convenio de Ginebra relativo al trato debido a los prisioneros de guerra*, adoptado el 12 de agosto de 1949 y en vigor el 21 de octubre de 1950.

23 No entramos a valorar que no incurran en el supuesto de la sublevación o insurgencia ni tampoco en el secesionismo contra el Estado contratante, o que puedan ser contratadas para invadir otros territorios, deponer otros gobiernos o combatir contra los movimientos de liberación nacional en una guerra colonial, pues estos objetivos ilícitos (o incluso criminales) forman parte de una concepción superada por la práctica actual en la mayor parte de los casos.

que constata que, no solo está desfasada la regulación del mercenariado, sino que hay una importante laguna en relación con los contratistas.

3. NATURALEZA DE LA PARTICIPACIÓN DE LOS CONTRATISTAS EN LOS CONFLICTOS ARMADOS

Descritos de esta forma los servicios prestados por las EMSP, el problema no es la licitud de sus actividades sino, como advierte Espalíú Berdud, determinar su estatuto en el marco del al DIH[24].

Este cuerpo normativo está integrado en la actualidad —principalmente y a los efectos de este estudio— por los Convenios de Ginebra, adoptados el 12 de agosto de 1949 y en vigor desde el 21 de octubre de 1950, sus Protocolos Adicionales I y II, adoptados el 8 de diciembre de 1977 y en vigor desde el 7 de diciembre de 1978. Son cuatro convenios sobre sobre la protección de las víctimas en guerra terrestres (Convenio I), enfermos y náufragos en guerra naval (Convenio II), prisioneros de guerra (Convenio III) y protección de la población civil (Convenio IV), que fueron completados por los protocolos adicionales I y II sobre protección de víctimas en conflictos armados internacionales e internos, respectivamente (además del protocolo III de 2005 sobre la adopción de emblemas distintivos adicionales). En dichas normas rige, entre otros principios, el de distinción. Como prescribe el artículo 48 del Protocolo I Adicional, "a fin de garantizar el respeto y la protección de la población civil y de los bienes de carácter civil, las Partes en conflicto harán distinción en todo momento entre población civil y combatientes, y entre bienes de carácter civil y objetivos militares y, en consecuencia, dirigirán sus operaciones únicamente contra objetivos militares". A estos efectos, es determinante qué categorías de personas son considerados combatien-

---

24 Espaliú Berdud, C., *El estatuto jurídico de los mercenarios y de las compañías militares privadas en el Derecho Internacional*, Pamplona, Aranzadi, 2007, pp. 57-58.

tes en estos tratados, puesto que son los únicos autorizados a participar en las hostilidades, conforme al artículo 43.2 del Protocolo Adicional I (que excepciona los sanitarios y religiosos).

Como prescribe en su apartado 1, "las fuerzas armadas de una Parte en conflicto se componen de todas las fuerzas, grupos y unidades armados y organizados, colocados bajo un mando responsable de la conducta de sus subordinados ante esa Parte, aun cuando ésta esté representada por un gobierno o por una autoridad no reconocidos por una Parte adversa..." Más preciso es el artículo 4 del III Convenio de Ginebra relativo al trato debido a los prisioneros de guerra, 1949, que comprende en esta categoría, además de los miembros de las fuerzas armadas, "las milicias y cuerpos de voluntarios siempre que haya un responsable que los dirija, tengan un distintivo fijo y perceptible, porten armas abiertamente y sigan las normas sobre Derecho de Guerra", "la población que espontáneamente tome las armas contra una fuerza invasora si respeta las normas bélicas", "los movimientos de resistencia organizados ante una fuerza ocupante", "los miembros de fuerzas regulares de autoridades no reconocidas", "el personal civil auxiliar de los ejércitos autorizados a acompañarles", "las tripulaciones de naves mercantes y aeronaves civiles", y "los guerrilleros, entendiendo por tales los integrantes de los movimientos de liberación nacional que participan en las guerras coloniales, a los que no se les exige distintivo, pero sí llevar las armas abiertamente". No hay por tanto una previsión expresa de categoría equiparable a los contratistas privados. Sin embargo, es especialmente interesante que el artículo 43 del Protocolo Adicional I añada un apartado 3 en el que se señala que "siempre que una Parte en conflicto incorpore a sus fuerzas armadas un organismo paramilitar o un servicio armado encargado de velar por el orden público, deberá notificarlo a las otras Partes en conflicto". En esta categoría podrían encajar, por su denominación, las EMSP, sin olvidar que también —y principalmente, en nuestra opinión— en esas "fuerzas, grupos y unidades armados y organizados" referidos en su apartado 1, por cuanto los contratistas disponen de uniformidad (distinción), armamento, organización y sometimiento a una jerarquía interna, y deben estar bajo las órdenes de los mandos militares regulares del Estado que les contrata, además de cumplir el DIH.

De esta forma, si el personal de una EMSP realiza funciones militares o está dentro de la organización militar no puede ser considerado como personal civil sino como combatiente[25]. En relación con la noción de "participación directa en las hostilidades", la *Guía del CICR para interpretar la noción de participación directa en las hostilidades según el Derecho Internacional humanitario,* explica detalladamente sus supuestos y aborda esta cuestión advirtiendo que hasta hace pocos años la mayor parte de los contratistas en conflictos armados ejercían funciones no militares y por tanto debían ser considerados como personal civil[26]. Sin embargo, añade que "se llega obligatoriamente a una conclusión diferente por lo que respecta a los contratistas y empleados civiles que, para todos los fines y objetos, son incorporados en las fuerzas armadas de una parte en conflicto, sea mediante un procedimiento oficial de conformidad con el derecho interno, sea *de facto* por que se les ha asignado una función continua de combate. De conformidad con el DIH, esos se convierten en miembros de una fuerza, una unidad o un grupo armado organizado, bajo un mando responsable ante una parte en el conflicto y, a los fines del principio de distinción, dejan de ser considerados personas civiles"[27].

---

25 Ver Jorge Urbina, J., "Conducción de las hostilidades y estatuto de los contratistas privados en el Derecho Internacional humanitario», Instituto Latinoamericano de Relaciones Internacionales y Derecho Internacional", *Revista Trimestral Gobernanza Global,* Núm. 4, 2010, pp. 49-62.

26 A los efectos de esta distinción es muy interesante la clasificación de las actividades y las tipologías de EMSP aportada por Bayarri, I. y Martinez, R., *op. cit.*, pp. 96 y ss.

27 Melzer, N.,*Guía del CICR para interpretar la noción de participación directa en las hostilidades según el Derecho Internacional humanitario,* Ginebra, CICR, 2010, en las páginas 37-40, consultada en https://www.icrc.org/es/publication/guia-participacion-directa-hostilidades-derecho-internacional-humanitario-dih (11/02/2024). La definición de los actos que suponen "hostilidades" se expone en las pp. 44 y ss., señalando que deben tener efectos adversos en la otra parte, debe haber una causalidad

4. PROPUESTAS REGULADORAS EN EL ÁMBITO DE LAS NACIONES UNIDAS Y DESDE EL SECTOR PRIVADO

Debido a esta indefiniciones y confusiones, en la ONU se ha desarrollado desde 2005 un importante esfuerzo de sistematización de normas aplicables, de propuestas y de negociación con la finalidad de establecer un marco normativo que regule la actividad internacional de las EMSP. Esta actuación de los órganos de las Naciones Unidas —motivada entre otras circunstancias por el recurso a las EMSP en numerosas Operaciones de Mantenimiento de la Paz en el continente africano[28]— ha tenido como objetivo, no la regulación de sus acciones en los operativos de seguridad o en los conflictos armados, sino propiamente sus efectos en los derechos humanos, incidiendo especialmente en las obligaciones internacionales que han de cumplir y en la exigencia de responsabilidades por sus violaciones. Para ello ha recurrido a tres vías: una general, relativa a la responsabilidad de las empresas en materia de derechos humanos —a la que se ha hecho referencia al inicio y que se analiza en otros trabajos de esta publicación— y otras dos específicas de las empresas que son contratadas para las acciones armadas anteriormente expuestas.

Estas últimas vías, desarrolladas en el seno primero de la Comisión de Derechos Humanos (desde 2005) y posteriormente en el Consejo de Derechos Humanos (desde 2006), se distinguen por el Grupo de Trabajo responsable de las tareas, pues inicialmente se encargó de las EMSP el Grupo de trabajo sobre mercenarios (entre 2005 y 2010) y actualmente el Grupo de Trabajo sobre EMSP, desglosado de él, pero cuyos estudios, informes y propuestas de este último se basan expresamente en los realizados por aquél[29].

---

directa y tener el propósito específico de causar un daño dentro del umbral exigido en las personas y los bienes.

28 Veáse Cameron, L., *The Privatization of Peacekeeping*, Cambridge University Press, 2018.

29 Ver Gómez del Prado, J.L., "El Grupo de Trabajo de las Naciones Unidas sobre la utilización de los mercenarios y las nuevas formas de mer-

El *Grupo de Trabajo sobre la utilización de mercenarios como medio de violar los derechos humanos y de obstaculizar el ejercicio del derecho de los pueblos a la libre determinación* fue creado en 2005 por la Comisión de Derechos Humanos en virtud de su Resolución 2005/2. Este Grupo sustituía al *Relator Especial sobre la utilización de mercenarios* creado en 1987 (Resolución 1987/6). Integrado por cinco expertos independientes, su mandato ha sido renovado sucesivamente con el mandato de supervisar todas las actividades de los mercenarios, estudiar todas las circunstancias que les rodean —entre ellas el recurso a las EMSP— y su repercusión sobre los derechos humanos y en particular sobre el derecho de los pueblos a su libre determinación, fortalecer el marco jurídico internacional para la prevención y sanción del reclutamiento, empleo, financiación y entrenamiento de mercenarios, y cooperar con otros órganos del Consejo de Derechos Humanos en las cuestiones relativas tanto a mercenarios como a EMSP. Es importante señalar que en la ejecución de su mandato no solo realiza visitas a los Estados y presenta informes temáticos anuales, sino que también tiene la facultad de remitir comunicaciones a los Estados sobre las denuncias específicas de violaciones de derechos humanos que implican a mercenarios y a EMSP, con el régimen de los Procedimientos Especiales.

En cuanto a las visitas, su finalidad es examinar la repercusión de las actividades de los mercenarios y EMSP en los derechos humanos en cada Estado y presentar al Consejo de Derechos Humanos los informes pertinentes, que incluyen recomendaciones específicas y constructivas destinadas tanto al Gobierno como a aquéllos. Así, por ejemplo, tras visitar Armenia —y acceder incluso a la línea de contacto en el frente de Nagorno-Karabaj— constata que se ha adherido en 2020 a la *Convención Internacional contra el Reclutamiento, la Utilización, la Financiación y el Entrenamiento de Mercenarios* de 1989, que en su derecho interno regula las actividades de mercenarios y de EMSP de tal forma que se cumpla el De-

---

cenarismo", en Torroja Mateu, H. (dir.) y Güell Peris, S. (coord..), *op, cit.*, pp. 164-209.

recho Internacional y que sus tribunales aplican adecuadamente las prescripciones incorporadas a su ordenamiento penal[30]. Asimismo se le recomienda adherirse al Código de Montreux para completar y hacer más efectiva su *Ley sobre Actividades de Seguridad Privada* de 2012 (enmendada el 20 de diciembre de 2022), puesto que le "recuerda que las normas internacionales de derechos humanos exigen que las armas de fuego solo se puedan utilizar proporcionalmente, en defensa propia o de terceros y de tal forma que se evite el riesgo de daños innecesarios", circunstancia que la Ley "no parece proporcionar de forma suficientemente detallada"[31]. Además, le insta a que revierta la flexibilidad introducida en la enmienda aprobada en 2022 para la contratación en territorio armenio de EMSP extranjeras y para el control de sus actividades o que al menos les exija formar parte de la Asociación de entidades suscritas al Código de Montreux.

Entre los documentos elaborados por estos órganos subsidiarios de las Naciones Unidas destaca el *Proyecto de una posible convención sobre las empresas militares y de seguridad privadas (EMSP) para su examen y la adopción de medidas por el Consejo de Derechos Humanos*, anexo al Informe del Grupo de Trabajo sobre mercenarios de 5 de julio de 2010 (A/HRC/15/25). Su principal propósito es asegurar el respeto de las normas sobre DIH y Derechos Humanos (artículo 7), estableciendo una serie de disposiciones para garantizar la responsabilidad del Estado, las sanciones a sus infractores y la reparación de las víctimas (artículos 19 y siguientes).

Sin embargo, este texto propone, además, una serie de limitaciones a las actividades de las EMSP —en contradicción con una práctica generalizada— que explican por qué no se ha avanzado en el proceso de su adopción como tratado internacional. Así, prohíbe su contratación para operaciones tendentes al derrocamiento de un gobierno o la modificación de las fronteras inter-

---

30 Se relata el proceso a dos mercenarios sirios apresados en los combates contra Azerbaiyán. A/HRC/54/29/Add.2, de 14 de julio de 2023, párr. 31.

31 Ibíd. párr. 53.

nacionales (artículo 8), lo que, aunque son fines habituales (por ejemplo, en la contratación de Wagner en Ucrania por el Gobierno ruso), no obstante, coincide con los fines ilícitos incluidos en algunos los convenios referidos anteriormente y con las normas imperativas contenidas en el artículo 2 de la *Carta de las Naciones Unidas.* Del mismo modo, se ocupa de determinar qué funciones estatales no pueden ser objeto de contratación externa por considerarlas "inherentes al Estado" (artículo 4.3), como son "la participación directa en las hostilidades, las operaciones bélicas y/o de combate, la captura de prisioneros, la legislación, las tareas de espionaje, inteligencia y transferencia de conocimientos con aplicaciones militares, de seguridad y policiales, el uso de armas de destrucción en masa[32] y el ejercicio de funciones de policía y otras actividades conexas, especialmente las facultades de arresto o detención, incluida la de interrogar a los detenidos y otras funciones que un Estado parte considere funciones inherentes al Estado" (art. 9), todas ellas recurrentes en la práctica de Estados contratadores. Y asimismo, intenta regular el empleo de la fuerza, como último recurso y restringiéndola a la defensa propia, de las personas protegidas, para resistirse a un secuestro o impedir un delito grave con peligro de muerte o lesiones de gravedad (artículo 18), excluyendo en consecuencia las acciones militares ofensivas.

Los trabajos para dotar a la actividad de las EMSP de un marco normativo internacional se inician con carácter específico, es decir, distinguiéndolas de la figura de los mercenarios con el Grupo de Trabajo creado por la Resolución 15/26, de 1 de octubre de 2010, del Consejo de Derechos Humanos. El *Grupo de Trabajo intergubernamental de composición abierta para considerar la posibilidad de elaborar un marco normativo internacional sobre la regulación, supervisión y vigilancia de las actividades de empresas privadas militares*

---

[32] En el artículo 10 se propone prohibir la contratación externa del uso de armas nucleares, químicas, biológicas y cualesquiera otras que causen además daños extensos, graves y duraderos en el medio ambiente natural.

y de seguridad relativas[33] se proponía la redacción de un tratado internacional sobre responsabilidad de las EMSP en relación con los derechos humanos y la libre determinación de los pueblos. Sin duda, esta última consideración satisfaciendo las demandas propias de los Estados africanos, en consonancia con sus convenios sobre mercenarios, práctica vinculada históricamente en ese continente con la represión de las luchas para la descolonización. Sin un avance sustancial en esta línea general, el 28 de septiembre de 2017 el Consejo de Derechos Humanos, en su resolución 36/11, decidió establecer un nuevo Grupo de Trabajo[34], centrado específicamente —debido a la dificultad en avanzar en las cuestiones relativas a la licitud de las EMSP y a los servicios que pueden prestar— en la finalidad de proteger los derechos humanos y garantizar la rendición de cuentas por sus violaciones. En su Informe de 16 de julio de 2019 (A/HRC/42/36) simplemente continúan los debates entre las delegaciones, con observaciones sobre la utilidad del Documento de Montreux y el Código de Conducta, la conveniencia de una descripción de los servicios lícitos, la responsabilidad múltiple de los Estados afectados o la prohibición de cláusulas de inmunidad o la previsión de un procedimiento especial para las violaciones de DIH y Derechos Humanos por la EMSP, entre otras cuestiones.

La ausencia de resultados efectivos en esta tarea de los órganos de la ONU hace especialmente relevante la capacidad de autorregulación de las empresas de este sector. Destaca en este sentido el Documento de Montreux de 17 de septiembre de 2008[35],

---

33 Ver https://www.ohchr.org/es/hr-bodies/hrc/wg-military/oeiwg-military-index (11/02/2024).

34 Ver https://www.ohchr.org/es/hr-bodies/hrc/pms-cs/igwg-index (11/02/2024).

35 Consultado en file:///H:/cap%C3%ADtulo%202024%20EMSP/doc%20montreux.pdf (12/02/2024). Ver, entre otros, Gómez del Prado, J.L. y Torroja Mateu, H., *Hacia la regulación internacional de las empresas militares y de seguridad privadas*, Fundación Privada Centro de Estudios Internacionales, 2011; Cockayne, J., "Regulating Private Mili-

promovido por el Gobierno de Suiza y el CICR, con la adhesión colaboración de 17 Estados[36], y que —como se señala en el mismo— "constituye una recopilación de las obligaciones jurídicas internacionales y buenas prácticas pertinentes"[37]. Está dirigido a los Estados contratantes de EMSP, a aquellos en cuyo territorio operan, a sus Estados de origen y también a las organizaciones internacionales que les contraten y a las propias empresas y su personal. Parte de la premisa de que la contratación de estas empresas no exime al Estado de sus obligaciones internacional, respecto del propio uso de la fuerza, del empleo de armas y tácticas de combate, del trato a la población y los bienes civiles, o las relativas a la ocupación de un territorio (declaración núm. 1). Asimismo,

---

tary and Security Companies: The Content, Negotiation, Weakness and Promise of the Montreux Document", *Journal of Conflict & Security Law*, 2009. A este documento hay que añadir el *Código de conducta internacional para proveedores de servicios de seguridad privada*, cuya última versión es de 10 de diciembre de 2021, los miembros de la Asociación del mismo nombre acuerdan normas específicas sobre el uso de la fuerza, la detención de personas, la prohibición de la tortura y otros tratos o penas crueles, inhumanas o degradantes, la explotación sexual y el abuso o la violencia de género, la trata de seres humanos, la prohibición de la esclavitud y el trabajo forzado, la prohibición de las peores formas de trabajo infantil y la discriminación, así como sobre la incorporación del Código en las políticas de la empresa, la selección y comprobación de los antecedentes del personal (incluyendo el subcontratado), la formación del personal, el control de armas, el entrenamiento para armas de fuego y la gestión del material de guerra, entre otras cuestiones.

36 Inicialmente Afganistán, Alemania, Angola, Australia, Austria, Canadá, China, Estados Unidos de América, Francia, Irak, Polonia, Reino Unido de Gran Bretaña e Irlanda del Norte, Sierra Leona, Sudáfrica, Suecia, Suiza y Ucrania. Actualmente son 59 Estados (38 europeos, entre ellos España desde 2009, además de otros como Estados Unidos, Canadá, Australia, Nueva Zelanda y Japón, y tan solo cinco africanos y cinco hispanoamericanos) y tres organizaciones internacionales (UE, OTAN y OSCE). Se pueden consultar en el Foro del Documento de Montreux: https://www.montreuxdocument.org/es/about/participants.html (11/02/2024).

37 Ibíd, p. 33.

se basa también en la idea de que la facultad de delegación de los Estados no es ilimitada; así, por ejemplo, en lo que respecta a la custodia de los prisioneros de guerra y los centros civiles de detención (declaración núm. 2). Por ello recomienda, como buena práctica, establecer por ley nacional qué actividades no pueden ser ejercidas por los contratistas, especialmente las que suponen operaciones de combate.

El contenido principal se centra en establecer la obligación de hacer respetar el DIH (declaraciones núm. 3, 9, 14 y 18), entendiendo que el precepto del artículo 1 de los cuatro Convenios de Ginebra, por el que "las Altas Partes Contratantes se comprometen a respetar y a hacer respetar el presente Convenio en todas las circunstancias", exige a los Estados no solo a abstenerse de cometer violaciones de los mismos sino también a tomar todas las medidas necesarias para que todas las fuerzas a su cargo, incluidas por tanto las EMSP, lo cumplan. Para ello, consideran que el primer control debe estar en la propia selección y contratación de estas empresas, con las correspondientes exigencias en las convocatorias, cláusulas en los contratos y medidas de control subsiguientes. A estos efectos incide en la especial importancia de establecer las debidas sanciones mercantiles y también la competencia jurisdiccional en materia penal por los crímenes cometidos. También es fundamental proteger los derechos humanos (declaraciones núm. 4, 10, 15 y 19), con la misma exigencia de diligencia debida de los Estados por el comportamiento de las empresas contratadas, y establecer los mecanismos de exigencia de responsabilidad penal por crímenes recogido en el ordenamiento internacional (declaraciones núm. 5, 11, 16 y 21), con la correspondiente cooperación del Estado territorial y en su caso del de origen, y las reparaciones correspondientes por las violaciones cometidas (núm. 8). En relación con el estatuto de los empleados de las EMSP explica que hay que determinarlo caso por caso (declaración núm. 24), dependiendo de si están armados y de los servicios que presten. De tal forma que podrán ser civiles, miembros de fuerzas armadas o milicias y otros cuerpos de voluntarios.

De especial interés es la declaración núm. 7, pues dispone que conforme a las normas internacionales consuetudinarias el Estado contratante es responsable de las violaciones del DIH y de los Derechos Humanos cometidas por el personal de las EMSP en los siguientes supuestos: Si ha sido incorporado por el Estado a sus fuerzas armadas regulares conforme al Derecho interno; si son miembros de unidades o grupos armados bajo un mando responsable ante el Estado; si están autorizados para ejercer prerrogativas de la autoridad pública actuando en calidad de tal por mandamiento legal u oficial; o si actúan de hecho siguiendo instrucciones específicas del Estado o bajo su "control efectivo".

A este respecto, tanto los textos redactados por los Grupos de Trabajo de la ONU como el Documento de Montreux, resuelven la cuestión de la responsabilidad internacional de los ilícitos cometidos por los contratistas basándose, efectivamente, en las reglas consuetudinarias internacionales[38], recogidas en el *Proyecto de artículos sobre Responsabilidad de los Estados por Hechos Internacionalmente Ilícitos* de la Comisión de Derecho Internacional de 2001[39], y reconocidas en la jurisprudencia de la Corte Internacional de Justicia[40]. Se trata, por tanto, de aplicar las reglas establecidas en el Derecho Internacional para los hechos ilícitos cometidos por sujetos privados en determinados supuestos y circunstancias. Especialmente el artículo 5 relativo al comportamiento de personas

---

38 Ver, entre otros, Beaucillon, Ch., Fernández, J. y Raspail, H., "State Responsibility for Conduct of Private Military and Security Companies Violating Ius ad Bellum", en Francionni, F. y Ronzitti, N. (eds.), *War by Contract*, Oxford University Press, 2011, pp.397-420; Lehnardt, Ch.. "State responsibility and Private Military Companies", en Szabo, M. (ed.), *State responsibility and the law of treaties*, La Haya, Eleven, 2010, pp.55-76.

39 Adoptado por la CDI en su 53º período de sesiones (A/56/10) y anexo a la Resolución 56/83, de 12 de diciembre de 2001, de la AGNU.

40 Entre otras en el citado asunto Nicaragua contra Estados Unidos de 1986 y en los asuntos sobre *las actividades armadas en el territorio del Congo* (República Democrática del Congo contra Uganda) de 2005 y sobre *la aplicación de la Convención para la prevención y sanción del delito de genocidio* (Bosnia-Herzegovina contra Serbia) de 2007.

o entidades que ejercen atribuciones del poder público, el artículo 7 relativo a éstas cuando se excedan en sus competencias o contravengan sus instrucciones y el artículo 8 sobre los comportamientos bajo la dirección o el control del Estado. Como advierte Antonio Pastor Palomar, los principales problemas derivan de la determinación de la interpretación de las condiciones de esa dirección o control[41], pero sobre todo de la voluntad y previsión de la exigencia de responsabilidad al propio Estado, a la empresa contratista y a sus integrantes por parte de aquél en su legislación y en sus tribunales[42].

Aunque son muchos los problemas de determinación de la prueba de las relaciones contractuales, de la dependencia, jerarquía e instrucciones recibidas, y de las circunstancias concretas de cada supuesto de hecho ilícito[43], en lo que se refiere a la atribución misma de la responsabilidad internacional el control efectivo por parte del Estado contratante de estos sujetos privados permite, sin ninguna duda, atribuirle la responsabilidad por las actuaciones contrarias al DIH y a los Derechos Humanos, incluso en las de carácter *ultra vires*[44].

---

41 Sobre la cuestión del 'control general' y el 'control efectivo' hablamos en trabajos como "Los derechos de las minorías nacionales en las entidades secesionadas no reconocidas: jurisdicción del Tribunal Europeo de Derechos Humanos y atribución de la responsabilidad en su efectiva protección", en López Martín, A.G. y Otero García-Castrillón, C. (eds.), *Las minorías en el contexto actual*, Dykinson, Madrid, 2020, pp. 27-57; también Rodríguez Villena, A., "Análisis de la situación de la minoría grecochipriota en la República Turca de Norte de Chipre desde el Derecho Internacional", en *ibid.*, pp. 59-72.

42 Pastor Palomar, A., *op. cit.*, pp. 443 y ss.

43 También de la responsabilidad corporativa a la que se refiere Saura Estapà, J., "Algunas reflexiones en torno a la privatización de la guerra y la seguridad y sus consecuencias en el disfrute de los derechos humanos", en Torroja Mateu, H. (dir.) y Güell Peris, S. (coords.), *op. cit.*, pp. 255-256.

44 Ballesteros, V., "Las Empresas Militares y de Seguridad Privadas como entidades que ejercen prerrogativas públicas a efectos de la responsabi-

6. CONCLUSIONES

Una de las características de los conflictos armados de las últimas décadas es su naturaleza híbrida desde (también) la perspectiva de los Estados beligerantes, por cuanto es muy habitual el recurso a la contratación de EMSP que realizan muy diversas actividades, desde las meramente auxiliares hasta las netamente ofensivas. Su actuación, principalmente en lo que respecta al cumplimiento del DIH y del Derecho Internacional de los Derechos Humanos, carece todavía de una regulación internacional convencional específica, pese a los trabajos de los órganos subsidiarios de la ONU, por una falta de consenso evidente entre los Estados, especialmente de aquellos que utilizan usualmente a los contratistas. A estos efectos, entendemos que los tratados sobre los mercenarios no responden adecuadamente a esta práctica, por no encajar exactamente en las características de las EMSP y por estar fundamentados en la proscripción de una práctica en la que no coinciden los objetivos perseguidos, pese a algunos comportamientos y actitudes semejantes en ocasiones. En cualquier caso, tanto los proyectos de los Grupos de Trabajo de la ONU como los textos autorregulatorios de este sector empresarial coinciden en el deber general de respeto a los derechos humanos de la población civil y a las normas que integran el DIH en relación con el trato que hay que dar a aquélla, a los heridos, los prisioneros, el medio ambiente, el patrimonio cultural y los combatientes. Normas que son de obligado cumplimientos por los integrantes de las EMSP y por éstas como entidades, y que deben ser supervisadas por los Estados contratantes y exigidas en sus contratos, en sus legislaciones y ante sus tribunales. Sin obviar, finalmente, que las normas consuetudinarias atribuyen con toda rotundidad la responsabilidad internacional al Estado por actuar de hecho como órganos suyos, por ejercer prerrogativas del poder público y por estar bajo su dirección o control.

---

lidad internacional del Estado", *Revista Electrónica de Estudios Internacionales*, 2013, pp. 7.

Capítulo VII

Non silent enim leges inter arma. Las obligaciones de las empresas armamentísticas en el marco del Derecho Internacional Humanitario y las dificultades para sancionar su incumplimiento

ALBERTO JOSÉ FERRARI PUERTA*

1. INTRODUCCIÓN

"Silent enim leges inter arma" ("Las leyes guardan silencio en medio de las armas")[1]. Esta célebre máxima que Marco Tulio Cicerón, el más grande de los oradores romanos, pronunciaría en su discurso forense en defensa de Milón ha devenido claramente obsoleta en nuestro tiempo. En medio de las armas, el jurista no solo no debe permanecer callado, sino que, más que nunca, está obligado a alzar la voz ante la vulneración de las normas. Por eso, podemos aseverar que hoy en día rige la máxima contraria: "*Non silent enim leges inter arma*".

El Derecho Internacional Público (DIP) nos ha brindado, desde 1864, un instrumento indispensable para hacer valer las leyes ante las armas: el Derecho Internacional Humanitario (DIH),

---

* Profesor de Derecho Internacional Público. Universidad Complutense de Madrid.

1 Cicerón, M.T. *Pro Milone.* London, Macmillan and Co, 1909, p. 5

esto es, un conjunto de normas que tratan de limitar, por razones humanitarias, los efectos de la guerra[2]. En este trabajo, investigaremos las obligaciones que esta rama del DIP impone a las empresas armamentísticas. Para ello, primeramente abordaremos el creciente protagonismo de los actores no estatales en el DIP; a continuación, analizaremos las obligaciones impuestas por el DIH que pueden ser relevantes en materia de tráfico de armas; seguidamente, estudiaremos qué obligaciones impone el DIH a las empresas en general y a las empresas armamentísticas en particular; después, dilucidaremos si se puede exigir responsabilidad penal a las empresas en Derecho Internacional y, en caso contrario, si existen otras vías alternativas para sancionar a las empresas que incumplen el DIH. Por último, averiguaremos si se puede exigir responsabilidad al Estado por el incumplimiento de esta rama del DIP por parte de las empresas.

2. UN CAMBIO DE PARADIGMA: EL SURGIMIENTO DE NUEVOS ACTORES EN EL DERECHO INTERNACIONAL PÚBLICO

Como sabemos, aunque en los orígenes del contemporáneo Derecho Internacional Público tan solo se reconocía subjetividad internacional a los Estados, a partir de la segunda mitad del siglo XX, y como consecuencia, entre otros factores, de los horrores acaecidos en Europa durante la primera mitad, ha tenido lugar un cambio de paradigma que ha traído consigo una incorporación de nuevos actores a esta rama del Derecho. Se vislumbra así,

---

[2] López Martín, A.G. "Derecho Internacional Humanitario". En López Martín, A.G. (Ed.) *Derecho Internacional Público. Instituciones y Organizaciones Internacionales.* Madrid, Dykinson, 2021, p. 149; Pastor Ridruejo, J.A. *Curso de Derecho Internacional* Público y Organizaciones Internacionales. 27ª edición. Madrid, Tecnos, 2023, pp. 690-691; Jiménez García, F. *Conflictos armados y Derecho Internacional Humanitario.* 4ª edición. Madrid, OMM Press, 2023, pp. 110-112.

en las últimas décadas, un protagonismo cada vez mayor de los individuos en el Derecho Internacional Público, que ha venido de la mano del auge del Derecho Internacional de los Derechos Humanos (DIDH).

En este contexto marcado, por un lado, por una ampliación de los actores relevantes en el Derecho Internacional, y, por otro, por una mayor focalización en el individuo y sus derechos, resulta lógico que se plantee la posibilidad de imponer una serie de obligaciones internacionales a las empresas privadas. Teniendo en cuenta que la capacidad de influencia de algunas empresas poco tiene que envidiar a los Estados (el porcentaje de ventas anuales de algunas empresas transnacionales es incluso mayor que el PIB de algunos Estados[3]) y sin perjuicio de que su condición de sujetos de Derecho Internacional no sea una cuestión pacífica en la doctrina[4], parece lógico que estén sujetas a determinadas obligaciones. Esta postura se ha visto refrendada, en los últimos años, por un importante avance en las instituciones internacionales en lo que respecta a la exigencia a las empresas de respetar los derechos humanos. En este ámbito, y sin olvidar la embrionaria *Declaración tripartita de la OIT sobre principios de las empresas multinacionales y la política social* de 1977, ni el borrador del *Código de Conducta para las Empresas Transnacionales* elaborado por Naciones Unidas en 1989, resultan de especial relevancia las *Normas de la ONU sobre la responsabilidad de las empresas transnacionales y otras empresas en relación a los derechos humanos*[5], presentadas en 2003 por

---

3 Aira González, P. "Reflexiones jurídicas en torno a la consideración de la empresa transnacional como sujeto del Derecho Internacional". *Revista de Derecho UNED*, 20, 2017, pp. 241-242.

4 El debate doctrinal acerca de esta cuestión ha sido desarrollado con detalle en el trabajo del profesor Cartes Rodríguez en esta misma obra colectiva (Capítulo II).

5 Subcomisión para la Protección y Promoción de los Derechos Humanos, *Normas de la ONU sobre la responsabilidad de las empresas transnacionales y otras empresas en relación a los derechos humanos*, E/CN.4/Sub.2/2003/12/Rev.2 (2003), 13 de agosto de 2003.

la Subcomisión sobre la Protección y Promoción de los Derechos Humanos, y sobre todo los *Principios Rectores sobre las empresas y los derechos humanos*[6], aprobados en 2011 por el Consejo de Derechos Humanos sobre la base del informe elaborado en esta materia por John Ruggie, quien por entonces era el Representante Especial del Secretario General para la cuestión de los derechos humanos y las empresas transnacionales y otras empresas. Aunque todos estos instrumentos son de *soft law*[7], no debemos olvidar que, el 26 de junio de 2014, el Consejo de Derechos Humanos dictó la Resolución 26/9, sobre elaboración de un instrumento internacional jurídicamente vinculante sobre las empresas transnacionales y otras empresas con respecto a los derechos humanos[8]. En dicha resolución el Consejo creó un grupo de trabajo intergubernamental de composición abierta al que encomendó la elaboración de dicho instrumento vinculante, que, probablemente, revestirá la forma de tratado.

La indudable evolución que en los últimos años ha experimentado esta materia en el DIDH ha propiciado un especial interés de la doctrina y de los activistas de derechos humanos por este tema. Sin embargo, este interés contrasta con la escasa bibliografía existente sobre las obligaciones de las empresas en otras ramas del Derecho Internacional Público vinculadas al DIDH, entre las que debemos destacar el Derecho Internacional Humanitario (DIH). A juicio de algún reputado autor, este menor interés se debe esencialmente a dos factores: el marcado conservadurismo del DIH

---

6 Consejo de Derechos Humanos, *Principios Rectores sobre Empresas y Derechos Humanos*, Doc. A/HRC/RES/17/4, 6 de julio de 2011.

7 López-Jacoiste Díaz, E. "Los Principios Rectores de las Naciones Unidas sobre las Empresas y los Derechos". En Fernández Liesa, C.R. y López-Jacoiste Díaz, E. (Dirs.) *Empresas y Derechos Humanos*, Cizur Menor, Thomson Reuters-Aranzadi, 2018, p. 43

8 Consejo de Derechos Humanos, *Decisión 26/9. Elaboración de un instrumento internacional jurídicamente vinculante sobre las empresas transnacionales y otras empresas con respecto a los derechos humanos*, Doc. A/HRC/RES/26/9, 26 de junio de 2014.

frente al dinamismo que caracteriza al DIDH, lo que entraña una mayor facilidad de obtener resultados tangibles en el ámbito práctico en esta última rama; y el número reducido de empresas dedicadas a comerciar con los beligerantes en un conflicto armado, siendo este último, como sabemos, el ámbito en el que opera el DIH[9]. Nosotros nos atrevemos a apuntar un factor adicional: el propio objeto del DIH implica necesariamente una mayor laxitud en la imposición de obligaciones a las empresas con respecto al DIDH. Así, por ejemplo, y entrando en el que será el objeto principal de este trabajo, el DIH no puede imponer prohibiciones generales a las empresas en lo que se refiere al comercio de armas, algo que sí podría hacer el DIDH. A continuación, resumiremos qué prohibiciones impuestas por el DIH podrían ser relevantes para el tráfico armamentístico, para posteriormente adentrarnos en las obligaciones que el DIH puede imponer a las empresas dedicadas a este ámbito, y, finalmente, dilucidar si estas últimas pueden estar sujetas a responsabilidad internacional.

3. EL DERECHO INTERNACIONAL HUMANITARIO Y LAS OBLIGACIONES RELACIONADAS CON EL TRÁFICO DE ARMAS

La primera prohibición establecida por el DIH que puede resultar relevante en el ámbito de tráfico armamentístico es la que opera sobre determinados tipos de armas. A este respecto, hemos de decir que los cuatro *Convenios de Ginebra* de 1949 y sus dos *Protocolos Adicionales* de 1977 apenas se pronuncian sobre esta cuestión. Tan solo se refiere a ella el *Protocolo Adicional I*[10], que en su artículo 35.2 establece que “Queda prohibido el empleo de armas,

---

9 Chesterman, S. “Lawyers, Guns and Money: The Governance of Business Activities in Conflict Zones”. *Chicago Journal of International Law*, Vol. 11, n.º 2, 2011, p. 329.

10 *Protocolo Adicional I a los Convenios de Ginebra* del 12 de agosto de 1949 relativo a la Protección de las Víctimas de los Conflictos Armados Inter-

proyectiles, materias y métodos de hacer la guerra de tal índole que causen males superfluos o sufrimientos innecesarios". Por su parte, el artículo 36 añade que:

> "Cuando una Alta Parte contratante estudie, desarrolle, adquiera o adopte una nueva arma, o nuevos medios o métodos de guerra, tendrá la obligación de determinar si su empleo, en ciertas condiciones o en todas las circunstancias, estaría prohibido por el presente Protocolo o por cualquier otra norma de Derecho Internacional aplicable a esa Alta Parte contratante".

Sin embargo, y como se puede inferir de este último inciso del artículo 36, que hace referencia a las eventuales prohibiciones de armas en "cualquier otra norma de Derecho Internacional", el hecho de que los Convenios y sus Protocolos se pronuncien exiguamente sobre esta materia se debe a que las concretas prohibiciones de determinadas armas se encuentran en otras normas de DIH[11], algunas de las cuales son incluso anteriores a los Convenios de Ginebra: de hecho, el primer instrumento limitador de determinadas armas en el Derecho Internacional, que fue la *Declaración de San Petersburgo sobre prohibición del uso de determinados proyectiles en tiempo de guerra,* data de 1868[12], año en que fue aprobada por la Comisión Militar Internacional. Dicha Declaración prohibía aquellos proyectiles que contuvieran material explosivo y cuyo peso no alcanzara los 400 gramos. Posteriormente, *la Decla-*

---

nacionales, adoptado el 8 de junio de 1977 y en vigor el 7 de diciembre de 1978

11 Una recopilación de todas estas prohibiciones de armas, tanto anteriores como posteriores a los Convenios de Ginebra, la podemos encontrar en Doménech Omedas, J.L. "Limitaciones al empleo de medios y métodos de combate: armas convencionales excesivamente dañinas o de efectos indiscriminados. Residuos explosivos de guerra y proliferación de armas ligeras". En Rodríguez-Villasante y Prieto, J.L. (Coord.) *Derecho Internacional Humanitario.* 3ª edición, Valencia, Tirant lo Blanch, 2017, pp. 328-329.

12 *Declaración con el objeto de prohibir el uso de determinados proyectiles en tiempo de guerra,* adoptada en San Petersburgo el 11 de diciembre de 1868.

ración de la Haya de 1899[13] prohibió las balas que se expanden o se aplastan con facilidad en el cuerpo humano (conocidas popularmente como "balas dum-dum"), y el *IV Convenio de la Haya* de 1907[14] haría lo propio en su artículo 23 con "el veneno o las armas envenenadas" (apartado a) y las "armas, proyectiles o materias propias para causar males innecesarios" (apartado e). Con todo, de entre las normas en esta materia anteriores a los Convenios de 1949, la más relevante fue, sin duda alguna, el *Protocolo de Ginebra* de 1925[15], que prohibía el uso de armas biológicas y químicas, en un contexto en el que estas acababan de ser profusamente utilizadas en la Primera Guerra Mundial (1914-1918).

En cuanto a las normas sobre armas prohibidas posteriores a los Convenios de 1949, debemos destacar las *Convenciones sobre la prohibición de las armas biológicas* de 1972[16] y *sobre la prohibición de armas químicas* de 1993[17], que actualizaron el Protocolo de 1925; y los sucesivos *Protocolos a la Convención sobre ciertas Armas Convencionales* de 1980[18], que prohíben las armas de rayos X (Protocolo I, 1980)[19],

---

13 *Declaración que prohíbe el empleo de las balas que se ensanchan o se aplastan fácilmente en el cuerpo humano,* adoptada en la Haya el 29 de julio de 1899.

14 *IV Convenio relativo a las leyes y usos de la guerra terrestre,* adoptado en la Haya el 18 de octubre de 1907 y en vigor el 26 de enero de 1910.

15 *Protocolo sobre la prohibición del uso en la guerra de gases asfixiantes, tóxicos o similares y de medios bacteriológicos,* adoptado en Ginebra el 17 de junio de 1925 y en vigor el 8 de febrero de 1928.

16 *Convención sobre la Prohibición del Desarrollo, la Producción y el Almacenamiento de Armas Bacteriológicas y Toxínicas y sobre su destrucción,* adoptada el 10 de abril de 1972 y en vigor el 26 de marzo de 1975.

17 *Convención sobre la prohibición del desarrollo, la producción, el almacenamiento y el empleo de armas químicas y sobre su destrucción,* adoptada el 13 de enero de 1993 y en vigor el 29 de abril de 1997.

18 *Convención sobre ciertas Armas Convencionales,* adoptada el 10 de octubre de 1980 y en vigor el 2 de diciembre de 1983.

19 *Protocolo I a la Convención sobre ciertas Armas Convencionales, relativo a fragmentos no localizables por rayos X en el cuerpo humano,* adoptado el 10 de octubre de 1980 y en vigor el 2 de diciembre de 1983.

las incendiarias (Protocolo III, 1980)[20], las armas láser cegadoras (Protocolo IV, 1995)[21], las armas trampa (enmienda al Protocolo II, 1996)[22] y los restos explosivos de guerra (Protocolo V, 2003)[23]. A estas normas debemos añadir la *Convención sobre Prohibición de minas antipersona* de 1997[24] y la *Convención sobre municiones de racimo* de 2008[25], que también prohíbe este último tipo de armas. Por último, no podemos dejar de mencionar el reciente *Tratado sobre Prohibición de Armas Nucleares* de 2021[26].

Las prohibiciones anteriores llevan consigo también, lógicamente, la interdicción de comerciar con esos tipos de armas. Sin embargo, en ocasiones, en algunos ámbitos regionales se han aprobado normas que proscriben también el tráfico de determinadas armas no necesariamente prohibidas. Es lo que mandata,

---

20 *Protocolo III a la Convención sobre ciertas Armas Convencionales, relativo a las armas incendiarias,* adoptado el 10 de octubre de 1980 y en vigor el 2 de diciembre de 1983.

21 *Protocolo IV a la Convención sobre ciertas Armas Convencionales, relativo a las armas láser cegadoras,* adoptado el 13 de octubre de 1995 y en vigor el 30 de julio de 1998.

22 *Enmienda al Protocolo II a la Convención sobre ciertas Armas Convencionales, sobre prohibiciones o restricciones del empleo de minas, armas trampa y otros artefactos,* adoptada el 3 de mayo de 1996 y en vigor el 3 de diciembre de 1998.

23 *Protocolo V a la Convención sobre ciertas Armas Convencionales, relativo a los restos explosivos de guerra,* adoptado el 28 de noviembre de 2003 y en vigor el 12 de noviembre de 2006.

24 *Convención sobre la prohibición del empleo, almacenamiento, producción y transferencia de minas antipersonal y sobre su destrucción,* adoptada el 18 de septiembre de 1997 y en vigor el 1 de julio de 1999.

25 *Convención sobre municiones de racimo,* adoptada el 30 de mayo de 2008 y en vigor el 1 de agosto de 2010.

26 *Tratado sobre la prohibición de las armas nucleares,* adoptado el 7 de julio de 2017 y en vigor el 22 de enero de 2021. Sobre dicho Tratado*, vid.* Rodríguez Rodríguez, J. "La regulación internacional de la posesión de armamento nuclear tras la entrada en vigor del Tratado de prohibición de armas nucleares. Nuevos y viejos debates en un escenario internacional convulso". *Revista Española de Derecho Internacional,* Vol. 75, n.º 1, 2003, pp. 107-135.

por ejemplo, la *Convención sobre Armas Pequeñas y Armas Ligeras* de 2006 de la Comunidad Económica de Estados de África Occidental (CEDEAO)[27], que ante la necesidad de "prevenir y combatir la acumulación excesiva y desestabilizadora de armas y pequeñas y armas ligeras" (artículo 2.1 de la Convención, relativo a los objetivos de la misma), obliga a los Estados miembros de la CEDEAO a prohibir tanto la importación como la exportación de armas pequeñas y ligeras, así como de los materiales necesarios para fabricarlas (artículo 3.1), aunque establece una serie de excepciones a esta prohibición (por ejemplo, que el Estado requiera esas armas por motivos de seguridad, de defensa nacional o para participar en operaciones de paz lideradas por Naciones Unidas, la Unión Africana o la propia CEDEAO, tal y como establece el artículo 4.1 de la Convención), excepciones que a su vez quedarán sin efecto si los destinatarios de las armas en estos casos vulneran obligaciones de Derecho Internacional, entre ellas "los principios universalmente aceptados del Derecho Internacional Humanitario" (artículo 6.2.b))[28]. Con todo, esta Convención es la única norma supranacional que ha prohibido el comercio de este tipo de armas.

Finalmente, debemos recalcar que, incluso cuando el comercio de armas no esté *a priori* prohibido ni tampoco lo estén las armas con las que se está comerciando, no se puede soslayar la manera en que los destinatarios de estas armas están utilizando las mismas. En este sentido, el *Tratado sobre el Comercio de Armas* de 2013[29], que entró en vigor un año después y que en la actualidad ha sido ratificado por 83 Estados, establece en su artículo 6.3, bajo la rúbrica "Prohibiciones", que:

---

27 Convención sobre Armas Pequeñas y Ligeras de la CEDEAO, adoptada el 14 de junio de 2006 y en vigor el 29 de septiembre de 2009.

28 Yihdego, Z. *The Arms Trade and International Law*. London, Bloomsbury Publishing, 2007, p. 214.

29 *Tratado sobre el Comercio de Armas,* adoptado el 2 de abril de 2013 y en vigor el 24 de diciembre de 2014.

"un Estado parte no autorizará ninguna transferencia de armas convencionales comprendidas en el artículo 2, párrafo 1, ni de elementos comprendidos en el artículo 3 o el artículo 4, si en el momento de la autorización *tiene conocimiento de que las armas o los elementos podrían utilizarse para cometer genocidio, crímenes de lesa humanidad, infracciones graves de los Convenios de Ginebra de 1949, ataques dirigidos contra bienes de carácter civil o personas civiles protegidas, u otros crímenes de guerra tipificados en los acuerdos internacionales en los que sea parte* [la cursiva es nuestra]".

Más allá de las dudas que suscita este precepto (por ejemplo, si opera o no sobre las infracciones del artículo 3 común a los cuatro Convenios de Ginebra, aplicable a conflictos armados no internacionales, dado que, en principio, según el Comité Internacional de la Cruz Roja, la expresión "infracciones graves" de dichos Convenios hace referencia a los conflictos armados internacionales[30]), de él se infiere la obligación de los Estados parte del Tratado de fiscalizar cuáles son los destinatarios de las armas con las que se comercia desde su territorio, prohibiendo el comercio con las mismas si son conocedores de que dichos destinatarios las utilizan para cometer infracciones graves de DIH u otros crímenes internacionales.

4. LAS OBLIGACIONES DE LAS EMPRESAS ARMAMENTÍSTICAS EN MATERIA DE DERECHO INTERNACIONAL HUMANITARIO

Expuestas cuáles son las normas de DIH que pueden ser aplicables al tráfico de armas, cabe preguntarse si dichas normas son de obligado cumplimiento para las empresas.

---

30 Da Silva, C., Nevill, P. "Article 6. Prohibitions". En Da Silva, C., Wood, B. (Eds.). *The Arms Trade Treaty. Weapons and International Law.* Cambridge, Intersentia, 2021, pp. 127-128. Las autoras de este trabajo cuestionan, empero, esta interpretación, afirmando que a simple vista no hay razones que fundamenten la no aplicación de este precepto a los conflictos armados internos (*Ibid.*, p. 128.)

En principio, no parece que existan dudas acerca de que las obligaciones impuestas por el DIH no operan únicamente sobre los Estados, sino también sobre las personas físicas. Sin ir más lejos, el artículo 49 del IV Convenio de Ginebra establece que:

> "Las Altas Partes Contratantes se comprometen a tomar todas las oportunas medidas legislativas para determinar las adecuadas sanciones penales que se han de aplicar a las personas que hayan cometido, o dado orden de cometer, una cualquiera de las infracciones graves contra el presente Convenio definidas en el artículo siguiente".

Es cierto que los Estados (independiente de que hayan ratificado o no los Convenios, dado el carácter de *ius cogens* de estos últimos) son los primeros destinatarios del DIH, pero este último también otorga derechos e impone obligaciones a los individuos[31].

Sin embargo, más dudas suscitan las personas jurídicas, ya que, como ha señalado la doctrina, es evidente que las normas de DIH no fueron redactadas pensando en estas[32]. El argumento según el cual otras personas jurídicas, como las organizaciones internacionales, están sometidas al DIH no es convincente, toda vez que las organizaciones internacionales son sujetos de Derecho Internacional[33], extremo que no se puede afirmar apodícticamente respecto de las empresas. Con todo, creemos que tampoco hay razones para excluir a las empresas del ámbito de aplicación del DIH: al fin y al cabo, si, como mandata el artículo 31 de la *Convención*

---

31 Sánchez Patrón, J.M. "El ámbito de aplicación del Derecho Internacional Humanitario: desarrollos recientes". *Agenda Internacional,* Vol. 12, n.º 23, 2006, p. 76.

32 Bismuth, R. "Mapping a Responsibility of Corporations for Violations of International Humanitarian Law Sailing between International and Domestic Legal Orders". *Denver Journal of International Law & Policy,* Vol. 38, n.º 2, p. 220.

33 Y, en tanto que sujetos de Derecho Internacional, están obligados a cumplir con todas las reglas generales derivadas del mismo (Sánchez Patrón, J.M., *op. cit.*, nota 31, p. 74).

de Viena sobre Derecho de los Tratados de 1969[34], estos se tienen que interpretar "de buena fe conforme al sentido corriente que haya de atribuirse a los términos del tratado en el contexto de estos y teniendo en cuenta su objeto y fin", esta interpretación teleológica conduce a la conclusión de que las empresas también deben cumplir con las obligaciones del DIH. Así se puede inferir, por ejemplo, del artículo 1 de cada uno de los Convenios y Protocolos adicionales, que sostiene que "Las Altas Partes Contratantes se comprometen a respetar y a *hacer respetar* [la cursiva es nuestra] el presente Convenio/Protocolo en todas las circunstancias". Entender que esta obligación de los Estados de hacer respetar el DIH no opera sobre las empresas sería contrario a los fines y objetivos del Convenio.

En línea con lo anterior, varias organizaciones no gubernamentales e instituciones internacionales han reconocido la existencia de obligaciones de las empresas en materia de DIH. Así, el Comité Internacional de la Cruz Roja (CICR) ha abordado dichas obligaciones en un informe monotemático de 2007[35], en el que insta a las empresas a extremar la cautela ante la adquisición de bienes en zonas de conflicto (por el riesgo de incurrir en actos de pillaje en caso de que, conscientemente, reciban el bien de quienes, sin ser los verdaderos propietarios, han usurpado esos bienes a sus legítimos dueños mediante violencia o amenaza) y ante el empleo de mano de obra en estas zonas (para evitar que se asocie a la empresa con cualquier tipo de trabajo forzoso), además de recalcar la prohibición de que la empresa colabore en cualquier tipo de desplazamiento forzoso de los habitantes de las zonas de conflicto o en la comisión de daños graves al medio ambiente. Por otra parte, dedica uno de sus apartados a la fabricación y el comercio de armas, recalcando que las empresas dedicadas a este

---

[34] *Convención de Viena sobre el Derecho de los Tratados*, adoptada el 23 de mayo de 1969 y en vigor el 27 de enero de 1980.

[35] Comité Internacional de la Cruz Roja, *Empresas y Derecho Internacional Humanitario*, julio de 2007.

tipo de actividades no pueden ni comerciar con armas prohibidas (como las minas antipersona o las armas químicas), ni vender armas no prohibidas a sabiendas de que van a ser utilizadas para cometer violaciones del DIH.

Por su parte, en lo que respecta a las instituciones internacionales, el Programa de Naciones Unidas para el Desarrollo, en colaboración con el Grupo de Trabajo de Naciones Unidas sobre Empresas y Derechos Humanos, ha publicado recientemente una guía titulada "Diligencia debida intensificada en materia de derechos humanos para empresas en contextos afectados por conflictos" (2022)[36], en la que extrapola al ámbito del conflicto bélico las obligaciones de diligencia debida de las empresas en el ámbito del DIDH. Como adelanta el propio título de la guía, en ella se advierte de que la diligencia debida en el ámbito de los conflictos bélicos debe ser "intensificada", es decir, se deben extremar las precauciones para evitar vulneraciones de derechos humanos, lo que, a juicio de la guía, se puede hacer a través de las siguientes acciones: "identificar y evaluar las consecuencias negativas de una empresa sobre el conflicto y los derechos humanos, actuar para detenerlas o prevenirlas, y rastrear y comunicar las medidas tomadas". Asimismo, la guía advierte de que, como mínimo, las empresas deben cumplir con el "Derecho Internacional de los Derechos Humanos y *el Derecho Internacional Humanitario* (la cursiva es nuestra)". Asimismo, señala que este último se aplicará a las "actividades comerciales", mencionando, entre otros ejemplos, el caso de una empresa que apoya a una de las partes en conflicto. Seguidamente, indica que el DIH sirve de parámetro a las empresas para dilucidar de qué forma estas pueden contribuir a limitar los efectos del conflicto: así, por ejemplo, del mismo se infiere la obligación de las empresas de evitar la apropiación de bienes o tierras que pertenezcan a los pobladores locales o la ex-

---

36 Programa de Naciones Unidas para el Desarrollo, *Diligencia debida intensificada en materia de derechos humanos para empresas en contextos afectados por Conflictos. Una guía.* Nueva York, 2022.

plotación de recursos sin la aprobación de dichos pobladores o sin que dicha explotación redunde en beneficio de los mismos. Además, también subraya que, ante un uso de la fuerza ilegal según el Derecho Internacional, las empresas, además de cumplir con el DIH, deberían "evaluar y evitar o mitigar su conexión con los esfuerzos bélicos del país agresor para asegurarse de no agravar la situación". Por último, señala que, aunque resulta imposible exigir a las empresas que sean neutrales en un conflicto, deben hacer todo lo posible por ser imparciales, entendiendo como tal el no tomar partido por las partes contendientes, cumplir con el DIDH y el DIH y no llevar a cabo ninguna actividad o declaración que pueda ser interpretada como apoyo a una violación de estos últimos.

A la luz de todo lo anterior, parece evidente que las empresas en general, y, con más razón aún, las empresas armamentísticas, en particular, están sujetas a las obligaciones impuestas por el DIH. De hecho, si se exige en general a toda empresa una diligencia debida intensificada en situaciones de conflicto, esta diligencia debe ser extrema cuando nos encontramos ante una empresa armamentística, la cual, por su propia naturaleza, está más estrechamente ligada al conflicto en cuestión que el resto de empresas. Sin embargo, debemos preguntarnos si, más allá de la existencia de estas obligaciones, existen mecanismos efectivos para sancionar a aquellas empresas que incumplan las mismas. Para ello, debemos acudir a aquella rama del Derecho Internacional Público que establece sanciones individuales por la comisión de crímenes internacionales, entre los que se encuentran las violaciones graves del DIH: esta rama no es otra que el Derecho Internacional Penal.

5. ¿RESPONSABILIDAD DE LAS EMPRESAS EN DERECHO INTERNACIONAL PENAL?

El debate sobre la inclusión de las personas jurídicas como sujetos activos del Derecho Internacional Penal se retrotrae a la misma génesis de esta rama del Derecho, esto es, a los juicios de Núremberg. El *Estatuto del Tribunal Militar Internacional de Núremberg*, anexo a la *Carta de Londres* de 1945[37], no excluía expresamente a las personas jurídicas de su ámbito competencial: de hecho, los artículos 9 y 10 del Estatuto se referían a la posibilidad de declarar criminales a los grupos u organizaciones implicados en la comisión de crímenes contra la paz, de guerra o contra la humanidad (únicos delitos que, a tenor del artículo 6 del Estatuto, podía enjuiciar el tribunal). Es cierto que la previsión de una imputación como organización criminal no siempre lleva aparejada el reconocimiento de la responsabilidad penal de las personas jurídicas, como también lo es que estos preceptos se idearon pensando en las eventuales responsabilidades penales de organizaciones militares o político-militares, como las SS[38]. No obstante, la evidencia de que el Estatuto podía interpretarse en un sentido favorable a la imputación de las personas jurídicas viene dada por el hecho de que algunos fiscales de Núremberg en un primer momento eran partidarios de formular acusación contra las empresas alemanas que habían colaborado en la comisión de los crímenes internacionales, como *Krupp* o *IG-Farben*[39]. Sin embargo, finalmente se descartarían estas imputaciones, sin perjuicio de que los titulares de dichas empresas y varios altos directivos de las mismas (no, en cambio, las empresas como personas jurídicas) fueran enjuiciados posteriormente por tribunales militares estadounidenses en Núremberg en virtud de la *Ley del Consejo de Control Aliado n.º 10*[40]. Aunque no se conocen a ciencia cierta las razones que condujeron a desechar el planteamiento inicial, la doctrina ha sugerido

---

37 Acuerdo de Londres para el establecimiento de un Tribunal Militar Internacional, adoptado el 8 de agosto de 1945 y en vigor este mismo día.

38 Ambos, K. *Derecho Penal Internacional económico. Fundamentos de la responsabilidad penal internacional de las empresas.* Madrid, Civitas-Thomson Reuters, 2018, pp. 36-37.

39 Kyriakakis, J. *Corporations, Accountability and International Criminal Law. Industry and Atrocity.* Cheltenham, Edward Elgar, 2021, pp. 53-54 y 78.

40 *Ibid.*, p. 56; Mongelard, E. "Responsabilidad civil de las empresas por violaciones del Derecho Internacional humanitario". *International Review of the Red Cross,* Vol. 88, n.º 863, septiembre 2005, pp. 11-14.

que pudo deberse a la ausencia de precedente o fundamento alguno en el Derecho Internacional de la época para exigir responsabilidad a las empresas[41]. Dicho de otra forma, si ya constituía una innovación, aunque gozara de algún precedente, la exigencia en Derecho Internacional de responsabilidad individual a las personas físicas, hacer lo propio con las personas jurídicas habría sido excesivamente osado. Con todo, hemos de hacer hincapié en que la multicitada afirmación del Tribunal Militar Internacional de Nuremberg según la cual "los crímenes contra el Derecho Internacional son cometidos por hombres, no por entidades abstractas, y solo castigando a los individuos que cometen dichos crímenes se podrá obligar a cumplir las normas de Derecho Internacional", no se refería, como algunos parecen sugerir[42], a la exclusión de la responsabilidad de las personas jurídicas, sino a la necesaria (aunque no por ello menos polémica) incorporación de la responsabilidad individual al Derecho Internacional en un momento en el que resultaba prácticamente inconcebible, desde el punto de vista de este Derecho, la exigencia de dicha responsabilidad a un sujeto diferente del Estado[43].

Durante la Guerra Fría, el Derecho Internacional Penal se sumió en un estado de profundo letargo. Sin embargo, ello no fue óbice para que, desde los años cincuenta, se realizaran esfuerzos en el ámbito de Naciones Unidas en aras de establecer un tribunal internacional que se ocupara del enjuiciamiento de los crímenes más graves para la comunidad internacional en su conjunto. En este sentido, en 1951, en el seno de la Asamblea General de Naciones Unidas, se creó un Comité con el objetivo de elaborar un anteproyecto de estatuto para dicho tribunal. Ya en este momento se debatió la posibilidad de incluir, dentro de la competencia *ratione personae* del tribunal, a las personas jurídicas, desechándose

---

41 Kyriakakis, J., *op. cit.*, nota 39, p. 78.

42 Schmidt, T.M. *Crimes of Business in International Law*. Baden-Baden, Nomos, 2015, p. 369.

43 Kyriakakis, J., *op. cit.*, nota 39, p. 80.

finalmente esta idea por la falta de reconocimiento de dicha responsabilidad en los ordenamientos jurídicos de muchos Estados en aquel momento[44]. Con todo, la discusión sobre este tema se retomaría en posteriores comités creados con el mismo objeto y estaría también presente en el seno del Comité Preparatorio que, con el fin de la Guerra Fría y el nuevo florecimiento de la justicia internacional penal, fue creado por la Asamblea General en 1995 con el fin de elaborar el proyecto definitivo de estatuto del tribunal. En este Comité se acabarían imponiendo las posturas favorables a la responsabilidad penal de las personas jurídicas, lo que se vería reflejado en el artículo 23.5 de dicho proyecto, el cual establecía que "la Corte tendrá también competencia sobre las personas jurídicas, con excepción de los Estados, cuando los crímenes hayan sido cometidos en nombre de dichas personas jurídicas o por sus agentes o representantes"[45]. En la Conferencia Diplomática de Plenipotenciarios celebrada en Roma en 1998 se debatiría esta propuesta del Comité, así como otra de índole similar planteada por Francia[46]. Sin embargo, finalmente ambas serían rechazadas, abogando la mayoría de los Estados representados en la Conferencia por circunscribir la responsabilidad a las personas físicas. Los principales motivos que condujeron a esta postura fueron dos: la ausencia, nuevamente, de responsabilidad penal de las personas jurídicas en los ordenamientos de muchos de los Estados intervinientes en la Conferencia de Roma, lo cual resultaba especialmente relevante al regirse el Derecho Internacional Penal por el principio de complementariedad, que atribuye la responsa-

---

44 *Ibid.*, p. 107.

45 *Ibid*, p. 112.

46 Ambos, K., *op. cit.*, nota 38, p. 57; Kyriakakis, J., *op. cit.*, nota 39, pp. 113-115. En puridad, según relatan los citados autores, los preceptos propuestos por el Comité Preparatorio y por Francia serían remitidos a un Grupo de Trabajo sobre Principios Generales del Derecho Penal creado en el seno de la conferencia, que fundiría ambas propuestas en un único precepto (Ambos lo califica como "*working paper*"), el cual sería finalmente rechazado por los Estados participantes en la Conferencia.

bilidad primaria del enjuiciamiento de estos crímenes a los Estados en los que se han cometido; y los problemas procedimentales que acarreaba la atribución de esta responsabilidad, para los que no había tiempo de resolución antes de la votación del proyecto[47]. En definitiva, finalmente el *Estatuto de la Corte Penal Internacional* (ECPI)[48], aprobado en 1998 y en vigor desde 2002, limitaría la exigencia de responsabilidad a las personas físicas. Además, en la Conferencia de revisión del Estatuto celebrada en Kampala en 2010 no se volvió a plantear esta cuestión.

Lo anterior podría dar la impresión de que el debate acerca de la responsabilidad de las personas jurídicas en Derecho Internacional Penal está zanjado. Nada más lejos de la realidad: en el ámbito doctrinal, autorizadas voces abogan por la introducción en el ECPI de esta responsabilidad, sobre la base de la frecuente participación de las personas jurídicas en la comisión de crímenes internacionales, muchas veces con pingües beneficios para ellas[49]. Aparte de este, encontramos otros argumentos en defensa de su inclusión *ratione personae*, como las ventajas que acarrearía de cara a la obtención de las indemnizaciones que el artículo 75 ECPI prevé como una de las formas de reparación para las víctimas de los crímenes internacionales.

A pesar de lo anterior, la responsabilidad penal de las empresas no solo no se prevé en el ECPI, sino tampoco en los Estatutos de los tribunales híbridos o internacionalizados, a pesar de que en algunos de los asuntos enjuiciados por ellos existía una clara involucración de personas jurídicas: así, por ejemplo, y volviendo al asunto que nos ocupa, en la guerra civil sierraleonesa que motivó la creación, por acuerdo entre Naciones Unidas y el gobierno del

---

47 Ambos, K., *op. cit.*, nota 38, p. 58; Kyriakakis, J. *op. cit.*, nota 39, pp. 118-120.

48 Estatuto de la Corte Penal Internacional, adoptado el 17 de julio de 1998 y en vigor el 1 de julio de 2002.

49 Ollé Sesé, M. *Crimen internacional y jurisdicción penal nacional: de la justicia universal a la jurisdicción penal interestatal.* Cizur Menor, Aranzadi, 2019, p. 148.

país, del Tribunal Especial para Sierra Leona en 2002, desempeñaron un papel crucial las empresas dedicadas al contrabando de armas pequeñas. Tan solo encontramos una pequeña excepción a esta falta de previsión de responsabilidad para las empresas en el Tribunal Especial para el Líbano (TEL), creado por la Resolución del Consejo de Seguridad 1757 (2007) con el objetivo de enjuiciar a los responsables del atentado terrorista perpetrado el 14 de octubre de 2005 en Beirut, que se saldaría con la vida del primer ministro Rafiq Hariri y de otras veintidós personas. Así, aunque el Estatuto del TEL no preveía expresamente la responsabilidad de las personas jurídicas, el Tribunal interpretó, basándose en el carácter un tanto ambiguo del artículo 60.bis de las reglas procesales del Estatuto, que era competente para enjuiciar a dos medios de comunicación (un diario y un canal de televisión) que habían revelado los nombres de varios testigos, obstruyendo así de manera intencionada a la acción de la justicia[50]. Sin embargo, como podemos observar, se trata de un asunto *sui generis*, toda vez que no forma parte de los hechos para cuyo enjuiciamiento se creó el TEL, y, por consiguiente, resulta difícil inferir que existe un verdadero reconocimiento por su parte de la responsabilidad de las personas jurídicas en Derecho Internacional Penal.

Sin embargo, sí que encontramos una excepción en toda regla a esta irresponsabilidad penal de las personas jurídicas en el ámbito regional africano, que viene de la mano del *Protocolo de Malabo*[51], protocolo que a su vez reformó en 2014 el *Protocolo sobre el Estatuto del Tribunal Africano de Justicia y Derechos Humanos*[52], adoptado en 2008 y destinado a fusionar el Tribunal Africano de Derechos Humanos y de los Pueblos (constituido en 1998) y el Tribunal de Jus-

50 Ambos, K., *op. cit.*, nota 38, pp. 61-63.

51 *Protocolo de Enmiendas al Protocolo sobre el Estatuto del Tribunal Africano de Justicia y Derechos Humanos,* adoptado el 27 de junio de 2014.

52 *Protocolo sobre el Estatuto del Tribunal Africano de Justicia y Derechos Humanos,* adoptado el 1 de julio de 2008.

ticia de la Unión Africana (creado en 2003)[53]. El Protocolo de Malabo añade a dicho tribunal fusionado, al que otorga una nueva denominación (la de Tribunal de Justicia Africano y de Derechos Humanos y de los Pueblos), competencias en materia de Derecho Internacional Penal. En concreto, el artículo 14 del Protocolo especifica los crímenes sobre los que tendrá competencia el tribunal, el cual no solo podrá enjuiciar los crímenes internacionales de primer grado[54] (genocidio, crimen de lesa humanidad, crimen de guerra, crimen de agresión), sino también otros como terrorismo, blanqueo de capitales o tráfico de drogas[55]. Pero lo más relevante del Protocolo, a efectos de nuestro trabajo, es el artículo 46.C., que reconoce la responsabilidad penal de las personas jurídicas ("a excepción de los Estados", subraya el apartado 1 del artículo) y desgrana el contenido de la misma: así, señala, entre otros aspectos, que la intencionalidad de la empresa a la hora de cometer un delito deberá acreditarse demostrando que formaba parte de la política de la empresa llevar a cabo el acto constitutivo de dicho delito (apartado 2), y, a su vez, se podrá acreditar que la empresa seguía una determinada política demostrando que esa es la explicación más razonable a su comportamiento (apartado 3). Asimismo, recalca que la responsabilidad de la persona jurídica en ningún caso eximirá de esta a las personas físicas que hayan perpetrado esos mismos crímenes, ya sea como autores o como cómplices (apartado 6). El problema, sin embargo, radica en que dicho Protocolo no ha alcanzado el número de ratificaciones necesarias para su entrada en vigor, habiendo sido ratificado solo por ocho Estados de los quince necesarios[56].

---

[53] Cartes Rodríguez, J.B. *El sistema judicial africano de protección de los derechos humanos. Un análisis de las demandas individuales*. Cizur Menor, Aranzadi, 2023, p. 457.

[54] Tomamos la expresión "crímenes internacionales de primer grado" de Ollé Sesé, M., *op. cit.*, nota 49, p. 152.

[55] Cartes Rodríguez, J.B., *op. cit.*, nota 53, p. 486.

[56] *Ibid.*, p. 459.

Por último, hemos de destacar que la responsabilidad de las personas jurídicas por crímenes internacionales sí que está contemplada en el Derecho interno de algunos Estados, lo cual resulta especialmente relevante, dada la responsabilidad primaria de los mismos en el enjuiciamiento de dichos crímenes en virtud del ya mencionado principio de complementariedad, basilar en el Derecho Internacional Penal. Así, por ejemplo, permiten esta posibilidad tanto el Código Penal australiano (artículo 12.3) como el francés (artículo 121-2.1°), que establecen una responsabilidad penal genérica de las personas jurídicas, lo que hace que estas puedan responder de la mayor parte de los delitos previstos en dichos Códigos, incluyendo los crímenes internacionales[57]. De hecho, en 2018 se incoó un procedimiento en Francia contra una empresa cementera, Lafarge[58], por presunta complicidad en la comisión de crímenes contra la humanidad en Siria a manos del Estado Islámico[59]. Por su parte, la *Alien Tort Claims Act* estadounidense de 1789, que prevé la responsabilidad extracontractual por daños causados a extranjeros derivados de violaciones del Derecho Internacional Público, ha sido empleada a partir de los años ochenta, después de dos siglos de inaplicación, contra personas físicas y jurídicas involucradas en crímenes internacionales, siendo paradigmático el conocido como caso *Unocal*, que implicó la condena por parte de los tribunales estadounidenses de la empresa petrolera *Unocal* por haber ofrecido la ejecución de un proyecto de construcción de un gaseoducto al gobierno militar birmano a sabiendas de que este emplearía trabajos forzados para llevar a cabo a dicha obra y de que perpetraría torturas contra los pobladores locales que se opusieran a la construcción del gaseoducto, además de obligarles

---

57 Ramasastry, A. y Thompson, R.C. *Commerce, Crime and Conflict. Legal Remedies for Private Sector Liability for Grave Breaches of International Law.* Fafo-Report 536, 2006, p. 13; Poelemans, M. "Responsabilidad penal de las personas jurídicas: el caso francés". *Eguzkilore*, n.° 28, 2014, p. 121.

58 El asunto Lafarge se analiza detalladamente en la contribución del profesor Villajos de Silva a esta obra colectiva (Capítulo IV).

59 Kyriakakis, J., *op. cit.*, nota 39, pp. 171-172.

a desplazarse de sus tierras, si bien posteriormente esta condena se dejaría sin efecto por un acuerdo indemnizatorio con las víctimas[60]. Sin embargo, otros países que reconocen en sus respectivos ordenamientos la responsabilidad penal de las personas jurídicas la prevén únicamente para determinados delitos, entre los cuales, en muchas ocasiones, no se encuentran los crímenes internacionales de primer grado (genocidio, crimen contra la humanidad, crimen de guerra y crimen de agresión). Es el caso de España, cuyo Código Penal, aun consagrando la responsabilidad penal de las personas jurídicas en su artículo 31 bis, no la prevé para estos crímenes, sin perjuicio de que algunos de ellos podrían castigarse a través de los delitos comunes para los que sí se prevé la responsabilidad de las mismas, como el de trata de seres humanos (art. 177 bis.5 C.P.), que podría subsumirse en el crimen contra la humanidad de esclavitud del art. 7.1.c) ECPI, a tenor de la definición del mismo que brinda el art. 7.2.c) del mismo Estatuto ("por 'esclavitud' se entenderá el ejercicio de los atributos del derecho de propiedad sobre una persona, o de algunos de ellos, incluido el ejercicio de esos atributos en el tráfico de personas, en particular mujeres y niños").

En definitiva, la falta de responsabilidad de las personas jurídicas en el Derecho Internacional Penal comporta la ausencia de un instrumento vinculante, en el ámbito internacional, para exigir a las empresas armamentísticas, so pena de sanción, el cumplimiento de sus obligaciones en materia de DIH. De esta forma, la articulación de instrumentos coercitivos para imponer dicho cumplimiento se deja en manos de los ordenamientos internos de los Estados. A nuestro juicio, la necesidad imperiosa de introducir esta responsabilidad en el Derecho Internacional Penal no solo responde a razones de justicia material, sino también formal: así, resulta cuando menos sorprendente que, en un periodo en

---

60 Marullo, M.C. "El *Alien Tort Claims Act* de 1789: su contribución en la protección de los derechos humanos y reparación para las víctimas". *Fòrum de recerca,* n.º 17, 2012, pp. 47-49.

el que, en el Derecho interno de los Estados, se encuentra cada vez más implantada la responsabilidad penal de las personas jurídicas y, en el que, en el Derecho Internacional, aun no pudiendo hablar de responsabilidad propiamente dicha, se reconocen cada vez más obligaciones a las empresas, se excluya a estas últimas de la condición de sujeto activo en el Estatuto de Roma, cuando en los albores de la justicia internacional penal ya se reconocía (o, al menos, no se excluía expresamente) esta responsabilidad. Más allá de todas las legítimas objeciones que se pueden formular frente a la justicia de Núremberg, es evidente que nos encontramos ante un retroceso palmario en este ámbito.

6. LAS SANCIONES SELECTIVAS DEL CONSEJO DE SEGURIDAD A EMPRESAS ARMAMENTÍSTICAS: ¿UNA ALTERNATIVA A LA RESPONSABILIDAD INTERNACIONAL PENAL POR INCUMPLIMIENTO DEL DIH?

Ante la imposibilidad, a día de hoy, de aplicar el Estatuto de la Corte Penal Internacional a las empresas que cometen violaciones del DIH, algún autor ha planteado, como posible alternativa, la imposición de sanciones a estas empresas por parte del Consejo de Seguridad de Naciones Unidas (CSNU)[61]. Se trata de una posibilidad derivada de la inexistencia, en lo que respecta a estas sanciones, de límites *ratione personae,* lo que permitiría su aplicación a las personas jurídicas[62]. Estas sanciones, que, lógicamente, pertenecerían a la categoría de las llamadas sanciones selectivas o inteligentes[63], podrían operar tanto sobre las empresas directamente

61 Bismuth, R., *op. cit.*, nota 32, p. 210.

62 Ídem.

63 Gallo Cobián, V.; Gauché Marchetti, X; Huertas Jiménez, M.J. "Las sanciones del Consejo de Seguridad de las Naciones Unidas y los derechos humanos. Relaciones peligrosas". *Anuario Mexicano de Derecho Internacional,* Vol. VIII, 2008, pp. 152-153 y 157-158. Cabe destacar que el propio

implicadas desde un primer momento en el conflicto en cuestión como sobre las empresas que, aun no estando originariamente vinculadas a dicho conflicto, incumplan las eventuales prohibiciones de llevar a cabo determinadas actividades comerciales con las partes involucradas en el mismo[64].

Precisamente un ámbito en el que este tipo de sanciones resultaría idóneo es el del tráfico de armas. Cabe destacar que el CSNU, en numerosas Resoluciones, ha ordenado embargos de armas ante conflictos internos[65]: es el caso, entre otros, de Ruanda[66], Haití[67], Angola[68] o Kosovo[69]. Asimismo, también ha impuesto dicho embargo al régimen talibán afgano en la primera etapa del mismo[70]. Algunas resoluciones en esta materia se refieren expresamente a la posibilidad de sancionar a las empresas que incumplan dicho embargo: es el caso, entre otras, de la Resolución

---

Consejo de Seguridad exige en el Preámbulo de su Resolución 1730 (2006), de 19 de diciembre (Doc. S/RES/1730 (2006)) relativo al procedimiento de supresión de nombres de las listas de sancionados, que "las sanciones sean cuidadosamente selectivas para apoyar objetivos claros y se apliquen de tal manera que su eficacia compense las posibles consecuencias adversas".

64 Bismuth, R., *op. cit.*, nota 32, p. 211.

65 Andrés Sáenz De Santa María, P. "Derecho, moral y eficacia en la práctica de sanciones del Consejo de Seguridad". En Salinas de Frías, A., Vargas Gómez-Urrutia, M. (Coords.) *Soberanía del Estado y Derecho Internacional. Homenaje al profesor Juan Antonio Carrillo Salcedo. Tomo I.* Universidad de Sevilla, 2005, p. 163.

66 Consejo de Seguridad, *Resolución 918 (1994).* Doc. S/RES/918(1994), 17 de mayo de 1994.

67 Consejo de Seguridad, *Resolución 841 (1993).* Doc. S/RES/841(1993), 16 de junio de 1993.

68 Consejo de Seguridad, *Resolución 864 (1993).* Doc. S/RES/864(1993), 15 de septiembre de 1993.

69 Consejo de Seguridad, *Resolución 1160 (1998).* Doc. S/RES/1160(1998), 31 de marzo de 1998.

70 Consejo de Seguridad, *Resolución 1333 (2000).* Doc. S/RES/1333(2000), 19 de diciembre de 2000.

1343 (2001), de 7 de marzo de 2001[71], que trajo causa del apoyo del Gobierno de Liberia al Frente Revolucionario Unido (FRU) de Sierra Leona durante la guerra civil acaecida en este último país a través de la participación en el tráfico ilícito de diamantes con el que se financiaba el FRU, el cual sacaba la mercancía a través de Liberia. La resolución del CSNU ordenaba a todos los Estados que adoptaran:

> "las medidas necesarias para impedir la venta o el suministro a Liberia, por sus nacionales o desde sus territorios o empleando buques o aeronaves que enarbolen su pabellón, de armamento y material conexo de todo tipo, incluso armas y municiones, vehículos y equipo militar, equipo paramilitar y piezas de repuesto para ese equipo, procedan o no de sus territorios"

Asimismo, también les instaba a que tomaran:

> "medidas apropiadas para garantizar que las personas y *las empresas* [la cursiva es nuestra] de sus respectivas jurisdicciones [...] actúen de conformidad con los embargos establecidos por las Naciones Unidas, y, según proceda, *adopten las medidas judiciales y administrativas pertinentes para poner fin a las actividades ilícitas de esas* personas *y empresas* [la cursiva es nuestra]".

Sin embargo, el problema de estas sanciones radica en que el cumplimiento efectivo de la mismas queda en manos de los Estados, como se puede comprobar en la Resolución anterior. De esta forma, no nos encontramos en un escenario muy distinto al que nos brindaba el Derecho Internacional Penal, que, aunque no prevé la responsabilidad para las personas jurídicas, permite que los Estados exijan responsabilidad penal por crímenes internacionales a las personas jurídicas en su ordenamiento interno. A ello se le añaden los intereses políticos contrapuestos latentes en el seno del Consejo de Seguridad, sobre todo entre sus cinco miembros permanentes, lo que constituye un claro obstáculo en la adopción de este tipo de sanciones. También se ha subrayado

---

71 Consejo de Seguridad, *Resolución 1343 (2001)*. Doc. S/RES/1343(2001), 7 de marzo de 2001.

la ausencia en estos casos de una compensación o indemnización para las víctimas[72]. Asimismo, y en un sentido distinto, también se ha criticado la falta de garantías procesales de la que adolece el procedimiento de imposición de sanciones individuales y la frecuente ausencia de un órgano independiente al que acudir para recurrir dichas sanciones[73]. Por último, también se ha remarcado la falta de transparencia de los Comités de Sanciones, sus escasos medios y su excesiva fragmentación, recomendando una parte de la doctrina la unificación de todos ellos en un único Comité[74]. Con todo, a pesar de todas estas críticas, lo cierto es que, *lege lata,* las sanciones del CSNU constituyen prácticamente la única vía de exigencia de responsabilidad (indirecta, en este caso) a las personas jurídicas.

7. ¿EXIGENCIA DE RESPONSABILIDAD AL ESTADO POR VIOLACIONES DEL DERECHO INTERNACIONAL HUMANITARIO A MANOS DE LAS EMPRESAS ARMAMENTÍSTICAS?

Si a lo largo de estas páginas nos hemos focalizado en la posible responsabilidad de las empresas armamentísticas por violaciones del DIH, cabe preguntarse ahora si sería posible exigir responsabilidad al Estado que no adopta medidas contra una empresa domiciliada en el mismo que se dedica a vender armas a otro Es-

---

72 Bismuth, R., *op. cit.*, nota 32, p. 218.

73 Santos Vara, J. "Las sanciones del Consejo de Seguridad contra Al-Qaida y los talibanes: ¿es posible lograr un equilibrio entre seguridad y derechos humanos?". En Escobar Hernández, C. (Dir.) *Los derechos humanos en la sociedad internacional del siglo XXI. Vol. I.* Colección Escuela Diplomática, n.º 15, Madrid, Ministerio de Asuntos Exteriores y Cooperación, 2009, pp. 293-295

74 Alabrune, F. "La pratique des comités des sanctions du Conseil de Sécurité depuis 1990". *Annuaire français de droit international,* 1991, pp. 278-279. *Apud* Andrés Sáenz De Santa María, P. "Derecho, moral y eficacia… op. cit.", nota 65, pp. 170-171.

tado a sabiendas de que este último está cometiendo violaciones del DIH. A simple vista, este supuesto nos conduce a la noción de "complicidad" en el Derecho Internacional[75], que aparece definida en el artículo 16 del *Proyecto de Artículos sobre responsabilidad del Estado por hechos internacionalmente ilícitos*[76] elaborado por la Comisión de Derecho Internacional (CDI) en 2001. Dicho artículo afirma que:

> "El Estado que presta ayuda o asistencia a otro Estado en la comisión por este último de un hecho internacionalmente ilícito es responsable internacionalmente por prestar esa ayuda o asistencia si: a) Lo hace conociendo las circunstancias del hecho internacionalmente ilícito; b) El hecho sería internacionalmente ilícito si fuese cometido por el Estado que presta la ayuda o asistencia".

Nótese, sin embargo, que dicho precepto solo prevé la existencia de responsabilidad cuando es el propio Estado el que asiste al otro en la comisión de un ilícito internacional, y no cuando lo hace una entidad distinta del Estado, aunque esté radicada en el mismo[77]. Así, según dicho Proyecto, solo se podría exigir responsabilidad al Estado en el caso de que las empresas involucradas en la transferencia de armas al otro Estado fueran públicas o semipúblicas, pero no si se trata de empresas privadas. No obstante, son remarcables los crecientes esfuerzos de algunos Estados y organizaciones no gubernamentales en favor de la aprobación de un instrumento internacional que obligue a los Estados a adoptar las medidas necesarias para impedir que las armas salgan de su territorio cuando se acredite la existencia de un riesgo de que con dichas armas se van a perpetrar violaciones del DIH. Si fructificasen dichos esfuerzos y dicho instrumento, que para sus promotores debería ser un tratado internacional, finalmente se aprobara,

---

75 Boivin, A. "Complicity and beyond: International Law and the transfer of small arms and light weapons". *International Review of the Red Cross*, Vol. 87, n.º 859, September 2005, pp. 468-472.

76 *Proyecto de Artículos sobre Responsabilidad del Estado por hechos internacionalmente ilícitos,* adoptado el 12 de diciembre de 2001.

77 Boivin, A., *op. cit.*, nota 75, p. 470.

es probable que se pudiera exigir responsabilidad al Estado por incumplimiento de dicho tratado[78].

8. CONCLUSIONES

Las empresas armamentísticas están sujetas, como el resto de personas físicas y jurídicas, a las obligaciones que impone el Derecho Internacional Humanitario. Así, no pueden vender armas prohibidas por las normas de esta rama del Derecho Internacional Público ni hacerlo a sabiendas de que sus destinatarios las utilizarán para cometer violaciones de dichas normas. Sin embargo, en el ámbito internacional no existe hoy en día un instrumento vinculante que imponga sanciones a estas empresas por el incumplimiento de dichas obligaciones, dado que el Derecho Internacional Penal, que es la rama del DIP que sanciona el incumplimiento del DIH, no prevé, como regla general, la responsabilidad penal de las personas jurídicas. A modo de alternativa provisional, las sanciones del Consejo de Seguridad, que sí que pueden ser impuestas a las empresas, pueden jugar un papel relevante. Sin embargo, las limitaciones que por su propia naturaleza entrañan dichas sanciones las hacen desaconsejables como solución a largo plazo. Por otra parte, en principio tampoco se puede exigir responsabilidad al Estado por el incumplimiento por parte de dichas empresas de las obligaciones del DIH, ya que la eventual responsabilidad internacional por complicidad prevista en el proyecto de la CDI de 2001 solo operaría respecto de ilícitos cometidos por otros Estados. Tan solo en el caso de que la empresa fuera pública se podría plantear la eventual responsabilidad del Estado por violaciones del DIH cometidas por aquella.

No podemos terminar este capítulo sin remarcar que, en aras de no dejar la imposición coercitiva de estas obligaciones en manos de los ordenamientos internos de cada Estado, urge la incor-

[78] *Ibid.*, pp. 468-469.

poración de la responsabilidad penal de las personas jurídicas en Derecho Internacional Penal. Solo si es posible sancionar en esta rama del DIP a las empresas incumplidoras, las obligaciones para las empresas armamentísticas en materia de DIH podrán devenir realmente vinculantes. Solo de esta forma se podrá poner fin a su impunidad, puesto que, como ya advirtió Hobbes hace más de tres siglos, "los convenios, cuando no hay temor a la espada, son solo palabras"[79].

---

79 Hobbes, T. *Leviatán (I)*. Barcelona, Altaya, 1997, p. 141.

Capítulo VIII

El derecho humano de acceso a la justicia en el contexto de violaciones de derechos humanos relacionados con la venta y el tráfico de armas ilegales en territorio mexicano. Los casos de Smith & Wesson y Heckler & Koch y los normalistas de Ayotsinapa

Joaquín Gonzalez Ibañez*

1. INTRODUCCIÓN

En este capítulo procedemos a examinar el derecho al acceso a la justicia por parte de las víctimas perjudicadas indirecta o directamente por la venta sin control administrativo de armas o como consecuencia del tráfico ilícito internacional de armas.

El acceso a la justicia es un derecho humano que en los sistemas de protección de derechos humanos —tanto internacional como de derecho interno— se erige como un derecho-soporte, es decir, un derecho que faculta y garantiza el efectivo disfrute efectivo de resto de derechos y libertades. Al igual que el derecho a la educación, el reconocimiento, garantía y ejercicio del derecho de acceso a la justicia representa la vía y oportunidad para el efectivo disfrute de otros derechos humanos para que sean efectivos, y permitan reconocer, revertir y sancionar, en su caso, a través del acceso a la justicia aquellos

* Profesor de Derecho Internacional Público de la Universidad Complutense de Madrid (joaqugon@ucm.es).

actos que impidan restrinjan, vulneren o violen el ejercicio de otros derechos. En palabras del Alto Comisionado de Derechos Humanos:

> "El acceso a la justica representa una dimensión esencial de todo Estado democrático de derecho; sin embargo, en la práctica muchas personas se enfrentan a situaciones de desigualdad y discriminación que lo obstaculicen"[1].

Si bien, este derecho ha sido desarrollado por el Derecho Internacional de los Derechos Humanos, y México ha ratificado los tratados más relevantes en este ámbito, el acceso efectivo a la justicia está caracterizado por el contexto de desigualdad y discriminación que merman e imposibiliten el efectivo ejercicio de este. Además, como se desarrollará más adelante, existe una interrelación entre el derecho de acceso a la justicia, y el derecho a tener acceso a un recurso efectivo, la igualdad ante la ley, un juicio justo y reparación. Al respecto, la jurisprudencia de la Corte Interamericana ha profundizado con gran detenimiento sobre estos asuntos.

El acceso a la justicia es un derecho humano cuya responsabilidad corresponde al Estado mexicano y existe una obligación de todos los estados de la federación de reconocer, proteger y garantizar el derecho humano a la justicia en el marco de las graves violaciones de derechos humanos que pudieran cometerse en territorio mexicano con armas de fuego, relacionado con el ejercicio de control derivado de sus competencias soberanas.

2. ESTADO DE DERECHO EN MÉXICO, IMPUNIDAD Y ACCESO A LA JUSTICIA

En su clásico trabajo escrito durante la dictadura franquista, *Estado de derecho y sociedad democrática*[2], el profesor Elías Díaz fir-

---

1 Alto Comisionado de Derechos Humanos-América del Sur, "El derecho humano de acceso a la justicia", 2021, disponible en: https://acnudh.org/load/2021/11/18-El-derecho-humano-de-acceso-a-la-justicia.pdf (Fecha de consulta: 01/07/2023).

2 Elías Díaz, *Estado de derecho y Sociedad democrática*, Taurus, Madrid, 2010.

mó que el elemento cualitativo que separa el mero principio de legalidad, del sistema inspirado en el reconocimiento y respeto de los derechos humanos es el denominado *Estado de derecho.*[3] Ese preciso imperio de la Ley, para que se identifique con el Estado de derecho, debe ser un marco normativo cualitativo resultado de la expresión de la voluntad popular, es decir, del conjunto de ciudadanos libres y soberanos que deciden sobre su futuro en un marco de representación democrática. El Estado de derecho presenta unas directrices para la búsqueda de la Justicia en el marco de estándares internacionales de derechos humanos y mantiene su enfoque en la necesidad de combatir la injusticia y luchar contra la impunidad. Además, el marco jurídico político se basa en la separación de poderes y en la fiscalización de la Administración, del Ejecutivo, del Gobierno y "la constante lucha contra las inmu-

---

3 El magistrado británico Thomas Bingham en una conferencia en el Center for Public Law de la Universidad de Oxford, enumeró ocho principios que definen la propia existencia del concepto de Estado de derecho: a) el Derecho deberá ser accesible y, en la medida de lo posible, inteligible, claro y predecible. B) Las cuestiones de derechos y responsabilidades jurídicas deberían resolverse mediante la aplicación de la ley y no mediante el ejercicio de la discreción. C) El Derecho debería aplicarse a todos de manera igualitaria, excepto que existan diferencias objetivas que justifiquen un tratamiento diferente. D) El Derecho deberá proporcionar la protección de los derechos humanos. E) Se deberán proporcionar los medios para resolver, sin costes ni retrasos injustificados, las disputas civiles de buena fe, que las partes sean incapaces de resolver por sí mismas. F) Los funcionarios públicos y los jueces de todos los niveles deberán ejercer los poderes que les han sido otorgados de manera razonable, de buena fe, con la finalidad para la que les fueron otorgados y sin exceder los límites de dichos poderes. G) Los procedimientos judiciales y complementarios deberán ser justos e independientes. H) Los Estados deberán cumplir con sus obligaciones de Derecho Internacional. Véase The Rt. Hon Lord Bingham of Cornhill KG, House of Lords, Conferencia del 16 de noviembre de 2006, transcripción del texto original completo accesible en: www.cpl.law.cam.ac.uk/past_activities/ the_rule_of_law_text_transcript.php; publicado también en Bingham, "The Rule of Law", *Cambridge Law Journal 67, 69,* Cambridge 2007.

nidades del poder". [4] Todo ese esfuerzo está dirigido y debe servir para recrear un espacio de dignidad, oportunidad y cohesión social que proteja y haga efectiva la realización de los derechos humanos.

El Estado mexicano aparece referenciado en los tres principales índices de la calidad de la democracia[5] y, en especial, en lo referente a la efectividad de la protección de derechos humanos y

---

4 Joaquín González Ibáñez, "Objetivos de la Justicia Transicional: una reflexión desde la perspectiva del Estado de Derecho Internacional", en *Cuestiones de Derecho Internacional, Derechos Humanos y Objetivos de Desarrollo Sostenible,* Direc. Javier López de Goicoechea y Joaquín González Ibáñez, coord. Jorge Rodríguez Rodríguez, Tirant Lo Blanch, Valencia, 2021, págs. 171.

5 Los tres más reputados índices, *Freedom House, Our world in data* de la Universidad de Oxford, y el *Democracy Index* de *The Economist,* señalan una tensión de amenaza a los sistemas democráticos y el Estado de derecho. En particular, The Economist, "Democracy Index 2022. Frontline democracy and the battle for Ukraine", 2023, señala que del total de los 167 países objeto de análisis en 2022, 24 de ellos (14,4%) son democracias plenas, 48 (28,7%) son países con regímenes democráticos pero con específicas palmarias carencias institucionales democráticas, 36 (21,6%) son considerados regímenes híbridos o "democracias formales iliberales" o "pseudodemocracias", y 59 países (35,3%) constituyen el grupo más importante, considerándose dictaduras o regímenes autoritarios. México aparece con una calificación de 5.1 sobre 10 en el *Democracy Index* de la Universidad de Oxford, Disponible en: https://ourworldindata.org/grapher/democracy-index-eiu. En el Informe Freedom House publicado en 2024 se reseña a México como uno de los países cuya seguridad, libertad e instituciones democráticas se encuentran en seria amenaza: "Notable threats to freedom in 2023. In addition to the problems of electoral manipulation and armed conflict, the following threats frequently affected specific freedoms—or the freedoms of specific groups—over the course of the year. Organized crime groups menaced democratic institutions, security, and freedom. (...) Incidents of violent crime, kidnapping, and extortion also spread across Mexico, where an important presidential election is scheduled for June", p. 29, disponible en: https://freedomhouse.org/sites/default/files/2024-02/FIW_2024_DigitalBooklet.pdf

calidad del Estado de derecho, México se sitúa en un espacio análogo a los regímenes no democráticos.[6] La causa fundamental es la vigencia de un estado de impunidad inmanente al contexto de violencia exclusión, inequidad y pobreza.[7] En México, los datos sobre impunidad de la responsabilidad de los perpetradores de delitos graves como asesinatos, torturas y desapariciones forzadas informan que en torno al 90 % de estos delitos restan impunes:

> "A pesar del reconocimiento que el gobierno mexicano ha hecho de esta situación y de las medidas que se han tomado para enfrentarla, la realidad nos muestra que las violaciones de derechos humanos y una falta de respuesta adecuada de parte de las instituciones de procuración y administración de justicia, siguen siendo la regla y no la excepción".[8]

---

6 En relación con el Estado de derecho, el informe de octubre de 2023 de *The World Justice Project* "The worl justice Project" ocupa a nivel regional el 27 de 32 Estados y puesto 116 de 142 en el Índice Global de Estado de Derecho. Disponible en https://worldjusticeproject.mx/indice-de-estado-de-derecho-en-mexico/

7 Precisamente las características del actual Estado de derecho de México en 2024 constituye una imagen asimétrica del fin del Estado de derecho de acuerdo con "Todo entendimiento del Estado de derecho comparte tres objetivos o valores: sirve para proteger a la gente de la anarquía; para permitir a las personas planificar sus asuntos con confianza al conocer las consecuencias legales de sus acciones; y para proteger a la gente del ejercicio arbitrario del poder por parte de los poderes públicos". R. H., Fallon, "The Rule of Law, as a Concept in International Discourse", *Columbia Law Review*, vol. 97 I, núm. 7, 1997; STROMSETH, J., WIPPMAN, D., BROOKS, R. *Can Might Make Rights? Building the Rule of Law after Military Interventions*, Cambridge UP, 2006, p. 57.

8 Ver Due Process of Law Foundation, "Impunidad y graves violaciones de derechos humanos en México", p. 2, disponible en: https://www.dplf.org/sites/default/files/aportes_21_espanol.pdf
La organización de la sociedad civil Comisión Mexicana de Defensa y Promoción de los Derechos Humanos, A.C. (CMDPDH) señaló en el informe de 2022 titulado "Acceso a la Justicia en México. La constante Impunidad en Casos de Violaciones a Derechos Humanos» en el que indica que "en México la impunidad alcanza niveles superiores al 98%, siendo que tan sólo alrededor de 1.5% del total de las denuncias pre-

En su informe de 2022 la Comisión Interamericana de Derechos Humanos en relación con el acceso a la justicia señaló que México debía incorporar

> "(...)en la investigación de graves violaciones de derechos humanos, con una visión integral, protocolos específicos y la adopción de criterios técnico-profesionales, y no políticos, en la atracción de investigaciones por la federación".[9]

3. CRIMINOLOGÍA Y CONTEXTO ESPECIAL SOCIOLÓGICO DE MÉXICO EN EL DERECHO DE ACCESO A LA JUSTICIA. MARCO CONSTITUCIONAL

Se podría deducir que el derecho al acceso a la justicia quizás estaría siendo rebasado, entre otras razones, por dos situaciones extraordinarias en el presente periodo de la historia contemporánea de México en el siglo XXI: a) la situación de desaparición forzada de un número de personas sin precedentes y b) la presencia de personas vulnerables en su condición de personas migrantes en el territorio mexicano, en su mayoría en tránsito hacia Estados Unidos.

Aunque las mismas tienen orígenes complejos, en ambos escenarios se podrían considerar también como hechos originados por el uso de la venta y tráfico de armas y el uso de estas para la comisión de actos ilícitos que comportan graves violaciones de derechos humanos. En efecto, en relación con las desapariciones forzadas, desde 2006, México vive una crisis de violencia a raíz de

---

sentadas (se estima un 20% del total de los delitos cometidos) llegan ante un juez." Disponible en https://cmdpdh.org/2022/12/15/acceso-a-la-justicia-en-mexico-la-constante-impunidad-en-casos-de-violaciones-a-derechos-humanos-2/

9 CIDD, Informe Anual Comisión Interamericana de derechos humanos, Capítulo V: Seguimiento de recomendaciones formuladas por la CIDH en sus informes de país o temáticos: México, Washington DC, 2022, p. 1212, disponible en https://www.oas.org/es/cidh/docs/anual/2022/capitulos/14-IA2022_Cap_5_MX_ES.pdf

una estrategia fallida de lucha contra el narcotráfico, que dejó miles de casos de desaparición y ejecución, igualmente, asociada con el tráfico de armas.

Hasta el 26 de octubre de 2021, el Registro Nacional de Personas Desaparecidas o no Localizadas reportó 84.253 personas desaparecidas en territorio mexicano. La crisis de los servicios forenses en México ha llevado a la existencia de 38.891 cuerpos sin identificar entre 2006-2019. Además, se produce la conjunción de estructuras transnacionales de crimen organizado que conduce a la desaparición de migrantes por dichos actores no estatales. No obstante, estos delitos se producen con participación directa o indirecta de autoridades, y por tanto deben ser clasificados como desapariciones forzadas y no como secuestros.

La Constitución de México, en su artículo primero, recoge la normativa internacional en materia de derechos humanos y consagra principios que concretan la efectiva protección de todos los derechos, para todas las personas, amparando asimismo la garantía de protección "para quien se encuentre en nuestro territorio, inclusive de paso"[10].

El mandato de respeto, protección y garantía de los derechos humanos se consagra en el artículo 1 de la Constitución:

> "Artículo 1. En los Estados Unidos Mexicanos todas las personas gozarán de los derechos humanos reconocidos en esta Constitución y en los tratados internacionales de los que el Estado Mexicano sea parte, así como de las garantías para su protección, cuyo ejercicio no podrá restringirse ni suspenderse, salvo en los casos y bajo las condiciones que esta Constitución establece.

---

10 SCJN., "Presentación del Protocolo de actuación para quienes imparten justicia en casos que afecten a personas migrantes y sujetas de protección internacional", 30 septiembre 2013, disponible en: https://www.scjn.gob.mx/derechos-humanos/sites/default/files/protocolos/archivos/2021-06/Protocolo%20para%20juzgar%20casos%20que%20involucren%20personas%20migrantes.pdf (Fecha de consulta: 01/07/2023).

> Las normas relativas a los derechos humanos se interpretarán de conformidad con esta Constitución y con los tratados internacionales de la materia favoreciendo en todo tiempo a las personas la protección más amplia.
>
> Todas las autoridades, en el ámbito de sus competencias, tienen la obligación de promover, respetar, proteger y garantizar los derechos humanos de conformidad con los principios de universalidad, interdependencia, indivisibilidad y progresividad. En consecuencia, el Estado deberá prevenir, investigar, sancionar y reparar las violaciones a los derechos humanos, en los términos que establezca la ley [...]"[11].

De acuerdo con la Constitución, las competencias para proteger los derechos humanos corresponden a los órganos de representación de la soberanía popular mexicana de acuerdo con el artículo 41 de su Constitución:

> "El pueblo ejerce su soberanía por medio de los Poderes de la Unión, en los casos de la competencia de éstos, y por los de los Estados y la Ciudad de México, en lo que toca a sus regímenes interiores, en los términos respectivamente establecidos por la presente Constitución Federal y las particulares de cada Estado y de la Ciudad de México, las que en ningún caso podrán contravenir las estipulaciones del Pacto Federal. [...]
>
> El marco de desarrollo normativo interno debe estar fundado en los principios, estándares y obligaciones internacionales asumidas por el Estado mexicano en relación con el acceso a la justicia. [...]".

En el sistema jurídico de México, el derecho al acceso a la justicia aparece reconocido en diversos tratados y, en el Derecho Internacional del hemisferio occidental, la *Convención Americana sobre Derechos Humanos* en su artículo 8, primer párrafo afirma:

> "Toda persona tiene derecho a ser oída, con las debidas garantías y dentro de un plazo razonable, por un juez o tribunal competente, independiente e imparcial, establecido con anterioridad por la ley, en la sustanciación de cualquier acusación penal formulada contra ella, o para la determinación de sus derechos y obligaciones de orden civil, laboral, fiscal o de cualquier otro carácter [...]."

---

11 *DOF 10-06-2011*, Párrafo reformado.

El acceso a la justicia, en su interpretación más integral, aparece complementado y desarrollado por el derecho a un recurso efectivo, consagrado en el artículo 25 de la Convención Americana sobre Derechos Humanos que obliga a los Estados a establecer en su legislación recursos judiciales sencillos, rápidos y efectivos contra violaciones de derechos humanos. Mecanismos que, además, deben ser accesibles para todas las personas, sin importar si son nacionales o extranjeras, regulares o irregulares[12].

El derecho de acceso a la justicia en condición de igualdad y sin discriminación aparece contenido en la *Declaración Universal de los Derechos Humanos*[13] (artículo 6-11), así como los tratados internacionales que desarrollan este derecho. Entre los tratados suscritos por el Estado mexicano, que específicamente desarrollan el derecho al acceso a la justicia se encuentran a) la *Convención Internacional sobre la Eliminación de todas las Formas de Discriminación Racial* (artículos 5 y 6)[14]; el *Pacto Internacional de Derechos Civiles y Políticos* (artículos 2, 9, 14 y 26)[15]; la *Convención sobre la Eliminación de todas las Formas de Discriminación contra la Mujer* (artículos 2 y 15)[16]; la *Convención contra la Tortura y Otros Tratos o Penas Crueles,*

---

12 Corte IDH, *Condición jurídica y derechos de los migrantes indocumentados.* Opinión Consultiva OC-18/03, de 17 de septiembre de 2003. Serie A Nº. 18, párrafos 122–126.

13 *Declaración Universal de Derechos Humanos,* adoptada por la Asamblea General de las Naciones Unidas el 10 de diciembre de 1948, Resolución 217 A (III).

14 *Convención Internacional sobre la Eliminación de todas las Formas de Discriminación Racial,* adoptada el 21 de diciembre de 1965 y en vigor 04 de enero de 1969, ratificada por México el 20 de febrero de 1975.

15 *Pacto Internacional de Derechos Civiles y Políticos,* adoptado el 16 de diciembre de 1966 y en vigor el 23 de marzo de 1976, ratificado por México el 23 de marzo de 1981.

16 *Convención sobre la Eliminación de todas las Formas de Discriminación contra la Mujer,* adoptada el 18 de diciembre de 1979 y en vigor 03 de septiembre de 1981, ratificada por México el 23 de marzo de 1981.

Inhumanos o Degradantes (artículos 13 y 14)[17]; la *Convención sobre los Derechos del Niño* (artículos 12, 23, 37 y 40); la *Convención Internacional sobre la Protección de los Derechos de todos los Trabajadores Migratorios y de sus Familiares* (artículos 16-20)[18]; la *Convención sobre los Derechos de las Personas con Discapacidad* (artículos 12 y 13)[19]; y la *Convención Internacional para la Protección de todas las Personas contra las Desapariciones Forzadas* (artículos 24)[20].

4. ACCESO A LA JUSTICIA EN EL DERECHO INTERNACIONAL Y SU DESARROLLO POR EL COMITÉ DE DERECHOS HUMANOS DE LAS NACIONES UNIDAS

El Comité de Derechos Humanos ha manifestado que los Estados deben garantizar que todas las personas dispongan de recursos accesibles y efectivos para reivindicar sus derechos civiles y políticos, y exigir reparaciones en caso de ser violados. El Comité ha señalado que los recursos deben tomar en consideración a la vulnerabilidad especial de ciertos grupos de personas, en particular a los niños, niñas y adolescentes, entre otros[21].

En esta misma línea de argumentación, con posterioridad el Comité amplió y clarificó alguno de los aspectos en que las par-

---

17 *Convención contra la Tortura y Otros Tratos o Penas Crueles, Inhumanos o Degradantes,* adoptada el 10 de diciembre de 1984 y en vigor 26 de junio de 1987, ratificada por México el 23 de enero de 1986.

18 *Convención Internacional sobre la Protección de los Derechos de todos los Trabajadores Migratorios y de sus Familiares,* adoptada el 18 de diciembre de 1990 y en vigor el 01 de julio de 2003, ratificada por México el 8 de marzo de 1999.

19 *Convención sobre los Derechos de las Personas con Discapacidad,* adoptada el 13 de diciembre de 2006 y en vigor 03 de mayo de 2008, ratificada por México el 17 de diciembre de 2007.

20 *Convención Internacional para la Protección de todas las Personas contra las Desapariciones Forzadas,* adoptada el 20 de diciembre de 2006 y en vigor el 23 de diciembre de 2010, ratificada por México el 18 de marzo de 2008.

21 Observación General Nº. 31, ICCPR, de 2004.

tes en los procedimientos en cuestión sean tratadas sin discriminación alguna, gozando una igualdad veraz de acceso a la corte como igualdad de medios procesales, sin que las personas sean discriminadas o restringidas en sus derechos su etnicidad, color, sexo, idioma, religión, opinión política o de otra índole, origen nacional o social, posición económica, nacimiento u otra condición. El Comité señaló que:

> "el derecho de acceso a los tribunales y cortes de justicia y a la igualdad ante ellos no está limitado a los ciudadanos de los Estados, sino que deben poder gozar de el todas las personas, independientemente de la nacionalidad o de la condición de apátrida, como los demandantes de asilo, refugiados, trabajadores migratorios, niños y niñas no acompañados y otras personas que puedan encontrarse en el territorio o sujetas a la jurisdicción del Estado"[22].

Asimismo, el Comité ha destacado que los Estados deben proveer asistencia a las personas que enfrentan un proceso legal con el fin de asegurar la igualdad de medios procesales:

> "Se alienta a los Estados a proporcionar asistencia letrada gratuita también en otros casos, cuando las personas carezcan de medios suficientes para pagarla. En algunos casos, pueden estar incluso obligados a hacerlo"[23].

De un modo extraordinario, el Comité ha significado que:

> "en casos excepcionales, también puede exigir que se ofrezca gratuitamente la asistencia de un intérprete en los casos en que, sin él, una parte desprovista de medios no pueda participar en el proceso en pie de igualdad y no puedan ser interrogados los testigos presentados por ella"[24].

Por otra parte, el Comité de Derechos Económicos, Sociales y Culturales ha afirmado que estos:

---

22 Observación General N°. 32, ICCPR, de 2007, párr. 9.

23 Observación General N°. 32, ICCPR, de 2007, párr. 10.

24 *Ibid*, párr. 13.

"han de ser reconocidos en el ordenamiento jurídico interno a través de los medios adecuados; las personas individuales o los grupos agraviados han de disponer de medios adecuados de reparación, o de recurso, y se han de establecer mecanismos adecuados para garantizar la responsabilidad de los gobiernos"[25].

La especial situación de vulnerabilidad de las mujeres en el acceso al derecho a la justicia ha sido reseñada por el Comité para la Eliminación de la Discriminación, obligación de los Estados de identificar y eliminar los obstáculos, tanto sociales y culturales como legales y políticos, que impiden a las mujeres el ejercicio de sus derechos y obstaculicen su acceso a la justicia. Entre los impedimentos, el Comité señala:

"los estereotipos de género, las leyes discriminatorias, los procedimientos interseccionales o compuestos de discriminación y las prácticas y los requisitos en materia probatoria, y al hecho de que no ha asegurado sistemáticamente que los mecanismos judiciales son física, económica, social y culturalmente accesibles a todas las mujeres. Todos estos obstáculos constituyen violaciones persistentes de los derechos humanos de las mujeres"[26].

5. ACCESO A LA JUSTICIA Y PERSONAS MIGRANTES EN SITUACIÓN DE VULNERABILIDAD

Los grupos humanos migrantes con especial vulnerabilidad en relación con el ejercicio del derecho de acceso a la justicia —teniendo presente la situación mencionada más arriba de alarma por el número de personas desaparecidas y la de crisis migratoria en México— está comprendido por solicitantes de asilo, migrantes indígenas, mujeres, niños, niñas y personas adolescentes y extranjeros.

---

25 Observación General N°. 9, ICESCR, de 1998, párr. 2.

26 Recomendación General N°. 33 de 2015 la párr. 4.

El Relator de Naciones Unidas de personas migrantes, Don Felipe González Morales, ha subrayado la condición inherente de la migración desde los inicios de intercambios culturales de la humanidad, y que las personas e instituciones que trabajan en la garantía y prestación del acceso a la justicia desempeñan un trabajo estructural de mantenimiento de las condiciones básicas de dignidad y amparo de derechos:

> "[...]los y las impartidoras de justicia tienen un papel fundamental, ya que, garantizando su independencia, pueden contrarrestar dichas políticas y garantizar que las personas migrantes gocen de manera efectiva de sus derechos"[27].

En relación con la falta de eficacia de las respuestas institucionales destacan las limitaciones de familiares de personas migrantes desaparecidas en la ruta migratoria, las cuales encuentran, también, dificultades en su recurso a la justicia. Por ejemplo, en México, la falta de denuncia y de un mecanismo de respuesta coordinada entre México y los países de origen de las personas migrantes desaparecidas impide una estimación de la magnitud del fenómeno, aunque se cree que es masiva y suscitado la creación de comités de familiares de migrantes desaparecidos en El Salvador, Guatemala, Honduras, México y Nicaragua[28].

Especialmente para los migrantes, que han sido objeto de delitos contra su persona, el problema más acuciante está representado por la traba ordinaria de su reconocimiento formal como víctimas:

> "la identificación de la condición de víctima constituye el primer paso para poder acceder a la justicia, resulta difícil debido a la falta de conocimientos especializados de las autoridades, la falta de

27 AAVV, Felipe González Morales, "Acceso a la justicia de las personas migrantes, refugiadas y otras, sujetas de protección internacional en las Américas, Comité de Naciones Unidas de Migrantes, y Comité Internacional de la Cruz Roja", México, 2021, p. 17.

28 *Ibid*, p. 18.

conciencia de estos y del público en general, y las deficiencias de las instituciones y servicios que proporcionan asistencia"[29].

En relación con los niños, niñas y adolescentes privados de libertad, la *Convención sobre los Derechos del Niño*[30] afirma el derecho a un pronto acceso a la asistencia jurídica y a otra asistencia adecuada, y el derecho a un juez imparcial (art. 37). El Comité de Derechos del Niño ha establecido que una de las primeras obligaciones del Estado respecto a los menores no acompañados y separados de su familia fuera de su país de origen debe ser el nombramiento de un tutor, asesor y representante legal a la brevedad y la creación de:

"unidades especializadas en la policía, la judicatura, el sistema judicial y la fiscalía, y la disponibilidad de defensores especializados u otros representantes encargados de prestar al menor asistencia jurídica [...] El primer paso para poder aplicar leyes y políticas de protección de menores es su identificación como tales"[31].

Este derecho de acceso a la justicia, de acuerdo con el profesor Beristaín, requiere de un proceso de acompañamiento con un enfoque psicosocial entendido como:

"El proceso de acompañamiento individual, familiar o comunitario orientado a hacer frente a las consecuencias del impacto traumático de las violaciones de derechos humanos y promover el bienestar, apoyo emocional y social a las víctimas, estimulando el desarrollo de sus capacidades"[32].

---

29 *Ibid*, p. 19.

30 *Convención sobre los Derechos del Niño*, adoptada el 20 de noviembre de 1989 y en vigor 02 de septiembre de 1990.

31 Comité de Derechos del Niño, *Observación General No. 10 (2007) sobre los derechos del niño en la justicia de menores*, párr. 92. En este sentido, véase las opiniones consultivas de la Corte Interamericana de Derechos Humanos *sobre condición jurídica y derechos humanos del niño* (OC-17/2002 de 28 de agosto de 2002) y *sobre derechos y garantías de niñas y niños en el contexto de la migración y/o en necesidad de protección internacional* (OC-21/14 de 19 de agosto de 2014).

32 Beristaín, C., *Acompañar los procesos con las víctimas. Atención psicosocial en las violaciones de derechos humanos*, Programa promoción de la conviven-

El derecho al acceso a la justicia se articula, tras el reconocimiento de la legitimación procesal a un recurso efectivo, sobre la obligación de los Estados a establecer en su legislación recursos judiciales sencillos, rápidos y efectivos contra violaciones de derechos humanos. Mecanismos que, además, deben ser accesibles para todas las personas, sin importar si son nacionales o extranjeras, regulares o irregulares[33].

Para los migrantes que no hablan el idioma del lugar donde se produce la violación, implica que los Estados deben garantizar asistencia jurídica técnica gratuita a personas migrantes si no pueden pagarla por sus propios medios, con especial prestación en los procedimientos.

En todo caso, con esta breve aproximación a la materia, lo que se quiere destacar es que, considerando la multiplicidad de víctimas, causadas directa o indirectamente por la venta de armas, en especial la venta indiscriminada o sin control, hace necesario realizar una evaluación caso por caso para determinar si las normativas internas de los Estados protegen a las víctimas ante tales situaciones. De cualquier manera, se hace necesario que los Estados cuenten con una normativa tanto civil, como penal, así como administrativas que permitan a las víctimas solicitar el establecimiento de las responsabilidades surgidas, tanto directas como indirectas, en virtud de la venta descontrolada, así como ilegal de la venta de armas.

---

cia, PNUD, 2012. Véase también: Antillón, X. (coord.), *La atención a víctimas de violaciones a los derechos humanos con enfoque psicosocial*, CDH-DF, México, 2012.

33 Corte IDH, *Condición jurídica y derechos de los migrantes indocumentados*, Opinión Consultiva OC-18/03 de 17 de septiembre de 2003. Serie A N°. 18, párrs. 122-126.

6. CONSIDERACIONES A UNA PROPUESTA DE 'RECURSOS IDÓNEOS' PARA GARANTIZAR EL ACCESO A LA JUSTICIA DE LAS VÍCTIMAS DE VIOLENCIA PERPETRADA CON ARMAS COMERCIALIZADAS SIN EL DEBIDO CUIDADO

El Modelo Integral de Atención a Víctimas de México (MIAV) contenido en la *Ley General de Víctimas*,[34] el *Reglamento de desarrollo*,[35] y el *Estatuto de la Comisión de atención a víctimas*[36] conforman el conjunto de procedimientos, acciones y principios fundamentales para brindar asistencia, ayuda inmediata, atención, protección y reparación integral a las víctimas del delito y de violaciones a derechos humanos[37]. Todo el sistema sitúa en el centro del proceso y de la acción de asistencia legal a la víctima; su objetivo es evitar y prevenir la victimización secundaria.[38] La Comisión Ejecutiva de Atención a Víctimas (CEAV), —última institución creada en septiembre de 2014 y actualmente operativa— se desempeña como ente rector jurídico que unifica la asistencia al resto de entes de la federación mexicana con un Fondo de Ayuda, Asistencia y Reparación Integral.

Este marco jurídico está inspirado en los *Principios y Directrices Básicos de Naciones Unidas sobre el Derecho de las Víctimas de Violaciones de graves Derechos Humanos* de 2005. Este perfeccionamiento del

---

34 Estados Unidos Mexicanos, *Ley General de Víctimas*, de 9 de enero de 2013.

35 Estados Unidos Mexicanos, *Reglamento de la Ley General de Víctimas*, de 28 de noviembre de 2014.

36 *Estatuto Orgánico de la Comisión Ejecutiva de Marco normativo Atención a Víctimas*, de 30 de mayo de 2022.

37 También es de reseñar por la innovación específica que represente en derechos humanos la *Ley Nacional de Mecanismos Alternativos de Solución de Controversias en Materia Penal*, 29 de diciembre de 2014.

38 Gobierno de México, "Eje Rector Políticas Públicas, Capacitación e Investigación", disponible en: http://www.ceav.gob.mx/politicas-publicas-capacitacion-e-investigacion/ (Fecha de consulta: 01/07/2023).

ordenamiento jurídico mexicano se ha caracterizado por una mayor amplitud y consagración del estatuto jurídico de las víctimas en el contexto del sistema de protección de derechos humanos del sistema interamericano, lo que ha permitido llevar a nominarle como sistema regional 'pionero'[39].

Asimismo, la función transversal y competencia federal de la Comisión Nacional de Derechos Humanos de México ha impulsado y catalizado la conclusión de un marco jurídico fundado en el principio *pro persona*, la interpretación judicial indicada en la Constitución, así como en los diferentes convenios internacionales de los que el Estado Mexicano es parte. Además, el marco normativo e institucional de protección de la víctima arriba reseñado ha promovido la creación del juez de control, la creación de juicios orales, y la ampliación de derechos de las víctimas y personas imputadas en el proceso penal. El proceso de asistencia jurídica a víctimas implica la obligación de asistir a la víctima y la obligación de investigar, no como una obligación de resultado, sino de medios. Esto significa, que las instituciones mexicanas, tomando como referencia este marco de estándares internacionales, deben tratar de lograr el esclarecimiento de los hechos y determinar la responsabilidad de los eventuales perpetradores. La Corte Interamericana de Derechos Humanos lo ha manifestado en su jurisprudencia sentencia de 27 de noviembre de 2012, en el *Caso Castillo González y otros vs Venezuela*:

> "151. La Corte ha señalado en su jurisprudencia reiterada que "el deber de investigar es una obligación de medios y no de resultado, que debe ser asumida por el Estado como un deber jurídico propio y no como una simple formalidad condenada de antemano a ser infructuosa, o como una mera gestión de intereses particulares". La investigación debe caracterizarse por ser "seria, imparcial [...] efectiva [...] y [estar] orientada a la determinación de la verdad y a la persecución, captura, enjuiciamiento y even-

39 López Martín, A.G., "Los derechos de las víctimas de violaciones manifiestas de Derechos Humanos en Derecho Internacional", *Anuario Jurídico y Económico Escurialense*, XLVII, 2014, 133-162, p. 160.

tual castigo de los autores de los hechos". Aplica la obligación a "cualquiera sea el agente al cual pueda eventualmente atribuirse la violación, aun los particulares, pues, si sus hechos no son investigados con seriedad, resultarían, en cierto modo, auxiliados por el poder público, lo que comprometería la responsabilidad internacional del Estado"[40].

Por tanto, el marco jurídico del Estado mexicano pareciese gozar, *prima facie*, de las instituciones y desarrollo normativo para garantizar el acceso a la justicia de las víctimas de violencia perpetrada con armas comercializadas sin el debido cuidado.

No obstante, el marco factual condiciona la aplicación efectiva del ordenamiento jurídico, y nos conduce a formular las siguientes observaciones:

a) Políticas de gobierno y ausencia de políticas de Estado

El sistema federal mexicano ha mostrado múltiples actores de seguridad (Armada, Policía Federal, de los Estados, policía municipal, grupos voluntarios de unidades de protección civil) que actúan para prevenir, reprimir, y sancionar los grupos violentos en el ámbito del narcotráfico y trata de personas. Sin embargo, el diseño de las políticas de seguridad ha sido siempre adoptado por los gobiernos de diverso signo, de acuerdo con la visión táctica de los diferentes presidentes. La política de protección de víctimas, en el marco de las políticas de seguridad, se ha caracterizado por la ausencia de políticas de Estado, excepto la continua cooperación, asistencia e intervención de Estados Unidos. Sería de especial importancia la creación de políticas de Estado en el medio plazo, cuyo objeto principal fuera la articulación de un sistema eficaz de garantía de medios institucionales, recursos humanos y cooperación nacional e internacional que incida en la protección de las personas más vulnerables.

---

40 Corte IDH, *Caso Castillo González Vs Venezuela*. Sentencia 27 de noviembre de 2012. Serie C N°. 256.

b) La Prevención: elemento vertebrador

La creación en 2021 de una Comisión de la Verdad para cumplir las funciones de investigación, seguimiento, fiscalización, proposición y emisión de informes relacionados con los hechos de violaciones graves representa una gran iniciativa de acceso a la verdad, la justicia y reparación por medios no jurisdiccionales. No obstante, en la práctica, el esfuerzo debería centrarse en la prevención y protección de víctimas. Esto implica que la educación y políticas públicas efectivas, siempre resultan a medio y largo plazo el único medio para evitar la comisión sistémica de graves violaciones de derechos humanos y en el caso que nos ocupa, cómo garantizar acceso a la justicia de las víctimas de violencia perpetrada con 'armas' comercializadas sin el debido cuidado.

c) Solvencia material y técnica en la carrera policial

Sin la ausencia de una carrera profesional con un estatuto público de garantías como servidor público de la policía estatal o federal, que incluya un marco profesional con la remuneración, formación, protección de seguridad social y pensión que constituyan un medio de vida autónomo, digno y proporcional a las necesidades de vida personal y familiar, cualquier cuerpo policial con competencia de asistencia a víctimas tendrá siempre fallas, inconsistencia y una alta vulnerabilidad, lo que conllevará al incumplimiento sistemático de los objetivos que señala la *Ley de Víctimas.*

La solvencia del policía debe ser técnica, ética y al mismo tiempo financiera para desarrollar un proyecto de vida autosuficiente. La ausencia de un formato veraz y eficaz que proporcione autonomía, profesionalidad e independencia en el desempeño de sus funciones policiales es un grave obstáculo para la consecución de un sistema eficaz de protección de víctimas.

d) Eficiencia y eficacia de la responsabilidad del juez de control

El juez de control, creado tras la reforma constitucional de 2008 y su ulterior desarrollo legislativo, es la autoridad que ejerce la función jurisdiccional en el marco del procedimiento acusatorio y vela por el respeto de los derechos de la víctima y del imputado. Además, fiscaliza las actuaciones del ministerio público y del Defensor y vela para que sean conforme a derecho. El Juez de Control supervisa la detención de personas, verifica la formulación de la imputación, supervisa las medidas cautelares y participa en la fase probatoria del proceso.

Por el momento, se ha dado a conocer que el Estado mexicano no ha facilitado y dotado con un presupuesto específico que aumente el número de jueces de control, así como la calidad y medios de las sedes del juez de control, que permita, entre otras acciones, tener acceso directo al registro de armas ilegales con las que se cometen graves violaciones derechos humanos en México. Sería de interés que la práctica procesal permitiera —desde la *praxis* del juez de control— crear los protocolos y las buenas prácticas específicas para garantizar el acceso a la justicia de las víctimas de violencia perpetrada con armas comercializadas sin el debido cuidado.

7. ACCESO A LA JUSTICIA, RESPONSABILIDAD DE LA GARANTÍA AL DERECHO A LA JUSTICIA Y EL PROCESO DE MÉXICO V. *SMITH & WESSON* Y LOS NORMALISTAS DE AYOTSINAPA Y EL ARMAMENTO *HECKLER & KOCH*

Por último y para contextualizar una dimensión especial del Estado de México en la garantía del derecho del acceso a la justicia, reseñamos brevemente por su relevancia en la negación del acceso a la justicia dos casos relevantes vinculados con el tráfico de armas ilegales. El primero de *Smith & Wesson*, sobre ventas en origen e importación ilegal desde Estados Unidos, y el segundo en relación con la importación legal de armas en México de la empresa alemana *Heckler & Koch*, pero con un uso prohibido por parte el Estado mexicano, y que condujo a la desaparición de 43 estudiantes normalistas de Ayotsinapa, en el estado de Guerrero.

7.1. Smith & Wesson

El 4 de agosto de 2021 México, por medio de la demanda presentada por la Secretaría de Relaciones Exteriores, denunció en un proceso civil en Estados Unidos la responsabilidad de varios fabricantes vinculados al grupo industrial *Smith & Wesson* y sus correspondientes distribuidores de armas estadunidenses, con el argumento de que sus prácticas comerciales eran "negligentes" y provocaban gran derramamiento de sangre en México.[41]

El recurso fue presentado en Boston, Distrito de Massachusetts, contra los fabricantes de armas *Smith & Wesson Brands, Barret Firearms Manufacturing, Beretta USA, Colt's Manufacturing Company LLC y Glock Inc*, además de la distribuidora *Interstate Arms.*[42] En la demanda México alegó que "entre 70 y el 90 por ciento de las armas que se recuperan en escenas de crimen en México fueron objeto de tráfico ilícito e importación ilegal desde Estados Unidos, y que los demandados producen más del 68 por ciento de esas armas".[43]

---

41 Van der Host, K.,"Ensuring Access to Courts for Gun Victims: The Case for Repealing PLCAA" Disponible en: https://www.justsecurity.org/82922/ensuring-access-to-courts-for-gun-victims-the-case-for-repealing (Fecha de consulta: 01/07/2023).

42 En esta misma línea argumentativa en otra demanda civil en Estados Unidos y sin la intervención de México, el caso *City of New York* c. *Beretta USA Corp.* (2.° Circuito 2008), el tribunal rechazó demandas que invocaban una alteración del orden público por parte de la actividad de las armerías en Estados Unidos.

43 Estados Unidos Mexicanos Vs. Smith & Wesson Brands, Inc., Barrett Firearms Manufacturing, Inc., Beretta USA Corp., Baretta Holdings SPA, Colt's Manufacturing Co., Inc., Glock, Inc., Glock Ges.m.b.H., Sturm Ruger & Co., Inc., Witmer Public Safety Group, Inc. doing business as Interstate Arms, Century International Arms, Inc. and Colt's Manufacturing Co. LLC, Case1:2021cv11269, 4 de agosto 2021, US District Court for the District of Massachusetts. Disponible en: https://dockets.justia.com/docket/massachusetts/madce/1:2021cv11269/236945 (Fecha de consulta: 01/07/2023).

En lo que respecta al reconocimiento al derecho al acceso a la justicia, el Estado mexicano al personarse en el procedimiento contra *Smith & Wesson* en Estados Unidos, cuyo objeto era determinar la responsabilidad de los efectos que causaban las armas ingresadas ilegalmente en territorio mexicano —y que eran medios necesarios para la comisión de graves violaciones de derechos humanos—, asumía en nombre de las víctimas y sus causahabientes y familiares una responsabilidad especial agravada o especialísima en la garantía y prestación del derecho del acceso a la justicia por el daño causado por las armas ingresadas ilegalmente en territorio mexicano. En palabras de la Comisión Interamericana, el marco de la doctrina de los actos propios señaló que:

> "un Estado que ha adoptado una determinada posición, la cual produce efectos jurídicos, no puede luego asumir otra conducta que sea contradictoria con la primera y que cambie el estado de cosas en base al cual se guio la otra parte."[44]

---

44 Véase Comisión Interamericana de Derechos Humanos Washington, 6 de noviembre de 2014, D.C. : Comunicado de Prensa: "La Comisión Interamericana de Derechos Humanos (CIDH) condena la sentencia TC/0256/14 del Tribunal Constitucional de República Dominicana emitida el 4 de noviembre de 2014, mediante la cual se declaró inconstitucional el instrumento de aceptación de competencia de la Corte Interamericana de Derechos Humanos (CorteIDH), depositado en la Organización de los Estados Americanos (OEA) el 25 de marzo de 1999. En la misma señala que la Republica dominicana República Dominicana ha actuado en las medidas provisionales y casos contenciosos sometidos a la CorteIDH por violaciones a la Convención Americana que ocurrieron o continuaron ocurriendo con posterioridad al 25 de marzo de 1999. La invocación por parte del Tribunal Constitucional de la excepción contenida en el artículo 46 de la Convención de Viena, conforme al cual una violación manifiesta a una norma interna de "importancia fundamental" puede ser alegada como un vicio del consentimiento, resulta abiertamente incompatible con el derecho de los tratados, particularmente con los principios de buena fe y la doctrina Estoppel. En virtud del principio Estoppel, un Estado que ha adoptado una determinada posición, la cual produce efectos jurídicos, no puede luego asumir otra conducta que sea contradictoria con la primera

Por estos motivos, entendemos que el Estado mexicano en el marco de sus obligaciones internacionales y en relación con eventuales futuros daños causados por las armas importadas ilegalmente en territorio mexicano con las que se cometerán graves crímenes, surgirá un mandato específico para que las instituciones y los poderes del Estado mexicano brinden a las víctimas el derecho efectivo de acceso a la justicia. Pudiera ser esta una vía procesal para permitir acciones de responsabilidad ejercidas por las víctimas, en las que Estado mexicano ya se ha pronunciado *prima facie* con estas acciones legales. México en este proceso en la jurisdicción de Estados Unidos ha definido su pretensión y solicitado la declaración de la responsabilidad de los fabricantes estadounidenses y la administración de Estados Unidos por la falta de control de destino de armas que conducen a la comisión de graves crímenes en territorio mexicano.

7.2. Heckler & Koch y normalistas de Ayotsinapa

La noche del 26 de septiembre de 2014, en Iguala, estado de Guerrero en México, tuvo lugar uno de los más graves y conmocionantes sucesos de violación de derechos humanos en la historia de México, sin que se hayan determinado a los presuntos autores, cooperadores y encubridores y constituye hasta la fecha, una crisis institucional sin precedentes provocados por la comisión por agentes estatales, en connivencia con el crimen organizado, de los gravísimos delitos de secuestro, torturas y desaparición forzada de 43 personas, la mayoría de ellos menores.

Los hechos son conocidos y conocemos cómo se produjo la ejecución, y en su caso detención, torturas y desaparición de los estudiantes. De acuerdo con el Centro ProDerechos Humanos Miguel Agustín Pro Juárez, los hechos acontecieron cuando un

---

y que cambie el estado de cosas en base al cual se guió la otra parte". Disponible en: https://www.oas.org/es/cidh/prensa/comunicados/2014/130.asp (Fecha de consulta: 01/07/2023).

grupo de estudiantes de la Escuela Normal Rural Raúl Isidro Burgos de Ayotzinapa —normalistas de Ayotsinapa-, de entre 17 y 25 años, acudió a la ciudad de Iguala, Guerrero, con la finalidad de "tomar" autobuses que requerían para participar en la conmemoración del 2 de octubre, que cada año mantiene viva en México la memoria de la represión contra estudiantes acaecida en 1968, durante la presidencia de Gustavo Díaz Ordaz. Si bien esta práctica ilícita de toma de autobuses ha sido habitual en Guerrero y contaba incluso con el aval tácito de empresas y autoridades, el 26 de septiembre la respuesta de las autoridades no fue la ordinaria: Policías Municipales de Iguala abrieron fuego contra los estudiantes para impedir que salieran de la ciudad con los autobuses, además de las detenciones que tuvieron lugar en las calles de Iguala por la Policía Local, asistidos por otras fuerzas de seguridad, como el Ejército de México, incluido un dispositivo de la Armada de México en los días posteriores: "En esos dos escenarios fueron detenidos 43 estudiantes que habrían de ser desaparecidos".[45]

Lo que hasta la fecha no se ha esclarecido en el marco de las investigaciones de la Fiscalía de la República, y las visitas *in loco* de una misión internacional de expertos, es el señalamiento de la responsabilidad personal y estructura institucional que condujo a la comisión de esta masacre. La misión frustrada de la primera visita del Grupo Interdisciplinario de Expertos Independientes (GIEI) auspiciada por la OEA con apoyo del Estado mexicano, fue boicoteada e interceptada por el propio Estado de México, y significó un esperpento legal, moral y de agravio para las víctimas por la labor de minado y desacreditación orquestado desde diversos aparatos de seguridad del Estado mexicano. La Comisión Interamericana y los tres informes de la Organización de Estados Americanos ilustran el peligroso contexto de interacción en México del crimen organizado, su interacción y sometimiento de los

---

45 Ver: Centro ProDerechos Humanos Miguel Agustín Pro Juarez Causas, Ayotzinapa disponible en: https://centroprodh.org.mx/casos-3/ayotzinapa/

poderes públicos y servicios de seguridad y el olvido e impotencia de las víctimas, en este caso los familiares de los desaparecidos.[46]

La matanza de Ayotsinapa se produjo con un arma de importación de origen alemán fabricada por *Heckler & Koch*, que fueron legalmente adquiridas e importadas en México como arma de guerra. El uso del armamento fue destinado a usos prohibidos y no adecuados, como los de la fuerza pública de la Policía Municipal que realizó un uso ilícito y criminal para reprimir a estudiantes de Ayotzinapa.[47]

Durante la presidencia de Calderón Hinojosa se inició una política de militarización de la seguridad pública en México dentro del Plan de Desarrollo Nacional 2007-2012, estableciendo como objetivo el combate frontal al crimen organizado, y teniendo las estrategias de aplicar la fuerza del Estado, implementar una política integral en al ámbito federal, estatal y municipal.[48]

En este contexto, *Heckler & Koch* suministró a la Secretaría de la Defensa Nacional de México (SEDENA) fusiles de guerra G36.

---

[46] Entre los numerosos y precisos relatos de lo acontecido en Iguala, de reseñar el publicado por Alma Guillermoprieto en 2024 con una descripción de las acciones jurídicas, las claves políticas y el olvido jurídico de las víctimas. Véase, Alma Guillermo Prieto. "Letter from Mexico-Forty-three Mexican Students Went Missing. What Really Happened to Them?", *The NewYorker*, Nueva York, 4 de marzo de 2024.

[47] José Alberto del Rivero, "Las violaciones a derechos humanos en la adquisición de armas fabricadas por la empresa alemana Heckler & Koch y su relación con la represión de estudiantes de Ayotzinapa" en *Cuestiones de Derecho Internacional, Derechos Humanos y Objetivos de Desarrollo Sostenible*, Direc. Javier López de Goicoechea y Joaquín González Ibáñez, coord., Jorge Rodríguez Rodríguez, Tirant Lo Blanch, Valencia, 2021, pág. 347 y ss.

[48] Véase J. D. Rosen, y R. Zepeda Martínez, "La guerra contra el narcotráfico en México: una guerra perdida", Reflexiones, 94 (1),2015, pp. 153-168. F. Camacho Servín, F., Demandan a Calderón en La Haya por delitos de lesa humanidad. Disponible en: https://www.jornada.com.mx/2011/11/26/politica/005n1pol

El gobierno alemán, a través del Ministerio de Economía y Tecnología, condicionó mediante clausula en el contrato de venta el destino de un uso estrictamente militar, excluyendo expresamente a las policías municipales y federales[49], si bien estas fueron las armas utilizadas para la comisión de estas graves violaciones de derechos humanos.[50]

En Alemania, en 2019, en un proceso penal de la Audiencia de Stuttgart determinó que el envío de fusiles G-36 y accesorios entre 2006 a 2009 por parte de *Heckler & Koch* a México infringió las disposiciones de la *Ley de Control de Armas de Guerra y de Transacciones Internacionales.* En la sentencia se condenó a la empresa *Heckler & Koch* a pagar una multa de 3.7 millones de euros (cantidad que corresponde al valor aproximado de las armas exportadas durante el tiempo en que se vendieron al gobierno mexicano).[51] Asimismo, se condenaron a dos exempleados a penas de privación de libertad de menos de 12 meses, pago de multa y trabajo comunitario. Lo relevante desde el punto de vista de las víctimas fue el no reconocimiento de legitimidad procesal de los familiares de las víctimas de Ayotzinapa para la intervención en dicho proceso en Alemania.[52] Más allá de esta imposibilidad de escenario procesal y reconocimiento de acceso a la justicia bajo la jurisdicción ale-

---

49 *Ibid,* Del Rivero, p. 353

50 Del Rivero señala que en el caso Ayotzinapa de 2014, de acuerdo con la entonces Procuraduría General de la República (PGR), 38 funcionarios de la policía de Iguala y cerca de 15 miembros de la Policía Municipal de Cocula participaron durante los hechos; los primeros portaban ocho fusiles marca Heckler & Koch (calibre 5.56 x 45 mm, modelo G36V). Posteriormente, durante las investigaciones, se incautaron más de treinta fusiles G36 a la policía municipal de Iguala, Guerrero. *Ibid,* Del Rivero, p.356.

51 Véase, DEUTSCHE WELLE, "Multa a Heckler & Koch debería destinarse a las víctimas de Ayotzinapa". Disponible en: https://www.dw.com/es/multa-a-heckler-koch-deber%C3%ADa-destinarse-a-las-v%C3%ADctimas-de-ayotzinapa/a-47625503 (Fecha de consulta: 01/07/2023).

52 I*bid,* Del Rivero, p. 369.

mana, lo más relevante y grave se puede sintetizar en la negación obvia y efectiva del acceso de justicia para las víctimas de Ayotzinapa. Las trabas institucionales de México para su investigación se materializan en una parodia de abuso del término "memoria histórica de Ayotzinapa"[53] y la creación de un mecanismo de comunicación política, que no jurídica, del Estado de México denominado "Ayotzinapa. Comisión para la verdad y acceso a la justicia del caso Ayotzinapa"[54].

Los tres informes de Ayotzinapa del Grupo Interdisciplinario de Expertos Independientes (GIEI) de la Comisión Interamericana[55] constatan la situación de impunidad, la negación de acceso a la justicia a las víctimas vinculado a un caso de importación legal de armas pero con un uso prohibido, y señalaba en su III Informe y Final la afectación de los familiares y el acceso a la justicia:

> "La exigibilidad de no impunidad como elemento central del derecho de la víctima.
>
> 23. Los familiares de los desaparecidos han sido el motor de la investigación de este caso, incluso en los peores momentos de negación de los hechos. A lo largo de estos años han sufrido el impacto de la pérdida de sus hijos y la incertidumbre sobre su des-

---

53 Sobre la construcción de la memoria histórica de Ayotzinapa, véase el Informe de la Secretaria de Gobernación 27 de septiembre de 2023. Disponible en https://www.gob.mx/segob/prensa/ayotzinapa-fue-un-crimen-de-estado-funcionarios-del-mas-alto-nivel-son-responsables-de-la-verdad-historica-alejandro-encinas-346304

54 Ayotzinapa. Comisión para la verdad y acceso a la justicia del caso Ayotzinapa», disponible en http://portales.segob.gob.mx/en/Comision_para_la_Verdad/

55 El Grupo Interdisciplinario de Expertos Independientes (GIEI) convocado por la Comisión interamericana de Derechos Humanos de la OEA realizó tres informes: Informe Ayotzinapa I, septiembre de 2015, Informe Ayotzinapa II, abril de 2016 y el Informe Ayotzinapa III, Mandato medida cautelar MC/409/14 CIDH MéxicoGrupo Interdisciplinario de Expertos Independientes (GIEI) febrero de 2022. Disponibles en https://www.oas.org/es/CIDH/jsForm/?File=/es/CIDH/GIEI/Ayotzinapa/Informes.asp (Fecha de consulta: 01/07/2023).

> tino de forma muy lacerante. (...) otros familiares de los jóvenes asesinados han seguido con sus demandas de justicia y tratando de rehacer sus vidas. Continúan siendo parte del caso y deben serlo también de la investigación de los hechos, que sucedieron como un gran operativo en donde se dieron diferentes formas de victimización: desaparición forzada, ejecuciones extrajudiciales, tortura y heridos, y sobrevivientes de los ataques."[56]

Manzoni en su obra clásica en lengua italiana señaló el oprobió que sufren las víctimas por el daño cometido por el perpetrador, y cómo provoca una reacción y transformación en las víctimas. En el caso de Ayotsinapa, las desaparición material de los asesinados ha provocado la revictimización de los familiares de los desaparecidos que tratan de ejercer su derecho de acceso a la justicia en nombre de los desaparecidos y su trágico e incierto periplo evoca a *Los novios* (*I promessi sposi*) de Manzoni cuando señalaba "Los provocadores, los avasalladores, todos aquellos que de algún modo comenten injusticias, son culpables no sólo del mal que cometen, sino también de la destrucción que provocan en el ánimo de los ultrajados".[57] En Ayotsinapa el drama es más confuso y abyecto: el Estado que debía garantizar el derecho a la justicia, es al mismo tiempo el que dificulta el acceso a la misma y el que, presuntamente, cooperó en la comisión de los crímenes.

8. CONCLUSIONES

De lo indicado se puede apreciar que el marco jurídico del Estado mexicano pareciese brindar las instituciones y el desarrollo normativo necesarios para garantizar el acceso a la justicia de las víctimas de violencia relacionada con el uso indebido de armas. No obstante, es fundamental que estos recursos se implementen

---

56 *Ibid*, Informe Ayotzinapa III, Informe ejecutivo, febrero de 2022, p. 39.

57 «I provocatori, i soverchiatori, tutti coloro che, in qualunque modo fanno torto altrui, sono rei, non solo del male che commettono, ma anche del pervertimento ancora a cui portano gli animi degli offesi», Manzoni, A. *I promessi sposi*, Einaudi,1985, Milan, p.34.

de manera efectiva y que se asegure su aplicación en todos los casos para lograr una verdadera protección de los derechos de las víctimas.

El acceso a la justicia es un derecho humano de las víctimas razón por la cual debe ser debidamente garantizado por todos los Estados, sin discriminación, por lo que aquellas víctimas, resultado de la venta de armas ilegales o de uso impropio, deben ser también atendidas. Por estos motivos, se debe considerar que, sin acceso a la justicia, el establecimiento de la verdad, las reparaciones y las garantías de 'no repetición' no serán debidamente establecidos. Además, sin el establecimiento de la verdad, alcanzado, por ejemplo, a través de los recursos efectivos, los Estados no pueden delimitar claramente las políticas orientadas a la adopción de medidas de prevención, el establecimiento correcto de políticas gubernamentales apropiadas y la adecuada formación de los cuerpos de seguridad, entre otras.

Finalmente, se debe subrayar la importancia de la obligación de los Estados de implementar medidas concretas para garantizar el acceso a la justicia de los migrantes, reconociendo su vulnerabilidad y proporcionando recursos y apoyo adecuados para asegurar el pleno goce de sus derechos humanos. Los casos de de *Smith & Wesson* y, especialmente *Heckler & Koch* vinculado a los asesinatos de Ayotsinapa, representa el uso de armas importadas con fines ilícitos y criminales. En este tipo de supuestos, el conocimiento de los hechos y acceso al derecho de la justicia queda sujeto a la voluntad real de los Estados para que este derecho humano sea debidamente consagrado y además respectado en sus ordenamientos jurídicos.

Capítulo IX

Sobre la inmunidad procesal de las empresas: ¿Una afrenta a la tutela judicial efectiva?

JUAN BAUTISTA CARTES RODRÍGUEZ*
CAMILO VILLAJOS DE SILVA**

1. INTRODUCCIÓN

En agosto de 2021, el Estado de México interpuso una demanda civil ante los tribunales de Estados Unidos contra una serie de empresas armamentísticas en la que se alegaba negligencia en el desempeño de sus actividades, argumentando dicho Estado que muchas de las armas fabricadas y distribuidas por tales empresas acaban en territorio mexicano generando consecuencias en suma negativas sobre la población, la seguridad pública y la economía de México[1]. Y si bien el juez de primera instancia que conoció del caso determinó en 2022 que la inmunidad otorgada en virtud de

* Profesor de Derecho Internacional Público de la Universidad Complutense de Madrid (jcartes@ucm.es).

** Profesor Asociado de Derecho Internacional Público de la Universidad Complutense de Madrid. Abogado (cvillajo@ucm.es).

1 Todos los pronunciamientos e instrumentos invocados en el referido caso pueden ser objeto de consulta en: https://www.gob.mx/sre/documentos/argumentos-que-el-gobierno-de-mexico-ha-presentado-hasta-ahora-ante-la-corte-federal-de-distrito-del-estado-de-massachusetts-eua?state=published (Fecha de consulta: 20.02.2024).

la *Ley Estadounidense de Protección del Comercio Legal de Armas*[2] amparaba a las empresas demandadas, el pasado 22 de enero de 2024 la Corte de Apelaciones del Primer Circuito de Estados Unidos dictó una sentencia favorable al Estado de México. Dicha sentencia revisó la decisión respecto de la inmunidad y ordenó reabrir el caso en primera instancia[3].

Sobre la base de dicho asunto, y transitando del Derecho interno al Derecho Internacional, hemos considerado oportuno acometer un estudio normativo y jurisprudencial en relación con los órganos de garantía y control tanto del sistema universal, como de los sistemas interamericano, europeo y africano, donde se proceda al estudio de las respuestas o pautas que guían ante tales instancias internacionales el otorgamiento de inmunidad procesal a determinadas empresas en el ámbito interno de los Estados. De manera tal que la tutela judicial efectiva se erige en piedra de toque del presente escrito y nos servirá de guía para determinar las obligaciones internacionales que han contraído los Estados sobre sobre la materia que nos concierne en la esfera del Derecho Internacional de los derechos humanos.

2. ASPECTOS NORMATIVOS Y JURISPRUDENCIALES RELATIVOS A LA INMUNIDAD PROCESAL DE LAS EMPRESAS

En el presente epígrafe procederemos a analizar, por un lado, las obligaciones internacionales que atañen a nuestro objeto de estudio y que aparecen recogidas en los tratados internacionales, y, por otro, los pronunciamientos emitidos por los mecanismos de garantía y control respecto de tales tratados. A tal fin, y en primer

---

2 *Ley Estadounidense de Protección del Comercio Legal de Armas*, Public Law 109-92, adoptada por el Congreso de los Estados Unidos y promulgada por el Presidente el 26 de octubre de 2005.

3 *Estados Unidos Mexicanos v. Smith & Wesson et. al.*, Court of Appeals of the First Circuit of the United States, 22 de enero de 2024, Caso: 22-1823.

lugar, nos adentraremos en el ámbito universal, para continuar siguiendo la misma pauta con los distintos ámbitos regionales.

2.1. Ámbito universal

En lo concerniente al ámbito universal no podemos comenzar sino aludiendo al artículo 2.3 del *Pacto Internacional de Derechos Civiles y Políticos* (en adelante, PIDCP)[4], precepto que contempla el derecho a un recurso eficaz por parte del individuo frente al incumplimiento del Pacto[5]. En él se contiene una obligación de garantizar que, según lo expuesto por el Comité de Derechos Humanos en su *Observación General nº 31*, implica que:

> "sólo se podrán cumplir plenamente las obligaciones positivas de los Estados Parte de garantizar los derechos reconocidos en el Pacto si el Estado protege a las personas, no sólo contra las violaciones de los derechos reconocidos en el Pacto que cometan sus agentes, sino también contra los actos que cometan particulares o entidades y menoscaben el disfrute de los derechos reconocidos en el Pacto, en la medida en que puedan aplicarse entre particulares o entidades privadas"[6].

En palabras de Manfred Nowak, "la obligación de garantizar también implica una obligación básica de proteger a los individuos contra ciertas interferencias con sus derechos civiles y políticos por parte de otros individuos privados, grupos o entidades"[7].

---

4 *Pacto Internacional de Derechos Civiles y Políticos*, adoptado el 16 de diciembre de 1966 y en vigor el 23 de marzo de 1976.

5 Ramírez Dueñas, A., "El acceso a la justicia es principio fundamental del Estado de Derecho", en Ramírez Dueñas, A. y Pérez Pacheco, Y. (coords.), *El derecho humano de acceso a la justicia, Estudios Jurídicos 6*, Tirant lo Blanch, Ciudad de México, 2019, pp. 25-27.

6 Pezzano, L., "Las obligaciones de los Estados en el sistema universal de protección de los Derechos Humanos", *Anuario Español de Derecho Internacional*, vol. 30, 2014, pp. 311-315; Comité de Derechos Humanos, *Observación General Nº. 31*, párr. 8.

7 Nowak, M., "The International Covenant on Civil and Political Rights", en Gómez Isa, F. y Feyter, K. (ed.), *International Protection of Human Ri-*

Asimismo, el artículo 14 del PIDCP incluye el derecho de acceso a los tribunales tanto en el ámbito penal como para reclamar cualquier derecho y obligación, de tal forma que los Estados han de garantizar de forma efectiva en esos casos el acceso a la Administración de Justicia, para que ninguna persona se vea privada de exigirla, al menos por lo que a la vía procedimental respecta[8]. Es más, este derecho no ha de considerarse como restringido a aquellos nacionales de los Estados parte en el PIDCP, sino que toda persona ha de gozar de él, sin importar otros condicionantes como la apatridia, demandante de asilo o trabajadores migrantes. Como resultado, toda situación en la que a un individuo se le prive *de iure* o *de facto* el acceso a un tribunal sería contraria a la protección brindada en el artículo 14.1 del PIDCP[9].

Con todo, la existencia en los Estados de legislación procesal que suponga la concesión de una suerte de inmunidad a las personas jurídicas implicaría la contravención del compromiso estatal contenido en el PIDCP, pues la obligación de proteger, esencia de los textos normativos en materia de derechos humanos, implica un deber positivo del Estado, orientado a impedir que particulares u otros terceros impidan el goce de los derechos humanos[10].

2.2. *Ámbito regional americano*

Por lo que respecta al ámbito regional americano, encontramos que la *Convención Americana sobre Derechos Humanos* (CADH)[11], en

---

ghts: Achievements and Challenges,, Universidad de Deusto, Bilbao, 2006, pp.137-153.

8 *Observación General nº 32* del Comité de Derechos Humanos, CCPR/C/GC/32, 23 de agosto de 2007.

9 Comunicación nº 468/1991, *Oló Bahamonde c. Guinea Ecuatorial*, párr. 9.4.

10 Pezzano, L. *op. cit.*, p. 338

11 *Convención Americana sobre Derechos Humanos*, adoptada el 22 de noviembre de 1969 y en vigor el 18 de julio de 1978.

su artículo 8 y 25, trata las garantías judiciales con las que han de cumplir los Estados y la protección judicial que deben brindar[12].

Concibiéndose el acceso a la Justicia como aquella acción de poder acudir a los medios previstos en los ordenamientos jurídicos nacionales e internacionales ante una controversia para lograr su solución, el artículo 8.1. de la CADH viene a disponer que los Estados no han de interponer trabas a aquellas personas que pretenden acudir a los jueces y tribunales con el fin de que se protejan sus derechos, por lo que cualquier medida o norma que adopte un Estado en su ordenamiento jurídico interno que dificulte dicho acceso es contraria a la norma convencional regional citada[13].

La Corte Interamericana de Derechos Humanos (CIDH) ha tenido la oportunidad de pronunciarse en numerosos casos y opiniones acerca de la extensión e implicaciones de las garantías contenidas en este artículo.

Así las cosas, es de destacar que el mismo contiene "el conjunto de requisitos que deben observarse en las instancias procesales para que pueda hablarse de verdaderas y propias garantías judiciales según la Convención", reconociéndose por tanto el derecho al "debido proceso legal", que "abarca las condiciones que deben cumplirse para asegurar la adecuada defensa de aquellos cuyos derechos u obligaciones están bajo consideración judicial"[14]. De-

---

12 Perotti Pinciroli, I.G., "El acceso a la justicia en la Corte Interamericana de Derechos Humanos: el potencial transformador del Derecho Internacional en América Latina", en Jiménez Sánchez, C. y Zamora Gómez, C.M. (coords.), *El derecho humano de acceso a la justicia en tribunales internacionales,* Comares, Albolote (Granada), 2023, p. 31.

13 Ventura Robles, M. E., "La jurisprudencia de la Corte Interamericana de Derechos Humanos en materia de acceso a la Justicia e impunidad", *Estudios sobre el sistema interamericano de protección de los derechos humanos,* 2007, p. 347-348.

14 Corte IDH. Garantías judiciales en estados de emergencia (Arts. 27.2, 25 y 8 Convención Americana sobre Derechos Humanos). Opinión Consultiva OC-9/87 de 6 de octubre de 1987. Serie A No. 9, párr. 27-28.

recho al debido proceso legal que, en consecuencia, comprende los requisitos a plasmar en la legislación procesal interna con el fin de que todo justiciable pueda defender adecuadamente sus derechos frente a los actos desplegados por cualquier órgano del Estado y que han de ser garantizados para poder conseguir una solución justa[15].

Este derecho al debido proceso y las garantías que lleva parejas no puede dejar de leerse en unión con el artículo 25 de la CADH, que establece la obligación del Estado, de carácter positivo, de conceder a todas aquellas personas que se encuentren bajo su jurisdicción, un recurso judicial efectivo contra todos aquellos hechos que violen los derechos humanos, ya sean reconocidos éstos por la Convención, la Constitución del Estado en cuestión o normas legales de inferior rango[16].

Dicho artículo 25 contiene dos obligaciones específicas a las que el Estado se compromete: una, "consagrar normativamente y asegurar la debida aplicación de recursos efectivos ante las autoridades competentes, que amparen a todas las personas bajo su jurisdicción contra actos que violen sus derechos fundamentales o que conlleven a la determinación de los derechos y obligaciones de estas"; y, otra, consistente en "garantizar los medios para ejecutar las respectivas decisiones y sentencias definitivas emitidas por tales autoridades competentes, de manera que se protejan efectivamente los derechos declarados o reconocidos"[17].

Con ello, los Estados parte se comprometen, por mor del mencionado artículo 25, a proporcionar los "recursos judiciales efectivos a las víctimas de violaciones de los derechos humanos", por lo que estos han de sustanciarse en línea con aquél, sin perder

---

15 Corte IDH. *Caso Ruano Torres y otros Vs. El Salvador*. Fondo, Reparaciones y Costas. Sentencia de 5 de octubre de 2015. Serie C No. 303, párr. 151.

16 Ventura Robles, M.E., *op. cit.*, p. 348.

17 Corte IDH. *Caso Flor Freire Vs. Ecuador*. Excepción Preliminar, Fondo, Reparaciones y Costas. Sentencia de 31 de agosto de 2016. Serie C No. 31, párr. 199.

de vista la "obligación general, a cargo de los mismos Estados, de garantizar el libre y pleno ejercicio de los derechos reconocidos por la Convención a toda persona que se encuentre bajo su jurisdicción"[18]. Recursos que han de ser efectivos para dilucidar, tras la debida investigación, si efectivamente se ha producido una vulneración de derechos humanos[19].

Teniendo en cuenta la interrelación —avalada por la CIDH— entre dichos artículos, se ha establecido que los Estados parte de la Convención están obligados a:

> "diseñar y consagrar normativamente recursos efectivos para la cabal protección de los derechos humanos, pero también la obligación de asegurar la debida aplicación de dichos recursos por parte de sus autoridades judiciales, en procedimientos con las garantías adecuadas y deben ser sustanciados de conformidad con las reglas del debido proceso legal"[20].

El derecho de acceso a la justicia contemplado implica asegurar que las víctimas o sus familiares disponen de todos los medios posibles para el esclarecimiento de los hechos, su posterior enjuiciamiento y sanción a los responsables de estos[21], así como repa-

---

18 Corte IDH. *Caso López Soto y otros Vs. Venezuela.* Fondo, Reparaciones y Costas. Sentencia de 26 de septiembre de 2018. Serie C No. 362, párr. 217. Corte IDH. *Caso Cruz Sánchez y otros Vs. Perú.* Excepciones Preliminares, Fondo, Reparaciones y Costas. Sentencia de 17 de abril de 2015. Serie C No. 292, párr. 346.

19 Corte IDH. *Caso Pueblos Kaliña y Lokono Vs. Surinam.* Fondo, Reparaciones y Costas. Sentencia de 25 de noviembre de 2015. Serie C No. 309, párr. 238.

20 Corte IDH. *Caso Lagos del Campo Vs. Perú.* Excepciones Preliminares, Fondo, Reparaciones y Costas. Sentencia de 31 de agosto de 2017. Serie C No. 340, párr. 176.

21 Corte IDH. *Caso López Soto y otros Vs. Venezuela.* Fondo, Reparaciones y Costas. Sentencia de 26 de septiembre de 2018. Serie C No. 362, párr. 217. Corte IDH. *Caso Acosta y otros Vs. Nicaragua.* Excepciones Preliminares, Fondo, Reparaciones y Costas. Sentencia de 25 de marzo de 2017. Serie C No. 334, párr. 131;

rar "los daños y perjuicios que dichos familiares han sufrido"[22], debiendo "toda autoridad estatal cooperar, apoyar o coadyuvar, en el ámbito de su competencia, a la debida investigación de los hechos"[23].

En este sentido, la CIDH ya ha tenido la ocasión de pronunciarse acerca de los impedimentos que puedan contenerse en la legislación interna de los Estados y que vulneren la tutela judicial efectiva de quienes han visto vulnerados sus derechos humanos[24]. Principio este, el de tutela judicial efectiva, que supone que "los procedimientos judiciales sean accesibles para las partes, sin obstáculos o demoras indebidas, a fin de que alcancen su objetivo de manera rápida, sencilla e integral"[25]. Es decir, que los Estados han de abordar "aquellas barreras legales y administrativas existentes que limiten el acceso a la justicia y adopten aquellas destinadas a lograr su efectividad"[26], con el fin de que "no se coloque a una persona en estado de indefensión"[27].

Y, en ese objetivo de que las disposiciones normativas internas no han de impedir escudriñar la responsabilidad de quienes estén involucrados en graves violaciones de derechos humanos, encontramos que en jurisprudencia de la Corte también se ha resuelto que:

---

22 Corte IDH. *Caso Las Palmeras Vs. Colombia.* Fondo. Sentencia de 6 de diciembre de 2001. Serie C No. 90, párr. 65.

23 Corte IDH. *Caso Gudiel Álvarez y otros ("Diario Militar") Vs. Guatemala.* Fondo Reparaciones y Costas. Sentencia de 20 noviembre de 2012. Serie C No. 253, párr. 252.

24 Ramírez Dueñas, A., *op. cit.*, pp. 35-36.

25 Corte IDH. *Caso Lagos del Campo Vs. Perú.* Excepciones Preliminares, Fondo, Reparaciones y Costas. Sentencia de 31 de agosto de 2017. Serie C No. 340, párr. 174.

26 Corte IDH. *Caso de los Buzos Miskitos (Lemoth Morris y otros) Vs. Honduras.* Sentencia de 31 de agosto de 2021. Serie C No. 432, párr. 50.

27 Corte IDH. *Caso Comunidad Indígena Xákmok Kásek Vs. Paraguay.* Fondo, Reparaciones y Costas. Sentencia de 24 de agosto de 2010. Serie C No. 214, párr. 139.

> "un Estado no puede otorgar protección directa o indirecta a los procesados por crímenes que impliquen violaciones graves contra derechos humanos mediante la aplicación indebida de figuras legales que atenten contra las obligaciones internacionales pertinentes"[28].

Es por ello por lo que se impone sobre el Estado la obligación de asegurar, adoptando todas las medidas necesarias a tal fin, "que las personas involucradas en graves violaciones de derechos humanos o que puedan poseer información relevante al respecto, comparezcan ante la Justicia o colaboren con ésta, cuando sean requeridas"[29]. Dicha obligación debe predicarse no solamente de las personas físicas, sino que también de aquellas entidades, privadas o públicas (aún más si cabe en el caso de las públicas por su dependencia directa de los órganos del Estado), que como personas jurídicas puedan ser susceptibles de atribución de responsabilidad.

Asimismo, con el objetivo de que una posible inmunidad no suponga una total impunidad, es preciso recordar que la Corte Interamericana ya enunció este último concepto, que lo califica como "la falta en su conjunto de investigación, persecución, captura, enjuiciamiento y condena de los responsables de las violaciones de los derechos protegidos por la Convención"[30].

El Estado tiene, en consecuencia, la "obligación de combatir tal situación por todos los medios legales disponibles ya que la impunidad propicia la repetición crónicas de las violaciones de los derechos humanos y la total indefensión de las víctimas y de sus familiares", por lo que "sólo si se esclarecen todas las circunstancia en cuanto a la violación, el Estado habrá proporcionado a las víc-

---

28 Corte IDH. *Caso Manuel Cepeda Vargas vs. Colombia.* Excepciones Preliminares, Fondo, Reparaciones y Costas. Sentencia de 26 de mayo de 2010, párr. 166

29 Ídem.

30 Corte IDH. *Caso Comerciantes Vs. Colombia.* Fondo, Reparaciones y Costas. Sentencia de 5 de julio de 2004. Serie C No. 109, párr. 175.

timas y a sus familiares un recurso efectivo y habrá cumplido con su obligación general de investigar y sancionar, permitiendo a los familiares de la víctima conocer la verdad"[31]. Asimismo, la Corte señala que para erradicar la impunidad es necesario proceder a:

> "la determinación de las responsabilidades tanto generales —del Estado— como individuales —penales y de otra índole de sus agentes o de particulares—. En cumplimiento de esta obligación, el Estado debe remover todos los obstáculos, de facto y de jure, que mantengan la impunidad. Las investigaciones deben respetar los requerimientos del debido proceso, lo que implica que el sistema de administración de justicia debe estar organizado de manera tal que su independencia e imparcialidad pueda ser garantizada y que el juzgamiento de graves violaciones a los derechos humanos sea efectuado ante los tribunales ordinarios, para evitar la impunidad y procurar la búsqueda de la verdad. Además, ante la naturaleza y gravedad de los hechos, más aún en contextos de violaciones sistemáticas de derechos humanos, y puesto que el acceso a la justicia constituye una norma imperativa de Derecho Internacional, la necesidad de erradicar la impunidad se presenta ante la comunidad internacional como un deber de cooperación entre los Estados, que deben adoptar las medidas necesarias para no dejar en la impunidad esas violaciones, ya sea ejerciendo su jurisdicción para aplicar su derecho interno y el Derecho Internacional para juzgar y, en su caso, sancionar a los responsables, o colaborando con otros Estados que lo hagan o procuren hacerlo"[32].

Lo hasta ahora expuesto ha de ser articulado con el artículo 30 de la *Convención Americana de Derechos Humanos*, el cual, si bien autoriza el establecimiento de restricciones a determinados derechos reconocidos, no es menos cierto que limita las mismas a una serie de condiciones concurrentes que han sido interpretadas por la CIDH en una jurisprudencia consolidada en los siguientes términos:

---

31 *Ibidem*, párr. 176.

32 Corte IDH. *Caso Anzualdo Castro Vs. Perú*. Excepción Preliminar, Fondo, Reparaciones y Costas. Sentencia de 22 de septiembre de 2009. Serie C No. 202, párr. 125.

"a. Que se trate de una restricción expresamente autorizada por la Convención y en las condiciones particulares en que la misma ha sido permitida;

b. Que los fines para los cuales se establece la restricción sean legítimos, es decir, que obedezcan a "razones de interés general "y no se aparten del "propósito para el cual han sido establecidas" [...]; y

c. Que tales restricciones estén dispuestas por las leyes y se apliquen de conformidad con ellas"[33].

Asimismo, tampoco ha de pasar inadvertido que la CIDH ha precisado que dicho precepto ha de ser interpretado, de conformidad con el artículo 31 de la Convención de Viena sobre el Derechos de los Tratados[34], de buena fe, conforme al sentido corriente que ha de atribuirse a los términos empleados por el tratado en su contexto y teniendo en cuenta su objeto y fin[35].

Más aún, no es menos cierto que la jurisprudencia de la CIDH ha sido especialmente cuidadosa con las limitaciones permitidas al debido proceso, a la protección judicial y al acceso a la justicia. De hecho, ha mantenido que "los Estados no deben interponer trabas a las personas que acudan a los jueces o tribunales en busca de que sus derechos sean determinados o protegidos"[36], por lo que las normas internas que dificulten por cuestiones económicas o de cualquier otra índole el acceso de los individuos a los tribunales sin hallar causa justificada en las necesidades propias de la administración de justicia se han de reputar contrarias al artículo 8.1 de la Convención[37].

---

33 Corte IDH. *La expresión "Leyes" en el artículo 30 de la Convención Americana sobre Derechos Humanos.* Opinión Consultiva OC-6/86 de 9 de mayo de 1986. Serie A No. 6, párr. 18.

34 United Nations, *Treaty Series,* vol. 1155, p.331.

35 Corte IDH. *La expresión "Leyes" en el artículo 30 de la Convención Americana sobre Derechos Humanos.* Opinión Consultiva OC-6/86 de 9 de mayo de 1986. Serie A No. 6, párr. 13.

36 Corte IDH. *Caso Cantos.* Fondo, Reparaciones y Costas. Sentencia de 28 de Noviembre de 2002. Serie C Nº 97, párr. 50.

37 Ídem.

Cabe recordar asimismo que la Corte Interamericana ha sostenido que los artículos 8 y 25 de la *Convención Americana sobre Derechos Humanos* consagran el derecho al acceso a la justicia; derecho que, de acuerdo con esta Corte, se erige en norma imperativa del Derecho Internacional[38]. Posicionamiento que ya había sido puesto de manifiesto por el Juez Antônio Augusto Cançado Trindade en los siguientes términos:

> "La indisociabilidad que sostengo entre los artículos 25 y 8 de la Convención Americana (...) conlleva a caracterizar como siendo del dominio del *jus cogens* el acceso a la justicia entendido como la plena realización de la misma, o sea, como siendo del dominio del *jus cogens* la intangibilidad de todas las garantías judiciales en el sentido de los artículos 25 y 8 tomados conjuntamente. No puede haber duda de que las garantías fundamentales, comunes al Derecho Internacional de los Derechos Humanos y al Derecho Internacional Humanitario, tienen una vocación universal al aplicarse en todas y cualesquiera circunstancias, conforman un derecho imperativo (perteneciendo al *jus cogens*), y acarrean obligaciones erga omnes de protección"[39].

Llegando a precisar incluso que:

> "las obligaciones del Estado son de diligencia y resultado, no sólo de mera conducta (como la adopción de medidas legislativas insuficientes e insatisfactorias). En efecto, el examen de la distinción entre obligaciones de conducta y de resultado ha tendido a efectuarse en un plano puramente teórico, presuponiendo variaciones en la conducta del Estado, e inclusive una sucesión de actos por parte de este último, y sin tomar suficiente y debidamente en cuenta una situación en que súbitamente ocurre un daño irreparable a

---

38 Corte IDH. *Caso Lagos del Campo Vs. Perú*. Excepciones Preliminares, Fondo, Reparaciones y Costas. Sentencia de 31 de agosto de 2017. Serie C No. 340, párr. 174. En este mismo sentido, cfr. Corte IDH. *Caso Anzualdo Castro Vs. Perú*. Excepción Preliminar, Fondo, Reparaciones y Costas. Sentencia de 22 de septiembre de 2009. Serie C No. 202, párr. 125.

39 Corte IDH. *Caso de la Masacre de Pueblo Bello Vs. Colombia*. Sentencia de 31 de enero de 2006. Serie C No. 140, Voto razonado del Juez A.A. Cançado Trindade, párr. 64.

> la persona humana (v.g., la privación del derecho a la vida por la falta de la debida diligencia del Estado). (...) Trátase, en definitivo, de obligaciones de resultado y no de comportamiento, pues, de lo contrario, no estaríamos ante un derecho imperativo, y esto conllevaría además a la impunidad"[40].

En relación con las consecuencias derivadas por la violación de una norma internacional de carácter imperativo, la CIDH ha entendido que "la obligación general de respetar y garantizar los derechos humanos vincula a los Estados, independientemente de cualquier circunstancia o consideración"[41], además de generar una responsabilidad internacional agravada del Estado[42].

Con todo, reiteramos, existe un nexo innegable entre tutela judicial efectiva y lucha contra la impunidad[43], llegando a afirmar la CIDH que se ha de poner fin a todos los obstáculos que, bien *de facto* y bien *de jure*, mantengan la misma[44].

Precisamente, y ya para concluir este apartado, hemos de exponer que en relación con la falta de publicidad y transparencia que acompañan a las actuaciones de determinados actores amparados

---

40 Corte IDH. *Caso Comunidad Indígena Sawhoyamaxa Vs. Paraguay*. Fondo, Reparaciones y Costas. Sentencia de 29 de marzo de 2006. Serie C No. 146, Voto razonado del Juez A.A. Cançado Trindade, párr. 23. En este mismo sentido, Cancado Trinidade, A.A., "La ampliación del contenido material del ius cogens". OEA. Publicaciones. XXXIV Curso de Derecho Internacional 2007, p. 9.

41 Corte IDH. *Condición jurídica y derechos de los migrantes indocumentados.* Opinión Consultiva OC-18/03 de 17 de septiembre de 2003. Serie A No. 18, párr. 106.

42 Ídem.

43 Concepto que hemos tenido ocasión de precisarlo supra de conformidad con la jurisprudencia de la Corte Interamericana.

44 Corte IDH. *Caso Anzualdo Castro Vs. Perú.* Excepción Preliminar, Fondo, Reparaciones y Costas. Sentencia de 22 de septiembre de 2009. Serie C No. 202, párr. 125.

en leyes internas estatales[45] puede ser citada la jurisprudencia de la CIDH en el asunto *Gomes Lund y otros,* donde señaló que:

> "en casos de violaciones de derechos humanos, las autoridades estatales no se pueden amparar en mecanismos como el secreto de Estado o la confidencialidad de la información, o en razones de interés público o seguridad nacional, para dejar de aportar la información requerida por las autoridades judiciales o administrativas encargadas de la investigación o proceso pendientes. Asimismo, cuando se trata de la investigación de un hecho punible, la decisión de calificar como secreta la información y de negar su entrega jamás puede depender exclusivamente de un órgano estatal a cuyos miembros se les atribuye la comisión del hecho ilícito. De igual modo, tampoco puede quedar a su discreción la decisión final sobre la existencia de la documentación solicitada"[46].

2.3. Ámbito regional europeo

Por lo que respecta al espacio regional europeo, hemos de destacar las previsiones contenidas en el *Convenio Europeo de Derechos Humanos* (en adelante, CEDH)[47], concretamente en sus artículos 6.1 y 13[48].

Comenzando con el artículo 6.1 del Convenio, este prevé el derecho a un proceso equitativo. Entre otros aspectos, recoge que:

---

45 Nos referimos por ejemplo a la ya aludida Ley de Estados Unidos de América de Protección al Comercio Legal de Armas (PLCAA), 2005.

46 Corte IDH. *Caso Gomes Lund y otros ("Guerrilha do Araguaia") Vs. Brasil.* Excepciones Preliminares, Fondo, Reparaciones y Costas. Sentencia de 24 de noviembre de 2010. Serie C No. 219, párr. 202.

47 *Convenio para la Protección de los Derechos Humanos y de las Libertades Fundamentales,* adoptada el 4 de noviembre de 1950 y en vigor el 3 de septiembre de 1953.

48 Zamora Gómez, C.M., "El acceso a la Justicia en el Tribunal Europeo de Derechos Humanos: el reto de la yuxtaposición de opresiones en las víctimas", en Jiménez Sánchez, C. y Zamora Gómez, C.M. (coords.), El derecho humano de acceso a la justicia en tribunales internacionales, Comares, Albolote (Granada), 2023, pp. 42-44.

> "toda persona tiene derecho a que su causa sea oída equitativa, públicamente y dentro de un plazo razonable, por un Tribunal independiente e imparcial, establecido por ley, que decidirá los litigios sobre sus derechos y obligaciones de carácter civil o sobre el fundamento de cualquier acusación en materia penal dirigida contra ella".

Resulta, por tanto, de aplicabilidad a las pretensiones civiles y penales que todo sujeto desee hacer valer en dichos órdenes jurisdiccionales, ya sea contra otra persona o el propio Estado, según el caso, debiendo, eso sí, diferenciar la protección brindada en cada ámbito judicial.

Si bien "las garantías de un juicio justo y en particular el derecho de acceso a un tribunal a efectos de lo previsto en el artículo 6.1 ocupan un lugar central en el Convenio", constituyéndose en un "principio fundamental del Derecho, universalmente reconocido"[49], el Tribunal Europeo de Derechos Humanos (TEDH) no considera que esta garantía se configure como una norma de *ius cogens* en el Derecho Internacional contemporáneo, simplemente por el hecho de estar recogida en diferentes tratados internacionales en la materia[50].

Dicho artículo 6.1 establece, entre otros, el derecho a acceder a los tribunales como un elemento inherente a las garantías consagradas en el conjunto del artículo 6[51], requiriendo que todos los litigantes tengan la posibilidad de presentar un recurso judicial efectivo que les permita hacer valer sus derechos civiles[52]. Se podrá, por tanto, invocar por toda aquella persona que, estimando ilegal una injerencia en el ejercicio de sus derechos de carácter

---

49 TEDH, *Golder c. Reino Unido*, 21 de febrero de 1975, nº 4451/70, párr. 35.

50 TEDH, *Al-Dulimi et Montana Management Inc. c. Suisse (GC)*, 21 de junio de 2016, nº 5809/08, párr. 29.

51 TEDH, *Grzeda c. Polonia*, 15 de marzo de 2022, nº 43572/18, párr. 298.

52 TEDH, *Běleš y otros c. República Checa*, 12 de noviembre de 2002, nº 47273/99, párr. 49.

civil, alegue que no ha podido tener la ocasión de someterla a un tribunal que reúna las garantías del artículo 6.1[53].

Asimismo, el TEDH ha reiterado que "el Convenio tiene la intención de garantizar [...] derechos que son concretos y efectivos"[54], no siendo coherente con el contenido del artículo 6.1 que un Estado pudiera, sin límite o control por parte de los organismos del Convenio que velan por su cumplimiento, eliminar de la jurisdicción de los tribunales toda una serie de reclamaciones de orden civil o exonerar de responsabilidad a ciertas categorías de personas (sin distinguir, eso sí, entre personas físicas y/o jurídicas)[55].

No obstante, tanto en su vertiente penal como civil, el derecho a un tribunal no tiene carácter absoluto, pudiendo someterse su ejercicio a determinadas limitaciones o condiciones en los ordenamientos jurídicos de los Estados, quienes disponen para ello de un cierto margen de apreciación, sin obviar que la decisión final en relación con la observancia de los requisitos del Convenio depende del TEDH. Por lo que respecta a ambos órdenes jurisdiccionales, se considera que las limitaciones que se establezcan no deben restringir el acceso a los tribunales de tal forma que se afecte a su núcleo esencial, debiendo aquellas perseguir un "objetivo legítimo" y existir una "proporción razonable entre los medios empleados y el objetivo perseguido"[56]. Por tanto, para limitar el acceso a un tribunal ha de tratarse de restricciones legítimas, como un plazo de prescripción, una caución o la exigencia de representación procesal.

---

53 TEDH, *Z y otros c. Reino Unido,* 10 de mayo de 2001, nº 29392/95, párr. 92.

54 TEDH, *Artico c. Italia,* 13 de mayo de 1980, párr. 33, Série A, nº 37.

55 TEDH, *Fayed c. Reino Unido,* 21 de septiembre 1994, párr. 65, Series A, nº 294-B.

56 TEDH, *Edificaciones March Gallego S.A. c. España,* 19 febrero de 1998, párr. 34, *Recueil des arrêts et décisions* 1998–I; TEDH, *Naït-Liman c. Suiza,* 15 de marzo de 2018, nº 51357/07, párr. 20-22.

Por su parte, la cuestión de las inmunidades contempladas en los ordenamientos jurídicos internacional y estatal, teniendo en cuenta que estas suponen un límite en el ejercicio del derecho prescrito en el artículo 6.1 del Convenio, ha dado lugar a numerosos casos, tanto de sustrato civil como penal, ante el TEDH. No obstante, la práctica totalidad de los casos examinados se refieren a inmunidades de tipo parlamentario o las propias contempladas en el Derecho Internacional, relativas al Estado y a sus órganos para las relaciones exteriores, que son justificables siempre y cuando se cumplan determinados requisitos de proporcionalidad entre los medios empleados y el objetivo que se pretende conseguir[57].

No por ello es menos meritorio que el Tribunal haya dispuesto un límite a la cuestión de la inmunidad, de tal forma que los Estados no pueden, sin reserva o control de los órganos del Convenio, sustraer a la competencia de los tribunales toda una serie de acciones civiles o exonerar de toda responsabilidad civil a un gran grupo o categoría de personas [entre las que no solo cabría considerar a las personas físicas, sino que, también, a las jurídicas, máxime dado que estas es en dicho ámbito donde ejercen las actividades que constituyen su objeto social][58]. Y ello porque no se podría conciliar con la preeminencia del Derecho de una sociedad democrática ni con el principio fundamental por el cual toda reclamación de carácter civil debe poderse plantear ante un juez[59].

Reforzando lo anteriormente expuesto y continuando con el artículo 13 del Convenio, nos encontramos con que dispone que:

> "Toda persona cuyos derechos y libertades reconocidos en el presente Convenio hayan sido violados tiene derecho a la concesión de un recurso efectivo ante una instancia nacional, incluso cuando la violación haya sido cometida por personas que actúen en el ejercicio de sus funciones oficiales".

---

57 TEDH, *Cudak c. Lituania*, 23 de marzo de 2010, nº 15869/02, párr. 55.

58 TEDH, *McElhinney c. Irlanda*, 21 de noviembre de 2001, nº 31253/96, párr.23-26.

59 TEDH, *Sabeh El Leil c. Francia*, 29 de junio de 2011, nº 34869/05, párr. 50.

Este artículo tiene un carácter subsidiario y dependiente del resto de derechos previstos en el CEDH, de tal forma que únicamente puede invocarse si guarda relación o ha existido una violación de otro derecho contemplado en el Convenio[60]. Así, se observa que la tutela judicial por la que se han comprometido los Estados parte en el Convenio Europeo de Derechos Humanos está supeditada únicamente a la violación de los derechos que este contempla, no pudiendo alegarse en abstracto por los demandantes. En consecuencia, toda disposición normativa que en el Derecho interno de los Estados parte del Convenio suponga una traba o impedimento para que los ciudadanos puedan reclamar el cumplimiento de los derechos que el tratado recoge sería contraria al artículo 13.

A este respecto, el TEDH ha admitido que toda "persona debe tener un recurso ante una autoridad nacional para que se resuelva su causa y, de ser apropiado, obtener reparación", garantizando un "recurso efectivo ante una instancia nacional a todos los individuos que aleguen que sus derechos y libertades bajo el Convenio han sido violados"[61]. No obstante, dicho recurso solamente se debe configurar por los Estados ante peticiones defendibles de los demandantes, siendo efectivo si permite a la autoridad competente tratar el fondo de la petición y, si procede, otorgar una reparación[62].

Por tanto, los Estados parte del Convenio asumen, por mor del artículo 13, la obligación de garantizar la disponibilidad de un recurso a nivel nacional para hacer respetar el contenido sustantivo de los derechos y libertades consagrados en el Convenio,

---

60 Delaunay, B. "Le droit au juge et à un recours effectif selon la Convention européenne de sauvegarde des droits de l'hommeet des libertés fondamentales (article 13)", *Zbomik radova Pravnog fakulteta u Splitu*, nº 52, 2015, p. 4.

61 TEDH, *Klass c. Alemania*, 6 de septiembre de 1978, nº 5029/71, párr. 64.

62 TEDH, *Silver y otros c. Reino Unido*, 26 de marzo de 1987, nº 9310/81, párr. 113.

sin importar la forma en que se encuentran garantizados en el Derecho interno. El alcance de la obligación del artículo 13 varía dependiendo de la naturaleza de la petición del demandante. Sin embargo, el recurso exigido por el artículo 13 debe ser "efectivo" tanto en la ley como en la práctica. En particular, su ejercicio no debe ser obstaculizado injustificadamente por actos u omisiones de las autoridades del Estado demandado[63].

En esta línea, el TEDH ha considerado que el artículo 13 no solo brinda una protección a los individuos frente a actos de la Administración o del poder ejecutivo, del poder legislativo o del judicial, sino que también entra en acción frente a actos de personas privadas. Estos actos también deben poder ser objeto de recurso en la jurisdicción interna de los Estados, siempre y cuando el Estado tenga parte de responsabilidad o no haya adoptado las disposiciones necesarias para ello[64].

En relación con el artículo 6.1 de la Convención, que, como hemos visto, prescribe el derecho de acceso a un tribunal, presenta, este, garantías más amplias que el derecho a un recurso efectivo contemplado en el artículo 13 que ahora tratamos[65]. Así, si el demandante únicamente pone de manifiesto la violación de algunas de dichas garantías, las mismas absorberían a las recogidas en el artículo 13[66]. En consecuencia, si a la violación de un derecho enunciado en el Convenio se le une la ausencia de una vía de recurso eficaz en las jurisdicciones nacionales, el TEDH puede

---

63 TEDH, *Keenan c. Reino Unido,* 3 de abril de 2001, nº 27229/95, párr. 122.

64 TEDH, *Plattform "Ärzte für das Leben" c. Austria,* 21 de junio de 1988, nº 10126/82, párr. 34-39; TEDH, *Paul y Audrey Edwards c. Reino Unido,* 14 de marzo de 2002, nº 46477/99, párr. 101.

65 Van Dijk, P., van Hoof, F., van Rijn, A., Zwaak L., *Theory and Practice of the European Convention on Human Rights,* Amberes, Oxford, 4ªed., Intersentia, 2006, pp. 1017-1018.

66 TEDH, *Airey c. Irlanda,* 9 de octubre de 1979, nº 6289/73, párr. 35.

considerar que no es necesario entrar a valorar si dicha violación también ha supuesto contravenir el artículo 13[67].

No podríamos dar por concluido el análisis de este ámbito regional sin aludir, siquiera incidentalmente, al Tribunal de Justicia de la Unión Europea, en tanto en cuanto el derecho a la tutela judicial efectiva también se encuentra contemplado en el artículo 47, párrafos primero y segundo, de la *Carta de los Derechos Fundamentales de la Unión Europea*[68]. Así, en las ocasiones en las que el órgano jurisdiccional de la Unión ha sido llamado a interpretar dicho artículo, ha identificado que el derecho que confiere a una protección jurisdiccional efectiva está asimismo consagrado en los artículos 6.1 y 13 del Convenio Europeo, por lo que, respetando el tenor del artículo 52.3 de la Carta, su alcance ha de ser idéntico al del Convenio y ha de interpretarse en línea con la jurisprudencia del Tribunal Europeo de Derechos Humanos[69].

Con todo, podemos considerar que las legislaciones internas de los Estados europeos no deben quedar desprovistas de mecanismos que permitan entablar una acción frente a una persona jurídica, en aquellos casos en los que su actuación haya supuesto violación de los derechos recogidos en el Convenio, pues el Estado podría resultar responsable de dicha omisión legislativa o de aquellas disposiciones internas que eximan a las empresas de su legitimación pasiva ante los órganos jurisdiccionales internos.

Es más, si bien en el estudio jurisprudencial realizado la protección brindada por el TEDH en relación con el derecho a la

---

67 TEDH, *McDonnell c. Reino Unido,* 9 de diciembre de 2014, nº 19563/11, párr. 90.

68 *Carta de los Derechos Fundamentales de la Unión Europea,* adoptada el 7 de diciembre del 2000 y en vigor con el Tratado de Lisboa el 1 de diciembre de 2009.

69 TJUE, *Belastingdienst/Toeslagen,* 26 de septiembre de 2018, C-175/17, párr. 35; TJUE, Staatssecretaris van Justitie en Veiligheid, 26 de septiembre de 2018, C-180/17, párr. 31; TGUE, *Nijs c. Tribunla de Cuentas,* 15 de mayo de 2012, T-184/11 P, párr. 84.

tutela judicial efectiva trae causa de la violación de dicho derecho a personas físicas por el Estado, por otra persona física o incluso fruto de normas propias del Derecho Internacional (como la inmunidad que ostentan determinadas personas en el ejercicio de su cargo), no es menos cierto que tanto el presupuesto de hecho como las consecuencias fácticas y jurídicas de no permitir entablar una acción procesal contra la persona jurídica responsable de dicha violación son exactamente idénticos que si se tratara de un individuo o del propio Estado.

2.4. Ámbito regional africano

En lo que respecta al sistema africano, el derecho a la tutela judicial efectiva aparece recogido en el artículo 7 de la *Carta Africana sobre los Derechos Humanos y de los Pueblos*[70]. Nos encontramos, como ha sido definido por el propio Tribunal Africano de Derechos Humanos y de los Pueblos (TADHP) ante un derecho fundamental[71], elemento básico del sistema jurídico, e imprescindible para garantizar un Estado de derecho y erradicar la arbitrariedad estatal. A su vez, el derecho a la tutela judicial efectiva se erige,

---

70 *Carta Africana sobre los Derechos Humanos y de los Pueblos,* adoptada el 27 de julio de 1981 y en vigor el 21 de octubre de 1986. Por su parte, siguiendo el tenor de dicho artículo “1. Every individual shall have the right to have his cause heard. This comprises: (a) the right to an appeal to competent national organs against acts of violating his fundamental rights as recognized and guaranteed by conventions, laws, regulations and customs in force; (b) the right to be presumed innocent until proved guilty by a competent court or tribunal; (c) the right to defense, including the right to be defended by counsel of his choice; (d) the right to be tried within a reasonable time by an impartial court or tribunal 2. No one may be condemned for an act or omission which did not constitute a legally punishable offence at the time it was committed. No penalty may be inflicted for an offence for which no provision was made at the time it was committed. Punishment is personal and can be imposed only on the offender”.

71 TADHP, App. N°. 002/2013, *The African Commission on Human and Peoples' Rights v. Libya,* Judgment, (3 June 2016), párr. 89.

por un lado, como derecho autónomo y, por otro, como derecho instrumental, en tanto que "prerrequisito indispensable para la protección de cualquier otro derecho"[72]. No obstante, si bien en comparación con otros tratados de derechos humanos dicho artículo 7 presenta omisiones significativas, el TADHP, en un ejemplo de fertilización cruzada, ha acudido, tanto al artículo 14 del PIDCP, definido por el propio Tribunal como "more elaborate", así como a la jurisprudencia del Comité de Derechos Humanos, del TEDH, y de la CIDH[73].

A continuación, siguiendo el orden que presenta el precepto, pasaremos a detallar los pronunciamientos que ha realizado el Tribunal en lo que atañe al objeto del presente capítulo, si bien ya avanzamos que el TADHP hasta el momento ha tratado la materia que nos ocupa solo de manera tangencial. Así pues, en primer lugar, y de conformidad con la literalidad de la Carta Africana, el referido artículo 7 promulga el derecho a interponer un recurso efectivo ante los órganos nacionales competentes. Derecho respecto del cual el Tribunal ha entendido incluido tanto la facultad de apelar contra las decisiones o actos que violen los derechos de los particulares como la obligación del Estado, por un lado, de establecer mecanismos de apelación ante órganos competentes,

---

72 Salomón, E., y Blanco, C., *El derecho al debido proceso en la jurisprudencia de la Corte Interamericana de Derechos Humanos,* 2014, Pontificia Universidad Católica del Perú, Lima, 2012, p. 24. En este mismo sentido, TADHP, App. N°. 003/2012, *Peter Joseph Chacha v. United Republic of Tanzania,* Dissenting Opinion of Judge Fatsah Ouguergouz (28 March 2014), párrs. 10-11.

73 Consúltese, *v. gr.*, TADHP, App. N°. 005/2013, *Alex Thomas v. United Republic of Tanzania,* Judgment, (20 November 2015), párr. 13. Doctrinalmente, puede consultarse sobre la materia Viljoen, F., "Understanding And Overcoming Challenges In Accessing The African Court On Human And Peoples' Rights", *International & Comparative Law Quarterly,* Vol. 67, N°. 1, 2018, pp. 63-98; Mujuzi, J. D., "The African Court on Human and Peoples' Rights and Its Protection of the Right to a Fair Trial", *The Law & Practice of International Courts and Tribunals,* Vol. 16, N°. 2, 2017, pp. 187-223.

y, por otro, de adoptar las medidas necesarias que faciliten el ejercicio de dicho derecho; por ejemplo, proporcionando las copias de los pronunciamientos y decisiones que se pretendan recurrir[74].

En segundo lugar, también el artículo 7 CADHP promulga el derecho a la presunción de inocencia, que implica, en palabras del Tribunal, que toda persona a la que se le es imputado un delito, *a priori,* no lo ha cometido hasta que así quede establecido en una sentencia firme dictada por un tribunal competente[75]. Además, citando la línea jurisprudencial del TEDH, el Tribunal Africano ha precisado que la presunción de inocencia no solo rige para los procesos penales, sino para todo tipo de procesos —incluidos los administrativos—[76], y que su violación "may be ascertained even in the absence of final conviction where the judicial decision concerning the person reflects the feeling that he is guilty"[77].

Como tercer elemento nos encontramos con el derecho a la defensa, respecto del cual el Tribunal ha entendido comprendido el principio de igualdad de armas en todos los procedimientos; el derecho a ser adecuadamente informado, y en tiempo, de los cargos que se imputan; la oportunidad de preparar adecuadamente una defensa, presentando los argumentos y pruebas que se estimen adecuados —incluido el llamamiento de testigos—; el derecho a un intérprete si el acusado no entiende el lenguaje en el que se desarrolla el procedimiento; el derecho a ser asistido por un defensor de su elección; y el poder responder y rebatir las

---

74 TADHP, App. N°. 006/2016, *Mgosi Mwita Makungu v United Republic of Tanzania,* Judgment, (7 December 2018), párr. 57.

75 TADHP, App. N°. 013/2017, *Sébastien Germain Ajavon v. Republic of Benin,* Judgment, (29 March 2019), párr. 190.

76 TADHP, App. N°. 013/2017, *Sébastien Germain Ajavon v. Republic of Benin,* Judgment, (29 March 2019), párr. 192. Aludiendo al asunto, TEDH, *Case of Allenet De Ribemont v. France,* (Application N°. 15175/89), Judgment of 10 February 1995, párr. 41.

77 *Ibid.* párr. 190. Citando el asunto, TEDH, *Case of Minelli v. Switzerland,* (Application N° 8660/79), Judgment of 25 March 1983, párrs. 27 y 37.

pruebas y argumentos de la parte contraria[78], debiendo el tribunal recibirlas y valorarlas conforme a Derecho y al principio de equidad[79].

En cuarto lugar, el derecho a que la causa sea oída comprende el derecho a ser juzgado dentro de un plazo razonable por un tribunal imparcial. El TADHP ha señalado desde el asunto *Abdoulaye Nikiema, Ernest Zongo, Blaise Ilboudo & Burkinabe Human and Peoples' Rights Movement v. Burkina Faso* que su valoración se ha de determinar caso por caso, atendiendo a circunstancias tales como la complejidad de la materia tratada, la actuación de las partes o el cumplimiento del deber de debida diligencia del propio tribunal[80].

Asimismo, no resulta ocioso poner de manifiesto que en el asunto *Sébastien Germain Marie Aikoué Ajavon v. Republic of Benin*, el Tribunal ha tenido ocasión de pronunciarse por vez primera sobre una cuestión conexa a la tutela judicial efectiva cual es la concesión de amnistías. Así, el demandante alega que en el descrito contexto de reforma constitucional fue adoptada una ley que amnistiaba los crímenes cometidos en los disturbios que sucedieron a las elecciones celebradas en 2019[81]. Sin embargo, el Tribunal despacha una cuestión de tal calado en un par de párrafos, articulándola tan solo respecto de la violación del derecho a que la causa sea oída y a interponer un recurso efectivo ante los órganos nacionales compe-

---

78 Véase, *v. gr.*, TADHP, App. Nº. 018/2018, *Jebra Kambole v. The United Republic of Tanzania*, Judgment (15 July 2020), párr. 97; App. Nº. 005/2015, *Thobias Mango and Another v. United Republic of Tanzania*, Judgment, (11 May 2018), párr. 76; App. Nº. 001/2015, *Armand Guehi v. United Republic of Tanzania*, Judgment, merits and reparations, (07 December 2018), párr. 73.

79 TADHP, App. Nº. 004/2017, *Mulindahabi Fidèle v. Republic of Rwanda*, Judgment, (26 June 2020), párr. 54.

80 TADHP, App. Nº. 013/2011, *Abdoulaye Nikiema, Ernest Zongo, Blaise Ilboudo & Burkinabe Human and Peoples' Rights Movement v. Burkina Faso*, Judgment, (28 March 2014), párrs. 91-106.

81 TADHP, App. 062/2019, *Sébastien Germain Marie Aikoué Ajavon v. Republic of Benin*, Judgment, merits and reparations, (04 December 2020), párr. 223.

tentes (artículo 7.1.a CADHP)[82]. Primero someramente definiendo qué se entiende por amnistía y sus implicaciones:

> "The Court further underscores that 'amnesty', cause of extinction of public action, is `the act by which the legislator decides not to prosecute the perpetrators of certain offences´. Amnesty therefore constitutes a major obstacle to the referral to criminal courts or to the continuation of an action brought before criminal courts which, adjudicate on the criminal proceedings, and at the same time, rule on civil reparations"[83].

Segundo, citando alguna jurisprudencia de la Comisión Africana[84], del Comité de NNUU[85], de la CIDH[86], y del TEDH[87], pero sin conjugarlas, ni entre sí ni con su pronunciamiento. Y, finalmente, sosteniendo que las amnistías solo serían aceptables si vinieran acompañadas de medidas restaurativas en beneficio de las víctimas —sin definir o precisar dicho concepto—[88]. En tanto que el Estado de Benín no ha adoptado tales medidas, concluye el Tri-

---

82 Siguiendo en este sentido la argumentación jurídica del demandante. Ídem.

83 *Ibid.* párrs. 230-231.

84 Haciendo alusión a ACHPR, Comuniactions 54/91-61/91-96/93-98/93-164/97-196/97-210/98 *Malawi Africa Association, Amnesty International, Ms Sarr Diop, Union interafricaine des droits de l'Homme and RADDHO, Collectif des veuves et ayants-Droit, Association mauritanienne des droits de l'Homme v. Mauritania,* (11 May 2000), párr. 83.

85 UN Human Rights Committee, *Rodriguez v. Uruguay,* Communication No. 322/1988, párr. 12.4.

86 CorteIDH. *Caso Barrios Altos V. Perú.* Fondo. Sentencia de 14 de marzo de 2001. Serie C No. 75, párr. 41-43; CorteIDH. *Caso Gelman V. Uruguay.* Fondo y Reparaciones. Sentencia de 24 de febrero de 2011. Serie C No. 221, párr. 195; CorteIDH. *Caso Gomes Lund y otros ("Guerrilha do Araguaia") v. Brasil.* Excepciones Preliminares, Fondo, Reparaciones y Costas. Sentencia de 24 de noviembre de 2010. Serie C No. 219, párr. 171.

87 TEDH, *Case of Marguš v. Croatia,* (Application N°. 4455/10), Judgment of 27 May 2014, párr. 139.

88 TADHP, App. 062/2019, *Sébastien Germain Marie Aikoué Ajavon v. Republic of Benin,* Judgment, merits and reparations, (04 December 2020), párr. 238.

bunal, dicha ley de amnistía supone una vulneración del artículo 7 CADHP[89]. Debiéndonos, por ende, esperar a futuros pronunciamientos para que el TADHP aporte mayor luz y construcción jurídica al respecto. En todo caso, sería oportuno citar las palabras de Bou Franch, quien, tras analizar la materia, ha sostenido que:

> "lo cierto es que la práctica consistente de los Estados y de las Organizaciones internacionales, así como la jurisprudencia reiterada de las comisiones y tribunales nacionales, regionales e internacionales, demuestra la existencia de dos límites infranqueables a la hora de proclamar o conceder amnistías al término de las hostilidades en un conflicto armado no internacional. En primer lugar, la proclamación o concesión de amnistías al término de un conflicto armado no internacional no debe impedir en ningún caso la investigación y, en su caso, el procesamiento de los presuntos responsables de cometer u ordenar la comisión de crímenes internacionales o de violaciones graves de los derechos humanos. En segundo lugar, la proclamación o concesión de tales amnistías tampoco deben suponer en ningún caso la exoneración de responsabilidad penal de los individuos que hayan cometido u ordenado cometer tales atrocidades"[90].

Concluido el análisis de la letra del artículo 7 CADHP, como ha sido apuntado, para colmar las omisiones de dicho precepto, el Tribunal ha acudido a otros tratados de derechos humanos y a la interpretación proporcionada por sus respectivos órganos de control. Así pues, y como ejemplo, el Tribunal ha entendido incluido en el artículo 7.1 (a) de la CADHP el derecho a un pronunciamiento razonado sobre la base de los Principios sobre el Derecho a un Juicio Justo adoptados por la Comisión[91], de la jurisprudencia del

---

89 *Ibid.*, párrs. 238-239.

90 Bou Franch, V., "Los límites jurídicos a la concesión de amnistías", *Revista Boliviana de Derecho,* Nº. 29, 2020, p. 339. Doctrinalmente, también puede consultarse Binder, C."The prohibition of amnesties by the Inter-American Court of Human Rights", *German Law Journal,* Vol. 12, Nº. 5, 2011, pp. 1203-1230; Jeffery, R. A*mnesties, accountability, and human rights,* University of Pennsylvania Press, Pennsylvania, 2014; O'Brien, R., "Amnesty and international law", *Nordic Journal of International Law,* Vol. 74, Nº. 2, pp. 261-278.

91 ACHPR, *Principles and Guidelines on the Right to a Fair Trial and Legal Assistance in Africa,* 2003, Principle A.2.(i), en App. Nº. 004/2017, *Mu-*

TEDH[92] y de la CIDH[93]. Del mismo modo, el Tribunal ha acudido a los artículos 14.3 (a) y 14.1 del PIDCP para entender incluidos en el artículo 7.1 de la Carta el derecho a ser asistido por un intérprete[94].

3. CONCLUSIONES

De todo lo expuesto se deriva que en los distintos sistemas analizados la tutela judicial efectiva se erige en piedra clave de la configuración de la protección y garantía del resto de derechos humanos y que la concesión de una suerte de inmunidad a las personas jurídicas implicaría la contravención de las obligaciones estatales asumidas tanto a nivel universal como regional. No obstante, apreciamos que, en el estadio actual, el sistema interamericano establece unas garantías más reforzadas y expresas en la materia que nos ocupa, por lo que haciendo uso del fenómeno de fertilización cruzada —de actualidad en materia de derechos humanos especialmente en los últimos años— el resto de los mecanismos de garantía y control podrían girar la vista al continente americano en este sentido.

Así pues, en dicho sistema se enfatiza la prohibición de interponer trabas en aras de poder acudir a jueces y tribunales cuando los derechos reconocidos son conculcados, de manera tal que resulta imprescindible que se establezcan recursos judiciales efectivos, así

Iindahabi Fidèle v. Republic of Rwanda, Judgment (26 June 2020), párr. 63.

92 TEDH, *Case of K. K. v. France,* (Application N°. 18913), Judgment of 10 October 2013, párr.52. en *ibid.*, párr. 64.

93 CorteIDH, Caso *Barbani Duarte y otros v. Uruguay,* Fondo, Reparaciones y costas, Sentencia de 13 de octubre de 2011, Serie C N°. 234, párr. 183-185 en ídem.

94 TADHP, App. N°. 001/2015, *Armand Guehi v. United Republic of Tanzania,* Judgment, (7 December 2018), párrs. 73-79. Por su parte, para un mayor abundamiento en la jurisprudencia del TADHP en lo que atañe a la tutela judicial efectiva y al derecho a un juicio justo, nos remitimos a lo ya analizado en Cartes Rodríguez, J. B., *El Sistema Judicial Africano de Protección de los Derechos Humanos. Un análisis de las demandas individuales,* Pamplona, Aranzadi, 2023.

como que se garantice que las decisiones adoptadas sean ejecutadas. Y si bien es cierto que es autorizado el establecimiento de restricciones, las mismas han sido interpretadas de manera restrictiva, llegándose a poner de manifiesto, como ha sido evidenciado, que en virtud de distintas figuras legales —como puede ser precisamente la inmunidad procesal— los Estados en modo alguno pueden atribuir, ya sea directamente, ya sea indirectamente, protección ante violaciones graves de derechos humanos. De manera tal que lo que se persigue es que la inmunidad no sea equiparable a una impunidad.

Así pues, consideramos que en lo que respecta a las leyes de inmunidad procesal que puedan existir en los ordenamientos internos de ciertos Estados, más que a una cuestión formal respecto al proceso de adopción y a quien emitió la ley, se ha de atender a una cuestión sustantiva, esto es, a su *ratio legis*; que en ningún modo puede servir de justificación para dejar impunes violaciones de derechos humanos, más aún cuando estas se presentan con un carácter grave o sistemático. Igualmente, hemos de advertir que pueden existir determinadas legislaciones internas que al otorgar tal inmunidad procesal establecen ciertas excepciones a la misma, pero que, sin embargo, al acudir a las instancias judiciales las excepciones son ilusorias, colocando a las potenciales víctimas en una situación de total indefensión. Situación que, entendemos, también sería contraria a los tratados aquí analizados según han sido interpretados por sus órganos de garantía y control.

No podemos concluir sin mencionar que las obligaciones contraídas por los diferentes Estados, ya sea en clave universal y/o regional, no pueden considerarse cumplidas si solamente se permite entablar acciones ante los tribunales internos frente al Estado o a personas físicas, sino que también deben poderse formular contra una persona jurídica que en la práctica haya violentado el contenido material de los derechos consagrados en los tratados mencionados y por los que el Estado se ha vinculado internacionalmente.

Capítulo X

Cuestiones de responsabilidad internacional en torno al Tratado sobre el Comercio de Armas de 2013

THAIRI MOYA SÁNCHEZ*

1. INTRODUCCIÓN

Contemplando el vasto lienzo que suscita un mundo globalizado, donde las transacciones económicas tejen una red cada vez más densa, es vital detenerse ante las sombras proyectadas de tales negocios en las recurrentes violaciones a los derechos humanos a nivel internacional. Cuando los Estados y/o las empresas entrelazan sus negocios, como ocurre en el comercio de armas, surge una necesidad apremiante en el Derecho Internacional: reconocer y aceptar las obligaciones y responsabilidades inherentes a tales negocios. En este caso en concreto, se contempla un cruce de caminos donde convergen la venta de armas y el impacto de estas operaciones comerciales en la vulneración de los derechos humanos o en la perpetración de crímenes internacionales, cuyos ecos podrían llegar a resonar ante la Corte Penal Internacional (CPI).

Parcialmente, conscientes de esta realidad, en el laberinto intrincado de la diplomacia internacional, emergió el *Tratado sobre el Comercio de Armas*[1] (TCA) como un faro pionero, una alianza

* Profesora de Derecho Internacional Público de la Universidad Complutense de Madrid (thaimoya@ucm.es).

1 *Tratado sobre el Comercio de Armas,* adoptado el 2 de abril de 2013 y en vigor el 24 de diciembre de 2014.

de obligación legal destinada a regular las transacciones globales de armas convencionales. No solo es el primero en su clase, sino que también se erige como el guardián que reconoce y condena la estrecha conexión entre la violencia de género y el comercio mundial de armas.

Sin embargo, en la encrucijada del TCA y otros acuerdos internacionales, la evaluación de la venta de armas a naciones donde las violaciones de los derechos humanos son moneda corriente, arroja dudas sobre la fidelidad 'genuina' de los Estados al cumplimiento de 'buena fe' de las obligaciones internacionales, un principio fundamental en el derecho de los tratados. Según este principio, los Estados que forman parte de un tratado tienen la obligación de no desviarse de su propósito y razón, como se establece en el artículo 26 de la *Convención de Viena sobre Derecho de los Tratados*[2] de 1969.

En este sentido, el TCA articula una serie de disposiciones destinadas a regular todas las acciones que pudieran contravenir el Derecho Internacional en el devenir de estas transacciones. Como resultado, el artículo 6 del TCA, que enumera las "prohibiciones", plantea desafíos interpretativos sobre cómo se aplican y se invocan los tratados de derechos humanos en el contexto de la compra y venta de armas. Este fenómeno despierta una gama de interpretaciones en cuanto a la identificación de las responsabilidades internacionales que podrían manifestarse en el contexto de tales acuerdos comerciales, donde a menudo se prioriza un 'interés económico' por encima del genuino respeto a los derechos humanos. En este contexto, el propósito de este capítulo es adentrarse en el análisis de las obligaciones impuestas a los Estados, considerando las responsabilidades y deberes que emergen a la luz del artículo 6 del TCA. Sin embargo, es importante destacar que el TCA emplea los términos "transferencias" y "venta" de manera intercambiable, sin establecer distinciones entre ellos. Por

---

2 *Convención de Viena sobre el Derecho de los Tratados,* adoptada el 23 de mayo de 1969 y en vigor el 27 de enero de 1980.

tanto, en este capítulo se utilizarán ambos términos de manera equivalente, aun reconociendo que la "venta" representa una forma específica de "transferencia" dentro del alcance general del término[3].

2. EL TRATADO SOBRE EL COMERCIO DE ARMAS

Los cimientos del *Tratado sobre el Comercio de Armas* se encuentran arraigados en el *Código Internacional de Conducta sobre Transferencia de Armas*[4], cuyo nacimiento tuvo lugar en la ciudad de Nueva York, bajo la égida del Dr. Oscar Arias Sánchez. Dicho código floreció hacia una propuesta de texto que vio la luz en 1995; en su preámbulo, se reconoció que la transferencia de armamento facilitaba la comisión de abusos de derechos humanos, así como impedía la gobernabilidad democrática. Igualmente, el Código también hacía un llamado al "respeto a las normas internacionales de Derechos Humanos" puesto que, a juicio de los redactores, la cesión de armamento solo debía proceder si se podía asegurar razonablemente que estas no serían utilizadas para cometer abusos graves contra los derechos humanos; abarcando actos como genocidio, crímenes de lesa humanidad, ejecuciones extrajudiciales, desapariciones forzadas, tortura y detenciones arbitrarias. La evaluación de estos riesgos es crucial para prevenir atrocidades. De la misma manera solicitaba vigorosamente que el Estado receptor investigase a todos aquellos involucrados en la venta de

---

3 Por ejemplo, esta diferencia se puede apreciar en la Ley de préstamos y arrendamientos de armas, bajo esta Ley los Estados Unidos suministraron armas a Reino Unido, gobiernos en el exilio de Francia, a la 'República de China' y luego a la Unión Soviética, así como a otras naciones entre los años 1941 a 1945, ver: Thistlethwaite, F, "America, Britain and Russia, Their Co-operation and Conflict, 1941-1946", *The Economic Journal* 66, 1956, no. 261, pp.152–55.

4 Código Internacional de Conducta sobre Transferencia de Armas, Premios Nobel de la Paz, UNAM, Derechos Humanos, Órgano Informativo de la Comisión de Derechos Humanos del Estado de México, Número 50.

armas. De la misma manera, en esa normativa se rescató el respeto absoluto al Derecho Internacional Humanitario, con el fin de asegurar que los Estados se abstuvieran de transferir armas a naciones envueltas en conflictos armados, tanto internacionales como internos. Además, se estipuló que el Estado exportador de armamento tendría la obligación de cooperar con los tribunales internacionales, ya fueran *ad-hoc* o permanentes, facultados para juzgar cualquier violación de estas normas establecidas.

Las normas eran muy novedosas, ya que, considerando los tratados existentes en esa fecha[5], no había disposiciones que establecieran ese tipo de responsabilidades a nivel internacional.

En el año 2006, la Asamblea General de las Naciones Unidas, en un acto de reconocimiento a la necesidad imperiosa de iniciar un proceso para la creación de un tratado internacional sobre la venta de armas, emitió la Resolución 61/89[6]. Este fue el punto de partida de una travesía hacia la adopción de un pacto global que regiría en este ámbito tan crucial. Posteriormente, como resultado, el TCA, adoptado el 2 de abril de 2013, irrumpió en la escena el 24 de diciembre de 2014 —una vez que se produjo su entrada en vigor-[7], marcando un hito significativo en la venta descontrolada de armas. Sin embargo, su llegada no estuvo exenta de desafíos para los Estados involucrados, particularmente en relación con el artículo 6, el cual se discutirá en breve, puesto que presenta una serie de prohibiciones que se aplicarían en el contexto de la transferencia internacional de armas.

Además, es de importancia resaltar que el TCA presenta diferentes enfoques para resolver las disputas en el ámbito de dicho acuerdo. En primer término, los Estados partes han acorda-

---

5 Ver: Capítulo I de esta obra.

6 Asamblea General, *Hacia un tratado sobre el comercio de armas: establecimiento de normas internacionales comunes para la importación, exportación y transferencia de armas convencionales,* 18 de diciembre de 2006, A/RES/61/89.

7 United Nations, *Treaty Series,* vol. 3013, p.269.

do abordar cualquier controversia que pueda surgir entre ellos respecto a la interpretación o aplicación del tratado a través de negociaciones, mediación, conciliación, recurso judicial u otros métodos pacíficos. Igualmente, los Estados partes han pactado someter cualquier discrepancia, relacionada sobre la interpretación o aplicación del tratado, a un proceso de arbitraje, tal como lo estipula el artículo 19 del TCA. A diferencia de otros tratados internacionales[8] en donde se decidió hacer un proceso escalonado de negociaciones y someterlo a la Corte Internacional de Justicia (CIJ). En este tratado se omite especificar una jurisdicción arbitral precisa, dejando entrever que dicha jurisdicción se definirá en los pactos comerciales celebrados entre las naciones. Finalmente, desde esta óptica, aunque no sea el centro de atención principal en este capítulo, debido a consideraciones de espacio, resulta esencial recordar que la supervisión de la ejecución de este acuerdo recae en la Conferencia de Estados partes, conforme al mandato del artículo 16 del TCA.

3. EXPLORANDO EL ARTÍCULO 6: RESPONSABILIDADES TRIANGULARES

3.1. Generalidades acerca del Artículo 6 del TCA

El artículo 6 se erige como un cimiento fundamental del TCA, al delinear un conjunto de 'prohibiciones' que entrelazan diversos asuntos propios y amparados previamente por el Derecho In ternacional público: la Carta de la ONU, los derechos humanos y las responsabilidades de los Estados e individuos por el incumpli-

---

8 Por ejemplo: *Convención sobre la Prohibición del Desarrollo, la Producción, el Almacenamiento y el Empleo de Armas Químicas y sobre su Destrucción*, adoptada el 13 de enero de 1992 y en vigor el 29 de abril de 1997, *Convención sobre Municiones en Racimo*, adoptada el 30 de mayo de 2008 y en vigor el 1 de agosto de 2010, y *Protocolo contra la fabricación y el tráfico ilícito de armas de fuego, sus piezas y componentes y municiones*, adoptado el 31 de mayo de 2001 y en vigor el 3 de julio de 2005.

miento de obligaciones internacionales. En este compás, el artículo impone, en el apartado primero, la prohibición de transferencia de armas si la misma supone una transgresión a las medidas adoptadas por el Consejo de Seguridad (CS) bajo el Capítulo VII de la Carta de las Naciones Unidas, en particular los embargos de armas. El segundo apartado estipula la obligación de denegar autorizaciones para transferencias de armas convencionales que contravengan compromisos internacionales relevantes. El tercer apartado prohíbe explícitamente la transferencia de dichas armas cuando exista conocimiento de su potencial uso en la comisión de genocidio, crímenes de lesa humanidad, violaciones graves de los Convenios de Ginebra de 1949, ataques contra objetivos civiles o personas protegidas, u otros crímenes de guerra definidos en acuerdos internacionales.

Por otro lado, es crucial recordar que el artículo 26 del TCA clarifica la interrelación de este tratado con otras convenciones internacionales, y así, "...se entenderá sin perjuicio de las obligaciones contraídas por los Estados partes respecto de acuerdos internacionales vigentes o futuros en los que sean partes...", por ende, se hace necesario evaluar dicho artículo a la luz de otras ramas del Derecho Internacional. A continuación, se procederá a un análisis detallado de las implicaciones de dicho artículo.

3.2. Las Transferencias de Armas y Obligaciones del Consejo de Seguridad: Artículo 6.1

Entre los tres segmentos que componen el artículo 6 del TCA, el primero destaca como el más nítido en términos de interpretación y aplicación. Esto se debe a que de manera clara prohíbe a los Estados partes del tratado a 'relajar', por cualquier motivo, un embargo de armas impuesto, en consonancia con el marco delineado en el Capítulo VII de la Carta de las Naciones Unidas, por el CS; puesto que, una resolución emitida bajo este capítulo es vinculante para todos los Estados, tal como estipulan los artículos 25 y 103 de la Carta de las Naciones Unidas, interpretación ratificada por la jurisprudencia de la CIJ[9].

En toda circunstancia, cabe resaltar que el embargo de armas se vislumbra como una sanción global impuesta por Estados u organismos internacionales contra otro Estado en respuesta a conductas que son claramente ilícitas a nivel mundial. Asimismo, tales embargos pueden fungir como una herramienta para restringir los recursos de violencia o incluso como un medio para mantener una postura neutral. Estas medidas por lo general vedan el suministro de armamento y recursos conexos, además de prohibir la capacitación y asistencia técnica a Estados que infringen la normativa internacional[10]. En este entendido, para algunos los embargos son considerados como una medida de retorsión[11], mientras que también pueden ser vistos como una faceta más extensa de sanciones económicas, abarcando restricciones en exportaciones, denegaciones de visados y vetos en transacciones financieras[12]. Finalmente, otro sector de la doctrina resalta que los embargos suelen ser incumplidos por Estados que priorizan intereses políticos por encima de los económicos[13] o incluso intereses que abarcan el bienestar social. Por lo tanto, es innegable que el TCA reafirma

---

9 Véase, por ejemplo, el *Caso de las actividades militares y paramilitares en y contra Nicaragua,* 26 de noviembre de 1984, p.440, para 107; *Medidas Cautelares en las Cuestiones de interpretación y aplicación de la Convención de Montreal* de 1971, *Incidente aéreo de Lockerbie,* ordenanza, 14 de abril de 1992, ICJ *Reports* 1992, p.15, párra. 39, *Asunto Libia c. Estados Unidos,* ICJ *Reports* 1992, para.42, p. 126.

10 Dominic, T, "Irrelevant or malevolent? un arms embargoes in civil wars", *Review of International Studies,* Vol.31, 2005, pp. 645–664, p. 646.

11 Ferrer Lloret, J, "La aplicación de medidas de embargo de armas adoptadas por la Unión Europea", Revista de Derecho Comunitario Europeo,Vol.6, 1999, pp. 279-324.

12 Dominic Tierney, "Irrelevant or malevolent? UN arms embargoes in civil wars." *Review of International Studies,* p. 646.

13 Moore, M, "Arming the Embargoed: A Supply-Side Understanding of Arms Embargo Violations", *Journal of Conflict Resolution,* Vol. 54, 2010, pp. 593–615.

de manera inequívoca la obligación de los Estados partes de no contravenir los embargos de armas establecidos por el CS.

En consonancia con lo expuesto, cabe destacar que los embargos de armas impuestos por el CS se consideran, en teoría, más eficaces que aquellos impuestos de manera unilateral por algunos Estados u organizaciones internacionales. Esto se debe a que los embargos regionales y unilaterales enfrentan el desafío de que las armas pueden ser fácilmente adquiridas en Estados que no aplican dicho embargo. Por consiguiente, los segmentos segundo y tercero del artículo sexto del TCA cobran una relevancia especial en tales contextos, y su análisis será abordado a continuación.

3.3. Obligaciones Internacionales y la venta de Armas: Artículo 6.2

Este apartado suscita interrogantes legítimas acerca de la interpretación que debe darse a la frase "una violación de sus obligaciones internacionales pertinentes en virtud de los acuerdos internacionales", lo cual pareciese sugerir *prima facie* que la situación de los derechos humanos en el Estado receptor podría fungir como una restricción para la transferencia de armas. No obstante, es crucial aclarar que la disposición no hace referencia, por ejemplo, a la aplicación de la costumbre[14].

En cualquier caso, al escudriñar el meollo que plantea el primer artículo del TCA, destinado a establecer "los más altos estándares internacionales comunes" en tales ventas, se podría argumentar que no se deberían obviar aquellas obligaciones estipuladas en otros acuerdos que, si bien no alcanzan la categoría de tratados, como lo ejemplifica la *Posición Común Europea*[15], son realmente importantes como un estándar. La ausencia de tales iniciativas en

---

14 Casey-Maslen, S, "Article 6. Prohibitions" en Clapham, A., Casey-Maslen, S. *et al.* (eds.), *The Arms Trade Treaty: A Commentary*, Oxford University Press, 2016, p. 181.

15 Posición Común 2008/944/PESC del Consejo, de 8 de diciembre de 2008, véase el criterio Nº 2.

este contexto podría, en cambio, socavar los pilares que sustentan la consecución de los mencionados estándares comunes. En consonancia con esto, los Estados han adoptado un enfoque amplio sobre la cuestión, ya que en informes presentados a la Conferencia de Estados partes del TCA, de acuerdo con el artículo 13.1 de este tratado, algunos Estados han hecho referencia a tratados de derechos humanos como mecanismo de interpretación. De esta manera, se demuestra que la referencia no se limitaría 'únicamente' a cuestiones relacionadas con el armamento, cuestión que se deduce por la práctica puesta en marcha por los Estados partes. Además, se vislumbra que la extensión planteada en el artículo 6.2 del TCA permite sugerir que la referencia no se ciñe exclusivamente a tratados sobre desarme o acuerdos asociados a armamento, insinuando que otros acuerdos de índole más general podrían ser igualmente contemplados en el contexto de dicho artículo[16].

3.3.1. Sobre la extraterritorialidad

Por otro flanco, surge el dilema de la extraterritorialidad de los derechos humanos como resultado del alcance interpretativo de la normativa del TCA, lo que implica la obligación de asegurar los derechos de aquellos individuos que son víctimas de violaciones a sus derechos humanos como resultado también de tales ventas, incluso si se hallan en el territorio de otro Estado. Bajo esta premisa, se arguye que la aplicación extraterritorial de un tratado de derechos humanos conduce a la acción extraterritorial de un Estado, es decir, el deber de intervenir más allá de sus fronteras. Sin embargo, también algunos tratados de derechos humanos albergan cláusulas generales diseñadas para restringir el alcance de aplicación de ese tratado, aludiendo a la jurisdicción y al territorio soberano del Estado[17].

---

16 *Ibidem*, p. 193.

17 Por ejemplo, el artículo 2. 1 del Pacto Internacional sobre Derechos Civiles y Políticos de 1966 indica que "...se compromete a respetar y a garantizar a todos los individuos que se encuentren en su territorio y

Continuando con esta senda de reflexión, es imperativo resaltar la importancia del derecho a la vida en este contexto 'comercial', especialmente a la luz de las directrices delineadas por el Comité de Derechos Humanos en la *Observación General N.º 36*[18]. En este texto se afirma —enfáticamente— que los Estados están obligados a tomar todas las medidas requeridas respecto a las acciones que puedan acontecer dentro de su jurisdicción; sin embargo, deben garantizar que las acciones con impacto significativo en el derecho a la vida extraterritorial, incluyendo las de entidades empresariales, cumplan con el artículo 6, contemplando las normas internacionales de responsabilidad social corporativa[19].

Además, esta observación señala que los Estados partes deben establecer el marco jurídico necesario para proteger y penalizar adecuadamente a los infractores, teniendo en cuenta el uso desproporcionado de armas de fuego[20].

En esta perspectiva, el Comité parece adoptar un enfoque más 'funcional' de la jurisdicción estatal, una visión que se materializó de manera más contundente en los casos *AS y otros c. Malta*[21] y *AS y otros c. Italia*[22] evaluados por el mismo.

---

estén sujetos a su jurisdicción los derechos reconocidos en el presente Pacto…"

18 Comité de Derechos Humanos, Observación General N.º 36 sobre el derecho a la vida (artículo 6 del Pacto Internacional de Derechos Civiles y Políticos), CCPR/C/GC/36, adoptada el 30 de octubre de 2018.

19 Comité de Derechos Humanos, Observación General Nº 36 sobre el artículo 6 del Pacto Internacional de Derechos Civiles y Políticos de 1966, relativos al derecho a la vida, para. 26.

20 *Ibidem*, para. 24.

21 Comité de Derechos Humanos, *AS y otros c. Malta*, (CCPR/ C/128/D/3043/2017).

22 Comité de Derechos Humanos, *AS y otros c. Italia*, (CCPR/ C/130/ DR/3042/2017).

3.3.2. El Principio de la Debida Diligencia y la venta de armas

Otro aspecto relevante para tener en cuenta es el de la debida diligencia, un tema que será abordado extensamente en capítulos de esta obra, aunque merece una mención en el contexto del artículo sexto del TCA. Bajo este principio, es fundamental considerar que los daños transfronterizos que afecten el derecho a la vida o la integridad personal imponen al Estado la obligación de garantizar su pleno respeto. En este contexto, el Comité de Derechos Económicos, Sociales y Culturales indicó que cuando los Estados poseen el poder de influir en terceros para que respeten los derechos humanos en el extranjero, están investidos con la obligación de ejercer dicho poder[23].

En consonancia con estas reflexiones, el artículo 6.2 del TCA establece que los Estados están compelidos a asegurar la 'debida diligencia' en sus transacciones de compra-venta de armas, dado que este principio aspira a evitar transgresiones de los derechos humanos cuando el Estado estaba al tanto de manera efectiva (con conocimiento positivo) o debiera haber estado al tanto (con conocimiento constructivo) de la presencia de un riesgo de violaciones a los derechos humanos en una situación particular, esto en aras de preservar los intereses colectivos universales, emanados de la presencia y evolución de los tratados internacionales, se plantea que los derechos humanos no solo están protegidos dentro de los límites territoriales de un Estado, sino también más allá de sus fronteras[24].

---

23 CDESC, Declaración sobre las obligaciones de los Estados partes en relación con el sector empresarial y los derechos económicos, sociales y culturales, 2011, (E/C.12/2011/1), para. 5; CDESC, Comentario General N.° 15 sobre el derecho al agua (arts. 11 y 12 del Pacto Internacional de Derechos Económicos, Sociales y Culturales), 2002, (E/C.12/2002/11), para. 33.

24 Tzevelekos, V, "Reconstructing the Effective Control Criterion in Extraterritorial Human Rights Breaches: Direct Attribution of Wrongfulness, Due Diligence, and Concurrent Responsibility", *Michigan Journal of International Law*, vol.36, 2014, p. 134.

Por lo tanto, se puede sostener que la 'responsabilidad de la diligencia debida' que pesa sobre el Estado es dual; por un lado, el Estado está obligado a forjar un entramado normativo, y por otro, tiene la responsabilidad de implementar medidas preventivas para salvaguardar los derechos humanos, especialmente, el derecho a la vida[25].

Por otro lado, las transgresiones a los derechos humanos son extensamente documentadas por la ONU y organizaciones no gubernamentales, por lo que la información está difundida ampliamente, de manera pública y de fácil acceso. Por ende, sería imposible para un Estado argumentar que las repercusiones del envío de armas no eran previsibles, lo que establecería *de facto* un conocimiento positivo de tales eventos. Esto podría llevar a que la simple 'omisión' por parte del Estado pudiera constituir responsabilidad internacional, conforme al artículo 2 del *Proyecto de Artículos de la CDI sobre Responsabilidad del Estado por Hechos Internacionalmente Ilícitos*[26]. Además, se abriría el óbice de las responsabilidades generada "por una violación grave por el Estado de una obligación que emane de una norma imperativa..." y, por ende, sería catalogada como 'grave' si dicha falta es flagrante y sistemática por parte del Estado. Tales acciones estatales desencadenarían una serie de repercusiones, como la obligación de colaborar para poner fin a toda violación grave de las normas de *ius cogens*, y no

---

25 CDESC, *Osman c Reino Unido*, 28 de octubre de 1998, núm. 23452/94. Además, puesto que la venta de armas tiene un impacto en el derecho a la vida, hay que recordar que conforme al Artículo 2 del Convenio Europeo de Derechos Humanos, se impone al Estado la responsabilidad afirmativa de adoptar "medidas adecuadas para proteger la vida de las personas bajo su jurisdicción". Además, El TEDH declaró que un Estado incumple su obligación de debida diligencia cuando "no hace todo lo que razonablemente se espera de él para evitar un riesgo real e inmediato para la vida del cual tiene o debería tener conocimiento", ver: CDESC, *Osman c. Reino Unido*, 28 de octubre de 1998, núm. 23452/94, para. 22.

26 Adoptado por la CDI en su 53° período de sesiones (A/56/10) y anexado por la AG en su Resolución 56/83, de 12 de diciembre de 2001.

se reconocería como 'lícita' la situación que haya generado tal estado, entre otras consecuencias[27].

En el seno de las Naciones Unidas también se pueden encontrar *Los Principios en la Prevención de Violaciones a los Derechos Humanos cometidos a través de Armas Pequeñas*[28], en este sentido, este documento establece que, los Estados deben crear y fortalecer sus leyes nacionales para asegurar la investigación y enjuiciamiento de los responsables por la fabricación, posesión, almacenamiento o transferencia ilegal de armas ligeras, así como para los delitos cometidos por el uso de estas[29]. En esta óptica, resulta oportuno señalar, además, que la transferencia de armas ejerce un impacto directo y adverso en la realización de los derechos económicos, sociales y culturales, dado que dicha acción alimentaría la violencia armada afectando directamente el goce de esos derechos[30].

Además, en concordancia con el principio de diligencia debida, un Estado podría ser juzgado responsable si no implementa todas las medidas posibles, en circunstancias específicas, para prevenir acciones en su territorio o en áreas bajo su dominio que puedan causar daño a otros Estados, infringiendo así el Derecho Internacional[31]. Este principio, arraigado en la costumbre del Derecho Internacional, se ha entrelazado con el principio de soberanía; es relevante señalar que la CIJ, en el asunto del *Estrecho de Corfú*, resaltó que cada Estado detenta "la obligación de no permitir conscien-

---

27 Véanse los artículos 40 y 41 del Proyecto de artículos de 2001.

28 Human Rights Council, *The Principles on the Prevention of Human Rights Violations Committed with Small Arms*, 31 de Mayo de 2023, (A/HRC/Sub.1/58/27/Add.1), para. 11.

29 Human Rights Council, *The Principles on the Prevention of Human Rights Violations Committed with Small Arms*, para. 12.

30 Human Rights Council, Impact of arms transfer on the enjoyment of human rights, Report of the Office of the United Nations High Commissioner for Human Rights,2017, (A/HRC/35/8), para. 10.

31 Piernas, J, "El principio de diligencia debida en Derecho Internacional y su aplicación al contexto cibernético", *Anales de Derecho*, 2024, Vol. 41(1), pp. 66-95.

temente que su territorio sea utilizado para actos contrarios a los derechos de otros Estados"; así pues, se podría argüir que permitir la venta de armas a Estados, con un historial cuestionable en materia de derechos humanos, podría considerarse una violación por parte del Estado facilitador de dicha transacción, inclusive desde el momento en que se firma un contrato a tal fin. De manera más reciente, la CIJ en el reciente caso relativo a la Convención de Genocidio (Nicaragua c. Alemania) ha considerado "particularmente importante recordar a todos los Estados sus obligaciones internacionales relacionadas con la transferencia de armas a partes en un conflicto armado, con el fin de evitar el riesgo de que dichas armas puedan ser utilizadas para violar las Convenciones mencionadas anteriormente"[32], esto es, en atención a las Convenciones de Ginebra sobre derecho humanitario, y la de genocidio.

Entonces, ¿qué podría llevarnos a argumentar que, a partir de este momento, un Estado podría ser considerado responsable? Esta afirmación podría sustentarse en el hecho de que el 'principio de debida diligencia' engloba también, al mismo tiempo, la 'obligación de supervisión', la cual emerge ante la falta de control por parte de un Estado, en todas sus formas, para prevenir violaciones de los derechos humanos o del Derecho Internacional humanitario. La CIJ argumentó en esta línea en el caso de las *Actividades Armadas en el Territorio del Congo*[33]. En este sentido, explorando más a fondo en el pasado, se puede descubrir que Hugo Grocio mencionaba que,

> "la responsabilidad basada en *patientia* surgiría si un soberano supiera que un individuo cometerá un crimen, pero no logra prevenirlo, incluso si existieran medidas de prevención disponibles. La responsabilidad basada en *receptus* surgiría si un soberano no

---

32 CIJ, *Supuestas infracciones de ciertas obligaciones internacionales con respecto al Territorio Palestino Ocupado (Nicaragua c. Alemania), Orden, 2024,* para. 24, p. 8.

33 CIJ, *Actividades Armadas en el Territorio del Congo* (*República Democrática del Congo c Uganda*), Sentencia, Informes de la CIJ 2005, p. 168, [179].

castiga adecuadamente al infractor después de que se haya cometido un acto ilícito"[34].

Ahora bien, la ONU se encargó de establecer el principio de debida diligencia, de manera más clara, en su máxima resolución vinculada a las empresas y los derechos humanos[35]. En este sentido, *los Principios sobre Empresas de la ONU* subrayan que los Estados deben adoptar medidas para prevenir, investigar, castigar y remediar los abusos contra los derechos humanos. De acuerdo con los mismos, se espera que la reparación a las víctimas de tales negocios se materialice a través de políticas apropiadas, regulaciones y procedimientos judiciales. Así, el deber de protección de los Estados se transforma en una guía de conducta; por lo tanto, no son intrínsecamente responsables de las acciones de entidades privadas, aunque la omisión en investigar y castigar podría representar una infracción a sus compromisos internacionales de protección de los derechos humanos. En especial, cuando no adopten las medidas adecuadas para prevenir, investigar, castigar y reparar los abusos cometidos por agentes privados[36].

3.3.3. El Estado empresario, las empresas privadas y las reparaciones a víctimas

Tampoco se puede obviar la existencia de la figura del "Estado empresario". En efecto, el Estado puede desempeñar roles em-

---

34 Grotius, H, *De Jure Belli Ac Pacis 1646*, traducido por F. W. Kelsey (New York: William Hein & Co, 1995), vol. II, chapter XVII, para. XX, 523, y Grotius, H, *De Jure Belli Ac Pacis 1646*, vol. II, chapter XXI, para. III, 526 en Piernas, J., "El principio de diligencia debida en Derecho Internacional y su aplicación al contexto cibernético", *Anales de Derecho*, 2024, Vol. 41, 1, p.4.

35 ONU, Principios Rectores de las Naciones Unidas sobre Empresas y Derechos Humanos, Resolución A/RES/17/31, adoptados en New York el 16 de junio de 2011.

36 OACDDHH, Principios Rectores sobre las Empresas y los Derechos Humanos, Puesta en práctica del marco de las Naciones Unidas para "proteger, respetar y remediar", 2011, HR/PUB/11/04, p. 3.

presariales en determinados contextos. Al hacer referencia a esta noción, se alude al conjunto de normativas y disposiciones legales que establecen una de las múltiples maneras en que el Estado puede llevar a cabo actividades económicas, específicamente aquellas relacionadas con la actividad empresarial; lo que implica la intervención del Estado, ya sea mediante la propiedad total o parcial, en empresas comerciales, utilizando diversas formas societarias. Estas actividades se desarrollan en sectores productivos y en un mercado que, en principio, se considera abierto y competitivo[37]. En este entorno, es oportuno aludir a las reflexiones de Bakan, quien sugiere que las grandes corporaciones, en su mayoría, están más preocupadas por los motivos económicos que por la protección de los seres humanos. El autor señala que las corporaciones empresariales privadas a menudo exhiben una cultura institucional que enfatiza el beneficio económico por encima de otros valores. En algunos casos, esto puede llevar a una despreocupación por el bienestar de otros y una disposición a transgredir normas legales por objetivos financieros[38]. No obstante, se podría inferir, también, que una empresa estatal podría operar bajo tales supuestos comerciales, así como también lo harían las empresas con exclusivo capital privado.

En cualquier caso, al seguir esta corriente de ideas, se puede argumentar de manera plausible que estos principios, junto con las normas de responsabilidad, deben ser analizados desde dos perspectivas distintas: la del Estado empresarial y la de las empresas privadas. En el caso del primero, se contemplan situaciones donde las empresas pueden tener una composición de capital público, privado o mixto, en las cuales el Estado tenga una par-

---

37 Vicencio, A, "El estado empresario", *Revista de Derechos Fundamentales,* 2012, Vol. 7, pp. 117-133.

38 Bakan, J, *The corporation: the pathological pursuit of profit and power,* London, Constable, 2004, p. 58 en Muela, Z, "La era del Estado Empresarial Versus el Dominio Público Informacional y cognitivo", *Razón y Palabra,* 2005, Vol. 44.

ticipación accionaria mayoritaria o incluso, siendo el propietario minoritario, conserve el control decisivo.

Considerando esta gran realidad, podría cuestionarse si el Estado incurre en responsabilidad a nivel internacional por no supervisar las actividades de las empresas dedicadas a la venta de armas, ya sean privadas, mixtas o estatales. Además, ante los supuestos de responsabilidades por actividades de empresas, en especial en las empresas estatales[39]. Es pertinente hacer una breve alusión a la teoría del 'levantamiento del velo corporativo'[40], tanto para empresas estatales como privadas, la cual implica la consideración de levantar una serie de normas que otorgan beneficios a las empresas, siendo el principal de ellos el de la responsabilidad limitada. En este sentido, considerando que una empresa pueda estar involucrada en violaciones de derechos humanos por los negocios que desarrolla, como consecuencia, podrían responder con su capital *en materia de indemnizaciones*; por lo que, la discusión sobre el 'levantamiento del velo' ante tales situaciones sería importante. En este caso particular, se argumenta que la necesidad de este levantamiento surge como resultado de que el bien jurídico protegido son las propias normas de derechos humanos e inclusive las normas de *ius cogens* afectadas por tales prácticas comerciales.

En 1999, la Comisión de Derecho Internacional (CDI) abordó las implicaciones de la responsabilidad considerando a las empresas estatales, destacando la importancia de que el "velo de la personalidad jurídica" no fuese una herramienta que permitiera

---

39 Sean estas con acción mayoritaria o total del Estado, aunque también podría suscitarse la situación en donde el Estado no posee tal mayoría, pero por Ley tiene un control absoluto de la empresa.

40 Torrealba, J-G, "La ejecución de laudos arbitrales que condenan al Estado sobre activos de empresas del Estado. A propósito de la teoría del alter ego en el caso Crystallex vs. Venezuela" en *Libro Homenaje al Profesor Eugenio Hernández-Bretón,* Caracas, Academia de Ciencias Políticas y Sociales, Editorial Jurídica Venezolana, Baker & McKenzie, 2019, pp. 1450-1456.

al Estado eludir su responsabilidad al utilizar sus empresas[41]. En todo caso, dentro de la Comisión también se hizo mención a que "permitir que la responsabilidad de esas entidades de propiedad del Estado se atribuyese al propio Estado equivaldría a convertir a éste en fiador con responsabilidad ilimitada de los actos de sus entidades"[42]. Sin embargo, se podría afirmar hipotéticamente, si los actores involucrados, tanto Estados como individuos, incumplen sus responsabilidades internacionales y surgen indemnizaciones,[43] debido a las actividades empresariales que facilitan violaciones de los derechos humanos o la comisión de crímenes internacionales, reconocidos estos últimos como normas de *ius cogens* en el Derecho Internacional, sería necesario levantar el velo corporativo debido a la primacía de las normas *ius cogens* sobre los principios tradicionales del derecho societario.

En todo caso, al examinar, por ejemplo, la responsabilidad estatal en relación con una de sus entidades empresariales, esta evaluación no procede de manera automática; surgen una serie de consideraciones planteadas por la Comisión de Derecho Internacional que deben ser evaluadas. En este sentido, la Comisión destacó en primer lugar que, "para poder considerar los actos de una entidad como actos de una institución del Estado es necesario que exista una relación jurídica entre el Estado y la entidad de que se

---

41 Comisión de Derecho Internacional, Informe del grupo de trabajo sobre las inmunidades jurisdiccionales de los Estados y de sus bienes, 06 de julio de 1999, A/CN.4/L.576, para. 62.

42 *Ibidem*, para. 64.

43 Sin excluir la basta jurisprudencia internacional en materia de reparaciones, se recomienda ver la sección pertinente a las reparaciones de los "Principios Rectores sobre las Empresas y los Derechos Humanos", así como los "Principios y directrices básicos sobre el derecho de las víctimas de violaciones manifiestas de las normas internacionales de derechos humanos y de violaciones graves del Derecho Internacional humanitario a interponer recursos y obtener reparaciones", Res 60/147 de la AG, 16 de diciembre de 2005. Igualmente, se puede revisar el Capítulo II sobre la "Reparación del Perjuicio" en el Borrador de Artículos sobre la Responsabilidad Internacional del Estado.

trate. Si no se puede demostrar esa relación, no será posible "penetrar el velo" para tener acceso a los bienes de la Institución"[44].

Los asuntos relacionados con las responsabilidades derivadas de las actividades empresariales estatales han sido principalmente examinados desde la perspectiva del arbitraje, lo cual adquiere una relevancia crucial al tener en cuenta el artículo 19 del TCA. En esta línea, la Comisión señaló que, "hay que distinguir entre una entidad estatal con derecho a inmunidad soberana y una entidad del Estado que funcione como *alter ego o* agente del gobierno a efectos de responsabilidad. Se ha mantenido que en este último caso se necesita una relación más sustancial que la que se requiere para calificar a una entidad de estatal"[45]. Además, la Comisión concluyó que, la inmunidad del Estado no se aplica a demandas por responsabilidad civil en transacciones mercantiles realizadas por empresas estatales o entidades establecidas por el Estado cuando: a) La empresa actúa como agente autorizado del Estado, y b) El Estado garantiza la obligación de la empresa o entidad estatal[46].

A partir de lo expuesto, podría argumentarse que el Estado podría incurrir en responsabilidad internacional en relación con las empresas armamentísticas, especialmente si estas son de propiedad estatal. Sin embargo, también se debe tener en cuenta que, de acuerdo con el principio de debida diligencia y la aplicación extraterritorial de los tratados de derechos humanos, los Estados pueden ser considerados responsables por la participación de empresas privadas ubicadas en su territorio que faciliten la transferencia de armas a países donde se cometan violaciones del Derecho Internacional de los derechos humanos y del Derecho Internacional Humanitario. A pesar de la existencia de una

---

44 *Ibidem*, para. 73.

45 Comisión de Derecho Internacional, Informe del grupo de trabajo sobre las inmunidades jurisdiccionales de los Estados y de sus bienes, para. 83.

46 *Ibidem*, para. 80.

serie de principios (*soft law*), jurisprudencia internacional y, más recientemente, del TCA, que podrían facilitar una construcción teórica sobre las implicaciones de la responsabilidad internacional del Estado en estos asuntos, sería imperativo examinar detenidamente, *caso por caso*, las acciones emprendidas por los Estados en la sanción y prevención de la venta de armas a países que violan la normativa internacional pertinente.

3.4. El artículo 6.3 del TCA y su relación con el Derecho Internacional Penal

La transferencia de armas exige una exploración minuciosa de múltiples escenarios para discernir las responsabilidades pertinentes ante las repercusiones adversas que surgen de estos intercambios comerciales. En este contexto, es oportuno recordar que la CIJ ha interpretado las disposiciones del Artículo I, que imponen la obligación de prevenir el genocidio, y del Artículo III, que castiga la complicidad en el genocidio de la *Convención para la Prevención y la Sanción del Delito de Genocidio*[47]. Dicha interpretación se cimentó en la proscripción arraigada en el derecho consuetudinario de colaborar o asistir en la perpetración de actos ilícitos a nivel internacional recogido en el artículo 16 del Proyecto de Artículos de la CDI sobre la Responsabilidad de los Estados por Hechos Internacionalmente Ilícitos de 2001. Sin embargo, con base en el mencionado artículo 16 y el artículo I de la Convención sobre Genocidio, que establece la obligación de los Estados de prevenir este crimen, la CIJ, empleando un enfoque teleológico, realizó una interpretación extensiva del Artículo III(e) del tratado. En última instancia, al hacerlo, implicó la responsabilidad estatal y obligó a los Estados a no ser cómplices en el genocidio[48], lo

[47] *Convención para la Prevención y la Sanción del Delito de Genocidio,* adoptada el 9 de diciembre de 1948, en vigor desde el 12 de enero de 1951.

[48] CIJ, *Aplicación de la Convención para la Prevención y Sanción del Delito de Genocidio,* (*Bosnia Y Herzegovina c. Serbia Y Montenegro*), Sentencia, Informes de la CIJ 2007, p. 43, para. 166-167 y para. 419-420.

que permitiría afirmar claramente que permitir la venta de armas a Estados en donde se esté cometiendo el crimen de genocidio haría al vendedor responsable a nivel internacional.

En efecto, algunos Estados han evocado la conexión entre los derechos humanos y la disposición consagrada en el artículo 6.3[49], aunque este apartado se refiere específicamente a los crímenes internacionales dentro del ámbito del Derecho Internacional Penal, una rama claramente distinta a los derechos humanos. Al mencionar el Derecho Penal Internacional, se da un importante paso hacia el establecimiento de la responsabilidad internacional de los individuos. Conforme al artículo 5 del *Estatuto de Roma de la CPI*[50], la Corte tiene competencia para investigar y juzgar crímenes de genocidio, crímenes de lesa humanidad, crímenes de guerra y el crimen de agresión.

Ahora bien, hay que dejar claro que el Estatuto de Roma no aborda la responsabilidad de una corporación puesto que se partió de la vieja premisa de *societas delinquere non potest,* 'las sociedades no pueden delinquir'; en este sentido, el artículo 1 del Estatuto de la CPI dejó claro que "La Corte será una institución permanente, estará facultada para ejercer su jurisdicción sobre

---

49 Por ejemplo, se pueden revisar los primeros comentarios de Argentina. Por su parte, Australia estableció como un elemento importante a observar es el estado de los derechos humanos en el país de recepción de las armas. Bélgica resaltó la importancia de revisar el estatus de los derechos humanos de acuerdo con la Posición Común 2008/944 de la Unión Europea. Canadá indicó que como una medida de mitigación era importante el intercambio de información o archivos relacionados a derechos humanos, Derecho Internacional humanitario o tratados internacionales o protocolos relacionados a terrorismo o crimen organizado transnacional. Para más información revisar: The Arms Trade Treaty, "Initial Reports", disponible en: https://thearmstradetreaty.org/initialreports.html?templateId=209839 (Fecha de Consulta: 08/03/ 2024).

50 *Estatuto de Roma de la Corte Penal Internacional*, adoptado en Roma el 17 de julio de 1998, en vigor desde el 1 de julio de 2002.

personas respecto de los crímenes más graves de trascendencia internacional…". A la par, el artículo 25(1) del Estatuto establece que la Corte "estará facultada para ejercer su jurisdicción sobre personas respecto de los crímenes más graves de trascendencia internacional de conformidad con el presente Estatuto". Por lo tanto, quedaría claro que, la CPI se centraría únicamente en presentar cargos contra los directores individuales de una empresa, sin incluir la responsabilidad legal de la corporación en sí misma puesto que no tiene tal capacidad.

Continuando con este enfoque, es relevante destacar que en el tejido jurisprudencial del Derecho Internacional Penal se vislumbra claramente la posibilidad de responsabilizar a los individuos por sus acciones, incluso en el ámbito comercial. Este principio ha sido confirmado desde los días tumultuosos de la Segunda Guerra Mundial en los casos de *Farben*[51], *Flick*[52] y *Krupp*[53]. *En el caso Farben,* además de las transacciones comerciales ilegales y experimentos médicos, la directiva fue acusada por haber participado en la comisión de crímenes contra la humanidad y de guerra al permitir el suministro del *Zyklon B* al régimen nazi. En este último caso, los acusados fueron encontrados culpables porque "suministraron gas, sabiendo que iba a ser utilizado para asesinato, los tres

---

51 United States v. Carl Krauch, VIII Trials of war criminals before the Nuremberg Military Tribunals under Control Council Law no. 10 1081 (1950).

52 Los acusados en el caso Flick utilizaron trabajadores provenientes de territorios ocupados y campos de prisioneros.

53 *Gustav Krupp,* representando al consorcio *Krupp AG* (principal fabricante de armas de Alemania), fue el único industrial alemán acusado por el IMT, y debido a su precario estado de salud, nunca fue sometido a juicio. El juicio se llevó a cabo entre el 8 de diciembre de 1947 y el 31 de julio de 1948. Los industriales también fueron acusados de saqueo y expoliación de territorios ocupados en contravención de las leyes de guerra. Los ejecutivos industriales también fueron acusados del uso de trabajo involuntario proveniente de campos de concentración y territorios ocupados.

acusados se convirtieron en cómplices antes del hecho de esos asesinatos"[54].

En un registro adicional, se ha documentado que, para el fiscal estadounidense, los procesos judiciales posteriores a Nuremberg en su jurisdicción plantearon un desafío singular: demostrar cómo las élites económicas del régimen nazi habían colaborado y facilitado la perpetración de los crímenes internacionales,[55] mientras los hacía "parecer diferentes en comparación con grupos funcionalmente comparables en otras sociedades industrializadas occidentales"[56].

En esta misma tesitura, el juicio a *Carl Krauch et al.*[57], llevado a cabo en suelo estadounidense,[58] marcaba grandes retos al ser químicos empleados en la producción del gas *Zyklon B*. De los 24 individuos implicados en el caso, 13 fueron declarados culpables, mientras que 10 de los acusados fueron absueltos de todos los cargos imputados. En este contexto, se ha sugerido que trazar líneas divisorias entre los diversos actores en los tratos comerciales

---

54 Judgment, *Trial of Bruno Tesch and Two Others*, British Military Court, 1, 8 March 1946, en LRTWC, Vol. I, 1947, pp. 93-103.

55 Bryk, L,y Saage-Maaß, M, "Individual Criminal Liability for Arms Exports under the ICC Statute: A Case Study of Arms Exports from Europe to Saudi-led Coalition Members Used in the War in Yemen", *Journal of International Criminal Justice*, Vol. 17, 5, December 2019, pp. 1117-1137.

56 Jeberger, F, "On the Origins of Individual Criminal Responsibility under International Law for Business Activity: IG Farben on Trial", *Journal of International Criminal Justice*, Vol. 8, 2010,3, 783-802.

57 I.G. Farben participó conscientemente en un programa secreto de armamento diseñado para "lograr un grado de poder militar que haría a Alemania invencible". Dado que los acusados de Farben no participaron en la planificación ni participaron conscientemente en la preparación e inicio de la guerra de agresión, el Tribunal dictaminó que no podían ser considerados. responsables por su participación en un "plan común o conspiración para llevar a cabo estas mismas acciones".

58 *The IG Farben Trial The United States of America vs. Carl Krauch et al*, US Military Tribunal Nuremberg, Judgment, 30 July 1948.

de transferencia de armamento resultaba singularmente arduo durante los albores de la Guerra Fría, una era que para algunos comenzó alrededor de 1947[59]. En ese entorno, surgieron preocupaciones sobre cómo se podrían evaluar ciertos escenarios relacionados con la producción de armas en Estados Unidos puesto que la pregunta clave era establecer si fabricar armas para la Alemania nazi constituía una actividad criminal, lo que, por consiguiente, podría implicar a la industria armamentística estadounidense en una categoría similar[60].

Tal antecedente podría servir de explicación, aún a la fecha, sobre la reticencia de algunos estados de poner límites a la venta de armas, a pesar de la existencia de obligaciones internacionales, puesto que tal aplicación efectiva de la ley podría implicar el establecimiento de responsabilidades penales, *de iure o de facto,* a sus propios funcionarios o aliados políticos.

En esta misma línea, el artículo 25 del Estatuto delineó los diversos roles de autoría y participación en la perpetración de un crimen internacional; así, se establece la responsabilidad penal si un individuo contribuye, instiga o de alguna manera facilita la

---

59 Harbutt, F, "American Challenge, Soviet Response: The Beginning of the Cold War, February-May, 1946", *Political Science Quarterly,* Vol. 96, 1981, p. 623.

60 DuBois rescató la ocurrencia de un hecho histórico ocurrido entre el jefe de la División de Crímenes de Guerra de los Estados Unidos y el fiscal de *IG Farben,* quienes afirmaron que, "personalmente, no quiero desanimarte, pero mucha gente en este Departamento tiene mucho miedo de imputarles un complot de guerra a estos hombres. No hay ninguna ley por la cual podamos obligar a los industriales a fabricar equipo bélico para nosotros en este momento. Algunos fabricantes estadounidenses eran compinches de Farben. Y los que no lo eran pueden decir: 'Si participar en un programa de rearme es un delito, no queremos tener nada que ver con ello' ", ver: DuBois, Jr, "The Devil's Chemists: 24 Conspirators of the International Farben Cartel Who Manufacture Wars", The Beacon Press, 1952, citado en en Bryk, L y Saage-Maaß, M, "Individual Criminal Liability for Arms Exports under the ICC Statute", *op.cit.*

comisión o intento de comisión de un delito, incluso proporcionando los medios para su ejecución.

En el ámbito de la CPI, facilitar la provisión de armamento empleado en la perpetración de delitos dentro de su jurisdicción puede desembocar en la responsabilidad penal individual. Sin embargo, ante el escenario hipotético de acusar a un individuo bajo esta premisa, por la toma de decisiones en una empresa, ya sea privada o estatal, se podrían enfrentar los siguientes desafíos: (i) la atribución de responsabilidad a un ejecutivo individual por decisiones corporativas de exportación de armas *vr* la responsabilidad grupal del directorio ejecutivo de la empresa; (ii) objeciones a la jurisdicción de la CPI cuando la exportación de armas ha sido autorizada conforme a regulaciones nacionales o por coacción del Estado sede[61]; y (iii) posibles argumentos de defensa, como los contemplados en los artículos 31 y 32 del Estatuto de Roma.

Ahora bien, ante este escenario, para que los elementos del artículo 25.3.(c) se configuren, se requiere —primeramente— la constitución de una 'contribución sustancial', tal como lo ha demostrado la jurisprudencia de diferentes tribunales penales internacionales e inclusive nacionales. En el caso *Kamuhanda*, el Tribunal Penal Internacional para Ruanda (TPIR) determinó que la distribución de armas podría considerarse como un acto que contribuye a los elementos conductuales de instigación y ayuda. En este contexto, la Sala de Apelaciones señaló que aunque las armas distribuidas por el apelante no se utilizaron, su distribución fue considerada una asistencia psicológica al estimular y contribuir sustancialmente a la masacre, constituyendo una forma de instigación, si no de ayuda directa[62].

Por su parte, la Corte Especial para Sierra Leona (CESL), en el caso de *Taylor*, determinó que éste había facilitado "armas y mu-

---

61 Por ejemplo, se debe considerar lo ocurrido en el caso Krupp, en donde los acusados alegaron la coacción por parte del sistema nazi.

62 TPIR, *Kamuhanda*, Judgment, (ICTR-99-54A), Appeals Chamber, 19 September 2005, para. 384.

niciones, personal militar, apoyo operativo, apoyo moral y orientación continua", acciones que vendrían a constituir las figuras de instigar y ayudar[63]. En ambos casos, tanto en el de *Kamuhanda* como en el de *Taylor*, quedaría claro que, sin el suministro y facilitación de armas, los crímenes internacionales no hubiesen podido ser fácilmente perpetrados.

Es esencial destacar que la jurisdicción de la CPI está concebida para juzgar a los máximos responsables, lo cual plantea un desafío si el Fiscal de la CPI no puede investigar casos que involucran a altos directivos de empresas de armamento. Ante esta contingencia, es crucial diferenciar entre las opciones de procedimiento en la CPI y los procesos penales a nivel nacional. Después de todo, la jurisdicción de la CPI complementa la de los tribunales nacionales. Sin embargo, surge el obstáculo de que algunos de los Estados mayoritariamente productores de armas no son partes del Estatuto de Roma[64].

Los Estados que albergan empresas que contribuyen, de alguna manera, a la comisión de un crimen internacional están obligados a investigar y enjuiciar a los implicados; por ejemplo, en Francia se celebraron las audiencias en el *caso Lafarge*,[65] donde tanto la corporación *Lafarge* como su filial fueron acusadas[66], jun-

63 CESL, *Taylor*, Judgment, (SCSL-03-01-T), Trial Chamber II, 18 May 2012.

64 Por ejemplo, Estados Unidos, Rusia, China, Israel, todos cuentan con una amplia producción armamentista, esto de acuerdo con los registros de venta de armamento llevados por el *Stockhom International Peace Research Institute* (SIPRI). En este sentido, se puede revisar la más reciente actualización en: SIPRI, "Fact Shee"t, March 2023, disponible en: https://www.sipri.org/sites/default/files/2023-03/2303_at_fact_sheet_2022_v2.pdf (Fecha de consulta: 15/03/ 2024).

65 Belhoste, N., Nivet, B, "The Organization of Short-Sightedness: The Implications of Remaining in Conflict Zones. The Case of Lafarge during Syria's Civil War", *Business & Society*, Vol. 60, 2021, 7, pp. 1573-1605.

66 El Código Penal francés permite este tipo de acción, véase artículo 121–2.1º.

to con ocho exdirectivos, por su presunta responsabilidad secundaria en los crímenes cometidos en el Estado Islámico en Siria. El detonante de tal situación habría sido que la empresa buscó continuar su producción de cemento mediante pagos financieros significativos a miembros del Estado Islámico, entre otras acciones. Además, los Países Bajos cuentan con jurisprudencia valiosa que debe ser mencionada, tal es el caso del comerciante, *Frans Van Anraat*, quien suministró químicos a *Saddam Husseins* para la producción de gases envenenados. En este sentido, la Corte concibió que *Van Anraat* "jugó un rol importante en el suministro del material químico *Tjiadiglycol* para el régimen iraquí para la producción de gas mostaza"[67]. Igualmente, en cuanto al deber de vigilancia, la Sala manifestó que las "personas o empresas que realizan comercio (internacional), por ejemplo, con armas o materias primas utilizadas en su producción, deben ser advertidas de que, si no ejercen una vigilancia aumentada, pueden involucrarse en delitos graves"[68]. Por otra parte, se tiene el caso en contra del empresario *Guus Kouwenhoven* por suministrar armas al entonces Presidente de Liberia, Charles Taylor, durante la guerra civil de Sierra Leona[69].

En todo caso, el aspecto subjetivo, *mens rea*, podría presentar un desafío sustancial para establecer la responsabilidad individual en la esfera internacional, ya que se debe demostrar la intención de 'facilitar' la comisión del crimen para establecer una responsabilidad secundaria. En el caso de *Bemba*, en atención a los "delitos contra la administración de justicia", no directamente por la comisión de crímenes internacionales, se introdujo un elemento mental más riguroso para establecer la responsabilidad contemplada en el artículo 25.3.c, requiriendo "que el cómplice brinde su ayuda con la intención de facilitar la comisión del delito prin-

---

67 The Hague Court of Appeal, *Public Prosecutor v. Van Anraat*, judgment of 9 May 2007, ECLI:NL:GHSGR:2007:BA4676, 13, en 11.10 hasta 11.12.

68 *Ibidem*, para. 16.

69 Court of Appeal's-Hertogenbosch, *Public Prosecutor v. Kouwenhoven*, judgment of 21 April 2017, ECLI:NL:GHSHE:2017:1760.

cipal”[70]. Claro está que existen divergencias sobre la delimitación sobre ‘instigar’ y ‘ayudar’; pero lo que sí quedaría claro es que solicitar de manera taxativa un ‘elemento mental’ más estricto, permitiría que quienes proporcionan apoyo y tienen conocimiento de que dicha asistencia es prácticamente segura de contribuir a la comisión de crímenes internacionales serían eximidos de responsabilidad meramente porque no ‘anhelan’ su comisión, sino que prestan ayuda con algún otro propósito en mente, por ejemplo, ganancias económicas. Dicho escenario se podría prestar ante las empresas que comercializan armas.

En este sentido, bajo la consideración del artículo 25 (3) (c) y el artículo 30 del Estatuto, se podría establecer hipotéticamente, que el comercio de armas podría generar la responsabilidad internacional de sus comerciantes si se parte de la premisa que: a) la exportación de las armas permiten la comisión de los crímenes establecidos en el artículo 5 del Estatuto, (elemento objetivo); b) el exportador de armas tiene *la intención* de exportar las armas (primer elemento subjetivo); c) El exportador de armas está consciente de que tal actividad, bajo las circunstancias atinentes a cada caso, las armas podrían terminar siendo usadas para la comisión de algún tipo de crimen internacional.[71] En este marco, los operarios de las grandes corporaciones armamentista podrían enfrentarse a una ‘responsabilidad secundaria’ en relación con la comisión de crímenes internacionales, si sus acciones contribuyen de manera significativa al actuar de los principales perpetradores de violaciones de las normas del Derecho Internacional penal.

---

70 CPI, *Bemba Gombo et al,* Judgment pursuant to Article 74 of the Statute, (ICC-01/05-01/13), Trial Chamber VII, 19 October 2016, para. 98.

71 Bryk, l, Saage-Maaß, M, “Individual Criminal Liability for Arms Exports under the ICC Statute: A Case Study of Arms Exports from Europe to Saudi-led Coalition Members Used in the War in Yemen”, *op.cit,* p. 19.

4. CONCLUSIONES

Como se ha expuesto, el *Tratado sobre el Comercio de Armas* impone una serie de obligaciones a los Estados, las cuales están intrínsecamente relacionadas con diversas ramas del Derecho Internacional Público. No obstante, más allá de lo establecido en el Tratado, se deben examinar las responsabilidades tanto de los Estados como de los individuos como resultado del incumplimiento de las obligaciones adquiridas. En este contexto, el artículo 26 del TCA especifica que la aplicación del tratado no afecta las obligaciones contraídas por los Estados en otros acuerdos internacionales. Es importante destacar que los temas establecidos en el artículo 6 están reguladas en otros tratados internacionales y que son, además, en su esencia normas reconocidas como *ius cogens,* lo que significa que no pueden ser derogadas por acuerdo en contrario. Por lo tanto, considerando los retos brevemente planteados en este capítulo, será necesario observar la evolución de los hechos y si se logrará una aplicación efectiva de estas normas en la práctica.

Capítulo XI

La regulación del comercio de armas de fuego como parte de la obligación estatal de prevenir violaciones de los derechos a la vida y a la integridad personal. Una visión en perspectiva de género

JORGE RODRÍGUEZ RODRÍGUEZ*

1. INTRODUCCIÓN

El uso indiscriminado de armamento y su falta de regulación son sin duda factores que agravan contextos de graves violaciones de derechos humanos. Su concatenación, de hecho, ya llamó la atención al Consejo de Seguridad, tal cual refleja su Resolución 2117 de 2013: "la transferencia ilícita, la acumulación desestabilizadora y el uso indebido de armas pequeñas y armas ligeras en muchas regiones del mundo siguen planteando amenazas a la paz y la seguridad internacionales, causan considerables pérdidas de vidas humanas, contribuyen a la inestabilidad y la inseguridad"[2].

---

* Profesor de Derecho Internacional Público de la Universidad Complutense de Madrid.

2 Consejo de Seguridad de Naciones Unidas, *Resolución 2117 (2013)*, Doc. S/RES/2117 (2013), 26 de septiembre de 2013. De forma general, puede consultarse: Casey-Maslen, S. (ed.), *Weapons under International Human Rights Law*, Cambridge, Cambridge University Press, 2014.

Sin embargo, el comercio ilícito de armamento no solo tiene como consecuencia directa la afectación (lógica) a los derechos a la vida y a la integridad física, sino que cuenta con unos efectos palpables sobre colectivos especialmente vulnerables como pueden ser las mujeres y las niñas. Desde la mencionada Resolución, el Consejo de Seguridad resaltaba, a su vez, esta situación:

> "*Recordando con profunda preocupación* que la transferencia ilícita, la acumulación desestabilizadora y el uso indebido de armas pequeñas y armas ligeras (...) ocasionan una amplia gama de consecuencias negativas en los ámbitos humanitario, socioeconómico, del desarrollo y de los derechos humanos (...) incluidos sus efectos desproporcionados en la violencia perpetrada contra las mujeres y las niñas y el recrudecimiento de la violencia sexual y de género".

La relación entre comercio indiscriminado de armamento y "riesgo para la vida" es incuestionable. Y lo es con mayor fuerza para colectivos que de por sí ya sufren una violencia específica, como el caso de las mujeres. En efecto, la puesta en riesgo de los derechos de las mujeres derivada del tráfico ilícito de armamento es bastante palpable. Partimos de una base en la cual los principales propietarios de armamento ligero son hombres y, específicamente, la perpetración de violencia armada corresponde a hombres jóvenes; concretamente en 2016 el 84% de las muertes violentas (incluidos homicidios y las resultantes en conflictos armados) fueron causadas por hombres[1]. Las consecuencias de este estado de la cuestión evidencian a todas luces a la mujer como principal sujeto receptor de esta violencia y primera damnificada por el tráfico descontrolado de armamento. Es más, las armas agudizan la peligrosidad de situaciones ya de por sí especialmente nocivas, como la violencia de género, la sexual, la económica o la psicológica[2]. Incluso la mujer será el sujeto afectado también en los casos donde la muerte por uso de armas de fuego impacta en el hombre, debido a que será ella la que encarne los roles que

---

1 Oficina de Asuntos de Desarme. Naciones Unidas, *Securing our common future.* An agenda for disarmament, New York, 2018, p. 39.

2 Ídem.

previamente él asumía, principalmente la búsqueda de sustento a la unidad familiar.

Teniendo todo lo anterior como contexto, este artículo tiene como propósito principal establecer un nexo causal entre el tráfico ilícito de armamento y las obligaciones internacionales de los Estados para con los derechos a la vida y a la integridad física en general. En su última parte se resaltará la especial vulnerabilidad de los derechos de la mujer a consecuencia de la propagación de la violencia armada, tanto dentro como fuera de situaciones de conflictos armados.

2. LA VIOLACIÓN DE LOS DERECHOS A LA VIDA Y A LA INTEGRIDAD PERSONAL COMO CONSECUENCIA DEL TRÁFICO DE ARMAS

2.1. Las obligaciones de respeto y garantía de los derechos humanos

Las obligaciones internacionales de los Estados con respecto a los derechos humanos (independientemente de cuáles sean) están estrictamente delimitadas en dos áreas concretas: el respeto y la garantía. Siendo esta la base, la razón de centrarnos en concreto en cómo se traducen estas obligaciones en lo tocante a los derechos a la vida y a la integridad personal estriba en que, evidentemente, estos serán los derechos principalmente afectados por el tráfico ilícito de armamento. Es más, el derecho a la vida, uno de los derechos más básicos, llega a ser entendido, incluso, como un "presupuesto o soporte fáctico de todos los derechos"[3].

Esta obligación de respeto y garantía se encuentra afianzada dentro del articulado de todos los tratados internacionales generales de protección de derechos humanos. De hecho, dentro de

---

3 Torres Moral, A., *Principios de Derecho constitucional español,* Madrid, Servicio de Publicaciones de la Facultad de Derecho de la Universidad Complutense de Madrid, 1988, pp. 289-290.

los tres grandes tratados regionales de protección, sus artículos inaugurales comparten el mismo sentir[4]; incluso la *Convención Americana sobre Derechos Humanos*[5] (CADH) y su homóloga europea son encabezadas con el mismo rótulo "Obligación de respetar los derechos humanos". De su lado, en el plano universal, dicha obligación queda recogida en el art. 2.1 del *Pacto Internacional de Derechos Civiles y Políticos*[6] (PIDCP)[7].

¿En qué se traduciría en la práctica esta obligación de respeto y garantía de los derechos humanos?

El art. 2.1 del PIDCP contiene dos obligaciones. Por un lado, "garantizar", una obligación positiva, orientada a tomar toda clase de medidas destinadas a salvaguardar al conjunto de los derechos

---

4 Art. 1 del Convención Europeo de Derechos Humanos: "Las Altas Partes Contratantes reconocen a toda persona bajo su jurisdicción los derechos y libertades definidos en el Título I del presente Convenio". Art. 1 de la Carta Americana sobre Derechos Humanos: "Los Estados partes en esta Convención se comprometen a respetar los derechos y libertades reconocidos en ella y a garantizar su libre y pleno ejercicio a toda persona que éste sujeta a su jurisdicción, sin discriminación alguna por motivos de raza, color, sexo, idioma, religión, opiniones políticas o de cualquier otra índole, origen nacional o social, posición económica, nacimiento o cualquier otra condición social". Art. 1 de la Carta Africana sobre los Derechos Humanos y de los Pueblos: "Los Estados miembros de la Organización para la Unidad Africana firmantes de la presente Carta reconocerán los derechos, deberes y libertades contemplados en esta Carta y se comprometerán a adoptar medidas legislativas o de otra índole con el fin de llevarlos a efecto".

5 *Convención Americana de Derechos Humanos*, adoptada el 22 de noviembre de 1969 y en vigor el 18 de julio de 1978.

6 *Pacto Internacional de Derechos Civiles y Políticos*, adoptado el 16 de diciembre de 1966 y en vigor el 23 de marzo de 1976.

7 "Cada uno de los Estados partes en el presente Pacto se compromete a respetar y a garantizar a todos los individuos que se encuentren en su territorio y estén sujetos a su jurisdicción los derechos reconocidos en el presente Pacto, sin distinción alguna de raza, color, sexo, idioma, religión, opinión política o de otra índole, origen nacional o social, posición económica, nacimiento o cualquier otra condición social".

incluidos en el tratado. Y, más concretamente, tal cual la ha definido Fabián Salvioli, implica la labor del Estado de asegurar que "las personas bajo su jurisdicción pueden disfrutar plenamente de los derechos reconocidos"[8]. Y, por otro, "respetar", una obligación negativa que se entendería en el sentido de abstenerse de todo comportamiento que pudiera poner en peligro alguno de los derechos establecidos en el PIDCP[9]. Esto es, el art. 2.1 del Pacto ha sido considerado como una *umbrella clause*, pues está orientado a asegurar el cumplimiento de todos los derechos reconocidos en el tratado internacional concreto[10]; al igual que los artículos inaugurales de los tres grandes tratados regionales de derechos humanos.

Como forma de aclarar el alcance de lo anterior con respecto al PIDCP, el Comité de Derechos Humanos (Comité DH) publicó su observación general núm. 31 sobre la "naturaleza de la obligación jurídica general impuesta a los Estados partes en el Pacto". En esta observación general, este órgano señala varias cuestiones trascendentales a nuestros intereses.

---

8 Salvioli, F., *Introducción a los derechos humanos: concepto, fundamentos, características, obligaciones del estado, y criterios de interpretación jurídica*, Valencia, Tirant lo Blanch, 2020, p.305.

9 Nowak, M., *U.N. Covenant on Civil and Political Rights. CCPR Commentary*, Kehl, 2ªed., N.P. Engels, 2005, p.29. Otra de las consideraciones a tener en cuenta acerca de este artículo es la de Paul M. Taylor, que lo define como "esencial" ("pivotal", en su traducción inglesa) para: "securing 'respect' for and for ensuring to all individuals under a State's responsibility the rights enshrined in the Covenant. It also firmly establishes that this is to occur without discrimination on the stated grounds. It demands domestic implementation to give 'full effect' to those rights, with accompanying remedies for violation". Taylor, P. M., *A Commentary on the International Covenant on Civil and Political Rights. The UN Human Rights Committee's Monitoring of ICCPR Rights*, Cambridge, Cambridge University Press, 2020, p. 59.

10 Comité de Derechos Humanos, *Observación general núm.31 [80]. Naturaleza de la obligación jurídica general impuesta a los Estados partes en el Pacto*, Doc. CCPR/C/21/Rev.1/Add.13, 26 de mayo de 2004, párr. 5.

En primer lugar, que todos los Estados tienen un "interés jurídico" en que las obligaciones internacionales que afectan al cumplimiento de los derechos humanos sean seguidas por el resto de Estados Parte, habida cuenta de que:

> "...las normas relativas a los derechos básicos de la persona humana son obligaciones *erga omnes*, y de que, como se indica en el cuarto párrafo [del art. 2] de la parte expositiva del Pacto, existe la obligación, según la Carta de las Naciones Unidas, de promover el respeto universal y efectivo, así como la observancia, de los derechos humanos y las libertades fundamentales"[11].

Es decir, las obligaciones internacionales de garantía de los derechos humanos "más básicos" (por ejemplo, el derecho a la vida) son de aplicación al conjunto de los Estados de la comunidad internacional, más allá de sus distintos y diversos compromisos convencionales. A lo que habría de añadirse, en lo referido en específico al cumplimiento de las obligaciones afianzadas en este tratado internacional, y por extensión al resto de normativa convencional, que en escrupuloso seguimiento del art. 26 de la Convención de Viena sobre Derecho de los Tratados de 1969, el seguimiento de sus disposiciones habría de hacerse de buena fe.

En segundo lugar, el Comité DH se centra en cómo se ha de implementar esta obligación de garantía y respeto. A este respecto, se incide en que en aras de cumplir con las obligaciones jurídicas derivadas del PIDCP, "los Estados Parte adoptarán las medidas legislativas, judiciales, administrativas y educativas y demás medidas que sean apropiadas". De esta manera, estamos ante obligaciones positivas las cuales se traducen, por tanto, en un comportamiento activo por parte del Estado: la aprobación de legislación orientada específicamente al cumplimiento de dichas prerrogativas. Y, de forma adicional, se reconoce que el cumplimiento de estas obligaciones implicará no solo una fiscalización al comportamiento que realicen los propios agentes

---

11 *Ibid.*, párr. 2.

del Estado, sino también del que hagan particulares o entidades privadas, cuya actividad pudiera ir en contra de los derechos reconocidos en el PIDCP[12].

Las obligaciones de respetar y garantizar resultan, así, en la creación de un armazón jurídico lo suficientemente sólido como para que se creen las condiciones necesarias dentro del Estado que permitan la satisfacción de los derechos humanos más básicos; incluidos, claro, los que hacen parte de las obligaciones convencionales de Pacto. En caso contrario, según el Comité, estaríamos ante una situación en la cual los Estados Parte estarían vulnerando esta obligación al permitir que particulares o entidades cometan actos violatorios de derechos humanos por no haber adoptado medidas apropiadas para evitarlo[13].

En efecto, en este mismo sentido, esta obligación ha sido consolidada también a nivel jurisprudencial americano y europeo; lo que afianza la consolidación de esta obligación en el Derecho Internacional. Así, la Corte Interamericana de Derechos Humanos (Corte IDH) dentro de la sentencia *Velásquez Rodríguez* se interpreta que, dentro del contenido del art. 1.1 de la CADH:

> "Lo decisivo es dilucidar si una determinada violación a los derechos humanos reconocidos por la Convención ha tenido lugar con el apoyo o la tolerancia del poder público o si éste ha actuado de manera que la trasgresión se haya cumplido en defecto de toda prevención o impunemente. En definitiva, de lo que se trata es de determinar si la violación a los derechos humanos resulta de la inobservancia por parte de un Estado de sus deberes de respetar y de garantizar dichos derechos, que le impone el artículo 1.1 de la Convención"[14].

---

12 *Ibid.*, párr. 8.

13 Ídem.

14 Corte Interamericana de Derechos Humanos, caso *Velásquez Rodríguez c. Honduras,* Fondo, sentencia de 29 de septiembre de 1988, en *Serie C: Resoluciones y Sentencias, Núm.4,* párr. 173.

De su lado, el Tribunal Europeo de Derechos Humanos (TEDH) en el caso *Centre for Legal Resources on behalf of Valentin Câmpeanu c. Rumania*, en relación con la obligación de respeto y garantía respecto al derecho a la vida:

> "The first sentence of Article 2 § 1 enjoins the State not only to refrain from the intentional and unlawful taking of life, but also to take appropriate steps to safeguard the lives of those within its jurisdiction (...). The positive obligations under Article 2 must be construed as applying in the context of any activity, whether public or not, in which the right to life may be at stake. (...). Such positive obligations arise where it is known, or ought to have been known to the authorities in view of the circumstances, that the victim was at real and immediate risk (...) and, if so, that they failed to take measures within the scope of their powers which, judged reasonably, might have been expected to avoid that risk"[15].

Todo ello nos llevaría a la conclusión de que la prevención surge como parte indisoluble de la obligación de garantía. La construcción de las condiciones básicas de disfrute de derechos humanos aparece como forma de adelantarse a una posible violación; en definitiva, a prevenir su comisión[16]. O lo que sería lo mismo: aquel comportamiento en un principio no imputable al Estado por haber sido cometido por un particular podría implicar que, independientemente de ello, el Estado viera comprometida su responsabilidad por falta de la debida diligencia para prevenirlo.

---

15 Tribunal Europeo de Derechos Humanos, caso *Centre for Legal Resources on behalf of Valentin Câmpeanu c. Romania* [GC], Application num. 47848/08, sentencia de 17 de julio de 2014, párr. 130.

16 Con carácter general, puede consultarse sobre la prevención de cometer violaciones de derechos humanos: Sicilianos, L. A. (ed.), *The Prevention of Human Rights Violations. Contribution on the Occasion of the Twentieth Anniversary of the Marangopoulos Foundation for Human Rights*, Atenas, Ant. N. Sakkoulas Publishers y Martinus Nijhoff Publishers, 2001.

2.2. *El tráfico de armamento como escenario de violación de los derechos a la vida y a la integridad personal*

Teniendo claro el significado de la obligación de garantía y respeto a los derechos humanos: ¿cómo sería su aplicación con respecto al derecho a la vida y a la integridad personal?

El Comité DH ya se pronunció en este sentido en su observación general sobre el art. 6 del PIDCP. En ella, en aplicación de lo anteriormente analizado en su observación general núm. 31, afirmó, por un lado, que el propio Estado debe abstenerse de realizar cualquier comportamiento que suponga una privación arbitraria del derecho a la vida y, por otro, que debe garantizar su protección frente a la acción de particulares y entidades privadas. No obstante, lo ciertamente significativo dentro de las obligaciones del Estado para proteger el derecho a la vida se encuentra en la garantía que se debe prestar en "los supuestos razonablemente previsibles de amenazas y situaciones de peligro para la vida que puedan ocasionar muertes"[17]. O, lo dicho en otras palabras: "Los Estados partes pueden haber incurrido en una violación del artículo 6, incluso si esas amenazas y situaciones no dan lugar a la pérdida de vidas"[18]. De esta forma, apreciamos como de la lectura conjunta de los artículos 6 y 2.1 nace la obligación para el Estado de tomar todas las medidas positivas a su alcance para prevenir violaciones del derecho a la vida dentro de su jurisdicción, ya sea por parte de agentes a su cargo, ya sea por personas o entes privados que operen en su territorio. Esta obligación, así, sería violada debido a una falta de acción por parte del Estado que derivara en la aparición de contextos especialmente peligrosos que amenazara el derecho a la vida de su población.

Este deber de prevención con respecto al derecho a la vida, también ha sido sentado por la Corte IDH en casos contra Co-

---

17 Comité de Derechos Humanos, *Observación general núm. 36 Artículo 6: derecho a la vida,* Doc. CCPR/C/GC/36, 3 de septiembre de 2019, párr. 8.

18 Ídem.

lombia, antes situaciones especialmente peligrosas donde objetivamente se pone el riesgo el derecho a la vida:

> "[se] ha declarado la responsabilidad de Colombia por el incumplimiento de su deber de garantía por no haber adoptado medidas efectivas de prevención y protección de la población civil que se encontraba en una situación de riesgo razonablemente previsible por parte de miembros de las Fuerzas Armadas o de seguridad del Estado respecto de grupos paramilitares"[19].

De su lado, el TEDH ha desarrollado una interesante jurisprudencia en donde ha ido delimitando aquellos escenarios que debido a su peligrosidad pudieran poner en peligro el derecho a la vida. Así, podemos encontrarnos con situaciones relacionadas con la salud, con actividades especialmente peligrosas (desastres industriales y medioambientales), accidentes a bordo de barcos, trenes, en la construcción, situaciones de seguridad vial, personas hospitalizadas, situaciones de zonas minadas por el ejército, incendios o personas desaparecidas[20].

---

19 Corte Interamericana de Derechos Humanos, *caso Masacre de la Rochela c. Colombia*, sentencia de 11 de mayo de 2007, párr. 127. En un sentido similar, caso Masacre de Pueblo Bello: "no existen pruebas ante este Tribunal que demuestren que el Estado dirigiera directamente la ejecución de la masacre o que existiese un nexo entre miembros del Ejército y los grupos paramilitares o una delegación de funciones públicas de aquél a éstos. No obstante, la responsabilidad por los actos de los miembros del grupo paramilitar en este caso en particular es atribuible al Estado en la medida en que éste no adoptó diligentemente las medidas necesarias para proteger a la población civil en función de las circunstancias descritas. Por las razones expuestas en los párrafos anteriores, la Corte concluye que el Estado no cumplió con su obligación de garantizar los derechos humanos consagrados en los artículos 4, 5 y 7 de la Convención, por haber faltado a sus deberes de prevención y protección, en perjuicio de las personas desaparecidas y privadas de su vida en este caso", Corte Interamericana de Derechos Humanos, *caso Masacre de Pueblo Bello c. Colombia,* sentencia de 31 de enero de 2006, párr. 140.

20 Tribunal Europeo de Derechos Humanos, *Guide on Article 2 of the European Convention on Human Rights. Right to life,* 31 de agosto de 2022, p. 8.

En este sentido, el siguiente paso sería preguntarnos si, precisamente, el escenario que aquí nos interesa (la venta de armamento) puede llegar a favorecer esa misma situación de peligrosidad y, en consecuencia, también conculcar esta obligación de respeto y garantía de los derechos a la vida y a la integridad personal.

En primer lugar, hemos de anotar desde un inicio que para el Comité DH el fácil acceso a armamento ya resultó un motivo de preocupación en lo que a la garantía del derecho a la vida y a la integridad personal se refiere. Concretamente, en su primer informe periódico ante Estados Unidos ya lamentó "la facilidad con que los ciudadanos pueden disponer de armas de fuego y el hecho de que las leyes federales y estatales no sean suficientemente estrictas a ese respecto para garantizar la protección del derecho a la vida y a la seguridad de los individuos previsto en el Pacto"[21]. A lo que añadiría: "Deberían ampliarse y reforzarse los reglamentos que limitan la venta pública de armas de fuego"[22].

La observación general 35 del Comité DH sobre el art. 9 (libertad y seguridad personales), sigue, efectivamente, este mismo camino:

> "El derecho a la seguridad personal protege a las personas contra lesiones físicas o psicológicas infligidas de manera intencionada, independientemente de que la víctima esté o no privada de libertad. (...). El derecho a la seguridad personal también obliga a los Estados partes a adoptar medidas apropiadas ante amenazas de muerte contra personas del ámbito público y, de manera más general, a proteger a las personas de amenazas previsibles contra su vida o su integridad física provenientes de cualquier agente estatal o privado. Los Estados partes deberán adoptar tanto medidas para prevenir lesiones futuras como medidas retrospectivas, como la aplicación de la legislación penal, en respuesta a lesiones ya infligidas. Por ejemplo, (...) deben prevenir el uso injustificado de

---

21 Comité de Derechos Humanos, *Observaciones del Comité de Derechos Humanos. Estados Unidos de América,* Doc. CCPR/C/79/Add.50, 7 de abril de 1995, párr. 17.

22 *Ibid.*, párr. 32.

la fuerza en las actividades de mantenimiento del orden público (...), así como proteger a la población contra abusos de las fuerzas de seguridad privadas y contra los riesgos a que da lugar la disponibilidad excesiva de armas de fuego"[23].

De esta forma, la conexión "a más armamento disponible, mayor riesgo para la vida" es perfectamente lógica[24].

En definitiva, trayendo aquí los argumentos anteriormente planteados: si el Estado permite el acceso a armamento a la población civil sin control alguno, está promoviendo la aparición de un clima tan peligroso que supondría, en consecuencia, la violación del propio derecho a la vida. Las obligaciones internacionales al respecto implicarían que los Estados deben tomar medidas para

---

23 Comité de Derechos Humanos, *Observación general Nº 35. Artículo 9 (Libertad y seguridad personales)*, Doc. CCPR/C/GC/35, 16 de diciembre de 2014, párr. 9. A este respecto, son interesantes las observaciones finales sobre Filipinas: "El Comité expresa preocupación por la persistencia de las ejecuciones extrajudiciales y desapariciones forzadas en el Estado parte. Especialmente le preocupa la proliferación de ejércitos privados y grupos paramilitares, que son parcialmente responsables de estos crímenes, *así como el gran número de armas de fuego ilegales*". Comité de Derechos Humanos, *Observaciones finales sobre el cuarto informe periódico de Filipinas aprobadas por el Comité en su 106º período de sesiones (15 de octubre a 2 de noviembre de 2012)*, Doc. CCPR/C/PHL/CO/4, 13 de noviembre de 2012, párr. 14.

24 Según la Oficina del Alto Comisionado de Naciones Unidas para los Derechos Humanos, en su informe de 2017 sobre "Repercusiones de las transferencias de armas en el ejercicio de los derechos humanos", apuntaba que: "Las armas pueden usarse tanto en situaciones de conflicto como en otras situaciones para cometer o facilitar actos violatorios de una gama amplia de derechos humanos, desde el derecho a la vida, la libertad y la seguridad de la persona hasta el derecho a no ser sometidos a esclavitud o a torturas ni a otros tratos o penas crueles, inhumanos o degradantes". Consejo de Derechos Humanos, *Repercusiones de las transferencias de armas en el ejercicio de los derechos humanos. Informe de la Oficina del Alto Comisionado de las Naciones Unidas para los Derechos Humanos*, Doc. A/HRC/35/8, 3 de mayo de 2017, párr. 9.

reducir la cantidad de armas en circulación como forma de garantizar el disfrute de este derecho. En efecto, según un informe de la Oficina del Alto Comisionado de Naciones Unidas para los Derechos Humanos sobre "Repercusiones de las transferencias de armas en los derechos humanos" de 2020:

> "[L]os Estados partes en el Pacto tienen la obligación vinculante de actuar con la debida diligencia para adoptar medidas apropiadas a fin de impedir el desvío de armas que tenga repercusiones directas y previsibles en el derecho a la vida de las personas fuera de su territorio. También están obligados a adoptar las medidas legislativas y de otra índole que sean apropiadas para impedir las transferencias ilícitas o no reguladas de armas que se originen en las empresas de armamentos con sede en su territorio o sujetas a su jurisdicción"[25].

Para enfatizar este razonamiento, podríamos incluir toda una serie de ejemplos donde contextos especialmente peligrosos para el disfrute del derecho a la vida llegan a esa situación, o es empeorada, por la proliferación de armamento en ese territorio. A saber: en Burkina Faso circulan 2 millones de armas pequeñas y ligeras ilegales[26]. En Siria e Irak, las armas proporcionadas por los Estados a los grupos armados han acabado en manos del Estados Islámico[27]. En Sudán se estima que circulan 700.000 armas ilegales por Darfur[28]. En agosto de 2019 el Gobierno del Chad

---

25 Consejo de Derechos Humanos, *Repercusiones de las transferencias de armas en los derechos humanos. Informe de la Alta Comisionada de las Naciones Unidas para los Derechos Humanos,* Doc. A/HRC/44/29, 19 de junio de 2020, párrs. 28–29.

26 Consejo de Derechos Humanos, *Informe del Relator Especial sobre la promoción y la protección de los derechos humanos y las libertades fundamentales en la lucha contra el terrorismo, Ben Emmerson,* Doc. A/HRC/25/59/Add.1, 4 de febrero de 2014, párr. 26.

27 Consejo de Derechos Humanos, *Informe del Relator Especial sobre la promoción y la protección de los derechos humanos y las libertades fundamentales en la lucha contra el terrorismo, Ben Emmerson,* Doc. A/HRC/29/51, 16 de junio de 2015, párr. 17.

28 Consejo de Derechos Humanos, *Informe del Experto Independiente sobre la situación de los derechos humanos en el Sudán,* Doc. A/HRC/39/71, 13 de

anunció que se habían cerrado las fronteras del país con Libia, la República Centroafricana y el Sudán, para restablecer el orden y poner fin al tráfico de armas[29]. Según el secretario general de Naciones Unidas, crisis actuales como las de Haití, Malí, la República Democrática del Congo y Ucrania se han visto agravadas por la amplia disponibilidad y la corriente incontrolada de armas[30]. En América Central el porcentaje de asesinatos perpetrados con armas de fuego fue del 67%; en América del Sur del 53% y en el Caribe del 51%[31]. Según datos de 2017, 17 de los 20 países donde ocurrieron más asesinatos están localizados en América Latina[32], donde del total de las armas en la región, el 86% estarían distribuidas en manos de civiles, el 10% en las de militares y solo el 4% en las de las fuerzas policiales[33].

A modo de cierre, por tanto, afirmamos que el tráfico descontrolado de armamento puede ser catalogado como una situación que pone en riesgo los derechos a la vida y a la integridad personal; pudiendo, incluso, serle imputado su propia violación al Estado por su falta de garantía. No obstante, a continuación, se analizará la afectación específica que estos contextos tiene sobre los derechos de la mujer.

---

agosto de 2018, párr. 9

29 Consejo de Seguridad, *Armas pequeñas y armas ligeras. Informe del Secretario General*, Doc. S/2019/1011, 30 de diciembre de 2019.

30 Ídem.

31 Muggah, R., Aguirre Tobón, K., *Citizen security in Latin America: facts and figures*, Igarapé Institute, 2018, p. 8. Con datos de: Homicide Monitor – Igarapé Institute. Disponible en: https://igarape.org.br/wp-content/uploads/2018/04/Citizen-Security-in-Latin-America-Facts-and-Figures.pdf (Fecha de consulta: 18 de marzo de 2024).

32 *Ibid.*, pp. 1-9.

33 Sanjurjo, D., *Gun control policies in Latin America*, Cham, Palgrave Macmillan, 2020, p. 28.

3. VIOLENCIA CONTRA LA MUJER Y ARMAMENTO

Como se acaba de poner de manifiesto, el tráfico incontrolado de armamento conduce irremediablemente a la propagación de un ámbito de peligrosidad generalizado para el conjunto de la población civil. Sin embargo, no es menos cierto que esta misma situación ha implicado irremediablemente la existencia de un clima de inseguridad determinada para los derechos de las mujeres, en concreto los anteriormente analizados: su vida y su integridad personal. Empero, la violencia ejercida específicamente contra mujeres por el simple hecho de serlo, cuenta (o, más bien, ha venido contando) con unas particularidades propias que merecen ser tratadas dentro de un ámbito concreto; y más aún si esa violencia viene ejercida a través de las armas, debido a su carácter especialmente peligroso.

En efecto, los tradicionales roles de género han otorgado a la masculinidad un papel protagónico en el ejercicio de la violencia. Una violencia que se manifiesta tanto en el plano público (productos culturales que ensalzan el ejercicio de la violencia como el carácter principal del hombre), como en el privado (violencia de género). Y las armas son uno de los instrumentos que vienen a reforzar este papel. Existe violencia de género sin armas fuego, es evidente, pero no lo es menos que su uso implica, casi por definición, un riesgo mayor, pues esa agresión armada contará con amplias posibilidades de acabar en muerte, ya que esa es, precisamente, la función para la que están diseñadas[34].

Así ha sido entendido también por parte de la Oficina de Asuntos de Desarme de Naciones Unidas:

> "Gender-responsive disarmament and arms control has a recognized role to play in reducing violence against women and girls in

---

[34] Alfie, J., Arduino, I., Cóncaro, C., *et. al.*, *Violencia de género y armas de fuego en Argentina Informe preliminar: entre la precariedad de la información y la ausencia de políticas públicas,* Friedrich Ebert Stiftung, Análisis nº 29, 2018, p. 5.

> both public and private spheres. Concerns relating to arms have clear gender dimensions. The ownership and use of arms is closely linked to specific expressions of masculinity related to control, power, domination and strength"[35].

En este apartado realizaremos un análisis de la violencia armada ejercida contra las mujeres en dos situaciones distintas: diferenciando si se comete dentro o fuera de un conflicto armado, debido a las particularidades tanto jurídicas como sustantivas de estos contextos.

3.1. Violencia contra la mujer dentro del conflicto armado

La situación de vulnerabilidad de la mujer en la sociedad seguramente tiene su incidencia más superlativa en los conflictos armados, debido al riesgo y peligrosidad de la propia situación[36]. De hecho, el Comité para la Eliminación de Discriminación contra la Mujer (Comité, por sus siglas en inglés, CEDAW) ha señalado que es, precisamente, el aumento de la violencia de género, propiciado por la propagación descontrolada de la circulación de ar-

---

35 Oficina de Asuntos de Desarme. Naciones Unidas, *doc. cit.*, nota 2, p. 26.

36 Por su parte, de entre la doctrina acerca del papel de la mujer dentro de los conflictos armados, puede consultarse con interés: Ojinaga Ruiz, M. R., "La protección de la mujer en el Derecho Internacional Humanitario", en Rodríguez-Villasante y Prieto, J. L., y López Sánchez, J. (coords.), *Derecho Internacional Humanitario*, Valencia, Tirant lo Blanch – Cruz Roja Española, 3ª ed., 2017, pp. 827–866; Lindsey, C., "Las mujeres y la guerra", *Revista Internacional de la Cruz Roja*, Vol. 839, 2000. Disponible en: *https://www.icrc.org/es/doc/resources/documents/misc/5tdp9q.htm*; García Ganoza, C. S., "La protección de las mujeres en conflictos armados: Reflexiones desde la perspectiva del Derecho Internacional", *Revista Ius et Veritas*, núm. 63, 2021, pp. 135-166; Soules, M., "Women in uniform: the opening of combat roles in state militaries,", *International Interactions*, Vol. 46, 2020, núm. 6, pp. 847-871; Bennoune, K., "Do we need new International Law to protect women in armed conflict?", *Case Western Reserve Journal of International Law*, Vol. 38, no. 2, 2006, pp. 363–391.

mamento, el factor que más suele alertar del inicio de los conflictos[37]. Es por ello por lo que este órgano incidió en la obligación de los Estados de crear "sistemas efectivos de alerta temprana para recopilar y analizar información de acceso público, diplomacia preventiva y mediación, e iniciativas de prevención que aborden las causas profundas de los conflictos"[38].

En efecto, como bien afirma el Comité CEDAW en su observación final núm. 30 sobre mujeres en la prevención de conflictos y las situaciones de conflicto y posteriores a conflictos: "Los conflictos agravan las desigualdades existentes entre los géneros y el riesgo de las mujeres de ser víctimas de distintas formas de violencia por razón de género por parte de agentes estatales y no estatales"[39]. Como ejemplo especialmente significativo, durante los primeros siete meses de bombardeos de Israel sobre la Franja de Gaza, el 70% de las 30.878 víctimas mortales fueron mujeres y niños según la UNRWA[40].

Sin entrar a abordar de lleno la relación "conflictos armados – mujer", pues desbordaría los límites de este trabajo, sí es menester al menos mencionar que, como sienta la Resolución 1325 del Consejo de Seguridad:

> "[L]os civiles, y particularmente las mujeres y los niños, constituyen la inmensa mayoría de los que se ven perjudicados por los conflictos armados, incluso en calidad de refugiados y personas

---

37 Comité para la Eliminación de la Discriminación contra la Mujer, *Recomendación general núm. 30 sobre las mujeres en la prevención de conflictos y en situaciones de conflicto y posteriores a conflictos*, Doc. CEDAW/C/GC/30, 1 de noviembre de 2013, párr. 29.

38 Ídem.

39 Comité para la Eliminación de la Discriminación contra la Mujer, *doc. cit.*, nota 38, párr. 34.

40 UNRWA, *Situation Report #88 on the situation in the Gaza Strip and the West Bank, including East Jerusalem. Day 153-155 of Hostilities*, 11 de marzo 2024, p. 2.

desplazadas internamente, y cada vez más sufren los ataques de los combatientes y otros elementos armados"[41].

En efecto, la experiencia de la mujer como sujeto especialmente vulnerable en los conflictos armados cuenta, tristemente, con diferentes aristas, como pueden ser la violencia perpetrada contra las niñas, la violencia sexual (entendida de forma amplia, no solo los actos de violación) y la de sus derechos económicos, sociales y culturales.

En primer lugar, las niñas dentro de los conflictos armados, pese a su edad, enfrentan varias de las violencias a las que también se someten las mujeres adultas, sin embargo, su vulnerabilidad es agravada por razón de su edad. Y es que, las mujeres menores edad sufren igualmente la violencia sexual, además de que pueden ser más fácilmente secuestradas y obligadas bajo coacción a desempeñar diferentes labores para sus captores, incluidas las de esclavas sexuales. Esta situación se agudiza en aquellos casos donde las niñas quedan huérfanas en áreas especialmente asoladas por la violencia armada[42].

---

41 Consejo de Seguridad de las Naciones Unidas, *Resolución 1325 (2000). Aprobada por el Consejo de Seguridad en su sesión 4213ª, celebrada el 31 de octubre de 2000*, Doc. S/RES/1325 (2000), 31 de octubre del 2000. Esta Resolución del Consejo de Seguridad inaugura la Agenda de Naciones Unidas: Mujeres, paz y seguridad. Disponible en: https://dppa.un.org/es/women-peace-and-security (Fecha de consulta: 15 de marzo de 2024). Sobre la construcción de esta Resolución, puede consultarse: Weiss, C., "Creating UNSCR 1325. Women who served as initiators, drafters, and strategists", en Adami, R., Plesch, D. (eds.), *Women and the UN*, Londres, Routledge, 2021, pp. 139–160; Villellas Ariño, M., *Mujeres, paz y seguridad: 15 años de la Resolución 1325 de las Naciones Unidas. Una evolución de la agenda sobre mujeres, paz y seguridad*, Institut Català Internacional per la Pau, Informes 12/2016

42 *Vid.*, Comisión de Derechos Humanos, *Informe de la Sra. Radhika Coomaraswamy, Relatora Especial sobre la violencia contra la mujer, con inclusión de sus causas y consecuencias, presentado de conformidad con la resolución 2000/45 de la Comisión de Derechos Humanos La violencia contra la mujer*

Por su parte, los conflictos armados recrudecen el riesgo a que las mujeres sufran actos de violencia sexual; pues, como ya sentó el Consejo de Seguridad en su Resolución 1820 de 2008: "la violencia sexual, cuando se utiliza o se hace utilizar como táctica de guerra dirigida deliberadamente contra civiles (...), puede agudizar significativamente las situaciones de conflicto armado y constituir en algunos casos un impedimento para el restablecimiento de la paz y la seguridad internacionales"[43]. Este aspecto se agrava en aquellos casos, aún existentes, donde la violencia sexual deliberadamente se olvida tras la finalización del conflicto, por el estigma y rechazo que puede sufrir la mujer que la recibe en su familia o comunidad, quedando los perpetradores en la más cruel de las impunidades[44].

Sin embargo, la violencia sexual no es la única violencia sufrida por mujeres y niñas durante un conflicto. Según el trabajo de Karima Bennoune, esta va mucho más allá: pornografía y grabación de la violencia sexual, mutilación genital, experimentos médicos sobre los órganos sexuales reproductivos, esclavitud sexual, matrimonio o convivencia forzada, embarazo forzado, complicaciones durante el embarazo, esterilización forzada, detención arbitraria basada en el género, aborto forzado, desnudo público forzado y humillación sexual, obligación de llevar o no llevar el velo, tráfico

---

perpetrada y/o condonada por el Estado en tiempos de conflicto armado (1997-2000), Doc. E/CN.4/2001/73, 23 de enero de 2001, párr. 48.

43 Consejo de Seguridad de las Naciones Unidas, *Resolución 1820 (2008). Aprobada por el Consejo de Seguridad en su 5916a sesión, celebrada el 19 de junio de 2008*, Doc. S/RES/1820 (2008), 19 de junio de 2008.

44 García Ganoza, C. S., *op.cit.*, nota 37, p. 136. Una de las situaciones que ha contado con un olvido más sangrante, en opinión de quién esto escribe, han sido las violaciones a mujeres alemanes perpetradas por los soldados aliados durante la Segunda Guerra Mundial. Sobre este hecho puede consultarse con interés: Grossman, A., "A Question of Silence: The Rape of German Women by Occupation Soldiers", *Spring*, Vol. 72, 1995, pp. 42-63.

de mujeres y niñas, prostitución forzada o denegación del visado por cuestiones de género[45].

Por último, la posible violación de sus derechos económicos, sociales y culturales en razón del conflicto armado es igualmente reseñable. Ya el *Protocolo de la Carta Africana de Derechos Humanos y de los Pueblos sobre los Derechos de la Mujer en África*[46] incluye en su definición sobre "violencia contra la mujer" en el art. 1.j) el daño económico[47].

En efecto, y es que en aquellos casos donde el hombre (el combatiente) muere en conflicto o es desaparecido, será la mujer la que sufra las consecuencias de falta de suministros materiales, incluida la alimentación, e, incluso, la pérdida del hogar o de la tierra que pueda servirle de sustento[48].

3.2. Violencia armada contra la mujer fuera de conflicto armado

Más allá de los escenarios de conflictos armados, el aumento del armamento influye igualmente en el recrudecimiento de la violencia contra las mujeres, por ejemplo, dentro del hogar, au-

---

45 Bennoune, K., "Do we need new International Law to protect women in armed conflict?", *Case Western Reserve Journal of International Law*, Vol. 38, no. 2, 2006, p. 366.

46 *Protocolo de la Carta Africana de Derechos Humanos y de los Pueblos sobre los Derechos de la Mujer en África* adoptado el 11 de julio de 2003 y en vigor el 25 de noviembre de 2005.

47 Este tratado define "violencia contra la mujer" como: "all acts perpetrated against women which cause or could cause them physical, sexual, psychological, and *economic harm*, including the threat to take such acts; or to undertake the imposition of arbitrary restrictions on or deprivation of fundamental freedoms in private or public life in peace time and during situations of armed conflicts or of war".

48 Para un desarrollo más pormenorizado de la violencia de los derechos económicos, sociales y culturales de la mujer en épocas de conflicto armado, véase: Bennoune, K., *op.cit.*, nota 46, pp. 366-367.

mentando el riesgo de sufrir violencia sexual[49]; e, incluso, la propia presencia del arma puede constituir un grave condicionante que afecte a la salud psicológica de las mujeres[50]. Por todo ello, el Comité CEDAW ya incidió en la obligación de los Estados de contar a nivel interno con "una regulación sólida y efectiva del comercio de armas, así como un control adecuado de la circulación de las armas convencionales existentes y a menudo ilícitas, incluidas las armas pequeñas, para prevenir su utilización para perpetrar o facilitar actos graves de violencia por razón de género"[51]. Y en este mismo sentido, la Alta Comisionada de Naciones Unidas para los Derechos Humanos afirmó que: "las mujeres cuya pareja sentimental actual o anterior tiene acceso a un arma de fuego son desproporcionadamente más susceptibles de ser víctimas de maltrato o asesinato"[52]. Esto es, la violencia de género queda eminentemente agravada si el agresor cuenta con acceso a un arma de fuego: concretamente, las mujeres que viven en un hogar donde hay un arma tienen entre tres y cinco veces más probabilidades de ser asesinadas que si en ese hogar no la hubiera[53].

Este hecho se refrenda si tenemos en cuenta que el 74% de las mujeres que habían solicitado ayuda en un centro de acogida de

---

49 Oficina de Asuntos de Desarme. Naciones Unidas, *doc. cit.*, nota 2, párr. 26.

50 Oficina de Asuntos de Desarme. Naciones Unidas. Centro Regional para la Paz, el Desarme y el Desarrollo en América Latina y el Caribe, *El control de armas de fuego como aliado en la prevención de la violencia de género*, 30 de noviembre de 2022. Disponible en: https://unlirec.org/publicacion/para-los-16-dias-de-activismo-contra-la-violencia-basada-en-genero-unlirec-se-une-a-la-campana-2022-de-naciones-unidas-unete-activismo-para-eliminar-la-violencia-contra-mujeres-y-ninas/ (Fecha de consulta: 15 de marzo de 2024).

51 Ídem.

52 Consejo de Derechos Humanos, *Informe de la Alta Comisionada de las Naciones Unidas para los Derechos Humanos. Efectos de la adquisición, la posesión y el uso de armas de fuego por civiles en los derechos civiles, políticos, económicos, sociales y culturales*, Doc. A/HRC/42/21, 3 de julio de 2019, párr. 36.

53 Ídem.

Bosnia y Herzegovina durante 2007 habían sido víctimas de violencia de género con un arma de fuego; ese porcentaje se disparaba al 90% durante ese mismo año en Montenegro. Por su parte, en el año 2010 en Guatemala se emplearon armas pequeñas en el 90% de los femicidios y en Honduras en el 79%[54]. Y en Estados Unidos la mayor parte de asesinatos a mujeres entre 2013 y 2014 habían sido perpetrados por sus parejas o exparejas utilizando armas de fuego[55].

En definitiva, la regulación del comercio de armamento ha de ser entendida como un asunto de vital importancia de cara a prevenir actos de violencia contra la mujer. De hecho, el propio Comité CEDAW ha incidido en más de una ocasión en ello en el marco de sus observaciones finales a Estados. Por ejemplo, sobre la situación de los derechos de la mujer en Pakistán en el año 2013 alegó:

> "Le inquietan profundamente el comercio y la venta ilícitos generalizados de armas pequeñas y su uso contra las mujeres, así como

---

54 Consejo de Derechos Humanos, *Informe de la Relatora Especial sobre la violencia contra la mujer, sus causas y sus consecuencias, Rashida Manjoo*, Doc. A/HRC/20/16, 23 de mayo de 2012, párr. 68.

55 Consejo de Derechos Humanos, *doc. cit.*, nota 53, párr. 36. A este respecto, es también pertinente el informe de la Relatora Especial sobre la violencia contra la mujer, sus causas y sus consecuencias acerca de los homicidios de mujeres relacionados con el género. En él, la Relatora, Rashida Manjoo exponía que: "En 2008 las armas de fuego constituían el arma más comúnmente empleada por hombres para asesinar a mujeres y casi las dos terceras partes de las mujeres asesinadas lo habían sido por su pareja. Hay otra forma de violencia que afecta a la mujer y es aquella en que la pareja amenaza con emplear armas de fuego contra sus víctimas". Entre otros ejemplos, daba especial relevancia a la situación en Australia donde: "la violencia contra las mujeres aborígenes es atroz en razón del empleo de armas y el sistema de licencias para portar armas de fuego". O, América Central y México, donde "la proliferación de las armas pequeñas ha tenido efectos devastadores en la vida de las mujeres". Consejo de Derechos Humanos, *doc. cit.*, nota 53, párrs. 35, 64 y 66.

> el hecho de que el Estado parte no haya cumplido con su obligación de diligencia debida, en virtud del artículo 2 de la Convención, para prevenir e investigar esos actos de violencia de género y juzgar y sancionar a sus autores"[56].

Y sobre Suiza en 2016: "[Al] Comité (...) le siguen preocupando (...) Las repercusiones negativas para la vida de las mujeres y las niñas que conlleva la tenencia privada por hombres de armas no controladas en el Estado parte"[57].

Teniendo, por tanto, este tipo de contextos como base necesaria, la conclusión a la que habríamos de arribar sería que, en situaciones de circulación incontrolada de armamento, los Estados deben de ejecutar todas las medidas posibles de cara a controlarlas y en su caso eliminarlas de la red pública. Y ello no únicamente por el estado de peligrosidad general para la población civil (en virtud de sus obligaciones internacionales al respecto ya analizadas anteriormente), sino que de forma específica, de cara a proteger los derechos de la mujer, los Estados quedarían obligados, según el art. 2 de la *Convención sobre la Eliminación de Todas las Formas de Discriminación contra la Mujer*[58] (CEDAW), a adoptar "medidas

---

56 Comité para la Eliminación de la Discriminación contra la Mujer, *Observaciones finales sobre el cuarto informe periódico del Pakistán*, Doc. CEDAW/C/PAK/CO/4, 27 de marzo de 2013, párr.13. En un sentido similar, el Comité CEDAW también se ha pronunciado sobre este particular en sus observaciones finales a República Democrática del Congo: "El Comité está sumamente preocupado por (...) La limitada regulación del comercio de armas y la proliferación de armas pequeñas y armas livianas y sus consecuencias para la seguridad de las mujeres". Comité para la Eliminación de la Discriminación contra la Mujer, *Observaciones finales sobre los informes periódicos sexto y séptimo combinados de la República Democrática del Congo*, Doc. CEDAW/C/COD/CO/6-7, 30 de julio de 2013, párr. 9. I).

57 Comité para la Eliminación de la Discriminación contra la Mujer, *Observaciones finales sobre los informes periódicos cuarto y quinto combinados de Suiza*, Doc. CEDAW/C/CHE/CO/4-5, 25 de noviembre de 2016, párr. 26. F).

58 *Convención sobre la Eliminación de Todas las Formas de Discriminación contra la Mujer* adoptada el 18 de diciembre de 1979 y en vigor el 3 de septiem-

para evitar, prohibir y castigar las violaciones de la Convención por terceros, incluidas las cometidas en el hogar y la comunidad"[59]. O, lo que es lo mismo: la especial incidencia que tiene para la vida de la mujer la falta de regulación del tráfico de armas, obliga a los Estados parte de la CEDAW a tomar las medidas necesarias para controlar su compraventa y su posesión dentro de su jurisdicción. Esta interpretación la encontramos en un sentido similar en la observación general núm. 35 del Comité CEDAW sobre la violencia por razón de género contra la mujer, donde se establece que los Estados parte del mencionado tratado deben: "Abordar los factores que incrementan el riesgo de las mujeres a la exposición a formas graves de violencia por razón de género, como el acceso y la disponibilidad inmediatos a armas de fuego, incluida su exportación"[60].

A modo de cierre de este análisis del binomio tráfico de armas y violencia contra la mujer, es menester mencionar una de sus principales referencias dentro del Derecho Internacional convencional, que no es otra que el *Tratado sobre Comercio de Armas*[61]. Este tratado es el primer instrumento internacional que reconoce de forma explícita el nexo entre tráfico de armas y la violencia contra las mujeres. En efecto, en virtud de su art. 7.4 los Estados antes de realizar la exportación de armamento deberán evaluar "el riesgo de que las armas convencionales (…) se utilicen para cometer o

bre de 1981.

59 Comité para la Eliminación de la Discriminación contra la Mujer, *Recomendación general Nº 28 relativa al artículo 2 de la Convención sobre la eliminación de todas las formas de discriminación contra la mujer*, Doc. CEDAW/C/GC/28, 16 de diciembre de 2010, párr. 37.b).

60 Comité para la Eliminación de la Discriminación contra la Mujer, *Recomendación general núm. 35 sobre la violencia por razón de género contra la mujer, por la que se actualiza la recomendación general núm. 19*, Doc. CEDAW/C/GC/35, 26 de julio de 2017, párr. 31.c).

61 *Tratado sobre Comercio de Armas* adoptado el 2 de abril de 2013 y en vigor el 24 de diciembre de 2014.

facilitar actos graves de violencia por motivos de género o actos graves de violencia contra las mujeres y los niños"[62].

Esta relación entre las obligaciones de cumplimiento de la CEDAW y del Tratado de Comercio de Armas, ha sido resaltada en varias ocasiones por parte del Comité CEDAW, por ejemplo, en las mencionadas observacionales finales a Suiza[63] o a Francia[64],

---

62 Según Clare da Silva y Brian Wood, este artículo: "must be read in conjunction with and implemented alongside Article 7(1), where there is a requirement to assess the potential that the conventional arms or items could be used to commit or facilitate a serious violation of IHL or international human rights law. Where there is an overriding risk of these consequences, the export must not be authorized". Da Silva, C., y Wood, B., *The Arms Trade Treaty: Weapons and International Law*, Cambridge, Intersentia, 2021, p. 163.

63 Comité para la Eliminación de la Discriminación contra la Mujer, *doc. cit.*, nota 53, párr. 16. Igualmente, en el caso de Alemania: "preocupa al Comité el uso de las armas exportadas por el Estado parte, incluso en las zonas de conflicto, y la falta de supervisión, por parte de las empresas productoras, del uso de sus armas en el contexto de la violencia contra la mujer, en consonancia con sus obligaciones en virtud del Tratado sobre el Comercio de Armas. También le preocupa que los Principios sobre las Armas Pequeñas no mencionen la violencia de género como motivo para denegar una licencia de exportación. El Comité recomienda que la legislación que regula el control de la exportación de armas se armonice en consonancia con el artículo 7 4) del Tratado sobre el Comercio de Armas y la posición común del Consejo 2008/944/PESC de la Unión Europea. Recomienda también que, antes de que se concedan licencias de exportación, se realicen evaluaciones generales y transparentes sobre los efectos que produce el uso indebido de armas pequeñas y armas ligeras en las mujeres, incluidas las que viven en zonas de conflicto", Comité para la Eliminación de la Discriminación contra la Mujer, *Observaciones finales sobre los informes periódicos séptimo y octavo combinados de Alemania*, Doc. CEDAW/C/DEU/CO/7-8, 9 de marzo de 2017, párrs. 27-28.

64 Comité para la Eliminación de la Discriminación contra la Mujer, *Observaciones finales sobre los informes periódicos séptimo y octavo combinados de Francia*, Doc. CEDAW/C/FRA/CO/7-8, 25 de julio de 2016, párrs. 22 y 23.

donde se subrayaba la necesidad de introducir "una dimensión de género en sus diálogos estratégicos con los países que compran armas"[65].

En este sentido, esta disposición no ha quedado únicamente como una mención aislada en el tratado, sino que ha sido parte recurrente de las cuestiones a tratar en la Asamblea anual de sus Estados parte. Así, en el marco de la Novena Conferencia de Estados parte de agosto de 2023, de cara a avanzar en la correcta implementación del tratado, se decidió: "alentar a los Estados partes a que sigan incluyendo el tema del riesgo de que se utilicen armas convencionales para cometer o facilitar actos graves de violencia de género o actos graves de violencia contra las mujeres y las niñas y niños"[66]. De hecho, como parte de las acciones que se pusieron encima de la mesa para reforzar este particular, la delegación argentina propuso "la realización de una Guía de Buenas Prácticas de control de armas para la prevención de violencia por motivos de género"[67]. Esta guía tendrá como cometido "colaborar con el desarrollo de herramientas para realizar una efectiva evaluación de riesgos [para las mujeres] ante transferencias de armas convencionales"[68].

Las prácticas en la prevención de la violencia armada contra la mujer contarán, así, con el Tratado sobre Comercio de Armas y la CEDAW como sus principales herramientas dentro del Derecho Internacional.

---

65 Ídem.

66 Tratado sobre el Comercio de Armas, *Novena Conferencia de los Estados partes. Informe final*, Doc. ATT/CSP9/2023/SEC/773/Conf.FinRep. Rev2, 25 de agosto de 2023, párr. 24.g).

67 Intervención Delegación Argentina al Debate General. Arms Trade Treaty – CSP9, 21 de agosto de 2023.

68 Ídem.

4. CONCLUSIONES

Las obligaciones de respeto y garantía de derechos humanos conectadas con el derecho a la vida implican la toma de medidas por parte de los Estados para revertir un posible clima de peligrosidad. Pese a que a los motivos de la alta violencia que se sufre en ciertas latitudes van más allá de la tenencia de armas de fuego entre la sociedad civil[69], lo cierto es que la proliferación de armamento sin duda aumenta el riesgo de violaciones del derecho a la vida. El fácil acceso a distintos tipos de armas, ya sea desde vías legales o ilegales, supone un incremento y cronificación de las cifras que han sido anteriormente expuestas, incluyendo un recrudecimiento de una violencia específica contra la mujer, ya de por sí lamentablemente extendida en todos los escenarios de la vida cotidiana.

---

69 A este respecto son importantes las reflexiones de Carlos A. Pérez Ricart: "La literatura sobre armas y violencia en la región sufre de la ausencia de registros confiables, del limitado intercambio de información entre académicos y autoridades policiales y judiciales, y del poco trabajo de campo existente. (...). A partir de los estudios más holísticos sobre la violencia en la región, se propone, (...), que no son las armas el factor central o único en la emergencia de situaciones violentas. Son otras las variables con mayor poder explicativo. Entre otras, la tendencia hacia la fragmentación de los grupos criminales, el pluralismo político, la incapacidad del Estado para ejecutar políticas públicas consolidadas, la urbanización desordenada y crecimiento desigual de muchas ciudades, la baja proporción entre policía y población en varias partes del continente, el pobre funcionamiento de los sistemas de justicia e investigación criminal, el débil orden normativo formal e informal que sirve de contención ante ciertas actitudes (anomia), la prohibición de las drogas, los procesos de militarización de la seguridad pública, los altos niveles de competición política a nivel local, así como la falta de certeza (que no de severidad) en la aplicación de la ley". Pérez Ricart, C. A., "¿Más armas, más violencia? Evidencia de una compleja relación desde América Latina", *Perfiles Latinoamericanos,* Vol. 30, 2022, núm.59, pp. 14-15.

Las obligaciones de los Estados a este respecto no pueden situarse en otro plano que no sea el de la garantía y respeto en general y la prevención en particular. En este sentido, las legislaciones de los Estados con respecto a la compraventa de armamento no pueden desprenderse de sus compromisos internacionales, con independencia de sus obligaciones convencionales. Las obligaciones de garantía y respeto de los derechos a la vida y a la integridad personal vinculan jurídicamente al conjunto de la comunidad internacional; un compromiso que ha de aspirar a crear unas condiciones favorables para el disfrute universal de los derechos humanos. La falta de control en la compraventa de armamento tendrá como irremediable consecuencia la violación del Derecho Internacional, en tanto que el Estado es el causante, por omisión, de la propagación de un contexto de peligrosidad manifiesta para su propia población y que, en lo concreto, impide el disfrute de un derecho tan elemental como el derecho a la vida.

Derivado de ello, la problemática de la violencia armada contra la mujer ha de formar parte indispensable de las políticas orientadas a la regulación del tráfico de armas, debido al aumento de la peligrosidad que estas generan, sobre todo, para su propia supervivencia y el recrudecimiento de otros escenarios como la violencia sexual o psicológica, agravada, como se ha puesto de manifiesto, durante los conflictos armados. La dilatada práctica del Comité CEDAW confirma la integración de la obligación de regulación de la compraventa de armamento dentro del literal de la CEDAW. Algo a lo que también se ha sumado el Tratado sobre Comercio de Armas.

La exportación de armamento a Estados con contextos especialmente peligrosos para el disfrute de los derechos de las mujeres debe ser una de las primeras piedras que vengan a construir un escenario garantista en este particular. Estados exportadores de armas como Suiza, Alemania o Francia ya han visto llamada su atención de cara a que revisen su política de venta de armas y que integren una perspectiva de género dentro de su política comercial.

Capítulo XII

*Comercialización de armas de fuego e impacto sobre los derechos de la mujer: Obligaciones de los Estados y responsabilidades de las empresas privadas**

RAQUEL REGUEIRO DUBRA**

1. INTRODUCCIÓN

La violencia cometida con armas de fuego afecta de forma muy especial a las mujeres colocándolas en una posición vulnerable frente a los hombres. La comercialización de dichas armas presenta un riesgo real de afectación potencial a sus derechos humanos, incluyendo el derecho a la vida, a la seguridad y a ser libre de discriminación por razón de sexo.

A pesar de la normativa internacional protectora, el *Tratado sobre Comercio de Armas*[1] no aborda de forma directa la violencia contra las mujeres mediante el uso de armas de fuego a la vez que ignora o solo regula parcialmente cuestiones fundamentales para

---

* Este estudio fue realizado en el marco del proyecto I+D+i titulado "La CEDAW 40 años después: ¿los derechos líquidos de la mujer? (PID2021-122788OB-I00).

** Profesora de Derecho Internacional de la Universidad Complutense de Madrid (rregueir@ucm.es).

1 *Tratado sobre el Comercio de Armas,* adoptado el 2 de abril de 2013 y en vigor el 24 de diciembre de 2014.

el control de su transferencia y comercialización, como el control de las municiones o el rol de las empresas privadas comercializadoras de dichas armas.

Ello obliga, por lo tanto, a la discusión relativa a las obligaciones de los Estados frente a la comercialización de armas de fuego por parte de empresas privadas, incluyendo la obligación de diligencia debida, en particular en el marco de la normativa existente relativa a la violencia contra la mujer.

En igual sentido, pese a carecer de personalidad jurídica internacional, el protagonismo de las empresas privadas en la comercialización y la transferencia de armas de fuego llama a una reflexión sobre la determinación de sus obligaciones en materia de derechos humanos con el fin de precisar el alcance de las obligaciones del Estado en su deber de proteger y garantizar dichos derechos.

2. EL IMPACTO DE LAS ARMAS DE FUEGO SOBRE LOS DERECHOS DE LAS MUJERES

No cabe duda de que la violencia armada y el uso de armas de fuego[2] tienen efectos directos e indirectos distintos en hombres y mujeres[3]. De las 875 millones de armas pequeñas[4] existentes esti-

---

2 Las armas de fuego incluyen las armas pequeñas y las armas ligeras, véase el Informe del Alto Comisionado de las Naciones Unidas para los Derechos Humanos, "Los derechos humanos y la reglamentación de la adquisición, la posesión y el empleo de armas de fuego por personas civiles", Doc. A/HRC/32/21, de 15 de abril de 2016. Cabe señalar que, en el marco de la Unión Europea, las armas de fuego incluyen las armas transformadas, véase Directiva (UE) 2021/555 del Parlamento Europeo y del Consejo de 24 de marzo de 2021 sobre el control de la adquisición y tenencia de armas.

3 Véase Schroeder E. *et. al.*, "Gender Awareness in Research on Small Arms and Light Weapons: A Preliminary Report", *Swisspeace*, 2005.

4 Se define como arma pequeña "cualquier arma letal portátil diseñada para uso individual que lance, esté concebida para lanzar o pue-

madas, la mayor parte se encuentra en manos de hombres bien porque trabajan en profesiones que utilizan dichas armas o bien porque las usan para fines recreativos. De igual forma, la mayoría de los perpetradores de violencia con este tipo de armas son hombres[5]. Las armas pequeñas desempeñan un papel importante en la violencia contra la mujer. Como señala el Compendio de implementación modular de control de armas pequeñas:

> "Las mujeres y niñas se ven afectadas desproporcionadamente por las armas pequeñas de diversas maneras. Por ejemplo, la tasa de muertes por disparos de armas de fuego es desproporcionada (es decir, menor que) en relación con su proporción de la población (dado que mayor cantidad de hombres que mujeres son asesinados con armas pequeñas) y también es desproporcionada (es decir, mayor que) en relación con la medida en que son propietarias o usuarias de armas pequeñas, usualmente en manos de hombres, que de ser las perpetradoras. El hecho que casi el total de las armas pequeñas se encuentren bajo propiedad de hombres, y utilizadas debida o indebidamente por ellos, coloca a las mujeres en una posición vulnerable"[6].

La meta 16.4 de los Objetivos de Desarrollo Sostenible (ODS) se centra en reducir significativamente las corrientes financieras y de armas ilícitas, fortalecer la recuperación y devolución de los activos robados y luchar contra todas las formas de delincuencia organizada. Más aún, diez de los 17 ODS hacen referencia a la importancia del control de armamentos, y muy particularmente los ODS 3, 4, 5, 8, 10, 11, además del ya mencionado ODS 16.

---

da transformarse para lanzar un balín, una bala o un proyectil por la acción de un explosivo". Comprende, entre otras, los revólveres y las pistolas automáticas, los fusiles y las carabinas, las metralletas, los fusiles de asalto y las ametralladoras ligeras, así como sus piezas, componentes y municiones. Compendio de implementación modular de control de armas pequeñas, "Mujeres, hombres y la naturaleza de género de las armas pequeñas y ligeras", MOSAIC 06.10:2017(S)V1.0, Naciones Unidas, 2018, pp. 3-4.

5 *Ibid.*, p. 4.

6 *Ibid.*, p. 6.

Por su parte, si bien la cuestión de la violencia contra la mujer no fue abordada de forma expresa por la *Convención para la Eliminación de Todas las Formas de Discriminación contra la Mujer (CEDAW)*[7], el Comité señaló en su Recomendación general nº 19 que "la violencia contra la mujer es una forma de discriminación que impide gravemente que goce de derechos y libertades en pie de igualdad con el hombre"[8]. Dichos derechos y libertades incluyen el derecho a la vida, a no ser sometida a torturas ni otros tratos crueles, inhumanos o degradantes, el derecho a protección en condiciones de igualdad con arreglo a normas humanitarias en tiempo de conflicto armado, el derecho a la seguridad personal y el derecho al más alto nivel posible de salud física y mental. El Comité afirma igualmente que la CEDAW aplica a la violencia contra la mujer cometida por las autoridades públicas y por personas o entidades privadas al tener los Estados la obligación de adoptar las medidas apropiadas para eliminar cualquier tipo de discriminación practicada por personas, organizaciones o empresas. En el mismo sentido, la responsabilidad de los Estados existirá respecto de actos privados cuando estos no hayan adoptado con la diligencia debida medidas que impidan la violación de los derechos de las mujeres o para investigar y castigar dichos actos e indemnizar a las víctimas.

En su Recomendación general nº 35, que actualiza la Recomendación general nº 19, el Comité declaró que, a tenor de la práctica de los Estados referente a la Recomendación general nº 19, existe un claro respaldo estatal a la interpretación de la violencia contra la mujer como forma de discriminación por lo que "la prohibición de la violencia por razón de género contra la mujer

---

7 *Convención sobre la eliminación de todas las formas de discriminación contra la mujer*, adoptada el 18 de diciembre de 1979 y en vigor el 3 de septiembre de 1981.

8 Recomendación general nº 19 del Comité para la eliminación de la discriminación contra la mujer, de 30 de enero de 1992.

ha pasado a ser un principio del Derecho Internacional consuetudinario"[9].

El informe de la Relatora Especial sobre la violencia contra la mujer, sus causas y sus consecuencias hacía referencia al uso de armas de fuego indicando que, en 2008, estas armas constituían el arma comúnmente empleada por hombres para asesinar a mujeres y que se usaron armas pequeñas en el 90% de los femicidios en Guatemala y en el 79% de los femicidios en Honduras en el año 2010[10]. Casi la mitad del total de muertes violentas a nivel global y un tercio de los feminicidios (tanto de mujeres como de niñas) se realizan utilizando un arma pequeña[11]. En sus recomendaciones específicas a los Estados, la Relatora Especial hacía hincapié en la necesidad de que los Estados, a la hora de evaluar el riesgo para la víctima de violencia de género, tomen debidamente en consideración el hecho que los maltratadores posean armas de fuego o tengan acceso a ellas[12].

En igual sentido, el Secretario General de las Naciones Unidas recalcó, en su informe de 2023, que:

> "el género desempeña un papel crucial a la hora de determinar la probabilidad, el alcance y la naturaleza de cómo las personas se ven afectadas por las diversas formas de violencia armada. [...] Las mujeres poseen una proporción relativamente menor de armas de fuego en todo el mundo, pero están sobrerrepresentadas entre las víctimas de la violencia sexual y de género, a menudo propiciada por armas pequeñas y armas ligeras"[13].

---

9 Recomendación general nº 35 del Comité para la eliminación de la discriminación contra la mujer, de 26 de julio de 2017.

10 Informe de la Relatora Especial sobre la violencia contra la mujer, sus causas y sus consecuencias, Rashida Manjoo, Doc. A/HRC/29/27, de 10 de junio de 2015.

11 MOSAIC, *op. cit.*, nota 3.

12 Informe de la Relatora Especial sobre la violencia contra la mujer, sus causas y sus consecuencias, Doc. A/HRC/35/30, de 13 de junio de 2017.

13 Informe del Secretario General, Armas pequeñas y armas ligeras, Doc. S/2023/823, de 1 de noviembre de 2023, párr. 27.

No obstante, como señalan Vanessa Farr *et. al.*, se ha prestado muy poca atención al hecho de que la posesión y el uso indebido de armas son fenómenos que tienen mucho que ver con el género y refuerzan brutalmente jerarquías sociales desiguales que no sólo otorgan a los hombres el dominio sobre las mujeres y otros hombres, sino que también excluyen a la población joven del acceso al poder social, político y económico, y exacerban las tensiones de raza y clase en las comunidades propensas a la violencia, además de perpetuar a menudo la represión de las minorías sexuales[14].

Por ello, si bien la resolución 1325 del Consejo de Seguridad[15] no hace mención expresa al control del comercio de armas, la resolución 65/69 de la Asamblea General alienta a los Estados y a las Naciones Unidas y organizaciones regionales y subregionales a promover la representación equitativa de las mujeres en los procesos de toma de decisiones en asuntos relativos al control de armamentos[16]. En igual sentido, el Comité para la Eliminación de la Discriminación contra la Mujer enfatizó en su Recomendación general nº 30 que:

> "Los Estados partes en la Convención están obligados a centrarse en la prevención de los conflictos y de todas las formas de violencia. Dicha prevención incluye [...] una regulación sólida y efectiva del comercio de armas, así como un control adecuado de la circulación de las armas convencionales existentes y a menudo ilícitas, incluidas las armas pequeñas, para prevenir su utilización para perpetrar o facilitar actos graves de violencia por razón de género. [...] La proliferación de armas convencionales, especialmente las armas pequeñas, incluidas las armas desviadas del comercio legal, pueden tener un efecto directo o indirecto en las mujeres como víctimas de la violencia por razón de género relacionada con los conflictos, como víctimas de la violencia do-

---

14 Vanessa Farr *et. al.*, *Sexed Pistols. The Gendered Impacts of Small Arms & Lights Weapons*, United Nations University Press, 2009, p. 4.

15 S/RES/1325, de 31 de octubre de 2000.

16 A/RES/65/69, de 13 de enero de 2011.

> méstica y también como manifestantes o activistas en movimientos de resistencia"[17].

Además, como señaló la Alta Comisionada de las Naciones Unidas para los Derechos Humanos, el desvío de armas puede tener repercusiones importantes relacionadas con el género en los derechos de la mujer a la vida y a la seguridad personal, inclusive violaciones y otras formas de violencia sexual[18]. Debido a ello, el Comité para la Eliminación de la Discriminación contra la Mujer insta a los Estados a que aborden los efectos relacionados con el género de las transferencias internacionales de armas, incluyendo las armas pequeñas, en particular mediante la ratificación y la aplicación del Tratado sobre Comercio de Armas. No obstante, dicho tratado solo regula parcialmente la cuestión de la transferencia y la comercialización de armas de fuego.

3. LA RESPUESTA PARCIAL DEL TRATADO SOBRE COMERCIO DE ARMAS A LA TRANSFERENCIA Y LA COMERCIALIZACIÓN DE LAS ARMAS DE FUEGO

El *Tratado sobre Comercio de Armas*[19] aborda de forma limitada la cuestión de las armas pequeñas y ligeras. Antes de la entrada en vigor del tratado, el Consejo de Seguridad recordó, en su resolución 2117 que:

> "la transferencia ilícita, la acumulación desestabilizadora y el uso indebido de armas pequeñas y armas ligeras alimentan los con-

---

17 Recomendación general no. 30 del Comité para la eliminación de la discriminación contra la mujer sobre las mujeres en la prevención de conflictos y en situaciones de conflicto y posteriores a conflictos, Doc. CEDAW/G/GC/30, de 1 de noviembre de 2013.

18 Informe de la Alta Comisionada de las Naciones Unidas para los Derechos Humanos, Repercusiones de las transferencias de armas en los derechos humanos, Doc. A/HRC/44/29, de 19 de junio de 2020.

19 Tratado sobre Comercio de Armas, adoptado el 2 de abril de 2013 y en vigor el 24 de diciembre de 2014.

flictos armados y ocasionan una amplia gama de consecuencias negativas en los ámbitos humanitario, socioeconómico, del desarrollo y de los derechos humanos, en particular para la seguridad de los civiles en los conflictos armados, incluidos sus efectos desproporcionados en la violencia perpetrada contra las mujeres y las niñas y el recrudecimiento de la violencia sexual y de género, así como el reclutamiento y la utilización de niños por las partes en conflictos armados en contravención del Derecho Internacional aplicable".

El órgano subrayó la responsabilidad de los Estados de prevenir las amenazas que suponen la transferencia, la acumulación y el uso indebido de estas armas para la paz y la seguridad internacionales, así como el impacto devastador sobre los civiles en los conflictos armados, y reconoció la relevancia del sector privado en relación con la aplicación efectiva de sus decisiones[20].

Sin embargo, la tenencia de armas por civiles no está incluida en el Tratado aunque el impacto de dichas armas sobre los derechos humanos ha sido remarcada por el Consejo de Derechos Humanos que concluyó, en base a los informes presentados por los Estados, que las armas de fuego son el principal medio por el que se cometen violaciones y abusos de los derechos humanos y que la gran disponibilidad y abundancia de dichas armas alentaban a menudo los actos de violencia, vulnerando así, entre otros, el derecho a la vida, el derecho a la seguridad y a la integridad física, el derecho a la libertad y el derecho a ser libre de tortura[21].

El artículo 6.3 del Tratado sobre Comercio de Armas permite a los Estados exportar armas convencionales y sus municiones,

---

[20] Además de las empresas privadas comercializadoras de armas, otros actores privados, como las empresas militares privadas, juegan un rol importante en el comercio de armas pequeñas y ligeras, véase Patterson, M. H., "Private military and security companies and the international trade in small armas and light weapons" en Tan, A. (ed.), *The Global Arms Trade. A Handbook*, Routledge, 2014, pp. 332-343.

[21] Sobre el impacto de la proliferación de armas en los movimientos insurgentes, véase Wilson, I., "Insurgencies and the impact on arms procurement", en Tan, A. (ed.), *op. cit.*, nota 19, pp. 319-331.

partes o componentes, tras haber evaluado el potencial de dichas armas para la comisión o la facilitación de violaciones graves del Derecho Internacional humanitario o del Derecho Internacional de los derechos humanos. De igual manera, los apartados 1 a 4 del artículo 7 establecen como criterio el respeto de los derechos humanos y del Derecho Internacional humanitario en el país de destino final en caso de transferencia de armas por parte de un Estado, precisando que el Estado deberá denegar una licencia de exportación cuando exista un riesgo real de que dichas armas puedan utilizarse con fines de represión interna o si se han constatado graves violaciones de los derechos humanos en el país de destino[22].

Cabe remarcar que el artículo 7.4 del Tratado hace referencia expresa a la obligación del Estado de tener en cuenta el riesgo de que las armas "se utilicen para cometer o facilitar actos graves de violencia por motivos de género o actos graves de violencia contra las mujeres y los niños." No obstante, este deber del Estado (*tener en cuenta el riesgo*) difiere sustancialmente de las obligaciones del artículo 7.1 del Tratado con respecto a posibles violaciones del Derecho Internacional humanitario y de los derechos humanos que obligan al Estado a denegar la licencia de exportación en caso de riesgo preponderante.

En otro aparte, el desvío de armas —es decir, la transferencia de armas a usuarios finales o para usos finales no autorizados, in-

22 Sobre esta cuestión, véase Askin, E., "Due Diligence Obligation in Times of Crisis: A Reflection by the Example of International Arms Transfer", *EJIL:Talk!*, 1 de marzo de 2017, disponible en https://www.ejiltalk.org/due-diligence-obligation-in-times-of-crisis-a-reflection-by-the-example-of-international-arms-transfers/ (última consulta: 21 de marzo de 2024); Ferro, L., "Brothers-in Arms: Ancillary State Responsibility and Individual Criminal Liability for Arms Transfers to International Criminals", *Revue de Droit Militaire et de Droit de la Guerre*, vol. 54, 2016, pp. 139-188; "International Humanitarian Law and Gender-Based Violence in the Context of the Arms Trade Treaty", *International Committee of the Red Cross Working Paper*, abril de 2019.

cluida la desviación a mercados ilegales[23]— favorece la disponibilidad de dichas armas, su proliferación sin control y su uso abusivo. El artículo 11 del Tratado dispone que los Estados deben tomar medidas para evitar el desvío evaluando el riesgo, aunque no tienen la obligación de denegar la exportación de dichas armas en caso de riesgo de desvío. En el mismo sentido, al no establecer una definición del término *munición* —componente esencial de las armas pequeñas y ligeras— las obligaciones de los Estados se limitan a establecer y mantener un sistema nacional de control para la exportación de municiones disparadas, lanzadas o propulsadas por las armas contempladas en el artículo 2 y a aplicar los requisitos establecidos en los artículos 6 y 7 antes de autorizar la exportación de dichas municiones (artículo 3). Sin embargo, en lo que respecta a las importaciones, los Estados no están obligados a regular la importación, el tránsito, el transbordo o el desvío de municiones.

La cuestión relativa al umbral del *riesgo aceptable* generó discusión en el marco de la negociación del Tratado[24] y el uso de las palabras *podrían utilizarse* para cometer violaciones del DIH o de los derechos humanos en los artículos 6 y 7 refleja una ambigüedad que sirvió para reconciliar posiciones estatales enfrentadas sobre esta cuestión[25].

---

23 Véase Decisiones relativas a la transferencia de armas, Aplicación de criterios basado en el Derecho Internacional humanitario y en el Derecho Internacional de los derechos humanos, Guía Práctica, Comité Internacional de la Cruz Roja, 2017, p. 13. Véase igualmente Schmitt Noronha, R. y Oliveira Rosa, J., "Arms Transfer and Human Rights: The Impacts on Regions in Conflict", *UFRGS Model United Nations Journal*, 2013, pp. 286-307.

24 Véase Parker, S., "Implications of State's Views on an Arms Trade Treaty", *UNIDIR*, enero de 2008.

25 Véase Álvarez Martínez, B., "A Balance of Risks: The Protection of Human Rights in International Arms Trade Agreements", *Security and Human Rights*, vol. 29, 2018, pp. 199-215; Lustgarten, L., "The Arms Trade Treaty: Achievements, Failings, Future", *International and Comparative Law Quarterly*, vol. 64, no. 3, 2015, pp. 569-600.

No obstante, el Tratado sobre Comercio de Armas no hace especial referencia al rol de las empresas privadas comercializadoras de armas de fuego y a las obligaciones específicas que tienen los Estados respecto de dicha comercialización por parte de actores privados.

4. MÁS ALLÁ DEL TRATADO SOBRE COMERCIO DE ARMAS: OBLIGACIONES DE LOS ESTADOS FRENTE A LA COMERCIALIZACIÓN DE ARMAS DE FUEGO POR PARTE DE EMPRESAS PRIVADAS

Los Estados tienen la obligación de respetar y garantizar los derechos humanos de aquellas personas que se encuentran bajo su jurisdicción y/o su territorio. En el marco de la obligación de respeto de los derechos humanos, el Estado debe abstenerse de infringir la norma, sea por acción u omisión. El Comité de Derechos Humanos de las Naciones Unidas precisó el concepto del Estado al incluir en él a "todos los poderes del Estado (ejecutivo, legislativo y judicial) y otras autoridades públicas o estatales, a cualquier nivel que sea, nacional, regional o local"[26].

Si bien este capítulo limita su estudio a las empresas privadas, excluyendo por ello a aquellas empresas que cuentan con participación pública mayoritaria o que son propiedad del Estado, cabe remarcar que, en el caso de empresas participadas en mayoría o en totalidad por el Estado, cualquier conducta de estas que constituya una violación de una obligación internacional se atribuirá al Estado en base a las normas generales de atribución del Proyecto definitivo de artículos sobre Responsabilidad del Estado por hechos internacionalmente ilícitos de 2001[27], en particular sus

---

26 Observación general nº 31, La índole de la obligación jurídica general impuesta a los Estados partes en el Pacto, Comité de Derechos Humanos, 80º periodo de sesiones, 2004.

27 Documento de Naciones Unidas: A/CN.4/SER.A/2001/Add.1 (Part 2), *Anuario de la Comisión de Derecho Internacional*, 2001, vol. II (segunda parte).

artículos 4 y 5 y, en su caso, su artículo 8 si las actividades de comercialización de armas de fuego por parte de la empresa privada sin participación mayoritaria del Estado se realizase estando esta bajo el control efectivo del Estado o siguiendo sus instrucciones.

Ahora bien, las actividades de comercialización de aquellas empresas privadas que cuenten con participación pública minoritaria merecen una especial atención respecto del deber de garantía de los derechos humanos. Si bien el Estado no puede dirigir de forma completa las actividades comerciales de dichas empresas, al no contar con mayoría en los órganos de toma de decisiones de estas, puede influir de manera decisiva en dichas decisiones. Así, cabe esperar del Estado que utilice su capacidad interna de influencia (aunque menor) para prevenir o mitigar el impacto de las actividades de comercialización.

En el caso de empresas enteramente privadas, la nula participación del Estado en la estructura de toma de decisiones de dichas entidades no exime al mismo de su obligación de asegurar que estas empresas situadas en su territorio o bajo su jurisdicción se abstengan de llevar a cabo actividades comerciales que violen los derechos humanos y de adoptar las medidas internas necesarias. Así, el Principio 1 de los Principios Rectores de las Naciones Unidas sobre las empresas y los derechos humanos establece que:

> "Los Estados deben proteger contra las violaciones de los derechos humanos cometidas en su territorio y/o su jurisdicción por terceros, incluidas las empresas. A tal efecto deben adoptar las medidas apropiadas para prevenir, investigar, castigar y reparar esos abusos mediante políticas adecuadas, actividades de reglamentación y sometimiento a la justicia"[28].

La obligación de proteger que establece el Principio 1 encuentra eco en la Declaración del Comité de Derechos Económicos,

---

28 Principios Rectores sobre las empresas y los derechos humanos: puesta en práctica del marco de las Naciones Unidas para "proteger, respetar y remediar", Consejo de Derechos Humanos, A/HRC/17/31, de 21 de marzo de 2011.

Sociales y Culturales sobre las obligaciones de los Estados partes en relación con el sector empresarial en el que el órgano confirmó dicha obligación y señaló que tal deber exige del Estado que establezca normativa interna apropiada, además de procedimientos de supervisión, investigación y rendición de cuentas para establecer y hacer cumplir las normas a las empresas[29]. Ello implica, en el marco de la comercialización de armas de fuego, la existencia de un *corpus* regulatorio interno de la actividad comercial y de rendición de cuentas en caso de incumplimiento.

Aunque el Estado no es directamente responsable de la violación de derechos humanos consecuencia de las actividades de comercialización de las empresas, su incumplimiento de las obligaciones de prevenir, investigar, sancionar y reparar dichas violaciones conlleva responsabilidad internacional. En este sentido, la Observación general nº 31 del Comité de Derechos Humanos establece que los Estados partes tienen la obligación de proteger los derechos civiles y políticos contra actos cometidos por personas o entidades privadas. Así, el incumplimiento a la hora de tomar las medidas apropiadas o de ejercer la obligación de diligencia debida de prevenir, sancionar, investigar o reparar el daño resultante de dichos actos es una violación del Pacto Internacional de Derechos Civiles y Políticos.

Ello supone, en el marco de la comercialización de armas, que el Estado tiene una obligación de diligencia debida (obligación de conducta) que exige una actitud proactiva respecto del equilibro entre la normativa y las políticas de control de exportación de armas y sus obligaciones internacionales en materia de derechos humanos, lo que requiere un control continuo por parte del Estado de la efectividad de dichas normativa y políticas y una obli-

---

[29] Declaración sobre las obligaciones de los Estados partes en relación con el sector empresarial y los derechos económicos, sociales y culturales, Comité de Derechos Económicos, Sociales y Culturales, E/C. 12/2011/1, de 12 de julio de 2011.

gación de paliar cualquier deficiencia detectada en las mismas, inclusive respecto de los mecanismos de supervisión.

En este sentido, el Estado debe ser diligente en la ejecución de estas obligaciones de supervisión y control en todos los casos y, con mayor exigencia, respecto de aquellas entidades que son propiedad o están bajo control estatal. La Corte Interamericana de Derechos Humanos señaló que:

> "Como parte de su deber de protección contra abusos de derechos humanos cometidos por empresas, los Estados deben garantizar el acceso a mecanismos de reparación eficaces —mecanismos de reparación estatales judiciales y no judiciales, así como mecanismos no estatales—, y para ello deben eliminar cualquier obstáculo al acceso a reparación de las personas afectadas"[30].

En el marco de la Unión Europea, la normativa existente no establece obligaciones para los Estados miembros de proporcionar información pública relativa a las importaciones y exportaciones de armas de fuego como tampoco exige controles específicos respecto del destinatario final en el caso de exportaciones[31]. Si bien el proyecto de Directiva sobre diligencia debida propuesta en 2022 por la Comisión Europea[32] planteaba potenciales obligaciones para las empresas, en particular en el sector armamentístico, la voluntad del Consejo de excluir de su ámbito de aplicación armas, municiones, material de guerra y objetos de doble uso y su paralización el 28 de febrero de 2024 tras la abstención de Alema-

---

30 *Caso Olivera Fuentes vs. Perú*, Sentencia de 4 de febrero de 2023 (Excepciones preliminares, Fondo, Reparaciones y Costas), Corte Interamericana de Derechos Humanos, párr. 99.

31 Véase Castellanos-Jankiewicz, L., "Including the Arms Sector in the EU Corporate Due Diligence Directive", *Verfassungsblog*, 19 de mayo de 2023, disponible en https://verfassungsblog.de/including-the-arms-sector-in-the-eu-corporate-due-diligence-directive/ (última consulta: 21 de marzo de 2024).

32 Propuesta de Directiva del Parlamento Europeo y de Consejo sobre diligencia debida de las empresas en materia de sostenibilidad y por la que se modifica la Directiva (UE) 2019/1937, de 23 de febrero de 2022.

nia y la solicitud de revisión del proyecto por parte de Francia en el Consejo permitían albergar pocas esperanzas para una mayor protección de los derechos humanos en este marco[33]. La Directiva finalmente adoptada el 13 de junio de 2024 confirma la exclusión de las armas, municiones, material de guerra y objetos de doble uso[34]. Sin embargo, la propuesta de Reglamento relativo a las medidas de importación, exportación y tránsito para las armas de fuego, sus componentes esenciales y sus municiones se centra en actualizar la normativa vigente en materia de armas de fuego de uso civil facilitando su comercio legal, luchando contra su tráfico ilegal y mejorando su trazabilidad[35].

En relación con las obligaciones específicas del Estado respecto de las mujeres, el Estado debe proceder con la debida diligencia para prevenir, investigar castigar todo acto de violencia contra la mujer, se trate de actos perpetrados por el Estado o por particulares (artículo 4 de la Declaración sobre la eliminación de la violencia contra la mujer)[36]. Por su parte, el Comité para la eliminación de la discriminación contra la mujer señaló que el artículo 2 e) de la CEDAW prevé que los Estados tiene una obligación de diligencia debida en relación con la discriminación contra la mujer realizada por cualquier persona, organización y empresa:

---

33 Sobre esta cuestión, véase Deva, S., "Mandatory Human Rights Due Diligence Laws in Europe: A Mirage for Rightsholders?", *Leiden Journal of International Law*, 2023, pp. 1-26.

34 Directiva (UE) 2024/1760 del Parlamento Europeo y del Consejo, de 13 de junio de 2024, sobre diligencia debida de las empresas en materia de sostenibilidad y por la que se modifican la Directiva (UE) 2019/1937 y el Reglamento (UE) 2023/2859, DOUE núm. 1760, de 5 de junio de 2024, pp. 1-58.

35 Propuesta de Reglamento relativo a las medidas de importación, exportación y tránsito para las armas de fuego, sus componentes esenciales y sus municiones, Doc. SEC(2022) 330 final, de 27 de octubre de 2022.

36 Declaración sobre la eliminación de la violencia contra la mujer, A/RES/48/104, de 20 de diciembre de 1993.

"En virtud de la obligación de diligencia debida, los Estados partes deben adoptar y aplicar diversas medidas para hacer frente a la violencia por razón de género contra la mujer cometida por agentes no estatales, lo que comprende contar con leyes, instituciones y un sistema para abordar dicha violencia y garantizar que funcionan de manera eficaz en la práctica y que cuentan con el apoyo de todos los agentes y órganos del Estado que hacen cumplir las leyes con diligencia"[37].

El Comité ya había precisado que el Estado puede incurrir en responsabilidad internacional respecto de actos privados si no adopta medidas con la diligencia debida para impedir la violación de los derechos o para investigar y castigar los actos de violencia contra la mujer y proporcionar indemnización[38]. La *Convención Interamericana para prevenir, sancionar y erradicar la violencia contra la mujer "Convención Belem do Pará"*[39] prevé una obligación similar en su artículo 7 como también lo hacen los artículos 5 y 18 del *Convenio de Estambul*[40].

El grado de diligencia debida del Estado dependerá de las capacidades de este como apuntó la Corte Internacional de Justicia en el Asunto *Application of the Convention on the Prevention and Punishment of the Crime of Genocide (Bosnia and Herzegovina* v. *Serbia and Montenegro)*:

"The notion of "due diligence" [...] calls for an assessment *in concreto.* [...] Various parameters operate when assessing whether a State a duly discharged the obligation concerned. The first, which

---

37 Recomendación general nº 35 del Comité para la eliminación de la discriminación contra la mujer, *op. cit.*, nota 8.

38 Recomendación general nº 28 del Comité para la eliminación de la discriminación contra la mujer, Doc. CEDAW/C/GC/28, de 16 de diciembre de 2010.

39 *Convención Interamericana para prevenir, sancionar y erradicar la violencia contra la mujer* "Convención Belem do Pará", adoptada el 9 de junio de 1994 y en vigor el 3 de febrero de 1995.

40 Convenio del Consejo de Europa sobre prevención y lucha contra la violencia contra las mujeres y la violencia doméstica, de 11 de mayo de 2011, *Council of Europe Treaty Series*, Vol. 210

varies greatly from one State to another, is clearly the capacity to influence effectively. [...] On the other hand, it is irrelevant whether the State whose responsibility is in issue claims, or even proves, that even if it had employed all means reasonably at its disposal, they would not have been sufficient to prevent the commission [aquí, del crimen de genocidio]"[41].

La Corte Interamericana de Derechos Humanos estableció las siguientes obligaciones del Estado respecto de la actividad empresarial y su impacto negativo en los derechos humanos:

"Los Estados deben adoptar medidas destinadas a que las empresas: (i) cuenten con políticas apropiadas para la protección de los derechos humanos; (ii) incorporen prácticas de buen gobierno corporativo con enfoque de parte interesada (*stakeholder*), que supongan acciones dirigidas a orientar la actividad empresarial hacia el cumplimiento de las normas y el respeto a los derechos humanos; (iii) cuenten con procesos de diligencia debida para la identificación, prevención y corrección de violaciones a los derechos humanos [...]; y (iv) cuenten con procesos que permitan a la empresa reparar las violaciones a derechos humanos que ocurran con motivo de las actividades que realicen [...]"[42].

En el caso de empresas privadas comercializadoras de armas —que reciben con frecuencia significados apoyo y ayuda del Estado en la negociación de contratos— el Estado debe tener especial cuidado con el cumplimiento de su obligación de diligencia debida dado que el Estado sabe o debe saber el evidente riesgo de peligrosidad social y para los derechos humanos que conlleva la comercialización de armas en otro Estado[43]. Ello implica no solo establecer un sistema regulatorio de licencias de exportación

---

41 *Application of the Convention on the Prevention and Punishment of the Crime of Genocide (Bosnia and Herzegovina v. Serbia and Montenegro), Judgment, I.C.J. Reports 2007*, p. 43, párr. 430.

42 *Caso Olivera Fuentes vs. Perú*, Sentencia de 4 de febrero de 2023 (Excepciones preliminares, Fondo, Reparaciones y Costas), Corte Interamericana de Derechos Humanos, párr. 99.

43 Véase Schliemann, Ch. y Bryk, L., "Arms Trade and Corporate Responsibility. Liability, Litigation and Legislative Reform", *Friedrich Ebert Stiftung*, 2019.

sino también un sistema de responsabilidad civil y penal en caso de conducta no conforme a Derecho. En este sentido, no ejercer su obligación de diligencia debida implicaría la violación de la obligación de prevenir daños en Estados terceros, por lo que el Estado de la nacionalidad de la empresa privada debe "enunciar claramente que se espera de todas las empresas domiciliadas en su territorio y/o jurisdicción que respeten los derechos humanos en todas sus actividades", también en caso de comercialización extraterritorial (Principio 1).

El alcance territorial limitado de los tratados de derechos humanos —que guardan silencio en cuanto a su aplicación extraterritorial— y la obligación de no intervención en los asuntos internos de otro Estado establecido por el artículo 2.7 de la *Carta de las Naciones Unidas* no permiten concluir que existe una obligación de no ejercer jurisdicción extraterritorial para la protección de los derechos humanos. Los Estados pueden decidir ejercer la debida diligencia respecto de las actividades comerciales de sus empresas en el extranjero y/o decidir establecer, en base al principio de la nacionalidad, la jurisdicción de los tribunales nacionales respecto de situaciones de violaciones de derechos humanos resultantes de las actividades comerciales de sus empresas en el extranjero. En este sentido, el Comité de Derechos Económicos, Sociales y Culturales declaró que:

> "Los Estados partes también deben tomar medidas para impedir que empresas con domicilio social en su jurisdicción vulneren los derechos humanos en el extranjero, sin atentar a la soberanía ni menoscabar las obligaciones de los Estados de acogida en virtud del Pacto[44]".

Como señalamos con anterioridad, la normativa internacional vigente no permite establecer la responsabilidad internacional de

44 Declaración sobre las obligaciones de los Estados partes en relación con el sector empresarial y los derechos económicos, sociales y culturales, Comité de Derechos Económicos, Sociales y Culturales, E/C. 12/2011/1, de 12 de julio de 2011.

las empresas privadas, permitiendo únicamente la asunción de responsabilidad del Estado en caso de aplicación del artículo 8 del *Proyecto de Artículos sobre Responsabilidad del Estado por hechos internacionalmente ilícitos.*

5. LAS RESPONSABILIDADES DE LAS EMPRESAS PRIVADAS COMERCIALIZADORAS DE ARMAS DE FUEGO

Las empresas privadas carecen de personalidad jurídica internacional por lo que, desde una perspectiva estato-céntrica de los derechos humanos, el Estado tiene la obligación de respetar, proteger y garantizar los derechos humanos y las empresas privadas no están obligadas por las normas protectoras. Sin embargo, la dicotomía entre lo público y lo privado tiende a matizarse dado que resulta evidente la influencia de los actores privados en el ámbito público y el potencial impacto —sea este positivo o negativo— de sus actividades sobre prácticamente cualquier derecho humano resulta indiscutible[45], por lo que se acepta que las empresas privadas también tienen responsabilidades en materia de protección de derechos humanos, como establecen los Principios Rectores de las Naciones Unidas sobre las empresas y los derechos humanos[46] y como apoya la jurisprudencia internacional, aunque la división entre público y privado se mantenga esencial en relación con los aspectos regulatorios de la actividad del Estado —que tiene obligaciones internacionales indiscutibles— y la de las empresas[47].

---

45 Véase Joseph, S. y Kyriakakis, J., "From Soft Law to Hard Law Business and Human Rights and the Challenge of Corporate Power", *Leiden Journal of International Law,* 2023, pp. 1-27.

46 Principios Rectores sobre las empresas y los derechos humanos: puesta en práctica del marco de las Naciones Unidas para "proteger, respetar y remediar", Consejo de Derechos Humanos, A/HRC/17/31, de 21 de marzo de 2011.

47 Véase Mende, J., "Corporate Human Rights Responsibilities: Rethinking the Public-Private Divide", *Nordic Journal of Human Rights,* vol. 41, no. 3, pp. 255-264.

Así, la determinación de las obligaciones de las empresas privadas en materia de derechos humanos es necesaria para precisar el alcance de las obligaciones del Estado en su deber de proteger y garantizar dichos derechos. En este sentido, la Corte Interamericana de Derechos Humanos señaló que:

> "La responsabilidad de respetar los derechos humanos exige que las empresas:
>
> a) Eviten que sus propias actividades provoquen o contribuyan a provocar consecuencias negativas sobre los derechos humanos y hagan frente a esas consecuencias cuando se produzcan;
>
> b) Traten de prevenir o mitigar las consecuencias negativas sobre los derechos humanos directamente relacionadas con operaciones, productos o servicios prestados por sus relaciones comerciales, incluso cuando no hayan contribuido a generarlos.
>
> [...]
>
> Para cumplir con su responsabilidad de respetar los derechos humanos, las empresas deben contar con políticas y procedimientos apropiados en función de su tamaño y circunstancias, a saber:
>
> a) Un compromiso político de asumir su responsabilidad de respetar los derechos humanos;
>
> b) Un proceso de diligencia debida en materia de derechos humanos para identificar, prevenir, mitigar y rendir cuentas de cómo abordan su impacto sobre los derechos humanos;
>
> c) Unos procesos que permitan reparar todas las consecuencias negativas sobre los derechos humanos que hayan provocado o contribuido a provocar"[48].

Existe una intensa discusión sobre cómo deben fortalecerse los requerimientos morales realizados a las empresas en varios instrumentos internacionales con el fin de promover que estas se hagan cargo de las violaciones de los derechos humanos resultantes de su actividad empresarial. Dicha discusión encuentra reflejo, entre otros documentos, en los Principios Rectores de las Naciones Unidas so-

---

48 *Caso de los Buzos Miskitos (Lemoth Morris y otros) vs. Honduras,* Sentencia de 31 de agosto de 2021, Corte Interamericana de Derechos Humanos, Serie C, No. 432, párr. 47.

bre las empresas y los derechos humanos[49], las Líneas Directrices de la OCDE para Empresas Multinacionales[50] y la Guía de la OCDE de debida diligencia para una conducta empresarial responsable[51].

El Principio 17 de los Principios Rectores sobre las Empresas y los Derechos Humanos establece que "las empresas deben proceder con la debida diligencia en materia de derechos humanos" lo que incluye "una evaluación del impacto real y potencial de las actividades sobre los derechos humanos, la integración de las conclusiones, y la actuación al respecto; el seguimiento de las respuestas y la comunicación de la forma en que se hace frente a las consecuencias negativas"[52]. Este proceso, de carácter continuo, debe abarcar las consecuencias negativas que la propia empresa haya provocado, pero también aquellas que guardan relación directa con sus operaciones. En el mismo sentido, la Comisión Interamericana señala que la debida diligencia en materia de derechos humanos implica:

> "que los Estados deben exigir a las empresas en el plano interno, la cual constituye un proceso continuo de gestión que una empresa debe llevar a cabo a la luz de sus circunstancias (como el sector en el que opera, el contexto en que realiza su actividad, su tamaño y otros factores) para hacer frente a su responsabilidad de respetar los derechos humanos"[53].

La empresa ejerce dicha obligación en distintas fases de la comercialización: en la evaluación de riesgos que tendrá en cuenta el cliente, el contexto del uso potencial de las armas y la normativa reguladora; en la prevención y mitigación del riesgo; en el monitoreo del

---

49 Principios Rectores sobre las empresas y los derechos humanos, *op. cit.*, nota 44.

50 Guía de la OCDE de Debida Diligencia para una Conducta Empresarial Responsable, OCDE, 2018.

51 Líneas Directrices de la OCDE para Empresas Multinacionales, OCDE, OECD Publishing.

52 Principios Rectores sobre las empresas y los derechos humanos, *op. cit.*, nota 44.

53 Empresas y Derechos Humanos: Estándares Americanos, Comisión Interamericana de Derechos Humanos, 2019.

uso final de las armas; en la investigación en caso de uso indebido y, finalmente; en la reparación de los daños causados si los hubiere[54].

El Grupo de Trabajo de las Naciones Unidas sobre Empresas y Derechos Humanos resaltó las dificultades añadidas que genera, en el marco del sector armamentístico, el incumplimiento por parte de las empresas de armas de la debida diligencia al considerar estas que sus actividades comerciales deben cumplir únicamente —cuando existe— la normativa nacional en la materia y que, en caso de violación de los derechos humanos, el Estado asumirá la responsabilidad resultante[55]. En igual sentido, es usual que las empresas comercializadoras de armas nieguen cualquier responsabilidad respecto de violaciones de derechos humanos al motivo que el Estado es el que aprueba o deniega las licencias de importación y exportación[56]. No obstante, existe consenso respecto de la responsabilidad de las empresas de respetar los derechos humanos aun cuando el Estado no cumple con sus obligaciones en la materia:

> "El hecho de que un Estado no aplique su legislación nacional pertinente o no respete sus obligaciones internacionales en materia de derechos humanos o que infrinja esta legislación o estas obligaciones internacionales no afecta a la responsabilidad de las empresas de respetar los derechos humanos"[57].

---

54 Véase "Defense Industry Human Rights Due Diligence Guidance", American Bar Association – Center for Human Rights, 2022, disponible en https://www.americanbar.org/groups/human_rights/reports/defense-industry-human-rights-due-diligence-guidance/ (Fecha de consulta: 23/03/2024).

55 Responsible business conduct in the arms sector: Ensuring business practice in line with the UN Guiding Principles on Business and Human rights. Information Note by the UN Working Group on Business and Human Rights, de 30 de agosto de 2022.

56 Véase Katz, E., "Human Rights Due Diligence: A Defense Industry Business Necessity", *Justsecurity*, 13 de septiembre de 2022, disponible en https://www.justsecurity.org/83028/human-rights-due-diligence-a-necessity/ (Fecha de consulta: 23/03/2024).

57 Líneas Directrices de la OCDE para Empresas Multinacionales, OCDE, OECD Publishing, párr. 38.

La debida diligencia de las empresas en materia de derechos humanos implica, por una parte, que la empresa se haga cargo del impacto negativo sobre los derechos humanos consecuencia de su actividad —en este caso, de comercialización de armas— así como del impacto negativo resultante de las actividades de terceros con los que mantiene relaciones comerciales. Así, si la empresa debe prevenir la violación de derechos humanos y, en caso de causarla, tomar las medidas adecuadas para la reparación del daño ocasionado por dicha violación. Por otra parte, si el impacto negativo sobre los derechos humanos resulta de las actividades de terceros con los que mantiene relaciones comerciales, la empresa debería 1) si tiene capacidad de influir para prevenir o mitigar la violación de derechos humanos, utilizar dicha influencia; 2) si no tiene capacidad de influir, valorar las distintas posibilidades de incrementar dicha capacidad o —en caso de no poder hacerlo— terminar la relación comercial[58].

6. CONCLUSIONES

Los Estados tienen la obligación de respetar, proteger y garantizar los derechos humanos en caso de comercialización y transferencia de armas de fuego respecto de las personas que están bajo su jurisdicción y/o en su territorio, y en particular las mujeres cuyos derechos humanos se ven particularmente afectados por el uso de dichas armas dado que el género constituye un factor esencial en este contexto.

La respuesta del Tratado sobre Comercio de Armas es limitada en relación con las armas ligeras y pequeñas, al utilizar el ambiguo criterio del riesgo aceptable para su exportación, no regular la cuestión de las municiones y excluir de su ámbito de aplicación el desvío de municiones en caso de importación.

---

58 *Ibid.*, párrs. 42 y 43.

Para los Estados, la obligación de respeto de los derechos humanos aplica, en el caso particular de la comercialización de armas de fuego, a aquellas entidades estatales o participadas en mayoría por este. En relación con la obligación de garantizar los derechos humanos, esta obliga al Estado a prevenir la comisión de violaciones de derechos humanos por terceros, investigarlas en caso de ocurrir, sancionarlas y establecer un sistema de reparación del daño resultante de dichas violaciones. En este orden de ideas, los Estados tienen una obligación de diligencia debida que aplica a las actividades de comercialización de armas de fuego por empresas privadas, deber que es de ejecución continua y requiere de un monitoreo constante y de la toma de medidas adecuadas en caso de advertir un disfuncionamiento del marco regulatorio y de control de dichas actividades. Además, los Estados, si bien no están sujetos a la obligación de hacerlo, pueden establecer su jurisdicción en virtud del principio de nacionalidad respecto de violaciones de los derechos humanos que sean consecuencia de las actividades comerciales de sus empresas en el extranjero.

Al carecer de personalidad jurídica internacional, las empresas privadas no están sujetas a un régimen de responsabilidad en el marco del Derecho Internacional. Sin embargo, las obligaciones de dichas empresas privadas en materia de derechos humanos precisan el alcance de las obligaciones del Estado en materia de derechos humanos. En el marco de la comercialización de armas de fuego, las empresas privadas deben prevenir los impactos negativos a los derechos humanos producto de sus actividades comerciales y, en caso de ocurrir, deben tomar las medidas adecuadas para mitigar sus efectos y hacerse cargo de las consecuencias. En igual sentido, las empresas privadas deben ejercer la debida diligencia respecto de las violaciones de derechos humanos cometidas por terceros con los que mantienen relaciones comerciales.

Sin embargo, la inexistencia de un sistema específico de monitoreo y vigilancia del cumplimiento por parte de los Estados y las empresas privadas de sus obligaciones en materia de transferencia y comercialización de armas de fuego —tanto en el ámbito universal con el Tratado sobre Comercio de Armas como en el marco de la Unión Europea al quedar potencialmente excluido dicho comercio del marco normativo establecido por la Directiva sobre diligencia debida— dificulta de forma notable la posible invocación de responsabilidad internacional, quedando las empresas fuera del alcance del régimen de responsabilidad internacional y estando la valoración del respeto del deber de diligencia debida por parte del Estado sujeta a las circunstancias específicas de la comercialización y transferencia y a la capacidad de este para cumplir con esta obligación.

Capítulo XIII

La responsabilidad de las empresas de armamento transnacionales en las normas de tráfico jurídico externo

LIDIA MORENO BLESA*

1. INTRODUCCIÓN

El fenómeno de las empresas transnacionales y la deslocalización de las personas jurídicas hunde sus raíces en el advenimiento de la globalización[1]. Esto último supone que una economía esté abierta al comercio y la inversión con el resto del mundo, lo que resulta necesario para un crecimiento económico sostenido. Ningún país, en las últimas décadas, ha logrado ventajas económicas en términos de aumentos sustanciales en los niveles de vida de

---

* Profesora contratada doctora de Derecho internacional privado en la Universidad Complutense de Madrid (lidimore@ucm.es).

1 La liberalización multilateral del comercio ha provocado que los negocios entre empresas no estén directamente gobernados por los precios del mercado, sino subordinados a consideraciones estratégicas, tales como las diferencias en las regulaciones nacionales e internacionales y las modificaciones que dichas normas experimentan con el paso del tiempo. Así, las divergencias impositivas y los distintos niveles de exigencias jurídicas pueden hacer que las compañías muevan su producción a otros lugares para pagar menos impuestos o disfrutar de una menor supervisión en su actividad. *Vid.*, Sander, H., "Multilateralism, regionalism and globalization: the challenges to the world trading system", en *The World Trade After the Uruguay Round,* Routledge, 1996, p. 31.

su población sin estar conectado con los demás[2]. Desde un enfoque micro, el hombre está casi permanentemente necesitado de la ayuda de sus semejantes, y le resultará inútil esperarla exclusivamente de su benevolencia. Es más probable que la consiga si puede dirigir en su favor el propio interés de los demás, lo que se logrará si les muestra que el actuar según su demanda redundará en beneficio de ellos. El planteamiento que se acaba de esgrimir está presente en toda propuesta donde se le ofrezca a otro un negocio. En cualquier transacción, una parte pide que se le entregue lo que desea y la otra obtiene lo que le interesa a cambio, siendo esta fórmula con la que se consigue mutuamente la mayor parte de los bienes que se necesitan. Pero no es la benevolencia de los sujetos la que procura el resultado final, sino el cuidado que ponen ellos en su propio beneficio. Por lo tanto, queda descartado dirigirse a su humanidad sino a su propio interés y jamás se alude a las necesidades que deben cubrirse sino a sus ventajas[3].

Desde un enfoque macro, la teoría de la ventaja comparativa[4] se apoya en la interdependencia económica, esto es, en las mutuas dependencias entre Estados resultantes de las sinergias generadas

---

2 IMF, "Global Trade Liberalization and the Developing Countries", November 2001, disponible en: https://www.imf.org/external/np/exr/ib/2001/110801.htm (Fecha de consulta: 01/04/2024).

3 Smith, A., *La riqueza de las naciones,* Alianza Editorial, Madrid, 2002, pp. 45 y 46.

4 Para entender cómo el comercio puede beneficiar a los participantes se puede tener en cuenta el siguiente planteamiento, basado en que cada Estado debe concentrarse en producir aquellos bienes que le reporten una ventaja absoluta, porque va a ser capaz de generarlos en mejores condiciones que otros, y exportarlos hacia donde se necesiten para importar los que no tenga. De esta manera todos pueden consumir más que si se opusieran a comercializarlos, pues incrementar el consumo es el objetivo fundamental del tráfico económico externo. *Vid,* Williamson, J. and Milner, Chr., *The World Economy,* Harvester Wheatsheaf, 1991, p. 20.

por el aprovechamiento de sus diferencias[5]. En este contexto, las mercancías tienden a buscar el mercado más ventajoso, por lo que el comercio es capaz de hallar por sí mismo los canales que necesita para su desarrollo, bajo el estímulo de las expectativas de beneficio[6]. De tal forma que la liberalización comercial tendría como objetivo minimizar las interferencias de los Estados en los flujos comerciales que cruzan las fronteras nacionales[7]. Se impondría, así, una especie de gobernanza privada donde el Estado deja de ser el protagonista central de la producción legislativa y el pluralismo jurídico global se consolida como expresión de una legalidad supraestatal, formal e informal, basada en las instituciones y agentes económicos dominantes. El Derecho Corporativo Global, es decir la *Lex Mercatoria,* se encuentra condicionada por las relaciones de poder entre Estados y sectores dominantes, que desplazan al Derecho estatal construido en torno a la nación[8]. Es lo que ha venido en llamarse regímenes globalitarios[9], caracterizados por la preponderancia del capitalismo, el protagonismo de las empresas transnacionales y la regulación por normas de *soft law.*

Con los datos anteriores se puede entender que las empresas transnacionales hayan sido objeto de críticas porque se ha considerado que interferían en los asuntos internos de los países en que operaban, explotaban irracionalmente los recursos por

---

5 Otero García-Castrillón, C., "Asimetrías y dependencias en la regulación del comercio internacional actual", en *Justicia social global. Perspectivas, reflexiones y propuestas desde Iberoamérica,* Tirant lo Blanch, 2022, p. 352.

6 Schumpeter, J.A., *Historia del análisis económico,* Editorial Ariel, Barcelona, 1995, p. 421.

7 Jackson, J.H., The World Trading System. Law and Policy of International Economic Relations, The MIT Press, 1992, p. 8.

8 Hernández Zubizarreta, J., "El Estado Social de Derecho y el capitalismo: crisis de la función reguladora de la norma jurídica", en *Empresas transnacionales en América Latina. Análisis y propuestas del movimiento social y sindical,* Editado por UPV/EHU, junio 2013, p. 19.

9 Hernández Zubizarreta, J. Las empresas transnacionales frente a los Derechos humanos: historia de una asimetría normativa, Editado por UPV/EHU, 2009, p. 82.

atender exclusivamente a la obtención del máximo beneficio y operaban una salida al extranjero de capitales que empobrecían al país. Pero, por otro lado, las empresas transnacionales suponen la inversión de importantes capitales extranjeros que contribuyen al desarrollo de los países que carecen de ellos y permiten la transferencia de tecnología a los países receptores de la inversión[10]. En definitiva, que la actividad de las multinacionales puede generar tanto beneficios como perjuicios, pero de lo que no cabe duda es de la relevancia que tienen en su regulación las reglas no obligatorias[11]. Tanto en el marco de la OCDE[12], como

---

10 Casanovas, O, y Rodrigo, A.J., *Compendio de Derecho Internacional público,* undécima edición, Tecnos, 2022, p. 263.

11 En efecto, la polémica en torno a la visión tanto positiva como negativa de las multinacionales ha impedido la generación de consensos que dieran lugar al establecimiento de un régimen jurídico vinculante regulador de la actividad de estos operadores económicos, lo que se ha saldado con el recurso a normas de Derecho blando. *Vid.,* Hinojosa Martínez, L.M., "El Derecho Internacional de la empresa", en *Derecho Internacional económico,* Tirant lo Blanch, Valencia, 2022, pp. 408 y 409.

12 En el ámbito de la OCDE se puede hacer referencia al Centro para la Conducta Comercial Responsable, en el seno del cual se han elaborado diversas normas y recomendaciones sobre la conducta empresarial responsable. Así, se pueden mencionar las Directrices de la OCDE para las empresas multinacionales sobre la conducta empresarial responsable, que reflejan las expectativas de los gobiernos a las empresas sobre cómo actuar de manera responsable. También se puede aludir a los puntos de contacto nacionales para la Conducta Comercial Responsable, que son agencias establecidas por los gobiernos. Su mandato es doble, por un lado, promover las Directrices de la OCDE para las empresas multinacionales y la orientación de diligencia debida relacionada, y, por otro, manejar los casos (denominados "casos específicos") como un mecanismo de queja no judicial. Hasta la fecha, 51 gobiernos han implementado puntos de contacto para la Conducta Comercial Responsable. Además, se cuenta con otro instrumento, sobre la diligencia debida basada en el riesgo, que se trata de un proceso a través del cual las empresas identifican, previenen y mitigan sus impactos negativos reales y potenciales y tienen en cuenta la forma en que se abordan esos impactos. De igual forma, las Evaluaciones de Alineación de la OCDE

en el de la OIT[13] se han elaborado diversos instrumentos para la ordenación de la actividad de las multinacionales en los ámbitos que les conciernen. Pero es sobre todo en el contexto de las Naciones Unidas donde se han cosechado los éxitos más evidentes. Así, en 2005 el Consejo de Derechos Humanos de las Naciones Unidas solicitó al Secretario General de la ONU que designara a un Representante Especial para investigar una serie de temas importantes relacionados con las empresas y los derechos hu-

---

evalúan la conformidad de los programas de la industria o de múltiples partes interesadas con las recomendaciones de la guía de diligencia debida de la OCDE. Y, por último, la Recomendación de la OCDE sobre el papel del gobierno en la promoción de la conducta empresarial responsable incluye principios y recomendaciones para ayudar a los responsables políticos y a las partes interesadas pertinentes en el diseño y la implementación de políticas que permitan y promuevan una conducta empresarial responsable. *Vid.*, OCDE, "Conducta empresarial responsable", disponible en: https://mneguidelines.oecd.org (Fecha de consulta: 01/04/2024).

13 Por lo que respecta a la OIT, hay que aludir a Declaración tripartita de principios sobre las empresas multinacionales y la política social, que proporciona orientación directa a las empresas (multinacionales y nacionales) en lo que respecta a la política social y a prácticas incluyentes, responsables y sostenibles en el lugar de trabajo. Se trata del único instrumento mundial en este ámbito y del único que ha sido elaborado y adoptado por los gobiernos, los empleadores y los trabajadores en todo el mundo. La Declaración sobre las EMN se adoptó hace más de 40 años y ha sido modificada en varias ocasiones (2000, 2006, 2017, y más recientemente en 2022). Sus principios van dirigidos a las empresas multinacionales y nacionales, los gobiernos de los países de origen y de acogida, y las organizaciones de empleadores y de trabajadores, y proporcionan orientación en esferas como el empleo, la formación, las condiciones de trabajo y de vida, las relaciones de trabajo y las políticas generales. Esta orientación se apoya fundamentalmente en los principios contenidos en las normas internacionales del trabajo. *Vid.*, OIT, "Declaración tripartita de principios sobre las empresas multinacionales y la política social", disponible en: https://www.ilo.org/empent/areas/mne-declaration/lang--es/index.htm (Fecha de consulta: 01/04/2024).

manos, en el marco de las *Normas de las Naciones Unidas sobre las Responsabilidades de las Empresas Transnacionales y otras Empresas Comerciales en la cuestión de los Derechos Humanos*[14]. La persona designada, el Prof. John Ruggie de la Universidad de Harvard, realizó una investigación exhaustiva sobre este tema[15], que culminó en 2011 con los conocidos como "*Principios Ruggie*"[16].

En concreto, el marco Ruggie establece recomendaciones no jurídicas que las empresas pueden asumir, además de aquellas obligaciones impuestas por los ordenamientos nacionales. Se trata de auto obligaciones que, si se desean cumplir, deben ponerse en marcha mediante la acción positiva o evitando la generación de riesgos en todas las relaciones internas en la empresa y también, como en el caso de las multinacionales, a través de sus relaciones con los *stakeholders* intervinientes en su cadena de valor[17]. Con todo, el Consejo de Derechos Humanos de las Naciones Unidas, los órganos de la Unión Europea, el Consejo de

---

14 Resolución del Consejo de Derechos Humanos de Naciones Unidas, de 7 de abril de 2008 (A/HRC/8/5).

15 En concreto, los tres ejes sobre los que se vertebrarían los principios Ruggie serían, en primer lugar, el deber de los Estados de proteger los derechos individuales frente a abusos cometidos por actores no estatales. En segundo lugar, la responsabilidad de las empresas de respetar los derechos humanos y, por último, la existencia de mecanismos legales adecuados en caso de conflictos en lo que respecta al impacto de las empresas sobre los derechos fundamentales. *Vid.*, Bilchitz, D., "El marco Ruggie: ¿Una propuesta adecuada para las obligaciones de derechos humanos de las empresas?", *SUR-Revista Internacional de Derechos Humanos*, vol. 7, n. 12, junio 2010, pp. 213 y 214.

16 Resolución del Consejo de Derechos Humanos de Naciones Unidas, de 21 de marzo de 2011 (A/HRC/17/31).

17 En cualquier caso, la regulación pone en evidencia el fracaso del Derecho Internacional en la defensa de los derechos del hombre ante la globalización y el fracaso de los estados a la hora de implementar sus obligaciones, frente a un poder económico global. Al respecto, Ovejero Puente, A.M., "Los principios Ruggie: un nuevo marco regulatorio para la gobernanza de la globalización", *Actualidad Civil*, número 1, enero 2015, pp. 7 y 8.

Europa, los gobiernos individuales, los grupos de la sociedad civil, las instituciones nacionales de derechos humanos y las asociaciones empresariales han emitido declaraciones formales pidiendo a los gobiernos que desarrollen Planes de Acción Nacionales (PAN) sobre Empresas y Derechos Humanos. Estos instrumentos se elaboran por los gobiernos para articular las prioridades y acciones que adoptará para apoyar la implementación de obligaciones y compromisos internacionales, regionales o nacionales con respecto a un área o tema de política determinado. Ahora bien, lejos de tener un carácter vinculante y obligatorio, se configuran como herramientas de *soft law* porque no necesitan ser incorporadas al derecho nacional, aunque algunos Estados los han transformado en normas vinculantes mediante la adopción de la legislación correspondiente. Pero en la mayoría de los casos su papel se limita en gran medida a identificar lagunas, así como enumerar acciones y medidas planificadas que deberían adoptar las instituciones para reaccionar o reducir las discrepancias existentes en las actividades de las empresas y su impacto en los derechos humanos. Es lo que se conoce como el nuevo modelo de gobernanza basado en "la formulación de políticas sin legislar"[18].

Pero lejos de poder considerarlas fórmulas solventes para controlar la actividad de las multinacionales dedicadas al comercio de armas, se deben calificar más bien de mecanismos programáticos desprovistos de las exigencias necesarias para el cumplimiento debido. Una muestra controvertida de actuaciones sobre el tráfico de armas se puede encontrar en el gobierno del Reino Unido y en el de España, por los suministros a Arabia Saudí en el contexto de su intervención militar y campaña de bombardeo en Yemen. En concreto, las exportaciones se rigen por la legislación europea e internacional al respecto, que obligan al país de origen a controlar el destino final de las armas y a comprobar que el país

---

18 Bordignon, M., "National Action Plans and Their Legal Value", en *Legal Sources in Business and Human Rights: Evolving Dynamics in International and European Law,* Editorial Brill/Nijhoff, 2020.

importador respeta el Derecho Internacional Humanitario o que la situación del país de destino final no se encuentre en situación de tensión o conflicto armado. Pero parece que las ventas se han producido de manera reiterada sin la supervisión debida[19], lo que pone de manifiesto la debilidad del sistema jurídico previsto a estos efectos.

2. LA REGULACIÓN DE LAS ARMAS EN EL DERECHO INTERNACIONAL Y EN EL DE LA UNIÓN EUROPEA (UE)

El marco jurídico internacional sobre armas de fuego abarca varias fuentes e instrumentos del llamado derecho transnacional. Mientras el Derecho Internacional público se ocupa principalmente de los Estados, de la reglamentación de la conducta de los Estados y las organizaciones internacionales, y de sus relaciones entre sí y con determinadas personas, el derecho transnacional se refiere a un espectro más amplio de temas. En concreto, se incluyen en esta última categoría a los Estados, las organizaciones internacionales, los gobiernos, las empresas multinacionales y nacionales, y las personas físicas y jurídicas que realizan actividades o tienen influencia a través de las fronteras de los Estados[20]. Las normas internacionales sobre armas son diversas y abarcan aspectos heterogéneos, que pueden sintetizarse distinguiendo los instrumentos vinculantes y los desprovistos de este carácter[21]. A

---

19 *Vid.*, Arbide, L.; Calvo, J.; Cortacans, A. y Simarro, C., "Los puertos de la muerte, cómplices de las exportaciones de armas españolas para la guerra. El caso de la venta de armas españolas al ejército saudí y su probable uso en la guerra de Yemen", Centre Delàs, Barcelona, 2023.

20 Oficina de las Naciones Unidas Contra la Droga y el Delito, "Marco jurídico internacional relativo a las armas de fuego", Viena, 2020, disponible en: https://www.unodc.org/documents/e4j/Firearms/E4J_Firearms_Module_05_-_International_Legal_Framework_on_Firearms_ES_final.pdf (Fecha de consulta: 01/04/2024).

21 Ibidem.

nivel mundial, los dos primeros que se adoptaron en este ámbito fueron la *Convención de las Naciones Unidas contra la Delincuencia Organizada Transnacional* de 2000[22] y su Protocolo complementario contra la fabricación y el tráfico ilícitos de armas de fuego, sus piezas y componentes y municiones de 2001[23]. Poco tiempo después les siguió el *Programa de Acción de las Naciones Unidas para prevenir, combatir y eliminar el tráfico ilícito de armas pequeñas y ligeras* de 2001[24] y el *Instrumento internacional que permita a los Estados identificar y rastrear, de forma oportuna y fidedigna, las armas pequeñas*

---

22 *Convención de las Naciones Unidas contra la Delincuencia Organizada Transnacional*, adoptado el 15 de noviembre de 2000 y en vigor el 29 de septiembre de 2003. La norma en cuestión es un tratado multilateral que contiene disposiciones jurídicamente vinculantes, en su mayoría obligatorias, para prevenir y combatir los delitos graves relacionados con las armas de fuego, tales como la fabricación, el tráfico y el desvío ilícito. La Convención se complementa con tres Protocolos adicionales que abordan tres esferas y manifestaciones específicas de la delincuencia organizada, a saber: el Protocolo para prevenir, reprimir y sancionar la trata de personas, especialmente mujeres y niños; el Protocolo contra el tráfico ilícito de migrantes por tierra, mar y aire; así como el Protocolo contra la fabricación y el tráfico ilícitos de armas de fuego, sus piezas y componentes y municiones. Tanto la Convención como sus Protocolos son complementarios y se refuerzan mutuamente, por lo que deben interpretarse conjuntamente.

23 *Protocolo contra la fabricación y el tráfico ilícito de armas de fuego, sus piezas y componentes y municiones*, adoptado el 31 de mayo de 2001 y en vigor el 3 de julio de 2005. Se trata del primer instrumento sobre armas de fuego jurídicamente vinculante que introdujo a nivel mundial la obligación de prevenir y combatir la fabricación y el tráfico ilícito de armas de fuego, sus piezas y componentes y municiones. Además, el Protocolo incluye disposiciones específicas sobre prevención y protección relativas a las medidas de seguridad, el mantenimiento de registros, al marcaje, la desactivación y la eliminación, al decomiso y a los controles de transferencias internacionales de las armas.

24 *Programa de Acción de las Naciones Unidas para prevenir, combatir y eliminar el tráfico ilícito de armas pequeñas y ligeras*, adoptado mediante la Resolución A/CONF.192/15 en 2001. El Programa de Acción es un marco político no vinculante, que recomienda unas medidas y que los Estados se comprometen a aplicar en los planos nacional, regional y mundial.

y ligeras ilícitas aprobado en 2005[25]. Por último, el *Tratado sobre el Comercio de Armas* de 2013[26], que se configura como un instrumento jurídicamente vinculante y el más reciente en ser aprobado para contribuir a la paz, la seguridad y la estabilidad a través de la prevención y la lucha contra el tráfico ilícito de armas[27]. Toda esta arquitectura jurídica se puede considerar más que suficiente para dotar a la comunidad internacional de mecanismos eficaces y efectivos para hacer frente a los resultados negativos de los intercambios armamentísticos ilegales, pero no ha conseguido el objetivo pretendido pues se siguen produciendo vulneraciones que van a requerir de otras vías para resarcirse.

Por lo que respecta a la UE es uno de los actores más importante en los esfuerzos globales para prevenir y combatir la acumulación y proliferación incontroladas de armas pequeñas y ligeras, así como de sus municiones. Fue una de las primeras organizaciones regionales en reconocer el impacto negativo de la proliferación incontrolada de estos artefactos sobre la seguridad y el desarrollo en muchas regiones del mundo. En consecuencia, desde finales de los años 1990, la UE se ha embarcado en el desarrollo de una política coherente e integral para abordar la proliferación de armas pequeñas[28]. El instrumento central de esos esfuerzos ha sido

---

25 *Instrumento Internacional para Permitir a los Estados Identificar y Rastrear, de Forma Oportuna y Fidedigna, las Armas Pequeñas y Ligeras Ilícitas,* adoptado mediante la Resolución 60/519 de 2005. El Instrumento Internacional de Rastreo fue desarrollado bajo los auspicios del Programa de Acción en 2005, como regulación no vinculante. Se trata de una norma que proporciona un marco de cooperación que permite a los Estados identificar y rastrear las armas pequeñas y ligeras ilícitas de manera oportuna y eficaz.

26 *Tratado sobre el Comercio de Armas,* adoptado el 02 de abril de 2013 y en vigor el 24 de diciembre de 2014.

27 El Tratado establece medidas para prevenir y erradicar el comercio ilegal de armas y su desviación hacia el mercado ilícito o su utilización final no autorizada.

28 Poitevin, C., "European Union Initiatives to Control Small Arms and Light Weapons: Towards A More Coordinated Approach", Stockholm International Peace Research Institute (SIPRI), 2013.

la Estrategia de la UE contra la acumulación y el tráfico ilícitos de armas pequeñas y ligeras y de sus municiones de 2005, donde se han identificado cuatro áreas de intervención a nivel internacional, regional, bilateral y nacional[29]. Posteriormente, la estrategia fue actualizada en 2018[30] y también se han ido adoptando diversos instrumentos jurídicos para regular aspectos relacionados con las armas de fuego, así como transponer las obligaciones derivadas de los instrumentos internacionales a la normativa de la UE[31]. Nuevamente, nos encontramos con un elenco normativo

---

29 A nivel internacional, la UE propone promover en todo el mundo la ratificación y aplicación de instrumentos jurídicos internacionales, como el Tratado sobre el Comercio de Armas y el Protocolo de Armas de Fuego, así como ofrecer asistencia técnica y financiera a terceros Estados para la aplicación de los instrumentos internacionales y promover un mecanismo mundial de rastreo de armas ilícitas. A nivel regional, la UE ha puesto en marcha varias iniciativas relacionadas con el almacenamiento, el desarme, la incautación y la destrucción de armas de fuego. A nivel bilateral, la UE promueve varios acuerdos comerciales y económicos con terceros Estados que contienen algunas cláusulas específicas sobre el comercio de armas. Por último, a nivel nacional, la UE exige a sus Estados miembros que transfieran armas pequeñas y ligeras a terceros Estados sobre la base de normas comunes de alto nivel, la concepción de mecanismos para el intercambio de información sobre las redes de tráfico y el desarrollo de políticas para combatir activamente dichas redes.

30 En efecto, la Comisión Europea y el Alto Representante de la Unión para Asuntos Exteriores y Política de Seguridad actualizaron la Estrategia y adoptaron una Comunicación conjunta al Parlamento Europeo y al Consejo sobre los elementos de una estrategia de la UE contra las armas de fuego, las armas ligeras y de pequeño calibre y sus municiones «Proteger las armas y proteger a los ciudadanos».

31 Así, podrían citarse, entre otros, la Directiva 91/477/CEE sobre el control de la adquisición y tenencia de armas, modificada en 2008 y 2017. Actualmente ha sido sustituida por la Directiva (UE) 2021/555 del Parlamento Europeo y del Consejo de 24 de marzo de 2021 sobre el control de la adquisición y tenencia de armas (versión codificada). También el Reglamento 258/2012 por el que se aplica el artículo 10 del Protocolo de las Naciones Unidas sobre armas de fuego y se establecen medidas relativas a la autorización de exportación, importación

que podría estimarse bastante para lograr el objetivo al que fue destinado, esto es, combatir la utilización indebida del material armamentístico, así como controlar el comercio del mismo, pero que puede parecer insuficiente porque siguen apareciendo fisuras que van a necesitar del complemento de otras medidas para combatirlas.

3. EL FENÓMENO DE LA DESLOCALIZACIÓN DE LAS EMPRESAS DE ARMAMENTO

Actualmente, se constata una tendencia a eludir la aplicación de la ley mediante la deslocalización internacional de las empresas, lo que puede considerarse una consecuencia de la eliminación de las barreras al comercio. Estos fenómenos, que económicamente pueden traer grandes beneficios a las empresas que los practican, pueden recibir una calificación menos positiva desde la perspectiva de los valores necesarios para proteger el Derecho Internacional. En efecto, las multinacionales buscan la maximización de las ganancias instalándose en zonas que atraen capital e inversión al amparo de normativas menos exigentes con el respeto de las normas fundamentales. La soberanía nacional queda mermada, pues se otorgan más poderes a los operadores económicos para que les resulte atractivo establecerse en lugares donde los gobiernos se ven compelidos a eliminar los obstáculos que restringen las actividades de los particulares[32]. Por lo tanto, la dialéctica entre localización o deslocalización simboliza la apropiación

---

y tránsito de armas de fuego, sus piezas y componentes y municiones. En cualquier caso, en estos momentos, se está procediendo a la actualización de las normas con el fin de aumentar su seguridad y facilitar su comercio legal, por lo que se está negociando una propuesta de Reglamento relativo a las medidas de importación, exportación y tránsito para las armas de fuego, sus componentes esenciales y sus municiones, COM/2022/480 final.

32 Fernández Rozas, J.C., *Sistema del comercio internacional,* Civitas, 2001, p. 310 y 311.

de la elección del espacio regulativo por parte del sujeto, esto es, la empresa transnacional, que selecciona la dimensión estatal y el nivel de imperatividad del mismo, y diluye la responsabilidad jurídica por sus actos en función también de la complejidad de su diseño organizativo y la estructuración de sus relaciones de intercambio en cadena y en red[33]. Surgen así, por ejemplo, las compañías militares y de seguridad privada, de las que pueden derivarse numerosísimos problemas jurídicos, tales como el incumplimiento de los contratos, la posibilidad de subcontratar y de cambiar de razón social, la potencial incapacidad de vigilancia y regulación de los gobiernos y las actuaciones de estas compañías que pueden terminar contraviniendo al sistema de protección de los derechos humanos y del Derecho Internacional humanitario[34].

Para contrarrestar la actuación de estos operadores económicos al margen de los cauces habituales en los que se desarrolla el comercio de armas, resulta necesario adoptar alguna medida que ponga el foco en el control de los intercambios en el marco de la OMC, con el objetivo de garantizar la protección del Derecho Internacional y especialmente para evitar el tráfico ilícito[35]. Pero

---

33 Por lo tanto, la empresa transnacional organiza la producción de reglas en el espacio global amplificando la dimensión privada y voluntaria del mismo, y consolidando un conjunto de decisiones unilaterales relativas tanto a la estructura productiva como a las relaciones contractuales que dibujan el mapa de las redes comerciales bajo su control. *Vid.*, Baylos, A. (2009): "Un instrumento de regulación: empresas transnacionales y acuerdos marco globales", *Cuadernos de Relaciones Laborales*, Vol. 27, nº 1, 2009, p. 112.

34 Ureña-Sánchez, M.I., "El Derecho Internacional, la regulación de las Compañías Militares y de Seguridad Privada (CMSP) y el mercenarismo: análisis, falencias y dinámicas", *Revista Jurídicas, Vol.* 18(1), enero-junio 2021, p. 250.

35 En el contexto de la OMC, ninguna medida adoptada por los Miembros puede vulnerar los acuerdos comerciales suscritos en el seno de la organización internacional, salvo que se encuentre justificada por las excepciones previstas a estos efectos en los mismos acuerdos. En 1949, el gobierno checoslovaco solicitó la celebración de consultas, de

podrían surgir algunas dudas sobre la aplicación del Derecho Internacional en el sistema jurídico de la OMC. Según el artículo 23 del *Entendimiento sobre Solución de Diferencias* (ESD) de la OMC[36], los grupos especiales y el Órgano de Apelación tendrían jurisdicción exclusiva sobre las reclamaciones que pudieran surgir de la aplicación de los acuerdos de la OMC. Lo anterior se ha interpretado por la jurisprudencia del GATT, en el sentido de entenderse

---

conformidad con el artículo XXIII del GATT, en relación con el posible incumplimiento por parte de los Estados Unidos de sus obligaciones derivadas del Acuerdo General por el uso de licencias de exportación, en virtud de las excepciones relativas a la seguridad del artículo XXI del GATT. En concreto, este último precepto permitiría a cualquier Miembro que adoptara todas las medidas que estimara necesarias para la protección de los intereses esenciales de su seguridad, relativas: ii) al tráfico de armas, municiones y material de guerra, y a todo comercio de otros artículos y material destinados directa o indirectamente a asegurar el abastecimiento de las fuerzas armadas. Pues bien, la posibilidad de interpretar *lato sensu* la expresión "material de guerra" serviría para justificar, por razones de protección de la seguridad y evitar la perturbación de la paz, cualquier medida contraria al libre comercio, sobre todo, al considerar que cualquier producto podría directa o indirectamente estar relacionado con dicha expresión. Pero la conclusión a la que se llegó fue considerar que la acción de los Estados Unidos parecería estar justificada porque cada país debería tener la última decisión en cuestiones relacionadas con su propia seguridad. Aunque también se advertía de que los Miembros deberían tener cuidado de no adoptar ninguna medida que pudiera tener por efecto socavar el Acuerdo General. *Vid.*, al respecto, OMC, Tercera Sesión de las Partes Contratantes (1949). "Request of the Government of Czechoslovakia for a decision under Article XXIII". Summary Record of the Twenty-Second Meeting, *CP.3/SR22-II/28*, disponible en: https://www.wto.org/english/tratop_e/dispu_e/gatt_e/49expres.pdf (Fecha de consulta: 01/04/2024).

36 El artículo 23 del Entendimiento sobre Solución de Diferencias de la OMC establece lo siguiente: Cuando los Miembros traten de reparar el incumplimiento de obligaciones u otro tipo de anulación o menoscabo de las ventajas resultantes de los acuerdos abarcados, o un impedimento al logro de cualquiera de los objetivos de los acuerdos abarcados, se tendrá que recurrir a las normas y procedimientos del presente Entendimiento.

vedado que los grupos especiales y el Órgano de Apelación resuelvan diferencias no relacionadas con el comercio internacional, por lo que el sistema de solución de diferencias no podría utilizarse para determinar derechos y obligaciones fuera de los acuerdos de la OMC[37].

Con todo, aparte de los acuerdos de la OMC, lo único que podrían tener en cuenta los grupos especiales o el Órgano de Apelación serían las reglas generales de interpretación de los tratados, tal y como se estipula en el artículo 3.2 del ESD. En efecto, se establece en dicho precepto que el sistema de soluciones de diferencias sirve para aclarar las disposiciones de los acuerdos de la OMC de conformidad con las normas usuales de interpretación del Derecho Internacional público. Sobre el significado de esto último, la jurisprudencia del GATT ha señalado que la norma fundamental de interpretación de los tratados se encuentra plasmada en la Convención de Viena sobre el Derecho de los Tratados, en su artículo 31, que establece lo siguiente: “Un tratado deberá interpretarse de buena fe conforme al sentido corriente que haya de atribuirse a los términos del tratado en el contexto de éstos y teniendo en cuenta su objeto y fin”. Además, esta regla general de interpretación se ha elevado a la condición de norma del Derecho Internacional consuetudinario o general. Como tal, forma parte de las normas habituales de interpretación del Derecho Internacional público, que se deben aplicar para aclarar las disposiciones del GATT y los demás acuerdos abarcados por la OMC. Estas directrices son en cierta medida un reconocimiento de que no debe leerse el GATT aislándolo del Derecho Internacional público[38]. Ahora bien, la legislación de la OMC es efectivamente inmune y suprema frente al gran corpus de Derecho Internacional en el

---

37 OMC Informe del Órgano de Apelación, *México – Medidas fiscales sobre los refrescos y otras bebidas,* WT/DS308/AB/R, AB-2005-10, adoptado el 6 de marzo de 2006, apartado 56.

38 OMC Informe del Órgano de Apelación, *Estados Unidos – Pautas para la gasolina reformulada y convencional,* WT/DS2/AB/R, AB-1996-1, adoptado el 29 de abril de 1996, pp. 19 y 20.

que está teóricamente inserta. Nunca se plantearía un caso en el que un juez tuviera que determinar si las normas de la OMC entraban en conflicto o se encontraban subordinadas a cualquier otra norma internacional, incluidas las de ius cogens[39], de modo que las normas de los derechos humanos no podrían ser aplicables en relación con las de la OMC.

Sin embargo, se puede encontrar otro enfoque sobre la aplicación de las normas en el contexto de la OMC. Los acuerdos de la OMC son obviamente parte de la legislación aplicable en la solución de diferencias. Pero los acuerdos cubiertos por la OMC están incompletos y, a veces, resulta necesario tener en cuenta otras normas internacionales[40]. La jurisprudencia del GATT llega a la misma conclusión cuando afirma que el Derecho Internacional consuetudinario se aplica en general a las relaciones económicas entre los Estados parte de la OMC. Tal Derecho Internacional se aplica en la medida en que los acuerdos de la OMC no se aparten de él. Dicho de otra forma, siempre que no exista conflicto o incompatibilidad, o una expresión en un acuerdo de la OMC que implique otra cosa, las normas consuetudinarias del Derecho Internacional son aplicables a los tratados de la OMC y al proceso de elaboración de los tratados en el marco de la OMC[41]. La Comisión de Derecho Internacional de las Naciones Unidas también apoya el papel destacado del Derecho Internacional en relación con las normas de la OMC y hace una distinción entre jurisdicción y derecho aplicable. Si bien el Entendimiento sobre Solución de Diferencias de la OMC limita la jurisdicción a reclamaciones que surjan únicamente en el marco de los acuerdos cubiertos de la

---

39 Harris, R. y Moon, G., ARRIS, "GATT article XX and human rights: what do we know from the first 20 years?", *Melbourne Journal of International Law*, Vol. 16, 2015, pp. 9 and 10.

40 Van Damme, I., "Treaty interpretation by the WTO Appellate Body", *The European Journal of International Law*, Vol. 21 no. 3, 2010, p. 647.

41 OMC Informe del Órgano de Apelación, *Corea – Medidas que afectan a la contratación pública*, WT/DS163/R, adoptado el 1 de mayo de 2000, apartado 7.96.

OMC, no existe ninguna disposición explícita que identifique el alcance de la ley aplicable. Por lo tanto, parece razonable entender que el Derecho Internacional general complementa al derecho de la OMC, a menos que haya sido específicamente excluido y que lo mismo hagan otros tratados que, preferentemente, deberían interpretarse en armonía con los acuerdos cubiertos por la OMC[42]. En conclusión, hay suficientes argumentos para apoyar el uso del Derecho Internacional como complemento del derecho de la OMC y particularmente cuando los valores fundamentales puedan ponerse en peligro. Esto podría significar que el control del tráfico de armas pudiera permitir una medida contraria a las reglas del comercio internacional basada en las excepciones generales.

3.1. El control de las armas en el comercio internacional

La relevancia de la OMC para los negocios transfronterizos está fuera de toda duda, ya que proporciona la base jurídica para el funcionamiento de la economía a nivel global[43]. La globalización no es sólo un fenómeno económico y tecnológico sino también jurídico. El reconocimiento de los derechos humanos como parte de la regulación internacional general requiere de reglas universales que, al igual que las garantías de la OMC, protejan también la libertad económica y jurídica, la no discriminación entre fronteras, así como el acceso a la solución judicial de litigios tanto a nivel nacional como internacional[44]. En este sentido, el

---

42 Koskenniemi, M., Informe del Grupo de Estudio sobre la fragmentación del Derecho Internacional: dificultades derivadas de la diversificación y expansión del Derecho Internacional, UN GAOR, 58th sess. DOCUMENTO A/CN.4/L.682 y Add.1, 13 de abril de 2006, apartados 45 y 169.

43 Krueger, A.O., *International trade. What everyone needs to know,* Oxford University Press, 2020, p. 294.

44 Petersmann, E.-U., "The WTO Constitution and Human Rights", *Journal of International Economic Law,* Vol. 3, no. 1, March 2000, pp. 24 and 25.

preámbulo del acuerdo de la OMC exige que las relaciones en el ámbito comercial y económico se lleven a cabo con miras a elevar los niveles de vida, garantizar el pleno empleo y un volumen considerable y en constante aumento de ingresos reales y demanda efectiva, así como que se consiga ampliar la producción y el comercio de bienes y servicios.

Todo el ecosistema de la OMC requiere que los miembros de la organización internacional cumplan, de buena fe, con sus obligaciones de derechos fundamentales y con la liberalización comercial, sin permitir que surja un conflicto entre los dos conjuntos normativos. Por esta razón, las disposiciones de la OMC se tendrán que interpretar teniendo en cuenta todas las obligaciones internacionales más relevantes que conciernan a los Estados implicados en los intercambios económicos transfronterizos. La flexibilidad de muchas de las obligaciones de la OMC, incluido el artículo XX del GATT, va a permitir que los miembros de la OMC puedan respetar simultáneamente tanto los derechos fundamentales como sus derechos y obligaciones en el marco de la OMC[45]. Por lo tanto, existe suficiente marco jurídico en el sistema de la OMC como para impedir que los Estados implementen políticas que atraigan inversiones a un coste perjudicial para los individuos. De hecho, las reglas de la OMC fomentan el comercio al mismo tiempo que reconocen el impacto en las personas. Se produce una superposición de objetivos, que requiere de un desarrollo e implementación de la regulación comercial en la que se tengan en cuenta los derechos fundamentales, lo que sugiere un protagonismo reducido de las normas comerciales para conseguir la protección de los valores esenciales[46]. En concreto, para promover la paz internacional y controlar las armas se ha recurrido a las excepciones generales del GATT, con la finalidad de establecer

---

45 Marceau, G., "WTO Dispute Settlement and Human Rights", *European Journal of International Law*, Vol. 13, Nª 4, 2002, p. 813.

46 Yarwood, L., "Trade law as a form of human rights protection?", *Nujs Law Review*, Vol. 3, Issue 1, 2010, pp. 30 and 31.

medidas de control de las exportaciones contrarias al libre comercio[47]. De tal manera que la protección de los valores esenciales, en tanto que informa al resto del ordenamiento jurídico, incluidas las normas de la OMC, se erige como el límite último para la correcta aplicación de la legislación sobre el libre comercio.

3.1.1. La excepción del GATT prevista en el artículo XX(a)

En este supuesto, el Acuerdo del GATT permite una medida contraria a la liberalización comercial adoptada por una parte contratante que resulte necesaria para proteger la moral pública. Este concepto, que se basa en la idea de orden público en el Derecho Internacional privado, se refiere a las políticas públicas fundamentales de una sociedad y no simplemente al orden en el sentido de paz civil y seguridad pública[48]. La excepción sólo puede invocarse cuando se plantea una amenaza real y suficientemente grave a uno de los intereses fundamentales de la sociedad, lo que significa que debe interpretarse en el sentido de que incluye la emergente política pública internacional de los derechos humanos. Se podría argumentar que el control de las armas y la promoción de la paz internacional, como parte de las normas y principios de los derechos fundamentales codificados en instrumentos legales internacionales reconocidos por los Estados parte de la OMC, entraría dentro de la excepción general. En cualquier caso, para comprender mejor el significado del término moral pública va a resultar imprescindible acudir a la jurisprudencia del

---

47 World Trade Organization, "International export regulations and controls. Navigating the global framework beyond WTO rules", 2023, disponible en: https://www.wto.org/spanish/res_s/publications_s/international_exp_regs_s.htm (Fecha de consulta: 01/04/2024).

48 Howse, R. & Mutua, M., *Protecting Human Rights in a Global Economy: Challenges for the World Trade Organization*, Montreal: International Center for Human Rights and Democratic Development, Policy Paper, 2000, disponible en: https://www.iatp.org/sites/default/files/Protecting_Human_Rights_in_a_Global_Economy_Ch.htm (Fecha de consulta: 01/04/2024).

GATT. El Órgano de Apelación ha interpretado que la expresión denota normas de buena y mala conducta por parte de o en nombre de una comunidad o nación[49].

Además, el concepto de moral pública se ha entendido como que puede variar en el tiempo y en el espacio, en función de diversos factores, incluidos los valores sociales, culturales, éticos y religiosos que prevalezcan[50]. Con el paso del tiempo se ha podido comprobar que las medidas económicas se convierten en una alternativa viable al uso de la fuerza militar para la consecución de objetivos basados en los derechos fundamentales[51]. En conclusión, el artículo XX(a) debería permitir a un Estado parte de la OMC que prohibiera la importación de armas fabricadas con vulneración de las normas sobre derechos fundamentales, con el fin de proteger la moral pública del importador[52]. Por lo tanto, existen argumentos suficientes para permitir una medida contraria a la liberalización de los intercambios destinada al control de las armas, porque la promoción de la paz internacional es un valor esencial y la figura jurídica indeterminada de la moral pública permite incluir a las armas cuando tengan que ser controladas en el comercio internacional.

---

49 OMC Informe del Órgano de Apelación, Estados Unidos – Medidas que afectan al suministro transfronterizo de servicios de juegos de azar y apuestas, /DS285/AB/R, adoptado el 20 de abril de 2005, apartado 296.

50 OMC Informe del Grupo Especial, China – Medidas que afectan a los derechos comerciales y los servicios de distribución respecto de determinadas publicaciones y productos audiovisuales de esparcimiento, WT/DS363/R and Corr.1 adoptado el 19 de enero de 2010, apartado 5.11.

51 Gibon, Susan S., "International Economic Sanctions: The Importance of Government Structures", *Emory International Law Review*, vol. 13, no. 1, Spring 1999, p. 162.

52 Bartels, L., "Article XX of GATT and the Problem of Extraterritorial Jurisdiction. The Case of Trade Measures for the Protection of Human Rights", *Journal of World Trade*, Vol.36, no, 2, p. 356.

3.1.2. La excepción del GATT prevista en el artículo XX(b)

El Acuerdo del GATT permite a una parte contratante adoptar una medida que sea contraria a la liberalización comercial, cuando sea necesaria para proteger la vida o la salud humana, animal o vegetal. En efecto, el artículo XX establece exenciones a las normas del GATT, que podrían permitir el establecimiento de medidas discriminatorias entre países en función de ciertas condiciones, como podría ser el caso de las restricciones a las importaciones y exportaciones de armas. Esto último requiere utilizar la jurisprudencia del GATT para comprender mejor el significado de la excepción. Cuando un Estado busca justificar una medida restrictiva del comercio basándose en que promueve los valores fundamentales y que debido a ello está cubierta por el artículo XX(b) del GATT debe demostrar el cumplimiento de los dos requisitos siguientes: (i) Que la política a que respondan las medidas respecto de las que se alegue la excepción estén incluidas en el grupo de las políticas destinadas a proteger la salud y la vida de las personas y de los animales o a preservar los vegetales; y (ii) que las medidas incompatibles respecto de las que se alega la excepción sean necesarias para alcanzar el objetivo de esa política[53]. Por lo que respecta al inciso (i), la jurisprudencia del GATT considera que, la expresión "políticas destinadas a proteger la salud y la vida de las personas", al incluir la noción de "protección", implica la existencia de un riesgo sanitario[54]. Por lo tanto, resulta necesario determinar en primer lugar la existencia de un riesgo para la salud, es decir, si el producto en cuestión plantea un riesgo para la salud o la vida de las personas. Una vez constatado que ese riesgo existe, es preciso evaluar el objetivo de la medida para determinar

[53] OMC Informe del Grupo, *Estados Unidos – Pautas para la gasolina reformulada y convencional*, WT/DS2/9, adoptado el 20 de mayo de 1996, apartado 6.20.

[54] OMC Informe del Grupo Especial, *Comunidades Europeas – Medidas que afectan al amianto y a los productos que contienen amianto*, WT/DS135/R, adoptado el 18 de septiembre de 2000, apartado 8.170.

si la política en que se fundamenta tiene por finalidad reducir ese riesgo, de tal forma que pudiera quedar cubierta por la excepción general[55].

Por lo tanto, se podría plantear si la intensidad del vínculo causal sería capaz en última instancia de dar lugar a la invalidación de una medida supuestamente justificada al amparo del artículo XX del GATT[56]. La adopción de convenios internacionales para promover la paz internacional y controlar las armas respalda la existencia de un riesgo, en la medida en que demuestra la preocupación compartida por varios Estados sobre la presencia de un peligro actual o potencial. La cooperación internacional en este sentido merece el reconocimiento, al menos, de una presunción de cumplimiento de este primer requisito del apartado b) del artículo XX[57]. En efecto, no cabe duda de que los Convenios de derecho transnacional en el seno de las Naciones Unidas acreditan la existencia de un riesgo en relación con las armas, lo que debe ser tenido en cuenta para dilucidar sobre el cumplimiento de la excepción general. Pero hay otra dificultad en relación con el uso de la excepción en esta materia, que se vincula con los efectos extraterritoriales de la medida contraria a la liberalización del comercio internacional. La pregunta que podría plantearse a este respecto se basaría en saber hasta qué punto el Artículo XX(b) permitiría a un Estado parte de la OMC prohibir la importación de armas para proteger la vida o la salud humana de las personas en el territorio de otro Estado de la OMC. Algunos autores establecen que cualquier producto fabricado en el contexto del chantaje o del crimen organizado tendría que recibir la

---

55 OMC Informe del Grupo Especial, *Brasil – Medidas que afectan a las importaciones de neumáticos recauchutados,* WT/DS332/R, adoptado el 12 de junio de 2007, apartado 7.42.

56 Desmedt, A., "Proportionality in WTO Law", *Journal of International Economic Law* , vol. 4, no. 3, September 2001, p. 467.

57 Fernández Egea, R. M.ª, Comercio de mercancías y protección del medio ambiente en la OMC, Marcial Pons, 2008, p. 173.

plena protección del GATT[58]. Por lo tanto, cuando se constatan violaciones de los derechos fundamentales en el territorio de otro Estado parte de la OMC, como el tráfico ilícito de armas, el artículo XX(b) debería permitir una protección extraterritorial. Apoyar este enfoque podría significar que con una medida de este tipo se abordan "intereses o valores comunes, vitales o importantes", lo que justificaría la invocación del artículo XX[59].

Existe otro requisito para que una medida restrictiva del comercio pueda estar justificada por el artículo XX(b) del GATT y se refiere al criterio de la necesidad de la medida. La evaluación de la necesidad de una medida podría centrarse en la existencia de otras medidas compatibles, o cuyo grado de incompatibilidad sea menor, con el GATT de 1994[60]. Sin embargo, la jurisprudencia de la OMC considera que la palabra "necesario" no se limita a lo que es "indispensable" o "de absoluta necesidad" o "inevitable", sino que también podrían quedar comprendidas en el ámbito de la excepción otro tipo de medidas[61]. Tal y como se utiliza en el artículo XX, el término "necesarias" se refiere a diversos grados de necesidad, por lo que no sólo puede entenderse "necesarias" como "indispensables", sino que también podría concebirse como "que contribuyen a". Al evaluar la "necesidad" de una medida resultará útil tener presente el contexto en que figura la voz "necesarias" en el artículo XX. De tal forma que un intérprete de los

---

58 Howse, R., "The World Trade Organization and the Protection of Workers' Rights", *Journal of Small and Emerging Business Law*, vol. 3, no. 1, Summer 1999, p. 144.

59 OMC Informe del Órgano de Apelación, Comunidades Europeas – Medidas que afectan al amianto y a los productos que contienen amianto, (Canada), WT/DS/135/AB/R, adoptado el 12 marzo de 2001, apartado 172.

60 OMC Informe del Grupo Especial, *Comunidades Europeas – Medidas que afectan al amianto y a los productos que contienen amianto*, WT/DS135/R, adoptado el 18 de septiembre de 2000, apartado 8.174.

61 OMC Informe del Órgano de Apelación, *Corea – Medidas que afectan a las importaciones de carne vacuna fresca, refrigerada y congelada*, WT/DS169/AB/R, adoptado el 11 de diciembre de 2000, apartado 161-164.

tratados que evalúe una medida que se alegue necesaria para proteger la salud y la vida de las personas podrá, en casos apropiados, tener en cuenta la importancia relativa de los intereses o valores comunes que la medida esté destinada a proteger. Cuanto más vitales o importantes sean esos intereses o valores comunes, más fácil será aceptar como "necesaria" una medida concebida como instrumento para lograr la observancia.

Pero hay otros aspectos de la medida para proteger la salud y la vida de las personas que han de considerarse al evaluarla como "necesaria". Se trata del grado en que la medida destinada a la protección de la salud y la vida produce efectos restrictivos sobre el comercio internacional. Una medida que tuviese relativamente poca repercusión en los intercambios comerciales podría más fácilmente considerarse "necesaria" que una medida con efectos restrictivos intensos o más amplios. En suma, la determinación de si una medida que no es "indispensable" puede no obstante ser "necesaria" en el sentido del artículo XX entraña en cada caso un proceso en el que se sopesa y se confronta una serie de factores entre los que figuran principalmente la contribución de la medida para lograr la protección de la salud y la vida de las personas, la importancia de los intereses o valores comunes protegidos por la medida en cuestión y la repercusión concomitante de la medida en las importaciones o exportaciones. Por lo tanto, con todo lo anterior se podría considerar que las medidas destinadas a promover la paz internacional y controlar las armas resultarían necesarias porque contribuyen al respeto de los derechos fundamentales como un valor importante para proteger la salud y la vida de las personas.

3.2. La extraterritorialización de la responsabilidad por vulneraciones del Derecho Internacional en materia de tráfico de armas

Otro enfoque de las armas en el ámbito de las relaciones comerciales transfronterizas podría llevarse a cabo desde la perspectiva de la privatización del Derecho Internacional afectando a particulares[62]. Se trataría de un fenómeno que tiene en cuenta al individuo y al derecho privado para hacer cumplir las políticas públicas en el ámbito de los derechos fundamentales. Al respecto, un Estado podría considerar que es más eficiente hacer cumplir el tráfico lícito de armas no mediante el establecimiento de controles y restricciones gubernamentales, sino a través de demandas por los particulares. Se acudiría a una aplicación de la norma, en la que a los actores se les otorgan derechos privados y, a veces, incluso incentivos directos (como la concesión de indemnizaciones ejemplares) para perseguir objetivos regulatorios públicos. El resultado es un importante papel público del Derecho Internacional privado, tanto actual como potencial, para ordenar la regulación de las transacciones y disputas internacionales entre particulares. Pero lo anterior se encontraría con una barrera legal relacionada con la autodeterminación económica, que incluiría la prerrogativa soberana de los Estados para tomar decisiones sobre qué desarrollo económico seguir, incluido el derecho a aprovechar activamente la capacidad de atraer capital de inversión a través de una protección minimalista en la fabricación de armas. En cualquier caso, la política económica puede variar significativamente de un lugar a otro, por lo que es mucho más probable que la regulación extraterritorial de la conducta empresarial en el extranjero interfiera con, o se anticipe, a las decisiones políticas que el Estado donde se encuentre el establecimiento de la sociedad haya adoptado o haya decidido no adoptar[63].

Una situación jurídica de naturaleza privada se internacionaliza desde el momento en que la empresa matriz tiene un establecimiento en un Estado, el denominado *Home State,* y crea filiales en otro buscando condiciones más beneficiosas. Esto último se puede producir cuando la localización de la empresa le permite

---

62 Mills, A., "The privatization of private (and) international law", *Current Legal Problems,* Vol. XX, 2023.

63 Scott, Craig M., Torture as tort: comparative perspectives on the development of transnational human rights litigation, Bloomsbury Publishing Plc, 2001, p. 54.

comercializar armas eludiendo la aplicación de legislaciones mucho más restrictivas en este ámbito. Muchas veces, los negocios se realizan mediante la vulneración del Derecho Internacional, como las normas imperativas que regulan el tráfico de armas. Desde el punto de vista de las normas privadas para relaciones transfronterizas, la dificultad reside en delimitar las competencias de los tribunales en donde la empresa matriz se encuentra domiciliada, para perseguir las prácticas de las filiales que operan y están domiciliadas en otros países[64]. Las infracciones se van a plantear lejos de las economías con las que están conectadas e incluso sin posibilidades de resolverse porque en esos países no se vulneran los derechos fundamentales. Para entender esto último, cabe señalar que la actividad desarrollada en el territorio de un Estado donde radica la empresa puede estar regulada por un conjunto de normas con valores o condiciones sociales diferentes a las del Estado donde se encuentra situada la compañía matriz.

Una solución para estas situaciones podría consistir en permitir que los ciudadanos extranjeros pudieran presentar demandas civiles en la UE derivadas de actividades internacionalmente ilegales cometidas en el territorio de un tercer Estado, basándose implícitamente en una concepción de la jurisdicción civil de carácter universal. Dejando atrás el enfoque tradicional que vincula jurisdicción y territorio, se propone una competencia judicial amplia con el objetivo, compartido por la comunidad internacional, de prevenir o sancionar determinadas conductas que vulneran los derechos fundamentales[65]. A este respecto, se podría incluir el *forum necessitatis* en el Reglamento Bruselas I bis, porque puede brindar protección a los demandantes en un sistema jurídico cada

64 Hernández Zubizarreta, J., "Las empresas transnacionales y los Derechos humanos: el control social y normativo de las empresas transnacionales", *Foro Jurídico,* nº 11, 2010, p. 278.

65 Requejo Isidro, M., "La responsabilidad de las empresas por violación de Derechos Humanos deficiencias del marco legal", *Scientia Juris,* 2011, p. 32.

vez más globalizado[66]. Esta propuesta garantiza a los demandantes de la UE el derecho a un juicio imparcial, lo cual es de particular relevancia para las empresas de la UE que invierten en países con ordenamientos jurídicos poco maduros[67]. Por lo tanto, se habilita el acceso a los tribunales pese a no estar previsto en las normas correspondientes, porque lo contrario daría lugar a una limitación injustificada e irrazonable que, valoradas las circunstancias del caso concreto, constituiría una denegación de justicia[68]. La conclusión podría ser que una sentencia cuando denuncie una violación del Derecho Internacional, identifique a un individuo responsable y proporcione reparaciones puede contribuir en gran medida a restaurar el sentido de justicia para la víctima[69]. En cualquier caso, la aplicación del *forum necessitatis* debe regirse por el principio de razonabilidad, que invita a pensar si una empresa multinacional puede quedar sin responsabilidad operando a través de una red de subsidiarias. El principio de razonabilidad no significa reciprocidad, sino más bien un enfoque compartido. El objetivo es conseguir un planteamiento holístico que tenga en cuenta todas las estructuras normativas que inciden en la regulación del tráfico jurídico externo, sin que se impida cuestionar la aplicación indiscriminada de lo que parezcan valores absolutos, lo que podría realizarse a través del principio de la razonabilidad. De tal forma que se admita un planteamiento misceláneo

---

66 Redfield, S., "Searching for Justice: The Use of Forum Necessitatis", *Georgetown Journal of International Law*, vol. 45, no. 3, 2014, p. 908.

67 Comisión Europea, Propuesta de Reglamento del Parlamento Europeo y del Consejo relativo a la competencia judicial, el reconocimiento y la ejecución de resoluciones judiciales en materia civil y mercantil (versión refundida), COM (2010) 748 final, Bruselas, 14.12.2010, p. 9.

68 De Miguel Asensio, P.A., "Derechos humanos, diversidad cultural y Derecho Internacional privado", *Revista de Derecho Privado*, julio-agosto 1998, p. 24.

69 Van Schaack, B., "In Defense of Civil Redress: The Domestic Enforcement of Human Rights Norms in the Context of the Proposed Hague Judgments Convention", *Harvard International Law Journal*, Volume 42, Number 1, Winter 2001, p. 200.

del Derecho Internacional privado sobre la base de conceptos tales como las expectativas razonables, los vínculos más estrechos, el deber de evaluar y equilibrar, la distinción entre solapamiento normativo y conflicto directo, así como entre colisión potencial y enfrentamiento real[70].

Otra solución para perseguir a la matriz en la UE por los actos de la filial situada en un tercer Estado se podría plantear con la extraterritorialización de la responsabilidad. Para lograr la reparación correspondiente se acudiría a la técnica del levantamiento del velo corporativo, que permitiría imputar a la empresa transnacional los daños causados por sus filiales. Una muestra de esta posibilidad se puede encontrar en la *Alien Torts Claim* de EEUU[71], que otorga competencia a los tribunales federales de distrito para conocer casos en que un extranjero reclame violaciones del Derecho de Gentes y de los tratados internacionales en los que los Estados Unidos de América sea parte, permitiendo la institución de procesos civiles por los daños sufridos por las víctimas y por la compensación a los Estados Unidos derivada de los gastos económicos soportados[72]. Las propuestas de reforma del Reglamento Bruselas I bis también van en la misma línea y proponen ampliar la competencia a los demandados domiciliados en terceros Estados. Así, siempre que la actividad comercial se dirija hacia el mercado interior europeo, así como en el caso de encontrarse el

---

70 Lowenfeld, Andreas F., *International litigation and the quest for reasonableness*, Clarendon Press-Oxford, 1996, pp. 229 and 230.

71 28 U.S.C. 1350 – Alien's action for tort: The district courts shall have original jurisdiction of any civil action by an alien for a tort only, committed in violation of the law of nations or a treaty of the United States, disponible en: https://www.govinfo.gov/content/pkg/USCODE-2022-title28/pdf/USCODE-2022-title28-partIV-chap85-sec1350.pdf (Fecha de consulta: 01/04/2024).

72 Chiara Marullo, M., "El Alien Tort Claims Act de 1789: Su contribución en la protección de los derechos humanos y reparación para las víctimas", ICIP WORKING PAPERS 03/2014, p. 11, disponible en: https://papers.ssrn.com/sol3/papers.cfm?abstract_id=2700081 (Fecha de consulta: 01/04/2024).

lugar de ejecución de la relación jurídica en un Estado miembro, un demandado situado en un tercer país podría ser encausado en la UE[73].

La solución de los conflictos de leyes relacionados con los negocios por conductas contrarias al Derecho Internacional también ha tenido una débil respuesta por parte de los instrumentos de Derecho Internacional privado. En cualquier caso, el Derecho Internacional general impone límites a las normas reguladoras del tráfico jurídico externo entre particulares existentes en los ordenamientos nacionales. Uno de ellos podría surgir claramente, por ejemplo, cuando una norma indirecta diera lugar a la aplicación de una ley que vulnerara las normas imperativas sobre tráfico de armas[74]. La situación descrita podría plantearse con el *pactum de lege utenda* cuando remitiera casi inevitablemente a la ley del país donde las normas sobre tráfico de armas son más flexibles, es decir, al ordenamiento del Estado donde se encuentran las multinacionales. Una herramienta adecuada para corregir esta impunidad en las obligaciones contractuales podría ser recurrir a las disposiciones imperativas, es decir, aquellas previstas en el ordenamiento del foro o de un tercer Estado que se aplican obligatoriamente con independencia de la ley reguladora de la relación jurídica considerada[75]. La definición de disposiciones imperativas

---

73 Hess, B.; Althoff, D.; Bens, T.; Elsner, N. and Järvekülg, I., "The Reform of the Brussels I bis Regulation", *Max Planck Institute Luxembourg for Procedural Law,* Research Paper Series nº 2022 (6).

74 Mills, A., The confluence of Public and Private international law. Justice, pluralism and subsidiarity in the international constitutional ordering of private law, Cambridge University Press, 2009, p. 272.

75 En efecto, el Reglamento Roma I, por ejemplo, establece que deben ser consideradas las normas materiales imperativas de la *lex fori* o de un tercer Estado, pero no se refiere específicamente a las reglas de la *lex causae.* El silencio lleva a pensar que tales normas son de aplicación en la medida en que forman parte de la ley que rige el contrato o que simplemente las normas de intervención económica de la ley del contrato no deben ser aplicadas, especialmente si las partes han elegido la ley del contrato, y si procede tenerlas en consideración sería por los

de carácter obligatorio se puede encontrar en el artículo 9 del Reglamento Roma I, que las considera como disposiciones cuya observancia un país considera esencial para la salvaguardia de sus intereses públicos, tales como su organización política, social o económica, hasta el punto de exigir su aplicación a toda situación comprendida dentro de su ámbito de aplicación cualquiera que fuese la ley aplicable al contrato. No hay duda de que la prohibición del tráfico ilícito de armas puede entenderse como una regulación imperativa y obligatoria, cuando no hay suficientes medidas de salvaguardia en el país donde las multinacionales se encuentren establecidas.

4. CONCLUSIONES

La volatilidad y nomadismo de las empresas de armas sin un establecimiento permanente en territorios normativos estables supone un riesgo evidente para el control del tráfico de estos bienes sensibles. Un comercio internacional de armas bien regulado puede reducir las que se desvían a manos ilícitas y, por lo tanto, contribuir a los esfuerzos para lograr el Objetivo de Desarrollo Sostenible 16 sobre Paz, justicia e instituciones fuertes. De hecho, el *Programa de las Naciones Unidas para el Desarrollo* (PNUD) enumera las armas pequeñas y ligeras como un área clave en lo relativo al Estado de derecho, la justicia, la seguridad y los derechos humanos, y también cubre la prevención de conflictos como otra área clave en que puede prestar asistencia a los Estados. En cualquier caso, solo a través de instituciones fuertes, que cuenten con un derecho obligatorio sería posible mitigar o controlar el tráfico ilícito de armas. Así, en el marco de la OMC se podría plantear el establecimiento de un tribunal único para interpretar, aplicar y equilibrar las normas comerciales y las de Derecho Internacional.

---

mismos motivos que la ley de un tercer Estado. *Vid.*, al respecto, Sánchez Lorenzo, S., *Introducción al Derecho de los contratos internacionales*, Editorial Funglode, 2013, pp. 187 y 188.

También se podría permitir que, en los procedimientos de solución de diferencias de la OMC, pudieran participar otros organismos internacionales o se aceptara la intervención de las partes privadas cuyos derechos hubieran sido vulnerados. El comercio y los derechos fundamentales deben reestructurarse de manera que fomenten una creación e implementación más coherentes de obligaciones internacionales en el sistema de la OMC. Por esta razón, el artículo XX podría modificarse para incluir un nuevo apartado que exceptúe expresamente las medidas adoptadas por un Estado parte en contra del libre comercio y para la protección de los derechos fundamentales. En estos momentos, el artículo XX(a) y (b) del GATT puede utilizarse para permitir medidas restrictivas de los intercambios económicos, cuando sea necesario aplicar un control de armas que contribuya a garantizar el cumplimiento del Derecho Internacional. A través de estas normas se puede proteger la moral pública y la vida de las personas, pero quizá podría resultar conveniente una mención expresa al respeto del Derecho Internacional. En efecto, la observancia de estas normas debe ser la primera responsabilidad de los gobiernos y la OMC debe adoptar una posición basada en su protección cuando se relacionen con el comercio internacional.

Otro enfoque importante desde el que se puede impedir el tráfico ilícito de armas está relacionado con las normas de tráfico jurídico externo afectando a los particulares y al Derecho Internacional. El conflicto de jurisdicciones y de leyes debe examinarse no sólo en función de cómo se resuelven las controversias entre los sujetos, sino también sobre la base de cómo se determina la preferencia en la aplicación de los diferentes ordenamientos jurídicos e incluso más allá de ellos. El Derecho Internacional privado puede impedir el acceso a los tribunales europeos por abusos contra los derechos fundamentales cometidos por filiales o contratistas de corporaciones europeas fuera de la UE. Una reforma de los instrumentos de Derecho Internacional privado debería permitir a los ciudadanos extranjeros presentar demandas civiles basadas en actividades internacionalmente ilegales cometidas fuera del mercado interior, lo que estaría implícitamente justificado por una concepción de la jurisdicción civil de carácter universal. Asimismo, la resolución de los conflictos de leyes en materia de contratos armamentísticos se va a regir por la legislación de los países en los que no hay un control eficiente sobre estos bienes sensibles. Para evitar esta falta de remedios, cuando las empresas europeas actúan en países cuyas soluciones jurídicas sobre armas son deficientes, se podría acudir a las normas imperativas del foro o de un tercer Estado. Por lo tanto, los negocios internacionales de armas deberán estar regulados por reglas globales más que por políticas estatales, así como también salvaguardados por intereses de justicia universal y no por soluciones particularistas de cada nación. Sólo con una fórmula integral que sitúe al tráfico de armas en el centro de la política comercial de la OMC y de los instrumentos de tráfico jurídico externo afectando a los particulares, se podrá actuar sobre estas mercancías sensibles y promover la paz internacional de manera eficiente y efectiva.

Capítulo XIV

La disciplina de la defensa de la competencia sobre la industria de las armas de fuego

Jesús Alfonso Soto Pineda*

1. INTRODUCCIÓN

La defensa de la competencia es una parte del derecho mercantil que de forma generalizada se ha entendido atada a la búsqueda de la eficiencias asignativa y productiva, en atención a las recompensas que otorga el mercado a los operadores más eficaces que administran adecuadamente sus recursos, y a los castigos soportados por los empresarios que tienen un desempeño inverso.

Las preocupaciones relacionadas con la justicia distributiva, la sostenibilidad o los derechos humanos han estado tradicionalmente fuera de su ámbito de interés por entenderse opuestos a su ideario, a pesar de que hay un vínculo tradicional que no puede ser desconocido, que se activa en las circunstancias en las cuales un asunto propio del derecho *antitrust* se erige como el foro más adecuado para la defensa de aquellos bienes jurídicos dignos de protección.

Un sector industrial como el armamentístico y el de la defensa configura también un ámbito de variados extremos, pues además de ser una manifestación de la iniciativa privada enfocada en el be-

* Profesor de Derecho Internacional Privado de la Universidad Complutense de Madrid (jesoto@ucm.es).

neficio económico, está relacionado con el interés público de los estados y los pueblos, convirtiendo al mismo operador —el Estado— en no pocas ocasiones, en financiador, consumidor, regulador, supervisor y protector del negocio. Lo que provoca que con cierta asiduidad sea difícil determinar dónde empiezan las responsabilidades del empresario y del Estado y dónde terminan, conllevando que sea usualmente muy complejo para un control como el ejercido por la defensa de la competencia tener respuestas contundentes ante las inmoderaciones que se pueden presentar en aquel sector.

En ese contexto, este documento presenta a través de tres apartados los controles que la defensa de la competencia puede activar y ha decidido poner en marcha, principalmente en el pasado reciente, para disciplinar la industria armamentística. En la primera parte muestra las conexiones y desconexiones de la defensa de la competencia con los derechos humanos con el objetivo de evidenciar los nuevos paradigmas de aplicación del *antitrust* vinculados con derechos inherentes a la persona que se ponen en riesgo a través de industrias como la de la defensa.

A renglón seguido, en la segunda parte se centra en las particularidades concurrenciales del mercado de las armas de fuego, que influencian las evaluaciones propias de la defensa de la competencia; y en la tercera parte presenta las características principales de los enfoques que se le han dado al control de la industria armamentística en los sistemas de defensa de la competencia de Estados Unidos y la Unión Europea. Exponentes primordiales tanto de la creación de riesgos, como de la disposición de remedios en el mercado de referencia.

2. LA DEFENSA DE LA COMPETENCIA Y LOS DERECHOS HUMANOS

La comprensión de las conexiones —o desconexiones— entre el derecho de la competencia y los derechos humanos, inexorablemente está vinculada con el pensamiento económico en el cual aquel se encuentra fundamentado. Tras la segunda guerra mundial tanto los defensores de los derechos humanos como los neoliberales se preocuparon por las libertades individuales y por la defensa de la dignidad. Sin embargo, sus acciones fueron divergentes. Los liberales entendieron que el restablecimiento y fortalecimiento de un catálogo de valores sólido sustentaría la sana competitividad, permitiría la distribución más eficiente de recursos e impactaría positivamente, de forma transversal, en la salvaguarda de derechos, siempre y cuando estos últimos se sometiesen a los resultados interpersonales y no a la búsqueda rígida de fines colectivos. Concepción que pugnó con la de los defensores de derechos humanos, que comprendieron que tras los marcados perjuicios que se habían sucedido en la primera mitad del siglo XX, era imperativo salvaguardar directamente los derechos sociales y económicos.

La perspectiva neoliberal, en dicho sentido, ha erigido de forma permanente al mercado como el epicentro idóneo del establecimiento de los valores y los principios rectores de la Sociedad[1]. De acuerdo con su doctrina[2] la libertad alude al derecho a hacer todo aquello que no genere un menoscabo en el mercado; la seguridad configura un derecho del mercado a ser protegido de aquellos que no tienen capacidad para ajustarse a sus demandas; la propiedad debe ser entendida como aquel derecho que se otorga para mantener seguras las inversiones; y el derecho a la igualdad se fundamenta en que los ciudadanos gozan de dicha condición ante la ley. Criterios que apoyados en la Escuela del pensamiento concurrencial de Chicago, difieren con lo esgrimido por los defensores de los derechos humanos y por otras escuelas del *Antitrust* como la Escuela de Harvard, que no han dudado en recomendar políticas de defensa de la competencia de corte más

1 La cual no duda en denominar, directamente "Sociedad de mercado".

2 Hayek en particular consideraba que cuando las reivindicaciones de derechos interferían con el mercado competitivo, al requerir intervención estatal y formas no mercantiles de obligación y redistribución, no podían bajo ningún concepto formar parte del análisis de la defensa de la competencia. Hayek, F., *Law, Legislation and Liberty, vol. 2: The Mirage of Social Justice*, Routledge, 1998, p. 113.

proteccionista que, influenciadas por la teoría clásica estructuralista[3], permitan al *antitrust* salvaguardar también bienes jurídicos inherentes a la persona y cumplir una función social[4], en atención a que en su surgimiento la defensa de la competencia fue justamente concebida como un instrumento de contención y reparación frente a los menoscabos habituales generados a los consumidores y a los competidores de menor tamaño por las empresas y los operadores del mercado de mayor envergadura[5].

Aquello se observa con claridad en la fase primigenia de organización de los objetivos de la defensa de la libre competencia por parte de la mencionada Escuela de Harvard[6]. Pero no solo en aquella configuración de principios, pues igualmente la escuela en cuestión ha partido siempre de una base de ilegalidad de las concentraciones de poder de mercado, sustentada en que la eficiencia y la salud del ecosistema competitivo se encuentran influenciadas por el número de agentes presentes en aquel mercado y por su dimensión[7]. Así, la escuela interpreta que dichas concentraciones configuran una desaceleración natural de los sectores económicos en los cuales se presentan, que en virtud de su peligrosidad inherente

---

3 Así se puede confirmar en Cournot, A.A., *Researchers into the mathematical principles of the theory of wealth,* MacMillan, Nueva York, 1897, p. 80.

4 Lande, R., "Wealth Transfers as the Original and Primary Concern of Antitrust: The Efficiency Interpretations Challenged", *Hastings Law Journal,* 34, 1982, p. 65.

5 Hovenkamp, H., *Federal Antitrust Policy. The Law of Competition and its Practice,* St Paul, West Publishing Co. 1999, pp. 50 y ss; y Orbach, B., "How Antitrust lost its goal", *Fordham Law Review,* 81, 2013, pp. 2259 y ss.

6 Amato, G., *Antitrust and the Bounds of Power. The dilemma of liberal democracy in the history of the market,* Hart Publishing, Oxford, 1997, p. 119, valora que los fines puramente económicos no dan respuesta a las realidades sociales que también deben enfrentar en su aplicación las normas de libre competencia. Las normas de libre competencia.tencia puede encontrarse descrita con mayor amplitud en al mediano y largo plazo para a relacimp

7 Bain, J., *Industrial Organization,* Wiley, Nueva York, 1959; y Mason, E., *Economic concentration and the monopoly problema,* Harvard, Cambridge, Mass, 1964.

—al configurar un terreno propicio para las conductas de corte anticompetitivo (principalmente los abusos)— merecen siempre una respuesta contundente por parte de la defensa de la competencia. De ahí que la aplicación de la normativa *antitrust* deba perseguir, de acuerdo con su doctrina, el logro de derroteros de corte más "tangible"[8] como (i) la descentralización del poder económico[9], (ii) la distribución equitativa del bienestar, (iii) la tutela de aspectos socio-políticos[10], (iv) la defensa de la libertad[11], (v) la protección de los competidores[12], (vi) la defensa de las empresas domésticas fren-

8 Stucke, M., "Should competition policy promote happiness?", *Fordham Law Review*, 81, 2013.

9 Pace, L. F., *Derecho Europeo de la Competencia. Prohibiciones antitrust, control de concentraciones y procedimientos de aplicación*, Marcial Pons, Madrid, Barcelona, 2007, pp. 39-41; Scherer, F.M, y Ross, D.R., *Industrial Market Structure and Economic Performance*, Houghton Mifflin, Boston, 1990, p. 18; y Gerber, D., "Fairness in competition law: European and U.S. experience", *Conference on Fairness and Asian Competition Laws*, Kyoto, Japón, Marzo 5 de 2004. Del mismo modo, véase, el asunto *United states Vs. Aluminum Co. Of America* (*Alcoa*), 148 F.2d 416 (Segundo circuito. 1945), apartado 428.

10 Derrotero conectado con impactos medio ambientales, fiscales, laborales, estratégicos, entre otros. Mostrándose en contra de éste, Landolt, P.L., *Modernised EC competition law in international arbitration*, Kluwer Law International, La Haya, 2006, pp. 22-31 y la Sentencia del Tribunal de Justicia de la Unión Europea (STJUE), de 20 de septiembre de 2001, asunto C-453/99, *Courage Ltd Vs. Bernard Crehan y otros* (*Courage/Crehan*). A favor del mismo, Motta, M., *Competition Policy. Theory and Practice*, Cambridge University Press, New York, 2004. pp. 26-27.

11 Ante la coyuntura de que el poder de mercado de algunos agentes económicos pueda condicionar libertades. Cseres, K.J., *Competition Law and Consumer Protection*, Kluwer Law International, La Haya, 2005, pp. 248-250; Whish, R., *Competition Law*, Oxford University Press, Londres, 2008, p. 20, quien alude a Jean Paul Sartre para llamar la atención acerca del peligro que enfrentan las libertades democráticas cuando se tolera el crecimiento de un "poder privado" hasta un punto en el cual se configura una fuerza incluso más poderosa que el Estado.

12 Reino Unido, *The grocery market. The OFT's reasons for making a reference to the competition Commission*, OFT 845; Whish, R., *op. cit.*, nota 11, pp.17-18; Gerber, D.J., *Law and Competition in Twentieth Century Europe: Protec-*

te a las foráneas[13], (vii) la lucha contra el desempleo y los efectos inflacionarios, y (viii) la protección al consumidor.

Con arreglo a su postura cualquier rama del derecho, incluso la de la competencia —altamente relacionada con la ciencia económica— no puede ser comprendida y/o predicha exclusivamente a través de modelados matemáticos y pronósticos, dado que incluso a través de su aplicación —o inaplicación— se ponen en riesgo derechos inherentes al ser humano que, si bien podrían ser defendidos por materias de mayor especialidad jurídica, no pueden ser soslayados por el *antitrust*.

En ese sentido, si bien podría parecer que la defensa de la competencia es una materia jurídico-económica que se interesa primordialmente por la eficiencia productiva y la eficiencia asignativa, desde sus inicios la materia ha tenido una agenda relacionada también con la reparación de las asimetrías que son propias del proceso competitivo y del consumo. Por tanto, vinculada con la protección de derechos fundamentales sin los cuales el funcionamiento del mercado se vería comprometido, tales como el derecho a la propiedad o al comercio, dejando aparentemente de lado otros, en atención a que su protección es per se contraria a su ideario, como el derecho a la alimentación o el derecho a la salud[14].

---

ting Prometheus, Oxford University Press, Nueva York, 1998, pp. 232-265; Directorate General for Competition, *Discussion paper on the application of article 82 of the Treaty to exclusionary abuses*, 2005, apartado 88.

13 Whish, R., *op. cit.*, nota 11, pp. 19-23; Gil Ibañez, J.L., "La Comisión y la aplicación del Derecho Comunitario de la Competencia", *La Defensa de la Competencia por los Órganos Judiciales: El Reglamento CE 1/2003*, Editor Garrido Espá, L., Consejo General del Poder Judicial, Madrid, 2005, p. 112; y el asunto Établissements *Consten S.à.R.L. and Grundig-Verkaufs-GmbH Vs. La Comisión de la Comunidad Económica Europea* (*Consten & Grundig*); Korah, V., *An introductory guide to EC Law and practice*, Hart Publishing, Oxford, 2004, pp. 2 y siguientes.

14 Bayerlein, M., "The EU's Open Strategic Autonomy in the Field of Pharmaceuticals", *Stiftung Wissenschaft und Politik*, 2, 2023, p. 6.

La Escuela de Chicago ha sido en gran medida la responsable de que la defensa de la competencia sea hoy valorada como una materia socialmente aséptica, pues además de sustentarse casi completamente en la ciencia económica, ha dejado claro el desinterés que desde su perspectiva debe tener la materia por la identidad de aquellos que resulten ganadores o perdedores en y, tras el proceso competitivo. Así, ha dispuesto que los conceptos económicos y de forma específica, la eficiencia, es la respuesta a la razón de ser de la protección de la libre competencia[15]. En su opinión, la búsqueda de la eficiencia económica —en términos locativos, productivos y dinámicos— ha configurado siempre el objetivo exclusivo de la materia[16], ya que favorece la protección de la competencia propiamente dicha y sus elementos connaturales[17]. La maximización de la riqueza —que es a su vez una derivación de sistemas económicos saludables y eficientes[18]— es, desde su óptica, comprobación de aquel derrotero, ya que mediante aquella se multiplican las posibilidades de acceder a bienes y servicios con

---

15 Van der Bergh, R y Camesasca, P.D., *European Competition Law and Economics: a comparative perspective,* Intersentia-Hart, Antwerpen, 2001. Siendo también valiosos los comentarios que pueden hallarse al respecto de la cuestión en Akman, P., "Searching for the long-lost soul of article 82 EC", *CCP working paper 07-5,* ESRC centre for competition policy and school of Law, University of East Anglia, 2007.

16 Posner, R., *Antitrust Law,* The University of Chicago Press, Chicago, 2001, p. 24.

17 Defensores de aquella concepción especialmente económica de los objetivos de la defensa de la libre competencia, Kolasky, W., "What is Competition? A Comparison of US and EU Perspective", *Wilmer Cutler Pickering Hale and Dorr Antitrust Series. Documento de trabajo N° 19,* 2004, y Parikh, J. y Majumdar, K., "Competition Law and the Consumer Law: Identifying the Contours in Light of the Case of Belaire Owners Association v DLF", *Nujs Law Review,* N° 5, 2012, p. 253.

18 Teoría general de la eficiencia, en Jones, A. y Sufrin, B., *EC Competition Law. Text, Cases and Materials,* Oxford University Press, Nueva York, 2008, pp. 3-16.

motivo del aumento en la producción, el crecimiento propio del consumo y la reducción congénita de costos y de precios[19].

Las posturas contrapuestas de la Escuela de Chicago y la Escuela de Harvard en materia de defensa de la competencia han impactado en la seguridad jurídica y han provocado fallos divergentes sobre cuestiones fáctica y técnicamente análogas. Durante más de treinta años las posturas de Chicago vinculadas con la eficiencia asignativa —independientemente de que con ellas se generasen menoscabos en derechos fundamentales como la alimentación, la vivienda, la salud, la educación, el agua y saneamiento, la integridad y la seguridad, el acceso a la información, entre otros-, fueron la doctrina mayoritaria elegida por el *antitrust* estadounidense, que a pesar de la creciente influencia técnica que ha cosechado la defensa de la competencia de la Unión Europea, continúa siendo un referente global. Harvard se ha opuesto de forma férrea a ello y en los últimos veinte años se ha observado un cambio de dinámica que ha suscitado cierta jurisprudencia en dicho país, en sede pública —Autoridades administrativas de competencia— y en sede privada —Tribunales ordinarios-, en la cual el bien jurídico protegido no ha sido de corte preeminente económico, sino humano[20].

---

19 Bork, R., "Legislative Intent and the Policy of the Sherman Act", *Journal of Law and Economics*, Volumen. 9, 1966, p. 7.

20 Así por ejemplo, en Estados Unidos, *Spectrum Sports, Inc. v. McQuillan.* 506 U.S. 447 (1993); *Premier Elec. Constr. Co. v. Nat'l Elec. Contractors Ass'n.* 814 F.2d 358, 368 (7th Cir. 1987); *Kochert v. Greater Lafayette Health Servs., Inc.* 463 F.3d 710, 715 (7th Cir. 2006); *Geneva Pharm. Tech. Corp. v. Barr Labs. Incv.* 386 F.3d 485, 489 (2d Cir. 2004); *La. Wholesale Drug Co. v. Hoechst Marion Roussel, Inc.* 332 F.3d 896, 904 (6th Cir. 2003); *Weyerhaeuser Co. v. Ross-Simmons Hardwood Lumber Co.* 127 S. Ct. 1069, 1077, 1078 (2007); *Digital Equip. Corp. v. Uniq Digital Techs.* 73 F.3d 756, 761 (7th Cir. 1996); *PolyGram Holding, Inc. v. FTC* (416 F.3d 29 [D.C. Cir. 2005]), *Weyerhaeuser Co. v. Ross-Simmons Hardware Lumber Co* (127 S. Ct. 1069 [2007]) y *Leegin Creative Leather Products, Inc. v. PSKS, Inc.* (127 S. Ct. 2705 [2007]); *Rebel Oil Co. v. Atlantic Richfield Co.* 51 F.3d 1421 (9th Cir. 1995).

En otros entornos como el de la Unión Europea las influencias dominantes de la Escuela de Chicago también se han visto trasladadas a las resoluciones de la Comisión Europea y a los fallos sobre libre competencia del Tribunal de Justicia, aunque de forma más tibia. La protección del mercado único ha sido[21] y continúa siendo la prioridad. Eso sí, sin ignorar otros fines que también se entienden trascendentales, a saber: la defensa de las libertades individuales, la libertad económica de los particulares, el interés público[22], la protección de la libertad de competir[23], el progreso

---

21 *General Electric/Honeywell.* Caso COMP/M.2220, de 3 de julio de 2001. Del mismo modo, el asunto *Microsoft.* Decisión de la Comisión Europea, de 16 de diciembre de 2009, COMP/C-3/39.530, *Google.* Caso COMP/AT. 39740, de 30 de noviembre de 2010, *Nv International Fruit Company y Otros v. La Comisión Europea.* STJUE, de 13 de mayo de 1971, asuntos acumulados del 41/70 al 44/70, apartados 31, 35, 40, 55, 64 y 69; *Eco Swiss China Time v. Benetton International NV.* STJUE, de 1 de junio de 1999, asunto C-126/1997, apartado 36; *Europemballage Corporation y Continental Can Company Inc. v. La Comisión Europea.* STJUE, de 21 de febrero de 1973, asunto 6/1972, apartados 18, 19, 20, 23, 25, 28 y 30, en; *GlaxoSmithKline Services Unlimited v. La Comisión Europea.* STJUE, de 6 de octubre de 2009, asuntos acumulados C-501/06 P, C-513/06 P, C-515/06 P y C-519/06 P, apartados 61, 62 y 63.

22 *Dow Chemical Iberica S.A. y otros v. La Comisión Europea.* STJUE, de 17 de octubre de 1989, asuntos acumulados 97/87, 98/87 y 99/87, apartado 22. Igualmente, *Orkem S.A. v. La Comisión Europea.* STJUE, de 18 de octubre de 1989, asunto 374/87, apartado 19, *Hoechst A. G. v. La Comisión Europea.* STJUE, de 21 de septiembre de 1989, asuntos acumulados 46/87 y 227/88, apartado 25, *Post Danmark A/S v. Konkurrencerådet.* STJUE, de 27 de marzo de 2012, asunto C-209/10, apartado 20, *Van den Bergh Foods Ltda. v. La Comisión Europea.* STJUE, de 23 de octubre de 2003, asunto T-65/98, apartado 170, y *National Panasonic v. La Comisión Europea.* STJUE, de 26 de junio de 1980, asunto 136/79, apartado 20.

23 Entiende que es la clave de todo el sistema, Maier Rigaud, F., "On the normative foundations of Competition Law — Efficiency, Political Freedom and the Freedom to Compete", Zimmer, D., (ed.),, *The Goals of Competition Law,* Northampton, USA, Edward Elgar, Cheltenham, UK —2012, pp. 132-168.

de las regiones menos favorecidas[24], la promoción del crecimiento equilibrado y sostenible, la eficiencia económica, la protección de las Pymes, la justicia, la globalización, la estabilidad laboral, la protección de los consumidores[25] entre otros[26]. Aspectos que tienen presencia inequívoca en la sustanciación de casos de libre competencia a nivel global.

Como se observa, en la defensa de la competencia está asentada una ambivalencia manifiesta vinculada con los bienes jurídicos a proteger —y sus propósitos— que se traslada tímidamente hacia la salvaguarda de criterios y sujetos diferentes al mercado, aunque involucrados con él. Solucionar esa ambivalencia y permitir que el *antitrust* sea un elemento idóneo para la protección de derechos humanos como los enunciados previamente (la alimentación, la vivienda, la salud, la educación, el agua y el saneamiento, la integridad y la seguridad, el acceso a la información) requiere en

---

24 Con miras a lograr estándares equilibrados de calidad de vida en todos los países miembros. Calvo-Caravaca, A.L. y Carrascosa, J., "El derecho europeo de la competencia: objeto, fuentes y sistemática, *Derecho Europeo de la Competencia,* Madrid, Colex, 2000, p. 174.

25 Su importancia en el caso europeo es innegable, al haber generado debates a su alrededor basados en la sinuosa relación que unos y otros defienden o rechazan, entre las normas *antitrust* y las normas de protección al consumidor. Centrándose en el estándar de bienestar de los consumidores y remarcando su importancia para el sistema de libre competencia europeo. Kroes, N., "European Competition Policy — Delivering Better Markets and Better Choices", discurso pronunciado en Londres el 15 de septiembre de 2005 como parte del *día europeo del consumidor y de la competencia.*

26 La unificación de todos aquellos derroteros y la interpretación de su protagonismo —individual o conjunto— como complemento natural y necesario de las expectativas de protección del mercado único europeo, pueden encontrarse en Pace, L.F., European Antitrust Law. Prohibitions, Merger Control and Procedures, Sheltenham, Edward Elgar Publishing, 2007, p. 39, así como también en Directorate General Competition, *Discussion paper on the application of article 82 on the Treaty of exclusionary abuses,* Bruselas, 2005.

todo caso de algunos ajustes que, están lejos de poder ser considerados como sencillos.

En ese sentido, necesitará primero de un cambio de paradigma en términos institucionales y materiales. En lo relativo a los de carácter institucional, será necesario llevar a cabo una evaluación profunda acerca de quienes aplican las normas de competencia y cómo, pues aquello permitirá definir en cada sistema de defensa de la competencia cuál de las autoridades involucradas —público-administrativa o tribunales nacionales— tiene mayor o menor capacidad (y proclividad), para modificar los valores a través de los cuales realiza evaluaciones concurrenciales, involucrando criterios "no económicos" —como los derechos humanos—.

Una parte importante de la doctrina entiende que no todos los sistemas funcionan de forma análoga. De hecho, todo lo contrario[27]. En algunos —los países desarrollados— son los Tribunales ordinarios los que se encuentran en mejor posición para incorporar argumentos de interés público que surgen cuando están conociendo de un asunto principalmente privado —por ejemplo, vinculado con una venta atada, un abuso de poder o una conducta discriminatoria en el mercado-, toda vez que además de que el acceso a ellos por parte de los ciudadanos es más sencillo, su condición y marco funcional les impide ignorar aspectos que puedan minar a la postre las bases de un sistema de mercado con carácter competitivo, tengan aquellos un basamento netamente económico o no.

En otros sistemas —países en vías de desarrollo-, por el contrario, son las Autoridades de competencia en el marco de la aplicación pública de la normativa de referencia, las que pueden cumplir esa labor con mayor idoneidad, incluso atendiendo derechos humanos, pues tienen mayor especialización en asuntos de com-

---

27 Briefing Note No. 3 del 2010 United Nations Special Rapporteur on the Right to Food. http://www.srfood.org/images/stories/pdf/otherdocuments/20101201_briefing-note-03_en.pdf (Fecha de consulta: 06 de febrero de 2024).

petencia y además se deben a la salvaguarda de intereses de rango constitucional de alcance colectivo, que de no ser atendidos y priorizados por la hipotética aplicación de un enfoque purista y estrecho del derecho de la competencia y por la mera búsqueda de una eficiencia asignativa o productiva, pueden acarrear la comisión de una ilegalidad.

Resulta fundamental en ese sentido, que se concilie la capacidad y la proclividad de los jueces y las Autoridades de competencia a aplicar otros enfoques y valores. Así por ejemplo, durante años la desigualdad y la falta de equidad fueron ignoradas en las resoluciones del *antitrust* —por aquello de que no debe interesarse por la identidad de aquellos que resulten ganadores o perdedores en y, tras el proceso competitivo— y actualmente dicho enfoque se considera mayoritariamente obsoleto, dado que ignorar las preocupaciones distributivas no solo resta legitimidad al *antitrust*[28], sino que también le aleja de economías como la del bienestar[29] (ahora marcadas por las prioridades mayoritariamente generales vinculadas, entre otros, con la sostenibilidad[30] y la identidad), a través de la cual se toman decisiones implícitas relativas a la locación de recursos[31].

---

28 Baker, J. y Salop, S.C. "Antitrust, Competition Policy, and Inequality", *Geo. L.J. Online,* 104, 2015, 6. p. 9.

29 Ejemplo de ello es el proceso de aprobación de la concentración *Bayer/Monsanto* de 2017, en el cual la Comisión Europea recibió un aluvión de peticiones formales e informales de ciudadanos preocupados por el impacto de la concentración en la seguridad alimentaria, la salud de los consumidores y el medio ambiente. Aunque la Comisión reconoció la importancia de estas preocupaciones, no las tuvo en cuenta para la evaluación de la fusión, principalmente sustentada en criterios de eficiencia asignativa y productiva. Al respecto el Comunicado de prensa de la Comisión de 21 de marzo de 2018. https://ec.europa.eu/commission/presscorner/detail/en/IP_18_2282. (Fecha de consulta: 20 de noviembre de 2023).

30 Holmes, S., "Climate change, sustainability, and competition law", *Journal of Antitrust Enforcement,* 2020, 8, pp. 354–405.

31 Khan, L y Vaheesan, S., "Market Power and Inequality: The Antitrust Counterrevolution and its Discontents", *Harvard Law & Policy Review,*

En todo caso, el cambio debe ser integral, dando cabida a que la defensa de la competencia abrace, sobre la base de los principios y los valores de justicia que le rigen, las preocupaciones tradicionales de los derechos humanos.

La defensa de la competencia ha sido tradicionalmente un elemento correctivo que suele activarse para solventar amenazas concurrenciales[32]. No obstante, debe dar un giro hacia lo proactivo y basarse en el proceso y no en el resultado[33], tal y como efectivamente buscó desde el inicio la llamada Ley Sherman, que ponía el foco en una conciencia social dirigida a buscar estructuras de mercado que promovieran la apertura y la competencia y que racionalizara su actuación, para lograr a través del conocimiento pleno del mercado contribuir a crear un entorno en el que además de que no se abuse de los derechos propios del comercio mediante el ejercicio del poder de mercado, se logre mayor calidad de vida en el entorno[34].

Vol. 235, No. 11, 2017, pp. 235-236, así como también Lianos, I., "Competition Law as a Form of Social Regulation", *The Antitrust Bulletin,* 2020, Vol. 65, pp. 13 y 46.

32 Lo cual, de acuerdo con un importante sector doctrinal, le hace perder su dinamismo, pues a través de dicha "filosofía" enfocada netamente en el resultado no resulta posible controlar todas las formas del abuso de poder en los mercados, Khan, L., 'The New Brandeis Movement: America's Antimonopoly Debate', *Journal of European. Competition Law & Practice,* 2018, Vol. 9, No. 3, 131, 132.

33 Lianos, I., *op. cit,* nota 32, pp. 46 y 81. Con carácter análogo, Foucault, M., *The Birth of Bio-politics, Palgrave Macmillan,* 2010, pp. 109.

34 Dicha estrategia, además, tiene una ventaja, pues puede ser emulada, implementada y adoptada de forma sencilla por los países en vías de Desarrollo. Darr, A., "Competition Law and Human Rights: a Complex Relationship", *Wirtschaft und Wettbewerb = concurrence et marché = Competition and trade regulation,* Vol. 71, No. 7-8, 2021, p. 5.

3. ARMAS DE FUEGO, DEFENSA, MERCADO Y SUS RESPECTIVAS PARTICULARIDADES

El mercado de las armas de fuego goza de ciertas peculiaridades que impactan en la comprensión social que se tiene sobre él, principalmente, en virtud de las conexiones que tiene con la defensa de los Estados[35]. Estos últimos le han erigido como una industria estratégica que no solo permite preservar el orden público, sino que dinamiza la actividad económica, genera empleo, promueve el desarrollo[36] de la tecnología y la innovación[37], incrementa el bienestar de los ciudadanos, favorece la competitividad y el posicionamiento de los operadores nacionales en terceros países e, incluso, contribuye con la implementación de los objetivos de desarrollo sostenible[38].

La industria de la defensa responde, además, a una lógica identitaria[39], dado que los Estados y sus pueblos comprenden que en ella están impregnados los atributos colectivos que hacen singular la sociedad propia de un territorio. Razón por la cual suelen aplicar un trato de favor de sus operadores y asociarse en lo relativo a dicho mercado, exclusivamente, con aquellos que comparten

---

35 Knox, M y Murray, W., *the Dynamics of Military Revolution, 1300-2050,* Cambridge University Press, 2001.

36 Como parte de uno de los cinco sectores clave que condicionan el desarrollo geopolítico, económico y militar (inteligencia artificial, 5g, computación cuántica, computación en la nube y semiconductores). Sahin, K & Barker, T., Europe's Capacity to Act in the Global Tech Race. Charting a Path for Europe in Yimes of Major Technological Disruption", *DGAP Report,* No. 6, 2021.

37 O'Hanlon, M., "Forecasting change in military technology, 2020-2040", *Foreign Policy at Brookings,* Working paper, 2018. 29 pp.

38 Nave, E., "The Importance of the Arms Trade Treaty for the Implementation of the Sustainable Development Goals", *Journal of Conflicts and Security Law,* Vol. 24, 2, 2019, 297-324.

39 Al respecto, McFate, S., *Mercenaries and War: Understanding Private Armies Today,* National Defense University Press, 2019, p. 8.

elementos nacionales, raciales, étnicos, religiosos, culturales o análogos.

Sin lugar a duda los mercados involucrados con las armas de fuego son peculiares y ambivalentes. El mantenimiento de la paz y la seguridad pasa por ellos, a pesar de que han sido justamente los instrumentos a través de los cuales se han sustentado una parte importante de los menoscabos a los derechos humanos que son epicentro de dicha paz y dicha seguridad.

Los riesgos inherentes al sector son de especial complejidad. Aspecto que le adhiere peculiaridad a la industria en cuestión y provoca que los Estados busquen directa y transversalmente protegerle y otorgar a sus operadores cierto trato preferencial que permita equilibrar las cargas[40]. Lo que a la postre significa que las condiciones tradicionales del mercado y de la defensa de la competencia no le sean totalmente de aplicación, pues solo de aquel modo resulta posible para los estados garantizar la provisión de los bienes que requiere para ejercer su defensa nacional.

A los riesgos reputacionales, financieros y de la gobernanza que surgen del progresivo cubrimiento negativo de la prensa de los perjuicios que se generan a través de los artefactos que fabrican, se unen los riesgos regulatorios fundamentados principalmente en la presión social a realizar un escrutinio más profundo a aquellos operadores que se involucren con actores internacionales infractores de los derechos humanos.

Del mismo modo, el sector soporta unos riesgos jurídicos cada vez más disuasivos, que se basan primordialmente en las también crecientes acciones de daños que se ejercen directamente contra las empresas de la industria de la seguridad y en la incremental responsabilidad penal y resarcitoria que se les demanda a aquellas por su participación en crímenes de guerra, crímenes de lesa humanidad o genocidios.

---

40 Spindel, J., *Arms for Influence? The Limits of Great Power Leverage,* Cambridge University Press, 2023.

La autorregulación de las empresas vinculadas con la seguridad y las armas de fuego, así como la articulación de políticas que puedan servir de prueba de los procesos diligentes que aplican para evitar incumplimientos normativos o menoscabos a los derechos humanos, suelen ser hoy en día no solo acciones comunes, sino imperiosas en el sector.

El ecosistema descrito, que es sin lugar a duda complejo, conlleva, como ya se enunció, que los estados otorguen "prebendas" a los operadores del mercado de referencia, pues las empresas de armas de fuego son parte de aquella suerte de grupos de empresas denominadas "Too Big to Fail" [41], a pesar de no ser bancos o actores directos del sector financiero. Es por ello que a día de hoy los mercados de la defensa en los diversos estados están altamente concentrados vertical y horizontalmente[42], respondiendo a una presión competitiva incipiente. No solo porque los estados y las autoridades son los principales "consumidores" del sector, sino también porque las barreras de acceso al mercado se configuran a través de diversos formatos —como los previamente referenciados vinculados con los riesgos— que son simplemente insuperables.

Esta situación no parecía probable en la parte final del siglo XX[43]. Momento en el cual la mayor parte de la defensa de la com-

---

[41] Defense Security Cooperation agency, *Fiscal Year 2019 Arms Sales Total of $55.4 Billion shows Continued Strong Sales*, 2019. Disponible en: https://www.dsca.mil/news-media/news-archive/fiscal-year-2019-arms-sales-total-554-billion-shows-continued-strong-sales. (Fecha de consulta: 20 de enero de 2024).

[42] Desjardins, J., *The 10 Companies That Dominate the Global Arms Trade*, Enero 12, 2018. Disponible en: https://www.visualcapitalist.com/companies-dominating-global-arms-trade/. (Fecha de consulta: 28 de marzo de 2024). Del mismo modo, Berckman, L, et al., 2024 aerospace and defense industry outlook", *Deloitte Research Center for Energy & Industrials, 2024. Disponible en :* https://www2.deloitte.com/us/en/insights/industry/aerospace-defense/aerospace-and-defense-industry-outlook.html. (Fecha de consulta: 28 de marzo de 2024).

[43] U.S. Congress, Office of Technology assessment, *Global Arms Trade,* Government Printing Office, Washington DC, 1991. Disponible en:

petencia global entendía que se había entrado, por aquel entonces, en un periodo de mayor competitividad en el sector, atizado por la fase de innovación y diversificación en la que debía entrar la industria de la defensa si quería sobrevivir, ante el declive global de los conflictos de envergadura regional o internacional. De forma generalizada se interpretó que la nueva etapa debía significar una remoción del carácter de "excepción económica" del cual había gozado hasta el momento en atención a su interés público[44], dado que solo a través de las presiones competitivas, superadas a través de la eficiencia, podría integrar las capacidades productivas civiles y militares.

En el año 2001 aquello cambió. La defensa y la seguridad se erigieron nuevamente —y escalonadamente hasta llegar a nuestros días— como una prioridad. Las necesidades de provisión de armamento favorecieron el crecimiento de las empresas dedicadas a su producción, que además volvieron a gozar de su condición de "excepción económica". Y cuando la escalada de rentabilidad no se pudo mantener por declives en la demanda —que han sido en todo caso esporádicos en los últimos veintitrés años-, se inició una escalada de concentraciones empresariales en el sector que, bajo la premisa de generación de sinergias, modificaron la estructura del mercado y afectaron la forma en la cual el consumidor principal del sector —el Estado— debe aproximarse a la inversión y el gasto enfocado en los bienes propios de la industria en cuestión, no solamente por la reducción de los operadores oferentes, sino también por las conexiones identitarias que suelen ser fundamentales en las consecuentes transacciones.

La industria en cuestión es particular, en dicho sentido, en todas las facetas con las cuales tiene conexión. Y aquello no es excepción en materia del derecho *antitrust*, pues si bien las autoridades de

---

https://www.princeton.edu/~ota/disk1/1991/9122/9122.PDF. (Fecha de consulta: 29 de marzo de 2024).

44 Sachwald, F., "Defence Industry Restructuring: The End of an Economic Exception", *Les notes de l'IFRI*, 15bis, Paris,1999, p. 17.

competencia —tal y como se verá en el siguiente apartado de este documento— se han interesado por ejercer un control efectivo del sector que permita evitar las desmedidas concentraciones de poder de mercado[45], cuando han buscado hacerlo se han encontrado con otro bloqueo. El que configura la imperiosa intervención de Autoridades diferentes a las de competencia en los análisis de prácticas restrictivas de la competencia, concentraciones empresariales y/o ayudas de estado que involucran a las empresas de armas. Esto es, las Autoridades especializadas en la seguridad, que no en pocas ocasiones están más interesadas, entre otros, en garantizar que no se presenten fugas de información que menoscaben la percepción de solidez estratégica y competitiva de la industria nacional de armas de fuego. Circunstancia que provoca que las Autoridades de competencia, tal y como se verá continuación, deban modular sus actuaciones y conciliar otros intereses, con los propios del *antitrust* —independientemente que estos sean más propios de la Escuela de Chicago o la Escuela de Harvard—.

4. INTERACCIONES DE LA DEFENSA DE LA COMPETENCIA CON LA INDUSTRIA ARMAMENTÍSTICA

De forma general la defensa de la competencia busca evitar las concentraciones de poder a través de la disciplina de los acuerdos entre empresas, los abusos de posición de dominio, y los controles de concentraciones empresariales y —en la Unión Europea— las ayudas de estado[46]. Aquel núcleo de conductas relevantes para el

---

45 Si bien ya parece estar consolidado. Crichton, D., "The complex interactions between Antitrust and National Security", *Lux Capital working paper*, 2022. Disponible en : https://www.luxcapital.com/securities/the-complex-interactions-between-antitrust-and-national-security. (Fecha de consulta: 29 de marzo de 2024).

46 Mambrilla Rivera, V., "Derecho europeo de la competencia", *Derecho Europeo de la Competencia: Antitrust e intervenciones públicas*, Velasco San Pedro, L.A (Director), Lex Nova, Valladolid, 2005, p. 160; Pace, L., *op.*

antitrust se aplica a todos los mercados e industrias, incluso —per se— a la armamentística.

Como resultado de las evidentes concentraciones de poder de mercado que se están generando en el sector alrededor del globo, los Estados han reaccionado de forma divergente. Aquellos países de los cuales son originarios la mayor parte de los operadores privados del sector, han buscado frenar su crecimiento y favorecer la entrada de nuevos actores, mientras que los Estados que no tienen plena autonomía estratégica armamentística han apostado por favorecer el crecimiento de la industria local —o meramente identitaria-, planteando escenarios que requieren de diversas respuestas por parte de la defensa de la competencia y las Autoridades que aplican la normativa en la cual se sustenta.

Estados Unidos es el principal exponente del primer grupo, pues es el líder global en producción de armamentos y artefactos de defensa, no solamente en virtud de su sólida disposición, sino también del apoyo que prestan organismos como el Pentágono a través de su programa de ventas militares al extranjero. La estructura de su mercado se ha modificado de forma importante en los últimos 34 años, en los cuales el número de contratistas primarios pasó de cincuenta y uno, a cinco (Boeing, General Dynamics, Lockheed Martin, Northrop Grumman y Raytheon). Circunstancia que ha hecho palmario que la industria además de estar importantemente concentrada horizontal y verticalmente, ha visto debilitada la base industrial de la defensa en Estados Unidos y ha limitado su innovación y su desarrollo[47].

---

cit, nota 27, 2007; Van Bael, I. y Bellis, J.F, *Competition Law of the European Community,* Kluwer Law International, Alphen aan den Rijn, Holanda, 2010; Immenga, U., *El Mercado y el Derecho,* Universitat de Valencia, Valencia, 2001, pp. 22 y 23; y Petitbo Juan, A., "La Defensa de la Competencia en España a partir del artículo 38 de la Constitución Española", *Economía Industrial,* N° 349-350, 2003, pp. 128 y 129.

47 Bayer, S., *Antitrust Enforcers Take Aim at Vertical Collusion in Defense Industry.* Marzo 22 de 2022. Disponible en https://constantinecannon.com/

Tanto las Autoridades de competencia en Estados Unidos —*Federal Trade Commission* (FTC) y el Departamento de Justicia— han coincidido en el riesgo que aquello comporta. Criterio al cual se ha unido el Departamento de Defensa de aquel país, que ha querido en el pasado reciente involucrarse como eslabón del proceso y ser determinante en los análisis propios del *antitrust* en el sector. Así por ejemplo, cuando Lockheed Martin propuso la adquisición de Aerojet Rocketdyne Holdings, la FTC la denegó al entender que aprobar la operación podría conllevar exclusiones de otros operadores. La combinación del trabajo de Lockheed con el único competidor de Aerojet y del trabajo de Aerojet con los competidores de Lockheed, planteaba problemas de competencia. Como resultado de estos acuerdos, la entidad fusionada tendría acceso a información sensible desde el punto de vista de la competencia, como tecnologías, precios y calendarios de desarrollo. Información que podría utilizarse indudablemente para excluir a los competidores del mercado[48].

En el mismo sentido la FTC manifestó que la empresa combinada no tendría ningún incentivo para permitir a Aerojet dedicar recursos de investigación y desarrollo a ofertas desarrolladas por otros contratistas principales, ya que éstas reportarían menos beneficios que las ofertas adjudicadas a Lockheed. La filial de Raytheon, Pratt & Whitney, fabricante de motores para aviones militares, también ha atraído la atención de las autoridades antimonopolio por aumentar deslealmente su posición competitiva manipulando a sus proveedores. En diciembre de 2021, el Departamento de Justicia anunció la acusación de funcionarios de Pratt & Whitney y cinco de sus subcontratistas, alegando una conspiración entre los acusados

---

antitrust-group/antitrust-enforcers-take-aim-at-vertical-collusion-in-defense-industry/. (Fecha de consulta: 26 de marzo de 2024).

48 Enero 22 de 2022. *FTC Sues to Block Lockheed Martin Corporation's $4.4 Billion Vertical Acquisition of Aerojet Rocketdyne Holdings Inc.* Disponible en: https://www.ftc.gov/news-events/news/press-releases/2022/01/ftc-sues-block-lockheed-martin-corporations-44-billion-vertical-acquisition-aerojet-rocketdyne. (Fecha de consulta: 26 de marzo de 2024).

para no reclutar o contratar a los ingenieros y otros trabajadores altamente cualificados de los demás. Al frenar el flujo de personal entre las empresas, los conspiradores pudieron evitar subir los salarios para atraer o retener talento. Esto, a su vez, proporcionó a Pratt & Whitney una ventaja desleal en costes laborales frente a sus competidores. La conducta alegada en la acusación es ahora objeto de demandas privadas por parte de los trabajadores afectados contra Raytheon, Pratt & Whitney y los subcontratistas. Estas acusaciones demuestran que incluso cuando las empresas de defensa no pueden adquirir o fusionarse con proveedores clave, siguen teniendo la capacidad de manipular el panorama competitivo conspirando con las empresas del sector.

Ha sido justamente ese contexto el que ha provocado que el Departamento de Defensa también encendiera las alarmas sobre la falta de competencia en la industria armamentística estadounidense. En 2022 publicó su informe "State of Competition within the Defense Industrial Base"[49] en el cual determinó que las concentraciones verticales permiten a los contratistas principales de seguridad cortar el acceso de sus competidores a fabricantes especializados y emergentes que podrían aportar la experiencia necesaria para desarrollar programas innovadores como el de las tecnologías de misiles hipersónicos. Dado que los contratistas principales compiten principalmente por un único cliente —el mismo Departamento de Defensa— pueden excluir a sus competidores de todo el mercado bloqueando a los proveedores estratégicos mediante adquisiciones verticales. El informe concluyó que la consolidación de la industria de defensa estadounidense supone una importante amenaza para la seguridad nacional, por lo que recomendaba un examen más detenido de las concentraciones en las industrias aeroespacial y de defensa.

---

[49] Febrero de 2022. Disponible en https://media.defense.gov/2022/Feb/15/2002939087/-1/-1/1/STATE-OF-COMPETITION-WITHIN-THE-DEFENSE-INDUSTRIAL-BASE.PDF. (Fecha de consulta: 29 de marzo de 2024).

En el contexto de sus posturas, el Departamento de Defensa manifestó que el proceso de valoración de una concentración en la industria debía ser modificado. Primero permitiéndole evaluar los efectos de concentraciones ya aprobadas y, segundo, favoreciendo que a partir de la expedición del documento pudiese involucrarse no solamente con fusiones y adquisiciones de alta dimensión económica, pues aquello conllevaba indirectamente que se estuviesen desatendiendo al 90% de las concentraciones que se presentan en la base industrial de defensa. Así mismo, el Departamento de Defensa dispuso que además de la completa cooperación y colaboración entre las Autoridades involucradas —que debía traducirse principalmente en compartir recursos y todos y cada uno de los detalles del expediente-, debía incluirse en el catálogo de riesgos a evaluar en una fusión, otra variedad de bienes jurídicos a proteger, como la seguridad nacional, el medioambiente o su impacto en los derechos humanos, para que de tal modo fuese más sencillo su apoyo en la articulación de medidas para mitigarlos, tales como el establecimiento de condiciones/remedios de comportamiento o estructurales a imponer a los operadores involucrados en la conducta relevante para el *antitrust*. Remedios en los cuales entiende, debe estar directamente involucrado el Departamento de Defensa, de consuno con la FTC y el Departamento de Justicia.

En Estados Unidos el control de la defensa de la competencia sobre la industria armamentística se ha incrementado inequívocamente. Como se observa, el Departamento de Defensa, incluso, ha involucrado en las evaluaciones riesgos inherentes a la persona que difieren de forma importante de los criterios defendidos por la Escuela de Chicago. Lo que indudablemente configura un giro hacía la "des-economización" del *antitrust* en el sector defensa y pone de manifiesto el interés del país por frenar el crecimiento desmedido de los principales operadores, ya que las empresas de gran dimensión y capacidad suelen ser manifestación de la desaceleración de la presión competitiva, de la competencia propiamente dicha y del acopio de influencias y capacidad para influir en el sector y en otros directa y transversalmente relacionados.

En otros entornos, como el de la Unión Europea, en los cuales los operadores que compiten en el sector son pocos, o de reducida capacidad competitiva, también se ha prestado reciente atención a la industria armamentística, aunque con un enfoque divergente. El rumbo del control de la defensa de la competencia en el viejo continente se ha ejercido prestando especial atención al necesario fortalecimiento cuantitativo y cualitativo que demanda la industria interna, pues se ha entendido escalonadamente que en un entorno globalizado no resulta idóneo para la Autonomía Estratégica de la Unión Europea que la defensa esté supeditada a operadores extranjeros del sector, de inmensa envergadura y sin lazos identitarios, que ante disyuntivas de provisión satisfarían a sus estados de origen[50].

Es por ello que la Comisión Europea asignó a inicios de marzo 2024 quinientos millones de euros determinados en la Ley de Apoyo a la producción de munición para incrementar, de forma concreta, la fabricación de armamento[51]. Dinero al cual se unen los dos mil previstos en el Fondo Europeo de Defensa (FED), que desde su surgimiento en 2021 ha asignado el 68% de ese valor a

---

50 Aunque también ha impuesto sanciones por cárteles comprobados en el sector gracias al programa de clemencia de la defensa de la competencia de la Unión Europea, como la que fue impuesta a Diehl gracias a la delación de RUAG, vinculada con la venta de granadas de mano. La noticia de la sanción en el portal de la Comisión Europea, disponible en: https://ec.europa.eu/commission/presscorner/detail/en/ip_23_4531. (Fecha de consulta: 30 de marzo de 2024).

51 Comisión Europea (Defense and Industry and Space), *The Commission allocates €500 million to ramp up ammunition production, out of a total of €2 billion to strengthen EU's defence industry.* 15 de marzo de 2024. Disponible en: https://defence-industry-space.ec.europa.eu/around-eu2-billion-strengthen-eus-defence-industry-readiness-including-ramp-ammunition-production-2-2024-03-15_en#:~:text=Production%20(ASAP).-,Today%2C%20the%20Commission%20allocated%20the%20€500%20million%20foreseen%20under,by%20the%20end%20of%202025. (Fecha de consulta: 22 de marzo de 2024).

actividades de desarrollo y el 32% restante a tareas de investigación en la industria en cuestión.

Los apoyos económicos al sector en la Unión Europea están siendo de envergadura pero no alcanzan aún las cotas deseadas. Aquello se extrae de las declaraciones realizadas también en marzo de 2024 por parte de la vicepresidenta de la Comisión Europea para una Europa adaptada a la era digital y responsable de la cartera de competencia, Margrethe Vestager, quien manifestó que se debía incrementar no solamente la asignación a la defensa, sino también el gasto conjunto y directo en armas de los países miembros, para que de tal modo se aumentase también, de forma integral y equitativa, la capacidad y el desarrollo de nuevas tecnologías en este sector estratégico. Con una nueva propuesta de asignación a la defensa, que asciende a mil quinientos millones de euros, la vicepresidenta ha propuesto hacer frente a la reciente "fragmentación estructural de las fronteras nacionales"[52], aunque no de cualquier modo, pues ha manifestado igualmente que los nuevos fondos deben ser utilizados de forma conjunta estableciendo incentivos que permitan impedir que los países realicen pedidos de armamento exclusivamente a las empresas originarias de ellos o, a operadores foráneos, como ha sucedido tras la eclosión del conflicto en Ucrania. Tiempo en el cual un 80% de los gastos nacionales en defensa de los países miembros ha terminado en las arcas de empresas que están por fuera de la Unión Europea —un 60% en concreto, en las de empresas estadounidenses—.

---

52 Gray, A y Meijer, B., *EU Commission proposes 1.5 billion euro common defence industry package.* 5 de marzo de 2024. Disponible en: https://www.reuters.com/business/aerospace-defense/eu-commission-proposes-15-bln-euro-common-defence-industry-package-2024-03-05/#:~:text=The%20European%20Commission%2C%20the%20EU's,capacity%20and%20develop%20new%20technologies. (Fecha de consulta: 31 de marzo de 2024).

En opinión de Vestager mil quinientos millones de euros no es una cifra excesivamente alta cuando se está hablando de las necesidades de defensa de la Unión Europea en un contexto de riesgo. Y de hecho, por fuera de él, dado que el plan es lograr fortalecerle aún más para el año 2030. Año el cual se busca que la Unión Europea adquiera al menos el 40% de los equipos de defensa de forma colaborativa, que el menos el 50% de los presupuestos de aquella parcela se gaste en operadores internos y que la industria armamentística "local" sea en términos generales más competitiva, dentro y fuera de su territorio, a través de las políticas enunciadas y de otras de mayor alcance. Verbigracia, el establecimiento de un renovado programa de ventas militares al extranjero que inspirado en el esquema mediante el cual las empresas de armas en Estados Unidos tienen la colaboración del Pentágono para suministrar artefactos de defensa a terceros países, permita tener mayor presencia global[53].

Todas las propuestas de política armamentística no ejecutadas necesitarán en todo caso de la aprobación del Parlamento Europeo y de los países miembros de la Unión Europea, que se han mostrado ciertamente reticentes a ceder otra porción más de su soberanía. En este caso, la relativa a la política militar y de defensa.

El camino de aprobación parece que no será, en dicho sentido, sencillo. A las preocupaciones ya enunciadas se unen otras alusivas a las incompatibilidades que puede entenderse tienen todas aquellas ayudas, subsidios y apoyos con el régimen de competencia que la Comisión Europea ha fortalecido y aplicado en sectores también estratégicos como los de la tecnología, los datos, la salud, las telecomunicaciones y otros también relacionados con la defensa y la seguridad. No habiendo sido informado aún cómo se conciliarán las inyecciones de capital a la industria armamentística

---

53 Kayali, L., *Brussels wants to beatr the Pentagon at its own game on arms sales.* 24 de noviembre de 2023. Disponible en: https://www.politico.eu/article/european-union-weapons-sales-united-states-defense/ (Fecha de consulta: 27 de marzo de 2024).

con la libre competencia, se puede entender que la única forma a través de la cual articular los apoyos será la de las excepciones, vinculadas con un bien jurídico a proteger que no puede ser salvaguardado a través de otras vías.

Si bien aquella vía de excepción no es el mecanismo más idóneo, pues puede remover la confianza y la legitimidad bien labrada de la Unión Europea en materia de competencia, en un contexto desigual en el cual las empresas de defensa y armamento foráneas a nivel global —que además comercializan sus productos en la Unión Europea— son fuertemente subsidiadas por sus estados, las condiciones propias de competitividad ya están trucadas. Razón por la cual que desde la Unión Europea se realicen inyecciones de capital a su industria armamentística, se favorezca a operadores locales frente a los extranjeros o se den incentivos por el seguimiento de un grupo de políticas dirigidas a la materialización de la autonomía estratégica en la defensa, puede entenderse que no configura una ventaja, sino una nivelación de cargas y posibilidades de mercado[54].

En cualquier caso, el enfoque previamente esgrimido no significa bajo ningún concepto que las asignaciones en cuestión se desmarquen completamente de la defensa de la competencia, pues al contrario éstas configuran una oportunidad para lograr justamente el objetivo de vigilancia y supervisión concurrencial que se ejerce en Estados Unidos a través del control de concentraciones, mediante una vía análoga: el control de ayudas públicas, que también favorece la prevención y remedio de las concentraciones de poder de mercado.

Control que además de ser una de las especialidades del sistema antimonopolio de la Unión Europea, es un instrumento idóneo que resulta a todas luces operativo para disciplinar el análisis

---

54 Escribano Francés, G, Lázaro, L y Urbasos, I (2023) Energía y clima en 2023: desacoplarse de rusia conciliando seguridad energética y ambición climatica", *Análisis del Real Instituto Elcano,* No. 1.

y concesión de los mencionados subsidios a operadores de la industria armamentística, al margen de las condiciones propias de cada paquete de ayudas concretas al sector —como las anunciadas por la Comisión Europea-, en atención al examen exhaustivo que se debe realizar en él de un catálogo de elementos subjetivos y objetivos involucrados con las operaciones de cada empresa —potencial concesionaria-, entre los cuales incluso llaman la atención algunos que muy al margen de los netamente económicos, buscan la generación de excedentes plurales y humanistas en la sociedad, en los consumidores, en el medioambiente o en los derechos más inherentes a la persona.

5. CONCLUSIONES

La defensa de la competencia no puede desconocer en su aplicación, la atención a derecho fundamentales, derechos humanos, la sostenibilidad, la defensa del medioambiente y otros bienes jurídicos que son puestos en riesgo por la industria armamentística. A los criterios de eficiencia asignativa y productiva se deben incorporar también los de eficiencia distributiva, so pena de que su inatención pueda conllevar la pérdida del efecto útil del derecho *antitrust*.

En relación con aquello, las dificultades inherentes a la industria armamentística, al estar vinculadas con la defensa de los pueblos —que a su vez están atadas a cuestiones identitarias— provocan que la aplicación de las reglas del *antitrust* al sector, sea ciertamente ambivalente y compleja, pues en no pocas ocasiones en las operaciones de compra y venta de armas se confunden subjetivamente los operadores involucrados —públicos y privados— y las diversas posiciones de empresario, consumidor, supervisor, regulador o incluso, financiador.

Razón por la cual las acciones de la defensa de la competencia estadounidense y de la Unión Europea para disciplinar las actividades de la industria armamentística en el pasado reciente, aunque diferentes —la primera a través del control de concentraciones y la segunda a través del control de ayudas públicas— tienen un objetivo común. Evitar las concentraciones de poder en el sector y la configuración de campeones nacionales, locales o identitarios que estén en capacidad de desestabilizar, sea cual sea la vía, las fuerzas propias del mercado surgidas de las reglas de la oferta y la demanda.